Das Buch
Es gibt die verschiedensten Motive für ein Verbrechen – ein kalt-
blütiger Mord, um einen dreisten Einbruch zu vertuschen, ein
gelangweilter Teenager, der seinen Freund zu einem Amoklauf
zwingt, ein Verbrechen, das von Mitgliedern einer Pokerrunde
nur vorgetäuscht wurde, oder die Neugier einer alten Dame, die
einem Heiratsschwindler auf die Schliche kommt –, dass jedoch
auch eine Begegnung in einem früheren Leben zu einer unheim-
lichen Serie von Morden führen kann, verrät die erste Story in
dieser Anthologie spannender Kriminalgeschichten.

Die Autoren
Mary Higgins Clark ist nicht nur die Herausgeberin dieser Anthologie, sondern hat auch eine der Stories verfasst. Sie wurde
1928 geboren und begann erst mit 46 Jahren zu schreiben. Bereits ihr erster Roman *Wintersturm* (01/7649) fand eine große
Leserschaft. Der Erfolg blieb ihr bei ihren weiteren Büchern wie
Schrei in der Nacht (01/6826), *Das Haus auf den Klippen* (01/
9946), *Mondlicht steht dir gut* (01/10580) oder *Wenn wir uns
wiedersehen* (01/13234) treu; viele von ihnen schafften es in die
Bestsellerlisten. Mary Higgins Clark ist heute eine der meistge-
lesenen Autorinnen der USA. Beinamen wie ›Königin der Spannung‹ oder ›Meisterin des sanften Schreckens‹ zeugen von ihrer
großen Popularität.
Mary Higgins Clark gründete 1982 Adams Round Table, eine
Gruppe amerikanischer Kriminalschriftsteller, die sich einmal
im Monat zu einem Dinner trifft, um über den Fortgang der Arbeit, Probleme und Erfolge zu sprechen. Jeder dieser Spitzenau-
toren, von denen bereits eine Anthologie unter dem Titel *Lauf so
schnell du kannst* (01/13045) erschienen ist, hat eine Story zu der
vorliegenden Sammlung beigetragen.
Die meisten in dieser Anthologie versammelten Autoren sind
den deutschsprachigen Lesern bekannt, wie zum Beispiel Lawrence Block mit Titeln wie *Der Teufel weiß alles* (05/110) oder *Im
Namen des Volkes* (01/10553); Peter Straub durch Bücher wie
Geisterstunde (01/9603), *Die fremde Frau* (01/10071) oder *Julia*
(01/10305); Whitley Strieber mit *Die Besucher* und *Unheiliges
Feuer* (02/12); Warren Murphy als Co-Autor von *Herr der Jahr-
hunderte* (01/10502). Auch etliche der anderen Autoren wie
Judith Kelman, Dorothy Salisbury Davis, Stanley Cohen,
Mickey Friedman und Justin Scott dürften für Krimi- und Hor-
ror-Fans keine Fremden sein.

MORD UNTER FREUNDEN

Herausgegeben von
Mary Higgins Clark

Aus dem Amerikanischen
von H. Roberts

WILHELM HEYNE VERLAG
MÜNCHEN

HEYNE ALLGEMEINE REIHE
Nr. 01/13132

Titel der Originalausgabe
MURDER AMONG FRIENDS

Umwelthinweis:
Das Buch wurde auf
chlor- und säurefreiem Papier gedruckt.

Deutsche Erstausgabe 08/2001

Copyright © 2000 by The Adams Round Table
Published by The Berkley Publishing Group,
a division of Penguin Putnam Inc., New York
Copyright © der Einzelrechte s. Quellenverzeichnis
Copyright © der deutschsprachigen Ausgabe 2001 by
Wilhelm Heyne Verlag GmbH & Co. KG, München
Printed in Germany 2001
Umschlagillustration: photonica/Tatsuhiko Shimada, Hamburg
Umschlaggestaltung: Nele Schütz Design, München
Satz: Pinkuin Satz und Datentechnik, Berlin
Druck und Bindung: Ebner Ulm

ISBN 3-453-16937-9
http://www.heyne.de

Inhaltsverzeichnis

Einleitung

»Autoren müssen sich gegenseitig helfen«, sagte meine Mutter immer. Bei einer Schriftstellerin mit einer gewissen romantischen Sympathie für sozial Benachteiligte ist diese Grundüberzeugung leicht nachzuvollziehen. Genauso gehen wir bei erfolgreichen Akademikern eher davon aus, dass sie in ihrer Freizeit zumeist Golf spielen und in den Vereinigten Staaten die Republikaner wählen – eine Vorstellung, die meiner Mutter gar nicht gefallen hätte. Ganz anders dagegen mein Vater: in großbürgerlichen Verhältnissen aufgewachsen, mied er seine Schriftsteller-Kollegen wie die Pest und verabscheute jede Form von ›Fachsimpelei‹. Stattdessen zog er die Gesellschaft von Nicht-Literaten in eleganten Salons vor.

Mit diesem zwiespältigen Erbe im Gepäck war ich zunächst ziemlich unentschlossen, als mich Dorothy Salisbury Davis und der mittlerweile verstorbene Tom Chastain dazu einluden, zusammen mit anderen Kriminalschriftstellern im Hinterzimmer eines Restaurants an jedem ersten Dienstag eines Monats an der Adams-Diskussionsrunde teilzunehmen.

Weder die ›Kunst des Schreibens‹ noch der Entstehungsprozess eines Textes waren in meinem Elternhaus jemals ein Gesprächsthema gewesen. Mein Vater und meine Mutter verdienten sich ihren Lebensunterhalt mit dem Verfassen von Unterhaltungsromanen. Das bedeutete vor allem, jeden Tag ein paar Tausend Wörter zu Papier zu bringen, die man verkaufen konnte. Besprechungen des aktuellen Manuskripts mit jemand anders als dem Herausgeber – das heißt mit jemandem, der dazu berechtigt war, einen Scheck für das Honorar auszustellen – hätten beide nur davon abgehalten, in ihren Arbeitszimmern an der Schreibmaschine zu sitzen.

Vielleicht hatten meine Eltern auch Angst davor, leichtsinnig zu handeln, falls sie das magische Reich ihrer schriftstellerischen Vorstellungskraft, aus dem sie tagtäglich schöpften, zum Gegenstand einer sachlichen Analyse gemacht hätten. Möglicherweise verhielten sie sich auch nur wie Rollerblades fahrende Schriftsteller, die zwar Handschuhe tragen, um ihre für das Tippen notwendigen Finger zu schützen, aber auf Helme verzichten, weil sie davon überzeugt sind, dass man durchaus Texte schreiben kann, ohne sich über die Technik des Schreibens den Kopf zerbrechen zu müssen.

Als ich selbst damit begann, Kriminalromane zu verfassen, hatten mir befreundete Autoren bei den ersten Gehversuchen geholfen, indem sie mich mit Literatur-Agenten und Verlagslektoren bekannt machten. Wie meine Eltern verloren jedoch auch sie kein Wort über ihre eigene Arbeit. Wir unterhielten uns lediglich über den Buchhandel, ein bisschen über die Werke, die wir gerade lasen, und viel zu viel über aktuelle Kinofilme. Manchmal – zum Beispiel nach einer Poker-Runde oder bei einem Sonntagnachmittagsspaziergang, bei dem die Ehefrauen oder Partnerinnen vorausliefen – gelang es auch einmal, einem Kollegen ein paar Bemerkungen über die Idee für ein neues Buch zu entlocken. Meistens aber beschränkten wir uns auf reines Schattenboxen – wie zwei Sparringspartner, die sich gemeinsam für den Hauptkampf aufwärmen, der jedoch allein im eigenen Arbeitszimmer stattfindet.

Aus diesen Gründen lehnte ich die bereits erwähnte Einladung unter einem Vorwand ab – allerdings ohne Erfolg. Tom Chastain, ein Gentleman alter Schule, ließ nicht locker und ging mit mir in einem Lokal essen, in dem es vor erst kürzlich pensionierten Polizisten wimmelte. Beeindruckt von seiner Integrität und in Gedenken an das Motto meiner Mutter, dass Autoren sich gegenseitig helfen müssen, willigte ich schließlich ein, das nächste Treffen der Gesprächsrunde zu besuchen.

Einige der etwa ein Dutzend Teilnehmer kannte ich über ihre Bücher, dann wegen ihres guten Rufes, der ihnen vorauseilte, und ein paar aus der New Yorker Szene. Andere erkannte ich am Klang ihrer Stimme, die mir von Podiumsdiskussionen auf Versammlungen von Krimi-Autoren im Gedächtnis geblieben waren. Lucy Freeman und Mary Higgins Clark waren anwesend, die Short-Story-Autorin Joyce Harrington, außerdem Warren Murphy und Whitley Strieber, darüber hinaus noch der Dramatiker Frederick Knott. An jenem ersten Abend war ich als Neuling nur mit Dorothy Davis bereits persönlich befreundet. Dieser Umstand spielte jedoch keine Rolle, als es ernsthaft zur Sache ging.

Nach nur kurzem Vorgeplänkel und dem Bestellen des Essens berichtete jeder reihum, woran er im Augenblick arbeitete und was er im vorangegangenen Monat zu Stande gebracht hatte. Einige nannten konkrete Seitenzahlen, anderen erläuterten Ideen, die sie hatten, und viele gestanden ein, dass sie momentan einen Durchhänger hatten oder unglücklich über die Richtung waren, die ihr Buch gerade nahm. Die Gruppe sparte nicht mit Anerkennung für diejenigen, die sich angesichts ihrer damaligen Situation glücklich schätzen durften. Die meiste Zeit aber wurden vor allem die Unzufriedenen mit bohrenden Fragen konfrontiert.

War sich der jeweilige Autor bereits über den Schluss des Buches im Klaren? Einige hielten diesen Punkt für sehr bedeutsam, andere zogen es vor, erst einmal ins Blaue hinein zu schreiben. Hatte der Autor schon entschieden, wer den Mord begangen hatte? »Ein wichtiger Punkt«, meinte jemand und lieferte überzeugende

Argumente. »Schränkt die Möglichkeiten zu sehr ein«, widersprach ein anderer auf ebenso einleuchtende Weise. Die Vielzahl unterschiedlicher Ansätze verblüffte mich. Um mich herum saßen ein Dutzend Experten, von denen jeder seine individuelle Methode entwickelt hatte. Dieser erstellte zunächst ein Gesamtkonzept, jener schrieb einfach drauflos. Der eine änderte das Manuskript bereits während des Weiterschreibens, der andere erst ganz am Schluss. Es gab auch einen Wagemutigen, der erste Kapitel an den Setzer faxte, ohne auch nur den Hauch einer Ahnung vom Rest des Manuskripts zu haben.

Immer wieder aber erhellte sich die Miene eines Unzufriedenen, wenn er das Problem, das ihn gerade beschäftigte, mithilfe der übrigen Diskussionsteilnehmer aus einer anderen Perspektive betrachtete: Vielleicht sollte ich doch besser die *weibliche* Hauptfigur zur Heldin des Buches machen und die *männliche* nur die zweite Geige spielen lassen. Es könnte Schwierigkeiten mit sich bringen, dass mein interessantester Charakter erst im achten Kapitel zum ersten Mal auftritt. Dasselbe gilt für einen auffälligen Mangel an spannungssteigerndem Zeitdruck. Wie sonst wäre zu erklären, dass mein Detektiv es sich leisten kann, ein erholsames Wochenende zu verleben? Brauche ich wirklich eine Nebenhandlung, die sich im Hintergrund abspielt? Wüsste diese Figur wirklich, wie man mit einem solchen Sachverhalt umgeht? Ist es wirklich plausibel, dass meine Figur jenen Punkt übersehen konnte?

Mir fiel auf, dass niemand der Anwesenden in allgemeine Plattitüden oder in herablassende Besserwisserei verfiel. Jeder setzte sich mit den Problemen des anderen auseinander, als wären es seine eigenen. Und angesichts der Tatsache, dass jeder Autor irgendwann mit den in der Runde diskutierten Schwierigkeiten zu kämpfen hatte: War es nicht sinnvoller, grundlegende

Fragen zu erörtern, solange der Roman noch geschrieben wurde und nicht schon im Verkaufsregal des Buchladens lag?

›Bitte vergib mir, Vater‹, dachte ich, als ich an die Reihe kam. Mutter hatte wirklich Recht gehabt: »Autoren müssen einander helfen!«

Ich brach mit meiner zuvor stets gepflegten Eigenbrötelei und wurde vielfach belohnt. Eine ganze Reihe der an mich adressierten Fragen und Anregungen brachten mich voran oder wiesen mir zumindest neue Wege, die einzuschlagen sich lohnte. Am Ende ging ich mit dem Gefühl, dass der morgige Tag besser beginnen würde als der heutige.

So trat ich der Diskussionsrunde bei. Es war nicht zuletzt beruhigend zu hören, dass auch andere Autoren bei dem Versuch, jedes Mal das Rad neu zu erfinden, mit Selbstzweifeln und Hindernissen zu kämpfen hatten. Und unabhängig davon, zu welchen Ehren und Anerkennungen man es gebracht hatte, man war trotzdem nicht der Einzige, der sich nach wie vor oft genug wie ein blutiger Amateur fühlte – auch diese Einsicht tat der gemarterten Autorenseele wohl.

Obwohl mittlerweile mehrere Jahre ins Land gegangen sind, freue ich mich nach wie vor auf unsere allmonatlichen Treffen zum Dinner. Meist verabschiede ich mich überaus zufrieden von den Freunden und Kollegen, die zu meinem Hochgefühl ebenso beigetragen haben wie ein guter Wein. Als der Tod und andere Unwägbarkeiten des Lebens unsere Reihen lichtete, wurden die Lücken in der Runde zunächst von Mickey Friedman, Judith Kelman und Stanley Cohen gefüllt. Dann stießen auch Peter Straub und Larry Block zu uns – sowie erst kürzlich Susan Isaacs, die in diesem Band ihre allererste Kurzgeschichte veröffentlicht.

Von Zeit zu Zeit geben wir eine Sammlung von Kurzgeschichten heraus. Der hier vorliegende Band ist der sechste dieser Art. Und wie alle seine Vorgänger beinhaltet er nur freiwillige Beiträge der beteiligten Autoren, denn kein Teilnehmer unserer Diskussionsrunden wird dazu gezwungen, einen Beitrag zu liefern. Dennoch steuern die meisten fast jedes Mal etwas bei. Die Sammlungen sind jedoch nicht der Hauptanlass für unsere Treffen, sondern allenfalls so etwas wie der krönende Höhepunkt unseres Zusammenwirkens. Und *Mord unter Freunden* scheint mir ein höchst passender Titel für eine Sammlung von Geschichten zu sein, die von Freunden und Kollegen verfasst worden sind, auf die sich ein Autor verlassen kann, wenn es darauf ankommt – und zwar jeden ersten Dienstag im Monat.

Justin Scott

Haben wir uns nicht schon mal gesehen?

Jack Carroll legte dem Wachtposten am Eingang zum *Haviland-Gefängnishospital für psychisch gestörte Kriminelle* seinen Dienstausweis vor und wartete darauf, dass das Tor vor ihm aufschwang.

Es war genau der richtige Tag, um einen psychopathischen Serienkiller zu besuchen, dachte der Stellvertretende Bezirksstaatsanwalt des Westchester County gequält. Das nasskalte Wetter fuhr einem durch Mark und Bein und ließ das Gemüt genauso erstarren wie den Körper. Außerdem wusste Carroll nur zu gut, dass er sich den Weg im Grunde hätte sparen können. Zum vierten Mal innerhalb von vier Monaten war er nun hierher gekommen, um William Koenig zu vernehmen. Trotz des erwiesenen Mordversuchs an der vierundzwanzigjährigen Emily Winters gelang es dem Staatsanwalt nicht, Koenig unter Anklage zu stellen, da dieser den Anschein erweckte, zum Zeitpunkt der Tat unzurechnungsfähig gewesen zu sein. Koenig hatte sich nämlich mit dem Argument verteidigt, dass die von ihm attackierte junge Frau in einem früheren Leben für seinen Tod verantwortlich gewesen sei.

Jack Carroll war allerdings felsenfest davon überzeugt, dass Koenig nicht nur diese Tat vorsätzlich begangen hatte, sondern darüber hinaus eine ganze Reihe weiterer, bisher ungeklärter Morde, von denen Westchester in den letzten acht Jahren erschüttert worden war.

Aber ich habe nicht den geringsten Beweis in Händen, gestand sich Carroll zähneknirschend, während er seinen Wagen auf den Krankenhausparkplatz steuerte. Zum wiederholten Male bewirkte dieser frustrierende Gedanke, dass ihm die Galle hochkam.

Glücklicherweise ließ ihm sein direkter Vorgesetzter absolut freie Hand. »Ich glaube zwar, dass Sie lediglich Ihre Zeit verschwenden, Jack«, hatte ihm der Bezirksstaatsanwalt unverhohlen gestanden, »doch in den letzten drei Jahren haben Sie eine bemerkenswerte Anzahl von Verurteilungen erwirkt. Wenn es Ihnen tatsächlich gelingt, Koenig zu überführen, dann werde ich Ihnen persönlich einen Orden an die Brust heften.«

Carroll stieg aus, schloss den Wagen ab und eilte den Weg entlang, der zum Haupteingang des Krankenhauses führte. Das Hospital war ein Neubau von trügerischer Eleganz. Zwar waren nirgendwo Gitter zu sehen, doch die Fensterschlitze waren so schmal, dass nicht einmal ein Affe durch sie hindurchgepasst hätte.

Auch das Innere des Gebäudes mit seinem großzügigen und geschmackvoll eingerichteten Empfangsbereich erinnerte eher an eine imposante Firmenniederlassung als an ein Krankenhaus. Und doch hoffte Carroll wie bei jedem seiner Besuche, dass das Fehlen von auf den ersten Blick erkennbaren Sicherheitsvorkehrungen nicht einen tatsächlichen Mangel an Sicherheit bedeutete.

Koenig sollte heute Dr. Sara Stein vorgeführt werden: der neuen Psychiaterin, die ihn fortan betreuen würde. Während der vergangenen acht Monate war deren Vorgängerin Rhoda Morris für Koenig zuständig gewesen. Carroll war nicht böse über den Wechsel. Seiner Ansicht nach hatte sich Morris von Koenig hinters Licht führen lassen. Deshalb hoffte der Staatsanwalt, dass Dr. Stein älter und erfahrener war.

Als er schließlich in ihr Arbeitszimmer geleitet wurde, sah Carroll seine Hoffnungen bestätigt. Dr. Stein war eine ausgesprochen attraktive Dame von Ende fünfzig mit grauen Haaren, ebenmäßigen Gesichtszügen und ebenso freundlich wie intelligent blickenden braunen Augen. Deutlich spürte Carroll ihren forschenden Blick auf sich ruhen und betete innerlich, ihr erster Eindruck von ihm möge genauso vorteilhaft sein wie der seine von ihr. Immerhin passierte es ihm trotz seiner achtundzwanzig Jahre immer wieder, dass er wegen seiner sandblonden Haare und seinem jungenhaften Gesicht für einen frisch gebackenen Schulabgänger gehalten wurde.

Dr. Stein tat es jedoch offenbar nicht. »Ich freue mich, Sie zu sehen, Mr. Carroll«, begrüßte sie ihn munter. »Wie Sie wissen, habe ich William Koenig bis jetzt noch nicht persönlich zu sehen bekommen. Nachdem ich die Akten gelesen und von Ihrem Interesse an ihm erfahren hatte, hielt ich es für eine gute Idee, die erste Sitzung mit Koenig in Ihrem Beisein abzuhalten. Er weiß natürlich, warum Sie hier sind.«

Jack Carroll holte tief Luft. »Doktor, ich bin hier, weil ich glaube, dass William Koenig der gefährlichste aller Insassen unter diesem Dach ist.«

»Wir haben heute bei unserer allmorgendlichen Dienstbesprechung über ihn diskutiert. Es herrschte allgemeine Übereinstimmung darüber, dass Koenigs psychotische Verhaltensstörungen aus seinen Experimenten resultieren, die er unternommen hat, um die in früheren Leben gemachten Erfahrungen wieder zu erwecken. Aber wie Sie bereits vermutet haben, teilen meine Kollegen keinesfalls Ihre Auffassung, dass Koenig ein Serienmörder ist.«

»Dr. Stein, vielleicht irre ich mich tatsächlich. Sollte ich mit meiner Vermutung jedoch Recht behalten und wir könnten die Wahrheit ans Tageslicht bringen, dann würden zumindest die Familien von vier Mordopfern endlich zur Ruhe kommen.«

Bevor Carroll weiterredete, machte er eine Pause. »Ich will Ihnen an einem Beispiel erklären, was ich meine. Vor zwei Jahren erstickte eine ältere Frau in Dobbs Ferry elendig, weil ein Unbekannter in ihrem Haus Feuer gelegt hatte. Seither machen die Hinterbliebenen des Opfers dem damals zwölfjährigen Nachbarssohn das Leben zur Hölle, weil der Junge ein paar Tage zuvor in der Nähe ein Lagerfeuer gemacht hatte. Die Familie der Toten beschuldigt ihn, ein Pyromane zu sein.«

»Die Leute suchen natürlich einen Sündenbock«, kommentierte Dr. Stein. »Das ist einerseits sehr verständlich, kann aber andererseits verheerende Auswirkungen auf die Psyche eines unschuldigen Kindes ausüben. Also lassen Sie uns William Koenig unter die Lupe nehmen.«

»Doktor, bitte versuchen Sie ihn dazu zu bringen, dass er über Erlebnisse in früheren Leben spricht. Falls es uns gelingt, mehr über ihn zu erfahren, könnte uns dies Aufschluss darüber geben, nach welchen Gesichtspunkten er noch weitere Opfer ausgewählt und warum er sich an ihnen gerächt hat.«

Dr. Stein nickte. Dann betätigte sie die Gegensprechanlage. »Bitte bringen Sie jetzt Koenig zu uns.«

»William, Mr. Carroll ist Stellvertretender Bezirksstaatsanwalt und möchte Ihnen ein paar Fragen stellen.«

»Doktor, ich habe bereits Ihren Kollegen gegenüber erklärt, dass ich nur durch Sie mit ihm sprechen werde«, sagte Koenig mit ruhiger Stimme. »Ich weiß, dass Sie hier neu sind. Aber ich habe mit Mr. Carroll bereits mehrere Male zu tun gehabt. Nur Ihnen gegenüber werde ich deshalb seine Fragen beantworten. Ich bin mir durchaus bewusst, dass meine Antworten gegen mich verwendet werden können und dass ich wohl kaum auf Ihre ärztliche Schweigepflicht vertrauen darf. Dennoch verzichte ich auf die Anwesenheit eines An-

16

walts. Ich weiß aber auch, dass ich jederzeit die Aussage verweigern kann. Sind Sie mit meinen Bedingungen einverstanden, Dr. Stein?«

Die Psychiaterin warf Jack Carroll einen fragenden Blick zu, den dieser mit einem Nicken beantwortete.

»In Ordnung«, bestätigte Dr. Stein.

»Gut. Dann sollten wir jetzt endlich beginnen. Schließlich zahlt Ihnen der Staat ein ganz hübsches Sümmchen dafür, dass Sie versuchen, mein Seelenleben zu durchleuchten. Warum fangen Sie nicht langsam an, sich Ihr Geld zu verdienen?«

Um seinen provozierenden Worten die Schärfe zu nehmen, setzte William Koenig ein höfliches Lächeln auf. Innerlich zählte er die Stunden bis zum Abend, sorgsam darauf bedacht, sich äußerlich nichts von seinem Triumph anmerken zu lassen. Sein Fluchtplan war perfekt und dies hier war sein letzter Tag in der Anstalt. Koenig hoffte nur, dass das Wetter auch weiterhin so grau und regnerisch bleiben würde, zumindest noch den nächsten Tag über.

Durch die dicke Verglasung der Bürotür hindurch wurde er die ganze Zeit über von einem Wachmann beobachtet, der ihn nicht aus den Augen ließ. Königs Hände – mit Handschellen gefesselt und mit einer um die Taille geführten Kette am Körper fixiert – ruhten in seinem Schoß. Gelassen und konzentriert betrachtete er über den Schreibtisch hinweg Dr. Stein und seinen alten Intimfeind Jack Carroll.

Für Koenigs Geschmack wirkte seine neue Psychiaterin ein wenig zu schlampig: Zum einen hatten sich einige Strähnen aus ihrem zu einem Knoten zusammengebundenen Haar gelöst, zum anderen trug sie offensichtlich kein Make-up. Seine letzte Psychiaterin war hingegen wirklich hübsch gewesen. Koenig hatte sie gemocht – zumal sie so entwaffnend naiv gewesen war.

Auch Carroll war eigentlich ein gut aussehender Bursche, dem die Mädchen in der Schule wahrscheinlich scharenweise hinterhergelaufen waren. Zudem war Carroll ein kluger Kopf – klug genug, um es als Einziger für möglich zu halten, dass William Koenig für eine ganze Reihe unaufgeklärter Morde verantwortlich war. Alles, was ihm bisher nachgewiesen werden konnte, war allerdings nur der im vergangenen Februar begangene Versuch, Emily Winters zu erdrosseln.

»William, ich hoffe, dass Sie bereit sind, mit mir zusammenzuarbeiten, und mir dabei helfen werden, Sie zu verstehen. Würden Sie mir daher bitte erklären, warum Sie Emily Winters töten wollten.«

Koenig wusste nur zu gut, dass Dr. Stein seine Akte vor- und rückwärts studiert hatte. Dennoch fühlte er sich geschmeichelt, als er in ihren Augen das Interesse an ihm flackern sah, während er ihr von seinem früheren Leben als Simon Guiness berichtete: Wie er damals, im Jahre 1708, in London gehängt worden war, und zwar wegen der Falschaussage einer gewissen Kate Fallow.

»Sie war geradezu besessen von der Idee, in mich verliebt zu sein. Deshalb tötete sie ihren Ehemann, fädelte die Sache jedoch so ein, dass es wie ein Raubmord aussah«, erläuterte Koenig in sachlichem Ton. »Als ich sie zurückwies, lief sie zum Gericht und zeigte mich an. Ich hätte ihren Mann umgebracht, weil ich hinter ihr hergewesen sei.«

Er begann zu zittern, als er sich an das Elend erinnerte, das er in der Folgezeit hatte erdulden müssen. Schließlich habe man Kate Fallow geglaubt und ihn monatelang in ein verdrecktes und vollkommen überfülltes Gefängnis gesteckt, bis sein Leben als Simon Guiness schließlich durch den Strang abrupt beendet worden sei.

»Wann ist Ihnen zum ersten Mal bewusst geworden, dass Sie früher schon einmal gelebt haben, William?«

»Während meiner Zeit auf der Highschool. Ich entwickelte zunächst Interesse für Parapsychologie, dann gelang es mir, mich selbst zu hypnotisieren. Dabei erfuhr ich alles über mein früheres Dasein.«

Koenig entging keinesfalls, dass Dr. Stein ihm nicht abnahm, sich selbst hypnotisiert zu haben. »Die ganze Sache ist ein Kinderspiel, wenn man nur über genügend Konzentrationsvermögen verfügt«, erklärte er ungeduldig. »Man setzt sich vor einen Spiegel, und zwar in einem dunklen Raum, in dem nur eine Kerze brennt. Mit einem Stift oder einem Stück Kreide markiert man eine Stelle auf der Stirn, an der man sich sein drittes Auge vorstellt. Anschließend muss man nur noch lange genug im Spiegel auf die Markierung starren.« Er senkte die Stimme. »Während man sich in die Vergangenheit vortastet, sieht man die Veränderung.«

»Veränderung?«, fragte Dr. Stein nach. »Was für eine Veränderung, William?«

»Im Spiegel«, flüsterte Koenig. »Das aktuelle Bild verschwimmt und verschwindet am Ende ganz. Stattdessen tauchen andere Gesichter auf … Gesichter von Leuten, die man in früheren Leben war.«

Er lenkte den Blick auf Jack Carroll. »Ich habe ihm all das schon mehrfach zu erklären versucht«, beteuerte Koenig, zu Dr. Stein gewandt. »Und ich wette, er hat mehrfach versucht, sich ebenfalls selbst zu hypnotisieren. Aber er musste scheitern, weil er zu sehr seiner Vernunft folgt. Ihm fehlt die notwendige Überzeugung.«

»Falls es mir also gelingt, mich selbst zu hypnotisieren, weiß ich anschließend tatsächlich über meine frühere Identität Bescheid?«, vergewisserte sich die Psychiaterin.

»Aber ja, Doktor!«, erwiderte Koenig enthusiastisch. »Sie können sich später an jedes Detail erinnern.«

»An wie viele frühere Leben können Sie sich erinnern, William?«

Koenig starrte an die grün gestrichene Wand hinter Dr. Steins Schreibtisch. Sie war moosgrün. Koenig war stolz darauf, dass er Farben auch in ihren einzelnen Schattierungen unterscheiden konnte. Immer wieder versuchten sie, ihn hereinzulegen, damit er über seine früheren Leben redete und über seine Bestrafung der Leute, die ihm zu jenen Zeiten übel mitgespielt hatten.

Wenn ihr wüsstet ..., dachte er bei sich. Außer diesem Mädchen waren es noch elf andere gewesen. Ein Lächeln umspielte seine Lippen, als er sich an die Erste erinnerte: eine alte Frau, der er vom Bahnhof aus nach Hause gefolgt war, nachdem er in ihr die Hexe wieder erkannt hatte, die ihn damals in Salem verflucht hatte. Koenig hatte so lange gewartet, bis er sicher sein konnte, dass sie wirklich fest eingeschlafen war. Erst dann hatte er ihr Haus angezündet. Auge um Auge, Zahn um Zahn, Feuer um Feuer.

Jedes einzelne seiner Worte vorsichtig abwägend, redete er weiter. »Als mir diese Frau über den Weg lief, die Sie Emily Winters nennen, sah ich plötzlich mit absoluter Deutlichkeit das Gesicht von Simon Guiness vor mir. Da ich Ihnen ja berichtet habe, welch scheußliches Schicksal ich damals als Simon zu erdulden hatte, werden Sie sicher verstehen können, dass mich der Anblick dieser jungen Frau mit dem rotgoldenen Haar und den großen blauen Augen völlig aus der Fassung brachte.«

»Hat es Sie immer schon aus der Fassung gebracht, wenn Sie einer jungen Frau dieses Typs begegnet sind?«, erkundigte sich Dr. Stein.

»Aber nein. Das Ganze begann vor etwas mehr als drei Jahren – nachdem ich herausgefunden hatte, zuvor schon einmal als Simon Guiness gelebt zu haben.«

»Schildern Sie mir bitte Ihre erste Begegnung mit Emily Winters.«

Koenig konnte sich noch genau daran erinnern, wie er sie von der Straße aus an ihrem Platz an der Kasse im Restaurant beobachtet hatte. »Ich ließ mir Zeit, um absolut sicher zu sein, dass es sich wirklich um Kate Fallow handelte. Erst dann betrat ich das Lokal, das nicht sehr voll war. Deshalb konnte ich sie auch aus einiger Entfernung unbemerkt weiter im Auge behalten ...«

Seine Stimme verlor sich in ein unverständliches Murmeln, während er noch einmal jene Erregung nachempfand, die ihn damals bei dem Gedanken erfasst hatte, endlich Kate Fallow aufgespürt zu haben.

»Als sie an meinem Tisch vorbeikam, berührte ich ihren Arm«, gestand Koenig. »Sie sah erschrocken aus, ja sogar furchtsam. Ich bin mir sicher, dass sie instinktiv die Gefahr wahrnahm, obwohl ich mich bei ihr entschuldigte.«

»Haben Sie nicht noch etwas anderes zu ihr gesagt, William?«

»Doch. Ich sagte: ›Haben wir uns nicht schon einmal gesehen?‹«

»Danach warteten Sie ab, bis Emily Winters das Lokal verlassen hatte?«

»Zunächst. Dann folgte ich ihr aus sicherer Distanz und sah, wie sie in ein privat gesichertes Wohngebiet einbog. Es war nicht besonders schwer, außerhalb der Sichtweite des Torwächters über den Zaun zu klettern. An der Auffahrt zu einem ausgesprochen hübschen Wohnhaus entdeckte ich sie wieder. Es ähnelte dem Haus, in dem ich damals als Simon Guiness gelebt hatte. ›Wie kann sich eine Kellnerin so etwas leisten?‹, fragte ich mich. Später fand ich jedoch heraus, dass sie eine Jurastudentin ist, die sich durch Jobben Geld hinzuverdient und nur ein Zimmer in diesem Haus bewohnt, das einer gewissen Familie Adamson gehört.«

21

»Sie brachen also in das Haus ein?«

»Was für ein hässliches und unpassendes Wort! Ich wartete lediglich ein paar Stunden ab und stellte fest, dass eines der Fenster im oberen Stockwerk offen stand. Es war also allem Anschein nach nicht mit einer Alarmanlage gesichert. Jedes Kind hätte auf den Baum vor dem Haus und dann durch das Fenster klettern können.«

»Handelte es sich um das Zimmer, in dem Emily Winters schlief?«

»Ja. Sie war fest eingeschlafen, und da zudem der Mond hell schien, konnte ich sie eine ganze Weile lang in aller Ruhe betrachten. Dabei kehrten all die alten Erinnerungen wieder zurück … wie sie damals in England versucht hatte, meine Aufmerksamkeit auf sich zu ziehen, als wir noch Nachbarn gewesen waren …«

Jack Carroll hatte immer mehr Mühe, die Wut unter Kontrolle zu halten, die während des Zuhörens in ihm hochgestiegen war. Aus Emily Winters' Zeugenvernehmung wusste er, dass sie Koenig bereits bemerkt hatte, als dieser durchs Fenster geklettert war. Sie habe sofort die Unmöglichkeit erkannt, noch rechtzeitig aus dem Zimmer flüchten zu können. Deshalb habe ihre einzige Chance darin bestanden, den Alarmknopf neben ihrem Bett zu drücken. Mr. Adamson, der ausgesprochen sicherheitsbewusste Besitzer des Hauses, hatte dafür Sorge getragen, dass jedes einzelne Bett unter seinem Dach mit einer solchen Vorrichtung ausgestattet worden war. Betätigte man den Knopf, wurde der private Wachdienst alarmiert. Die dort in Bereitschaft stehenden und mit Nachschlüsseln versehenen Männer konnten auf den ersten Blick nicht nur erkennen, in welchem Haus, sondern auch in welchem Zimmer der Alarm ausgelöst worden war.

»Ich litt unter entsetzlicher Angst«, hatte Emily Winters mit ausdrucksloser Stimme ausgesagt. »Seither schlafe ich nur noch bei eingeschaltetem Licht und fürchte mich davor, ein Fenster zu öffnen. Ich war mir absolut sicher, dass er vorhatte, mich zu töten, als er sich über mich beugte und mir dieselbe Frage stellte wie im Restaurant: ›Haben wir uns nicht schon einmal gesehen?‹«

Irgendwie war es dem Mädchen dennoch gelungen, die Nerven zu behalten, dachte Carroll. Um Zeit zu gewinnen, hatte sie auf Koenigs Frage erwidert, dass sie sicher sei, ihm schon einmal begegnet zu sein, könne sich aber nicht mehr genau erinnern. Ob er ihrem Gedächtnis nicht vielleicht ein wenig auf die Sprünge helfen könne?

»Er wirkte so schrecklich furchteinflößend. Vor innerer Erregung war sein Gesicht rot angelaufen und an seinem Hals traten die Adern hervor. Er schilderte mir, wie ich ihm in den Feldern aufgelauert und damit geprahlt hätte, wegen ihm meinen Mann getötet zu haben. Dann sagte er schließlich, dass es nun Zeit sei, und er legte seine Hände um meinen Hals.«

Die Wachleute waren genau in dem Augenblick ins Zimmer gestürmt, als Koenig damit begonnen hatte, sein Opfer zu erwürgen.

»Seine Finger krallten sich erbarmungslos in meine Kehle«, hatte Emily Winters geflüstert. »Wie oft bin ich seither aufgewacht und spüre sie noch immer an meiner Kehle!«

Da William Koenig bei seiner Festnahme durch die Polizei immer wieder hysterisch beteuert hatte, Emily Winters sei für seinen Tod in einem früheren Leben verantwortlich, war es verständlicherweise zu einem riesigen Medienrummel gekommen. Schließlich war diese Sensation für die Presse ein gefundenes Fressen gewesen.

»Sie haben Emily Winters also angegriffen, weil sie wie Kate Fallow aussah?«, hakte Dr. Stein nach.

»Sie sah nicht nur so aus!«, stellte Koenig mit einer gewissen Empörung in der Stimme fest. »Sie *war* Kate Fallow. Ich erkannte sie sofort und nahm gleichzeitig wieder meine frühere Identität an. Ich wurde zu Simon Guiness, der das Recht hatte, Vergeltung zu üben – das sollten Sie eigentlich nachvollziehen können, Dr. Stein. Wie würden Sie denn jemandem begegnen, der dafür gesorgt hat, dass Sie exekutiert wurden? Ich gestehe Ihnen freimütig, dass ich es im Nachhinein bereue, nicht von Beginn an eine Schlinge um Emilys Hals gelegt zu haben, um mich an der Furcht und der Panik in ihren Augen zu weiden – an Qualen, die ich während meiner Hinrichtung selbst durchlitt. Hätte ich eine zweite Chance, dann würde ich die Schlinge langsam immer ein wenig enger zusammenziehen und ihr währenddessen erklären, warum sie sterben muss.«

Mit Genugtuung nahm Koenig zur Kenntnis, wie sich der Körper des Staatsanwalts unübersehbar immer stärker verkrampfte. Anscheinend hatte sich so etwas wie eine persönliche Zuneigung zwischen Carroll und der Frau entwickelt, die sich nun Emily Winters nannte.

»War Emily die einzige Frau, in der Sie Kate Fallow wieder erkannten, oder gab es noch weitere?«, fragte Dr. Stein.

»Nachdem ich mir meiner früheren Existenz als Simon Guiness bewusst geworden war, geschah es einige Male, dass ich rothaarigen Frauen begegnete, die meinen Argwohn erweckten. Bei näherer Betrachtung zerstreute sich jedoch jedes Mal mein Verdacht: Bei der einen waren die Haare nur künstlich gefärbt, bei der anderen stimmte die Augenfarbe nicht. Kates Augen waren nämlich sehr blau. Sie hatten einen ganz bestimmten, violett gefärbten Blauton. – Übrigens, es wird Sie sicher interessieren, wenn ich Ihnen verrate, dass Kate Fallow mehrere Leben und Identitäten hinter sich gebracht hat, bevor sie zu Emily Winters wurde. Es ist ihr erstaunlicherweise immer wieder gelungen, sich ihrer gerechten Bestrafung zu entziehen. Aber als ich sie in jener Nacht vor mir im Bett liegen sah und genau betrachten konnte, war ich mir absolut sicher, wen ich vor mir hatte. Anfangs ging mir allerdings noch ein anderer Name durch den Sinn: Eliza Jackson. Wenn ich Klarheit über diesen Namen und über ein anderes früheres Leben gewonnen habe, in dem er vermutlich eine Rolle gespielt hat, werde ich Sie selbstverständlich informieren, Doktor.«

Er spielt mit uns, dachte Jack Carroll. *Er will jeden davon überzeugen, dass er verrückt ist – was ja auch zutrifft. Aber sein Wahnsinn hat Methode und hindert ihn nicht daran, so gerissen zu sein wie ein Fuchs. Wenn wir doch nur einen Hinweis darauf hätten, wer er sonst noch gewesen zu sein glaubt! Vielleicht wäre es dann möglich, eine Verbindung zwischen ihm und einem der übrigen Opfer herzustellen.*

»Sie haben sich also auch noch in weiteren früheren Leben gesehen, William?«, ließ sich Dr. Stein vernehmen.

»Ich habe verschiedene Gesichter gesehen und herausgefunden, dass ich zu König Arturs Zeit Ritter war. Darüber hinaus habe ich in Ägypten während der römischen Besetzung gelebt und ich war ein Geistlicher im Deutschland der Reformationszeit. Aber über keines dieser Leben habe ich nähere Details herausbringen können. Deshalb bin ich mir sicher, dass mir nur als Simon Guiness Unrecht widerfahren ist und mir ein so unrühmliches Ende beschieden war.«

William Koenig lächelte selbstgefällig. Entgegen seiner Aussage sah er seine früheren Leben völlig klar vor Augen. Und er hatte in der Zwischenzeit dafür gesorgt, dass jeder, der ihm irgendwann Unrecht zugefügt hatte, bestraft worden war: jeder – bis auf Emily Winters. Aber er wusste genau, wo er sie heute Abend finden würde. Als er in der Anstalt von seinem Cousin besucht worden war, hatte Koenig behauptet, Emily Winters einen Brief schreiben zu wollen, um sich bei ihr zu entschuldigen. Die Nachforschungen seines Verwandten hatten ergeben, dass die junge Frau kurz vor dem Abschluss ihres Jurastudiums stand, noch immer in demselben Restaurant jobbte und nach wie vor bei den Adamsons wohnte.

Koenig spürte, wie ihn Dr. Stein aufmerksam musterte. Jack Carrolls Augen wirkten hingegen völlig unbeteiligt, doch davon ließ sich Koenig nicht täuschen. Er wusste, dass es hinter der ausdruckslosen Fassade des Staatsanwalts brodelte, weil er darauf brannte, Antworten zu bekommen. Ob Carroll wohl auch Dr. Stein dazu aufgefordert hatte, ihm die üblichen Fragen zu stellen:

Haben Sie irgendetwas mit der Brandstiftung in Rosedale zu tun, bei der vor acht Jahren eine ältere Frau ums Leben kam?

Im März vor fünf Jahren wurde jemand, dessen Beschreibung auf Sie passt, dabei gesehen, wie er das York-Kino in Mamaroneck verließ. Kurz darauf wurde dort ein Kassierer ermordet aufgefunden. Sind Sie dem Mann vielleicht schon einmal in einem früheren Leben begegnet?

Sind Sie jemals unter dem Namen Samuel Ensinger aufgetreten und haben sich mit Jeffrey Lane verabredet, einem Immobilienmakler in Rye?

Bei der alten Frau hatte es sich um die Hexe von Salem gehandelt. Und in dem Kassierer hatte er den Piraten wieder erkannt, der ihn 1603 auf offener See in einem Ruderboot seinem Schicksal überlassen hatte. Zu guter Letzt war auch Geoffrey Lane nicht seiner Strafe entgangen: 1790 hatte er in Glasgow seinen älteren Bruder – ein früheres Ich von Koenig – ermordet, um den elterlichen Hof zu erben.

Dr. Stein merkte dem Staatsanwalt an, wie frustriert

er war. Wie hatte er doch gesagt: »Ich weigere mich einfach, es als puren Zufall zu betrachten, dass jemand, dessen Beschreibung auf Koenig passt, an mehreren Tatorten gesehen wurde, an denen unterschiedlichste Leute ohne erkennbares Motiv ermordet wurden.«

Sicher, die Beschreibung trifft auf Koenig zu, dachte Dr. Stein. *Mittelgroß, schlank, ebenmäßige Gesichtszüge, aschblonde Haare – ein Durchschnittstyp.* Und wie Carroll selbst betont hatte, war Koenig in der Lage, sein Äußeres durch simple Hilfsmittel wie zum Beispiel eine Brille, eine Perücke oder durch eine Mütze zu verändern. Nur die blassblauen, ja beinahe farblos erscheinenden Augen waren wirklich auffällig. Und die kräftige Gestalt. Am Nacken und an den Händen traten deutlich einzelne Muskelstränge hervor – nicht ohne Grund, denn Koenig betrieb oft stundenlang Krafttraining in seiner Zelle.

Den Angaben in seiner Akte zufolge hatten seine Eltern ein sehr zurückgezogenes Leben geführt. Als William heranwuchs, war es anderen Gleichaltrigen untersagt worden, mit ihm zu spielen, da es in seiner Nähe immer wieder zu unerklärlichen Unfällen gekommen war. Auch auf der Highschool in White Plains hatte er bald als Außenseiter dagestanden, der von seinen Klassenkameraden als unheimlicher Sonderling gemieden worden war.

Nach dem Schulabschluss hatte William das Westchester County verlassen und war als Gelegenheitsarbeiter durchs Land gezogen. Die ihm ausgestellten Zeugnisse bescheinigten ihm hohe Intelligenz, zugleich aber auch ein ungezügeltes Temperament. Zudem hatten die zahlreichen Gewaltausbrüche gegenüber Kollegen zu mehreren kurzen Aufenthalten in Nervenkliniken geführt. Schließlich war er nach White Plains zurückgekehrt: eine tickende Zeitbombe, die schließlich explodierte, als Koenig an jenem Abend Emily Winters überfiel.

Den ihr vorliegenden Unterlagen hatte Dr. Stein darüber hinaus entnommen, dass Koenig ein geradezu unersättlicher Leser war. Aufgrund dieses Umstands vertraten einige ihrer Kollegen die Ansicht, dass es sich bei Simon Guiness vermutlich nicht um ein früheres Ich von Koenig handle, sondern um eine fiktive Figur aus einem Roman. Abgesehen von Staatsanwalt Carroll traute jedoch niemand William Koenig zu, ein Serienmörder zu sein.

Die Psychiaterin gelangte zu dem Ergebnis, dass Koenig vorerst keine weiteren Informationen zu entlocken waren. Allzu offensichtlich versuchte er, sie und Carroll nur an der Nase herumzuführen.

»Unsere Zeit ist leider schon um, William«, beendete sie die Sitzung, »aber wir werden uns am Donnerstag wiedersehen.«

»Ich freue mich bereits darauf, Dr. Stein, denn Sie scheinen ein ausgesprochen liebenswürdiger Mensch zu sein«, erwiderte Koenig. »Wer weiß? Vielleicht haben Sie mir in einem meiner früheren Leben einmal eine Wohltat erwiesen? Ich werde mir Mühe geben, es herauszufinden. Und ich wünschte mir, Sie würden es auch tun.«

»Wie geht es Emily Winters?«, erkundigte sich Dr. Stein, nachdem Koenig weggeführt worden war.

»Sie ist seit dem Vorfall in psychiatrischer Behandlung gewesen, aber ich denke, dass sie bald wieder in der Lage sein wird, ein normales Leben zu führen«, antwortete Carroll. »Kürzlich hat sie jedoch etwas getan, das ich für sehr gefährlich halte. Sie ging nämlich zu einem Parapsychologen, um sich – wie sie sagte – ›in ein früheres Leben zurückversetzen zu lassen‹.«

»Sie meinen, Emily wollte herausfinden, ob sie *tatsächlich* Kate Fallow *war*?«

»Genau.«

»Bei solchen Geschichten spielen Einbildung und Suggestion eine erhebliche Rolle.«

»Wie auch immer – nach eigener Aussage erinnerte sie sich zwar nicht daran, Kate Fallow gewesen zu sein, aber sie behauptete, unter Hypnose ein Tonband besprochen zu haben, aus dem hervorgehe, dass sie bereits einmal zur Zeit des Bürgerkriegs irgendwo unten im Süden gelebt habe.«

»Hat sie Ihnen das Band vorgespielt?«

Carroll schüttelte den Kopf. »Ich sagte ihr, ich hielte das Ganze für absoluten Unfug, und riet ihr, sich nicht mit diesem Hokuspokus zu beschäftigen, sondern sich lieber an einen richtigen Psychiater zu wenden.«

»Soweit ich weiß, studiert sie in Fordham. Doch warum wohnt sie dann in White Plains?«, wunderte sich Dr. Stein.

»Emily hat sich ihr gesamtes Studium selbst verdient und will ihre berufliche Karriere nicht mit einem Haufen Schulden beginnen. Außerdem will sie als Pflichtverteidigerin arbeiten, was ihr alles andere als ein Spitzeneinkommen bescheren wird. Bei den Adamsons wohnt sie mietfrei, weil sie das ansonsten oft leer stehende Haus hütet. Und im Restaurant erhält sie nicht nur täglich eine warme Mahlzeit, sondern auch ausgesprochen ansehnliche Trinkgelder. Zu guter Letzt hat ihre Großmutter, bei der sie aufgewachsen ist, nicht mehr lange zu leben. Sie ist in White Plains in einem Altersheim untergebracht und Emily ist bestrebt, sie möglichst jeden Tag zu besuchen.«

Von Berufs wegen war Dr. Sara Stein der Anteil nehmende Unterton in Carrolls Stimme nicht entgangen, als er über Emily Winters berichtete.

»Sie betrachten das Schicksal des Mädchens mit persönlicher Anteilnahme«, sagte sie ruhig. »Das könnte der Grund dafür sein, warum Sie William

Koenig so misstrauisch und feindselig gegenüberstehen.«

»Allerdings. Und falls Koenig jemals für zurechnungsfähig erklärt werden sollte, werde ich nicht ruhen, ihn für seine Taten zur Rechenschaft zu ziehen. Und er wird all seine Leben brauchen, um die Haftstrafe absitzen zu können, auf die ich plädieren werde.«

Noch am selben Abend gelang William Koenig sein sorgfältig geplanter Ausbruch. Der freundliche junge Wärter, der erst seit wenigen Tagen in der Anstalt gearbeitet hatte, war leicht zu überwältigen gewesen. Koenig ließ ihn wie einen Schlafenden auf dem Bett in seiner Zelle zurück, Körper und Gesicht unter der Decke verborgen. Auch der ältere Pfleger im Spindraum hatte Koenig keinerlei Kopfschmerzen bereitet; er hatte nicht einmal mehr lang genug gelebt, um seinen Angreifer erkennen zu können.

Koenig verließ das Krankenhausgelände mit dem Wagen des älteren Pflegers, dessen Kleidung er auch trug. Als er am Tor den Sicherheitsausweis des Ermordeten vorzeigte, durfte er anstandslos passieren. Dann machte er sich unverzüglich auf den Weg zu dem Haus, in dem Emily Winters wohnte. Nur einmal hielt er unterwegs an, um in einem Baumarkt ein Seil zu kaufen. Als er den Wagen schließlich auf einem öffentlichen Parkplatz abstellte, um zu Fuß zu dem umzäunten Wohngebiet hinüberzugehen, hatte er die Schlinge bereits geknüpft. Wie zuvor wich Koenig dem Torposten aus und überwand den Zaun an einer Stelle, die aufgrund des dichten Buschwerks schwer einsehbar war. Jetzt konnte ihn nichts mehr aufhalten.

In seiner Zelle hatte Koenig ins Kalkül gezogen, diesmal möglicherweise auf die Adamsons zu stoßen. Aber ein kurzer Blick verriet ihm, dass in der Garage kein Wagen stand. *Also werde ich Kate ganz für mich allein haben*, dachte er grimmig. Sie musste jeden Augenblick von der Arbeit im Restaurant nach Hause kommen. Und sobald sie die Tür aufschloss, würde er hinter sie treten und sie hineindrängen. Falls nötig, würde er sie auch auf der Stelle töten. Aber er wollte ihr zumindest die Chance geben, die Alarmanlage außer Kraft zu setzen, sodass sie beide ein wenig miteinander plaudern konnten. Wahrscheinlich würde sie seinen Vorschlag annehmen; vermutlich schon deshalb, weil sie sich erhoffte, auf diese Weise vielleicht doch noch heimlich ein Alarmsignal senden zu können. Doch Koenig würde auf der Hut sein. Egal wie schnell die Männer des zivilen Wachdiensts auch aufkreuzen mochten, diesmal würden sie das Mädchen nur noch tot vorfinden.

»Das Kalbskotelett ist wirklich zu empfehlen«, versicherte Emily Winters dem unentschlossenen Gast, der sich nicht zwischen Fleisch und Schwertfisch entscheiden konnte.

»Sie meinen, es ist besser als der Schwertfisch?«

Gott im Himmel, warum bin ich heute nur so schrecklich nervös?, dachte sie bei sich. Sie hatte das unerklärliche Gefühl, als drohe ihr von irgendwoher schlimmes Unheil. Und in der Tiefe ihrer Seele spürte sie, dass sie unvermeidlich eines Nachts erwachen und erneut William Koenigs Gesicht vor sich sehen würde: seine glänzenden Augen starr auf sie gerichtet und seine Hände nach ihr ausgestreckt, um seine Finger in ihre Kehle zu bohren.

Vielleicht würde sie auch plötzlich Schritte hinter sich hören und erschrocken herumfahren, um wieder diese ruhige, durchdringende Stimme zu hören: »Haben wir uns nicht schon einmal irgendwo gesehen?«

»Vielleicht nehme ich doch besser das Kalbskotelett.«

»Sie werden Ihre Entscheidung bestimmt nicht bereuen.«

Sie wandte sich zum Gehen, froh darüber, dem Fenster den Rücken kehren und in die Küche verschwinden zu können, wo sie niemand von der Straße aus sehen konnte. Seitdem sie wusste, dass William Koenig sie von dort aus heimlich beobachtet hatte, fühlte sie sich in der Nähe von Fenstern grässlich ausgeliefert und verwundbar.

Vielleicht hätte ich besser den Job wechseln sollen, sagte sie sich. *Aber sollte er jemals wieder auf freien Fuß gelangen, wird er dich ohnehin aufspüren, wo immer du dich auch verkrochen haben magst,* flüsterte ihr eine Stimme tief in ihrem Inneren zu.

Sie wollte den Job und ihre jetzige Lebenssituation einfach nicht aufgeben. Im Mai würde sie ihr Examen machen und ihr war bereits eine Stelle als Pflichtverteidigerin zugesichert worden. Jack hatte sie damit aufgezogen. »Du wirst versuchen, Leute aus dem Gefängnis herauszuholen, während ich mir alle Mühe gebe, sie hineinzubringen. Das verspricht ein interessantes Spiel zu werden.«

Sie passten ausgezeichnet zueinander, und sie waren sich dessen bewusst, auch wenn es bisher keiner von beiden ausgesprochen hatte. Aber ihnen blieb genug Zeit, die Dinge behutsam anzugehen. Zum Glück war Jack klug genug, um einzusehen, dass sie in ihrer jetzigen Situation kurz vor dem Examen, mit dem Job als Kellnerin und ihrer kranken Großmutter einfach keine Zeit dafür hatte, sich Hals über Kopf in eine Beziehung zu stürzen.

Als sie dem Helfer des Küchenchefs die Bestellung überreichte, musste sie unwillkürlich über Jacks ebenso humorvolle wie zutreffende Beschreibung lächeln: »Ich habe langsam das Gefühl, als lebten wir zur Zeit unserer Eltern. Unsere Rendezvous beschränken sich auf Kino, Abendessen und Auf-Wiedersehen-Sagen.«

Bisher hatte es nur einen einzigen ernsthaften Streitpunkt zwischen ihnen gegeben. Sie war wirklich verärgert gewesen, als Jack sich geweigert hatte, das Tonband anzuhören, das während ihrer Hypnose aufgenommen worden war. *Vielleicht hat wirklich das kollektive Unbewusste aus mir gesprochen*, dachte sie. *Vielleicht habe ich das Ganze auch nur irgendwo gelesen.* Auf jeden Fall war es faszinierend gewesen zu hören, wie ihre eigene Stimme von einem früheren Leben in den Südstaaten zur Zeit des Bürgerkriegs berichtete.

Nicht dass ich der ganzen Sache besondere Bedeutung beimesse, aber sie zeigt zumindest, wie sehr Menschen von der Vorstellung, wiedergeboren zu werden, in den Bann gezogen werden können.

Die letzten Gäste verließen das Lokal gegen 22.30 Uhr. Kurz zuvor hatte Jack angerufen und sie gefragt, ob sie noch Lust auf einen Drink hätte, er könne ihr dann über seine nur wenige Stunden zurückliegende Begegnung mit William Koenig berichten. Die Versuchung war für sie wirklich sehr groß gewesen, aber angesichts der in zwei Tagen anstehenden Examensklausur, für die sie noch eine Menge lesen musste, hatte sie schweren Herzens abgesagt.

Emily verabschiedete sich von ihrem Boss Pat Cleary. Lächelnd willigte sie ein, am nächsten Mittag kurz vorbeizuschauen, um ein warmes Essen für ihre Großmutter mitzunehmen.

»Ich weiß, dass du sie jeden Donnerstag am Spätvormittag besuchst«, sagte der Lokalbesitzer, »und wir alle wissen, dass Altenheime nicht gerade für ihre gute Küche berühmt sind.«

Als Emily den Motor ihres Wagens startete, wurde er mit dem üblichen widerspenstigen Kreischen zum Leben erweckt. *Vielleicht befinde ich mich ja nächstes Jahr um diese Zeit nach Abschluss des Studiums in der glücklichen Lage, mir ein Auto leisten zu können, das sich nicht nur durch Gebete in Gang setzen lässt*, hoffte Emily.

Jack fuhr einen Toyota. Er hatte ihr erzählt, wie ihm von seinem Vater vor drei Jahren zum bestandenen Juraexamen ein Jaguar geschenkt worden war. »Es brach mir fast das Herz, aber ich dachte, es würde schon sehr seltsam wirken, wenn ein junger Staatsanwalt mit einem Jaguar vor Gericht vorfährt.«

Der Torposten winkte sie durch die Schranke. Häufig machten beide Witze darüber, dass Emilys Wagen – im Vergleich zu den Luxuskarossen, die sonst üblicherweise hier ein und aus fuhren – als einziger das Zeug dazu hatte, zum ›Schrotthaufen des Monats‹ gekürt zu werden. Deshalb bestanden die Adamsons auch darauf, dass sie den Wagen immer in die Garage fuhr und auf diese Weise vor den Nachbarn verbarg.

Voller Anspannung beeilte sie sich, den kurzen Fußweg von der Garage zur Küchentür zurückzulegen. Die paar Schritte bereiteten ihr die größte Beklemmung, denn hatte sie erst einmal das Innere des Hauses erreicht und das Sicherheitssystems aktiviert, konnten weder Türen noch Fenster geöffnet oder beschädigt werden, ohne dass Alarm ausgelöst wurde. Sekunden später würden bewaffnete Wächter eintreffen.

Aber wozu sollte sie sich Sorgen machen? William Koenig saß schließlich in einer gut gesicherten Gummizelle oder wo immer die geisteskranken Schwerverbrecher in dem neuen Gefängnishospital verwahrt wurden.

Aufatmend steckte Emily den Schlüssel ins Schloss und drehte ihn herum. Als das Schloss klickte und sie den Türknauf drehte, presste sich plötzlich eine Hand auf ihren Mund. Dann wurde sie durch die offene Tür ins Haus gedrängt.

»Haben wir uns nicht schon einmal irgendwo gesehen?«, flüsterte William Koenig.

Schlecht gelaunt und voller Wut machte sich Jack Carroll auf den Rückweg zu seinem Büro. *Vergiss den Mistkerl einfach,* sagte er sich. Er hatte alle Hände voll damit zu tun, einen anderen Fall für die Verhandlung vorzubereiten. Sein Chef würde sicher alles andere als erfreut darüber sein, falls er die Sache in den Sand setzen sollte, nur weil er sich wie ein Besessener an William Koenig festgebissen hatte.

Sicherlich wäre seine Laune besser, wenn er Emily auf einen Drink gesehen hätte. Aber er hatte Verständnis dafür, dass sie ihm einen Korb gab. Als Carroll darüber nachdachte, unter welch geradezu luxuriösen Bedingungen er sein Studium absolviert hatte und welche Opfer Emily dafür aufbringen musste, fühlte er sich regelrecht mies. Sie hatte es wirklich nicht leicht gehabt: die Eltern früh verloren; aufgewachsen bei ihrer Großmutter, die nun selbst im Sterben lag; immer nur mit Teilstipendien bedacht, die dazu ausgereicht hatten, ihr den Zugang zu erstklassigen Schulen zu ermöglichen, aber ständig harte Arbeit erfordert hatten. Und anstatt nun das große Geld zu verdienen, beabsichtigte Emily, sich in der Zukunft Leuten zu widmen, die juristischen Beistand benötigten, aber nicht dafür zahlen konnten.

Als ob all das noch nicht ausgereicht hätte, musste ausgerechnet sie zur Zielscheibe dieses wahnsinnigen Killers werden, knurrte Carroll innerlich. Nachdem er Koenigs Befragung zähneknirschend miterlebt hatte, wäre er am liebsten direkt zu Emily gefahren, um sie in seine Arme zu schließen und sich zu vergewissern, dass sie am Leben war, dass es ihr gut ging und ihr keinerlei Gefahr drohte.

Stunden vergingen, in denen er an seinem Eröffnungsplädoyer feilte, das er in einer Woche am ersten Verhandlungstag des neuen Falls halten würde. In den anderen winzigen Büros entlang des Flurs machten die anderen jungen Staatsanwälte dasselbe. Als *Brüder im Geiste* bezeichneten sie sich deshalb scherzhaft.

›*Und Schwestern*‹, fügten die weiblichen Mitglieder der Staatsanwaltschaft hinzu.

Gegen 23.15 Uhr läutete Jack Carrolls Telefon.

Dr. Steins Stimme klang überrascht, als er sich meldete. »Ich hätte nicht gedacht, dass ich Sie um diese Zeit noch in Ihrem Büro erreichen würde.«

Da war noch ein anderer Unterton in der Stimme der Psychiaterin, der dafür sorgte, dass Carrolls Kehle zusammengeschnürt wurde. »Was ist geschehen?«

»Es geht um Koenig. Der Wärter, der für seinen Block zuständig ist, wurde in Koenigs Zelle erwürgt aufgefunden. Außerdem lag ein zweiter Pfleger tot in einem Schrank im Spindraum. Wir suchen zwar noch das gesamte Anstaltsgelände ab, aber wir gehen davon aus, dass es Koenig gelungen ist, mit dem Wagen des Pflegers zu fliehen. Er dürfte mindestens zwei Stunden Vorsprung haben. Weiß Koenig, wo Emily Winters derzeit wohnt?«

»Vermutlich schon. Ich werde sie warnen und unter Polizeischutz stellen.«

Carroll unterbrach das Gespräch und wählte Emilys Nummer. *Bitte, Emily, melde dich!* flehte er. Sobald sie sich meldete, würde er sie anweisen, alle Türen und Fenster zu verriegeln. Danach musste der Wachdienst alarmiert werden, um ein paar Männer zu Emily zu schicken, die dort Wache hielten, bis die Polizei eintraf. Und bis er selbst bei ihr war.

Nachdem das Telefon zweimal geläutet hatte, vernahm Carroll voller Erleichterung, dass der Hörer abgenommen wurde.

»Emily?«

»Nein, Mr. Carroll, ich bin's – Simon Guiness. Kate ist bei mir. Sie hat gerade bestätigt, dass wir uns tatsächlich schon früher einmal gesehen haben.«

Bei dem sternförmigen Knopf auf der Bedienungstafel der Alarmanlage handelte es sich um den Notschalter. Es wäre Emily ein Leichtes gewesen, ihn zu drücken, während sie das System ausschaltete, aber sie entschied sich dagegen. Koenig verfolgte jede ihrer Bewegungen. Zweifellos hätte er die Betätigung des Schalters bemerkt und sofort die Schlinge zugezogen, die er ihr um den Hals gelegt hatte.

Sie hatte nur eine Chance: Sie musste ihn zum Reden bringen. Koenig hatte vom Krankenhaus bis zu ihr mindestens eine halbe Stunde gebraucht. Mittlerweile war seine Flucht sicherlich entdeckt worden – und Jack auf dem Weg, um sie zu retten.

»Das war eine sehr kluge Entscheidung von dir, Kate«, lobte Koenig. »Du hast dein jetziges Leben gerade um ein paar Minuten verlängert.«

Sie waren in der Küche, einem großen Raum mit einem Herd auf der einen und einer Couch sowie zwei bequemen Stühlen und einem Fernseher auf der anderen Seite. Wenn die Adamsons zu Hause waren, versäumte Mr. Adamson nie, Emily darauf hinzuweisen, dass trotz der vielen Zimmer in dem großen Haus die Küche sein Lieblingsplatz war. Hier aßen sie oft zu Abend. Während Mrs. Adamson das Essen kochte, saß ihr Mann in seinem Sessel, las Zeitung oder sah sich aufmerksam die Fernsehnachrichten an.

Emily bemerkte, dass sie offensichtlich unter Schock stand. Wie sonst wäre zu erklären gewesen, dass sie über die Adamsons nachdachte, während das Seil, das um ihren Hals lag, in die Haut schnitt und William Koenig sie zu Mr. Adamsons Stuhl stieß?

Lieber Gott, hilf mir, meine Angst vor ihm zu verbergen,

denn gerade meine Angst stachelt ihn an!, betete Emily. *Ich muss versuchen, ihn in ein Gespräch zu verwickeln, zumindest so lange, bis Jack hier ist. Ich weiß, dass er auf dem Weg ist.*

Was hatte Jack ihr noch alles über Koenig erzählt?

»Ich weiß, dass du mich töten willst, Simon«, begann sie, »und ich weiß auch, dass ich in einem früheren Leben für deinen Tod verantwortlich war. Aber ich habe damals nur so gehandelt, weil ich dich so sehr liebte, Simon, und weil du mich zurückgewiesen hattest. Denkst du nicht auch, dass man mit einer Frau, die liebt und die so sehr verletzt wird, Nachsicht haben muss?«

»Ja, ich habe dich verletzt«, gestand Koenig. »Aber das war kein Grund, solche Lügen über mich zu verbreiten.«

Emilys Mund war so trocken, dass sie sich wunderte, wie sie auch nur ein Wort über die Lippen bringen konnte. »Aber Simon, du hast mich doch erst zu all dem ermutigt! Erinnerst du dich nicht mehr daran? Gewiss habe ich mit dir geflirtet, aber du hast mir doch gestanden, wie sehr du mich begehrtest. Und du warst der bestaussehende Mann im ganzen Ort. Alle Mädchen liefen dir nach.«

»Das war mir nicht bewusst.« Koenigs Stimme klang geschmeichelt.

Mach weiter so!, stachelte Emily sich an. *Beschäftige ihn, und lenk ihn von seinem Plan ab!*

»Hast du vor mir schon andere dafür bestraft, dass sie dich in früheren Leben schlecht behandelt haben?«

»Allerdings, Kate, das habe ich. Du bist bereits Nummer elf.«

»Erzähl mir von den anderen, Simon.«

Jack hat Recht, dachte Emily. *Der Kerl ist wirklich ein Serienmörder. Ich muss ihn dazu bringen, dass er mit seinen Verbrechen prahlt.*

Plötzlich läutete das Telefon. Als Koenig den Hörer abnahm und mit Jack Carroll sprach, wusste Emily, dass sie nur noch Sekunden zu leben hatte. Denn sicherlich würde Jack den Sicherheitsdienst alarmieren, und im Handumdrehen würden ein paar Wachleute am Haus eintreffen, um sich gewaltsam Zutritt zu verschaffen.

Natürlich war das auch Koenig klar. Er legte den Hörer auf und lächelte Emily an.

»Wenn du dich gerade fragst, wie ich von hier fliehen will, dann will ich dir die Antwort geben: gar nicht. Sie werden mich in die Anstalt zurückbringen, aber das ist in Ordnung. Man kann's dort ganz gut aushalten und außerdem bist du die Letzte auf meiner Liste. Dein Tod wird meinen Rachedurst endgültig stillen. Steh jetzt auf.«

Während Emily auf die Beine kam, zog er an der Schlinge.

»Großer Gott, bitte nicht …!«, keuchte sie flehentlich.

»Stell dich auf den Stuhl dort unter dem Holzbalken!«

»Nein.«

Sie spürte einen starken Ruck an der Schlinge. *Tu es!*, kreischte eine verzweifelte Stimme in ihrem Inneren. *Nur so kannst du noch ein oder zwei weitere Sekunden herausschinden. Vielleicht ist dann bereits die Rettung da!*

Scheinbar mühelos gelang es Koenig, das andere Ende des Seils über den Querbalken an der Decke zu werfen.

»Du hast Angst, nicht wahr? Schade, ich hätte gerne noch ein wenig mit dir geplaudert, Kate, denn ich glaube, dich noch aus einem anderen früheren Leben zu kennen. Damals nanntest du dich Eliza Jackson. Ich wüsste nur zu gern, was damals zwischen uns vorgefallen ist.«

Emily fühlte, wie sie langsam ohnmächtig wurde.

»Ich erinnere mich daran«, flüsterte sie. »Ich war tatsächlich Eliza Jackson. Das habe ich erfahren, als ich mich von einem Parapsychologen hypnotisieren ließ.«

»Du lügst. Das glaube ich dir nicht.«

»In der Schublade dort liegt ein Tonband. Daneben befindet sich ein Rekorder. Das Band beweist, dass wir uns 1861 begegnet sind.«

»Ich werde das Seil nicht loslassen. Selbst wenn es jemandem gelingen sollte, hier einzudringen, wird es für dich zu spät sein.« Er öffnete die Schublade und nahm den Rekorder heraus. Anschließend legte er die Kassette ein und drückte auf die Starttaste.

Draußen vor dem Fenster konnte Emily die Gesichter der Wachleute erkennen. Aber auch Koenig waren sie nicht entgangen. Blitzartig schlang er das Seil mehrfach um sein Handgelenk und begann zu ziehen.

Emily bekam keine Luft mehr. Verzweifelt krallten sich ihre Hände in die Schlinge, während sie nach oben gezogen wurde und den Halt unter den Füßen verlor.

»*Ich heiße Eliza Jackson*«, erklang es aus dem auf volle Lautstärke gestellten Rekorder.

William Koenig erstarrte, ließ das Seil fahren und schaute wie gebannt auf den Rekorder, aus dessen Lautsprecher wieder Emilys seltsam verträumt klingende Stimme zu hören war.

»Wir sind uns *tatsächlich* in einem anderen Leben begegnet!«, brüllte Koenig wie von Sinnen.

Dieser eine Augenblick der Unaufmerksamkeit genügte. Das Fenster zerbarst mit lautem Klirren und in der nächsten Sekunde standen die Leute des Sicherheitsdienstes im Raum.

Während einer von ihnen Koenig Handschellen anlegte, kümmerten sich zwei andere um Emily, die beim plötzlichen Erschlaffen des Seils ins Straucheln geraten war. Rasch wurde die Schlinge um ihren Hals entfernt.

»Ich will den Rest des Bandes hören!«, kreischte

Koenig. »Ich muss unbedingt wissen, was du mir als Eliza Jackson angetan hast!«

Als auch Jack Carroll in die Küche stürzte, blickte Emily entschlossen in William Koenigs Augen. »Ich weiß nicht, was dir möglicherweise von Eliza Jackson angetan wurde. Ich weiß nur, dass sie mir gerade das Leben gerettet hat.«

Lawrence Block

Gefährliches Pokerspiel

Als das Telefon läutete, hockte ich gerade vorm Fernseher, schlürfte einen Bourbon und verfolgte ein Spiel der Yankees. Komisch, an welche Dinge sich das Gedächtnis erinnert und welche es vergisst. Ich erinnere mich zum Beispiel daran, dass Thurman Munson ein wirklich schweres Foul an einem Spieler beging, der um Haaresbreite einen Home Run geschafft hätte. Aber ich habe nicht mehr den blassesten Schimmer, gegen wen die Yankees spielten und was für eine Saison sie in dem Jahr hinlegten.

Ich weiß auch noch, dass es sich bei dem Bourbon um einen ›J.W. Dant‹ handelte und dass ich ihn mit Eis trank. Wie hätte ich das allerdings auch vergessen können? Schließlich behalte ich immer, was ich getrunken habe, auch wenn ich keine plausible Erklärung dafür habe.

Die Jungen waren erst noch aufgeblieben, um sich mit mir zusammen die ersten beiden Durchgänge anzusehen, aber da sie am nächsten Tag zur Schule mussten, hatte Anita sie schließlich nach oben gebracht und ins Bett verfrachtet. Währenddessen hatte ich mir einen frischen Drink gegönnt und mich erneut vor dem Fernseher niedergelassen. Das Eis war schon ziemlich geschmolzen, als Munson das Foulspiel beging. Ich saß noch immer kopfschüttelnd vor der Mattscheibe, als das Telefon läutete. Da ich mich nicht daran störte, ging Anita an den Apparat und sagte mir, dass es für mich sei. Die Sekretärin von irgendjemandem, meinte sie.

Ich nahm den Hörer entgegen.

»Mr. Scudder, ich rufe im Auftrag von Mr. Alan Herdig von der Firma Herdig und Cromwell an«, meldete sich eine geschäftsmäßig klingende Frauenstimme.

Während sie mir knapp erklärte, worum es ging, überschlug ich bereits, wie lange ich für die Fahrt brauchen würde. Ich legte auf und verzog das Gesicht.

»Musst du noch weg?«

Ich nickte nur. »Es wurde langsam Zeit, dass wir in diesem Fall endlich den Durchbruch schaffen«, erklärte ich. »Es wird vermutlich sehr spät werden, falls ich heute Nacht überhaupt ein Bett zu sehen bekomme. Und morgen Vormittag habe ich einen Gerichtstermin.«

»Dann hole ich dir wenigstens ein frisches Hemd. Setz dich solange hin. Du hast doch noch Zeit, in Ruhe deinen Bourbon auszutrinken, oder etwa nicht?«

Dafür hatte ich immer Zeit.

Wie viele Jahre ist das schon her? Damals war Nixon noch Präsident, und zwar in seiner ersten Amtszeit. Ich selbst arbeitete als Detective beim New York Police Department und war dem sechsten Bezirk in Greenwich Village zugeteilt. Wir hatten ein Haus auf Long Island mit zwei Autos in der Garage: einen Ford Van für Anita und einen alten Plymouth Valiant für mich.

Als ich mich auf den Weg machte, herrschte nur wenig Verkehr und ich scherte mich nicht sonderlich um die Geschwindigkeitsbegrenzungen. Die wenigsten Cops taten das, weil sie sich sicher sein konnten, keine Anzeige zu bekommen. Schließlich hackt eine Krähe einer anderen kein Auge aus. Kurz und gut: Ich kam sehr gut voran, und es war gerade erst Viertel vor zehn, als ich den Wagen an einer Bushaltestelle an der First Avenue abstellte. Ein spezieller Berechtigungsausweis, den ich hinter die Windschutzscheibe gelegt hatte, würde verhindern, dass ich einen Strafzettel bekam oder mein Plymouth abgeschleppt wurde.

Das Beste am Job eines Gesetzeshüters ist nun einmal, dass er selbst die Gesetze nicht sonderlich achten muss.

Da der Portier mich oben angemeldet hatte, erwartete sie mich bereits mit einem Drink in der Hand. Und obwohl ich mich nicht mehr daran erinnere, was sie anhatte, bin ich sicher, dass sie wie immer sehr gut darin ausgesehen haben muss.

»Ich hätte dich niemals zu Hause angerufen, wenn es nicht wirklich dringend wäre«, begrüßte sie mich.

»Was ist passiert?«

»Ein Klient hat sich bei mir gemeldet. Ein Typ, der bei irgendeiner Firma an der Madison Avenue Vizepräsident ist. Du weißt schon: Maßanzug, Jahreskarte für die Spiele der Rangers und ein Haus in Connecticut.«

»Und?«

»Ich sagte ihm, ich würde einen Cop kennen, der ihm vielleicht helfen könnte. Er und ein paar Freunde von ihm haben nämlich ein Problem. Offenbar ist einem von ihnen etwas zugestoßen, als sie eine Runde Karten spielten.«

»Etwas zugestoßen? Wenn einem Freund etwas zustößt, dann bringt man ihn ins Krankenhaus. Oder war es dafür schon zu spät?«

»Davon hat mein Klient zwar nichts erwähnt, aber ich gehe davon aus. Für mich hörte sich die Geschichte so an, als hätte es einen Unfall gegeben, den sie nun am liebsten ungeschehen machen würden.«

»Und bei der Gelegenheit hast du an mich gedacht?«

»Na ja …«

Sie hatte mich bereits zuvor in einem ähnlichen Fall um Hilfe gebeten. Ein anderer Klient von ihr, bei dem es sich um einen reichen Finanzjongleur von der Wall Street gehandelt hatte, war eines Nachmittags im Bett einem Herzinfarkt erlegen. Die meisten Männer mögen sich zwar einen solchen Tod wünschen, aber für diejenigen, die anschließend aufräumen müssen, ist das

Ganze alles andere als ein reines Vergnügen – vor allem dann, wenn der Verblichene seinen letzten Seufzer im Bett einer Nutte getan hat.

Geschieht dasselbe im Rauschgiftmilieu, lässt sich der Vorfall als erstklassiger Werbegag vermarkten. Denn wenn jemand wegen einer Überdosis in die ewigen Jagdgründe übergesiedelt ist, wollen alle erst einmal erfahren, woher er den Stoff hatte und wie man an ihn herankommen kann. Schließlich muss die Ware bei ihrer durchschlagenden Wirkung ja von allererster Güte gewesen sein. Eine Hure aber hat wenig von dem Ruhm, einem Freier so eingeheizt zu haben, dass er dabei den Löffel abgab. Zudem kann man es als eine Art ›Berufsehre‹ bezeichnen, dem Kunden und seinen Hinterbliebenen die Schmach einer öffentlichen Bloßstellung zu ersparen. Also ließ ich den honorigen Herrn verschwinden und lud ihn – natürlich vollständig bekleidet – in einer Nebenstraße des Finanzviertels ab. Nachdem ich anonym die Polizei verständigt hatte, kehrte ich in das Apartment zurück, um mir dort meine Belohnung abzuholen.

»Ich habe hier die Adresse. Willst du dir die Sache mal ansehen oder soll ich sagen, dass ich dich nicht erreichen konnte?«

Ich küsste sie und wir beide standen einen endlos langen Augenblick eng umschlungen im Flur. Dann schnappte ich atemlos nach Luft.

»Das wäre eine Lüge«, stieß ich hervor.

»Wie …?«

»Es wäre eine Lüge, wenn du deinem Klienten erzählen würdest, du hättest mich nicht erreichen können. Du weißt, dass ich immer für dich da bin.«

»Du bist wirklich ein Schatz.«

»Und jetzt gibst du mir besser die Adresse, bevor ich noch auf andere Gedanken komme.«

Ich holte den Wagen und stellte ihn bereits etwa ein Dutzend Blocks entfernt wieder ab. Die von mir gesuchte Adresse befand sich in einem noblen, zu Beginn des letzten Jahrhunderts errichteten Apartmentgebäude. Die zur Straße gewandte Front wurde im Erdgeschoss von den Schaufenstern eines Geschäftes dominiert, das Akten- und Handtaschen verkaufte. Daneben befanden sich noch ein Reisebüro und ein Herrenausstatter. Ich drückte auf den dritten der vier Klingelknöpfe und hörte, wie die Haussprechanlage aktiviert wurde. Da sich jedoch niemand meldete, wollte ich gerade ein zweites Mal läuten, als der Summer ertönte. Ich stieß die Tür auf und eilte durch ein mit Teppichboden ausgelegtes Treppenhaus in den dritten Stock.

Obwohl ich nicht erwartete, dass jemand zur Begrüßung eine Kugel auf mich abfeuern würde, stellte ich mich beim Anklopfen gewohnheitsmäßig seitlich von der Wohnungstür auf. Das Einzige, was schließlich durch die Tür drang, war eine leise Stimme, die danach fragte, wer ich sei.

»Polizei«, erwiderte ich. »Mir ist mitgeteilt worden, dass sich hier ein Vorfall ereignet hat.«

Es folgt eine Pause. Dann meldete sich erneut eine Stimme – vielleicht dieselbe wie zuvor, vielleicht eine andere: »Ich verstehe nicht ganz. Liegt eine Anzeige vor, Officer?«

Die Burschen wollten mit einem Cop reden, aber offensichtlich nicht mit *irgendeinem* Cop.

»Mein Name ist Scudder. Elaine Mardell sagte mir, dass Sie Hilfe brauchen könnten.«

Ein Schlüssel wurde umgedreht und die Tür öffnete sich. Vor mir standen zwei Männer, die unter ihren dunklen Geschäftsanzügen weiße Hemden und Krawatten trugen. Im Hintergrund konnte ich zwei weitere Männer ausmachen: einer davon ebenfalls im Anzug, der andere in grauen Freizeithosen und einem blauen

Blazer. Sie alle waren Anfang bis Mitte vierzig, das heißt ungefähr zehn bis fünfzehn Jahre älter als ich damals.

»Kommen Sie bitte herein«, forderte mich einer von ihnen auf. »Aber seien Sie vorsichtig.«

Warum ich vorsichtig sein sollte, wurde mir klar, als ich versuchte, die Tür weiter aufzuschieben. Sie wurde durch den Körper eines Mannes blockiert, der zusammengekrümmt am Boden lag. Ein Arm war lang über den Kopf hinaus ausgestreckt, der andere seitlich neben dem Körper angewinkelt: die Hand nur wenige Zentimeter vom Griff des Stiletts entfernt, das bis zum Heft in die Brust eingedrungen war.

Ich schloss die Tür hinter mir und kniete mich nieder, um die Leiche näher zu untersuchen. Währenddessen hörte ich, wie hinter mir wieder der Schlüssel im Schloss herumgedreht wurde.

Der Tote war ungefähr gleichen Alters wie die übrigen Männer und war ähnlich wie sie gekleidet gewesen, bevor er seine Jacke ausgezogen und den Schlipps gelockert hatte. Sein Haar war vielleicht ein wenig länger als das der anderen. Der Grund dafür war vermutlich die Tatsache, dass er am Hinterkopf unter Haarausfall litt und die kahl werdende Stelle mit längeren Strähnen überdecken wollte: ein immer wieder angewandtes Verfahren, das jedoch noch nie zum Erfolg geführt hat.

Ich machte mir nicht die Mühe, einen Puls ertasten zu wollen. Bereits eine leichte Berührung seiner Stirn hatte mir gezeigt, dass er viel zu kalt war, um noch einen Puls haben zu können. Und ich musste ihn beim besten Willen nicht noch näher unter die Lupe nehmen, um die Gewissheit zu erlangen, dass er tot war. Ehrlich gesagt, war mir das bereits klar gewesen, noch bevor ich den Wagen geparkt hatte.

Dennoch nahm ich mir die Zeit, den Toten näher zu

untersuchen. Ohne aufzusehen, fragte ich unterdessen die anderen Männer, was vorgefallen sei. Wieder trat eine Pause ein, bis sich einer von ihnen dazu durchrang, für die Gruppe zu sprechen. Es war derselbe Mann, dessen Stimme ich zuvor durch die Tür gehört hatte.

»Ehrlich gesagt, wissen wir es nicht.«

»Sie sind also nach Hause gekommen und haben ihn hier so vorgefunden?«

»Nein. Wir haben hier ein paar Runden Poker gespielt … zu fünft. Dann läutete es an der Tür, und Phil stand auf, um nachzusehen.«

Ich nickte in Richtung des Toten. »Das hier ist Phil?«

Einer der anderen bestätigte meine Vermutung. »Er hatte gepasst und war ausgestiegen«, erklärte der Mann im blauen Blazer.

»Und Sie vier spielten die Runde weiter …?«

»Ja.«

»Während … Phil …«

»Ja, das ist sein Name.«

»Während Phil sich auf den Weg zur Tür machte und sie öffnete.«

»Ja.«

»Und was geschah dann?«

»Wir konnten nicht erkennen, was sich dann ereignete«, behauptete einer der anderen Anzugträger.

»Die Runde war ja noch im Gange«, fügte ein weiterer hinzu. »Und von unseren Plätzen aus kann man nicht viel davon sehen, was sich an der Tür abspielt.«

»Sie meinen, von Ihren Plätzen am Kartentisch?«

»Genau.«

Am entgegengesetzten Ende des Wohnzimmers stand ein mit grünem Fries bezogener Pokertisch, in den Vertiefungen für Gläser und Spielchips eingearbeitet waren. Ich ging zu ihm hinüber und schaute ihn mir genauer an.

»An dem Tisch haben bis zu acht Spieler Platz.«

»Ja.«

»Aber Sie saßen hier nur zu fünft. Oder waren heute Abend noch weitere Spieler hier?«

»Nein, nur wir fünf.«

»Sie vier und Phil.«

»Ja.«

»Und als Phil sich auf den Weg machte, um die Tür zu öffnen, werden ihm wahrscheinlich zwei von Ihnen den Rücken zugewandt haben und die anderen beiden waren vermutlich auch mehr an ihren Karten interessiert als an dem, was sich an der Tür abspielte, stimmt's?«

Alle vier nickten zustimmend, offensichtlich erleichtert, dass ich so schnell kapierte, wie sich alles zugetragen hatte.

»Aber Sie müssen doch etwas Auffälliges bemerkt haben, was Sie dazu veranlasste, in Phils Richtung zu sehen?«

»Ja«, bestätigte der Mann im Blazer. »Phil schrie auf.«

»Was sagte er denn?«

»Irgendetwas wie ›nein‹ oder ›nicht‹. Jedenfalls schreckte uns das auf. Wir sprangen daraufhin von unseren Stühlen und blickten zur Tür. Aber ich glaube nicht, dass einer von uns den Kerl sehen konnte.«

»Sie meinen den Kerl, der ….«

»Der Phil erstochen hat.«

»Der Täter war also verschwunden, bevor Sie einen Blick auf ihn werfen konnten?«

»Ja.«

»Und er schloss die Tür hinter sich?«

»Entweder er oder Phil stieß sie zu, während er zusammenbrach und vornüberfiel.«

»Wahrscheinlich streckte er einen Arm aus, um seinen Sturz abzufangen ….«, überlegte ich laut.

»Allerdings.«

»Dadurch schob er die Tür zu und sank zu Boden.«

»Ja.«

Ich machte mich wieder auf den Rückweg zur Leiche. Mir gefiel das Apartment. Es war geräumig und zudem komfortabel eingerichtet. Offensichtlich handelte es sich um eine Junggesellenwohnung und nicht nur um das provisorische Quartier eines Berufspendlers. In den Regalen standen Bücher, an den Wänden hingen gerahmte Drucke, und im Kamin lagen aufgeschichtete Holzscheite. Dem Kamin gegenüber fiel mir eine grob gewebte Brücke auf, die auf einem kostbaren Orientteppich lag und dort irgendwie fehl am Platze schien. Aus einer inneren Eingebung heraus hatte ich eine Ahnung, warum sie dort lag. Doch ich schritt zunächst achtlos an ihr vorüber und kniete mich erneut neben den Toten.

»Der Stich führt direkt ins Herz«, stellte ich fest. »Der Tod muss sofort oder zumindest sehr rasch eingetreten sein. Ich nehme an, er konnte nicht noch etwas sagen?«

»Nein.«

»Er klappte nur zusammen, stürzte zu Boden und rührte sich nicht mehr?«

»Genau.«

Ich richtete mich wieder auf. »Das muss ja ein ziemlicher Schock für Sie gewesen sein.«

»Ein furchtbarer Schock für uns alle.«

»Warum haben Sie dann nicht einfach Anzeige erstattet?«

»Anzeige?«

»Ja, bei der Polizei. Oder Sie hätten auch eine Ambulanz rufen können, um ihn ins Krankenhaus bringen zu lassen.«

»Dort hätte ihm niemand mehr helfen können«, erwiderte der Mann im Blazer. »Ich meine, man sah auf den ersten Blick, dass er tot war.«

»Kein Puls, keine Atmung.«

»Sie sagen es.«

»Dennoch mussten Sie wissen, dass Sie in einem solchen Fall dazu verpflichtet sind, die Polizei zu verständigen.«

»Ja, natürlich.«

»Aber Sie taten es nicht.«

Sie warfen sich gegenseitig Blicke zu. Es wäre vielleicht ganz interessant gewesen zu erfahren, welche Ausreden sie am Ende vorgebracht hätten. Aber ich machte es ihnen bewusst leicht.

»Sie waren vermutlich selbst zu Tode erschrocken«, stellte ich fest.

»Das kann man wohl sagen.«

»Ihr Mitspieler geht nichtsahnend zur Tür und im nächsten Augenblick liegt er tot auf dem Boden. Das Ganze muss Sie wirklich sehr aufgewühlt haben, zumal Sie sicherlich nicht wussten, wer ihn getötet hat und warum. Oder haben Sie vielleicht eine Idee, wer der Täter gewesen sein könnte?«

Keiner der Männer hatte auch nur die blasseste Vorstellung.

»Ich nehme an, dass dies hier nicht das Apartment des Ermordeten ist?«

»Nein.«

Natürlich nicht. Wäre dies der Fall gewesen, dann hätten sie sich in der Zwischenzeit alle längst davongemacht.

»Sie muss Ihnen gehören«, wandte ich mich an den Mann im Blazer und genoss es, dass er erstaunt die Augen aufriss. Er bestätigte meine Vermutung und fragte mich, woher ich das wisse. Ich erläuterte ihm allerdings nicht, dass er der einzige Mann im Raum war, der keinen Ehering trug, und dass er als Einziger die Möglichkeit genutzt hatte, sich nach der Heimkehr in die eigenen vier Wände bequemere Kleidung anzuziehen, während die anderen noch ihre Geschäftsanzüge trugen, mit denen sie seit dem Morgen in ihren Büros gewesen waren. Stattdessen murmelte ich nur vor mich hin, dass man als Polizist einen sechsten Sinn für derlei Dinge entwickle, und ließ ihn ihm Glauben, es mit einem Genie zu tun haben.

Dann erkundigte ich mich bei den Männern, ob einer von ihnen mit Phil näher befreundet gewesen sei. Es erstaunte mich nicht im Geringsten, dass alle verneinten. Einer von ihnen bemerkte lediglich, dass der Tote der Bekannte von einem Freund eines Freundes gewesen sei und irgendwo an der Wall Street gearbeitet habe.

»Er war also kein regelmäßiger Mitspieler in Ihrer Runde?«

»Nein.«

»Aber er spielte heute auch nicht zum ersten Mal mit, oder doch?«

»Das nicht«, antwortete jemand. »Er war heute, glaube ich, zum zweiten Mal hier.«

»Und letzte Woche haben Sie ihn zum ersten Mal gesehen?«

»Nein. Das war vorletzte Woche. Letzte Woche spielte er nicht mit.«

»Also vor zwei Wochen. Und wie lief's für ihn?«

Allgemeines Schulterzucken. Dann kamen die Männer überein, dass der Verblichene wohl ein paar Dollar gewonnen hatte. Niemand schien der Sache aber besondere Bedeutung beigemessen zu haben.

»Und heute Abend?«

»Ich glaube, ziemlich ausgeglichen. Sollte er wirklich im Plus gewesen sein, dann kann es sich höchstens um wenige Dollar gehandelt haben.«

»Um welche Einsätze spielen Sie gewöhnlich?«

»Im Grunde nur um kleinere Beträge. Der Grundeinsatz beträgt zwei Dollar. Nach dem Geben wird jeweils um fünf Dollar erhöht.«

»Das heißt, an einem Abend kann man ein paar Hundert Dollar gewinnen oder verlieren.«

»Das wäre allerdings ein sehr hoher Verlust.«

»Oder Gewinn«, gab ich zu bedenken.

»Na ja, wie man's nimmt.«

Ich kniete mich direkt neben den Toten und durchsuchte seine Taschen. Visitenkarten in seiner Brieftasche wiesen ihn als Philip I. Ryman aus und gaben eine Adresse in Teaneck an.

»Er wohnte in Jersey«, sagte ich laut. »Erwähnten Sie nicht, dass er an der Wall Street arbeitete?«

Ich hob Rymans linke Hand an. Die Rolex an seinem Handgelenk wirkte nicht wie eine billige Nachbildung, sondern schien echt zu sein. Erst jetzt fiel mir auch der Ring an seiner Hand auf. Doch bei näherem Hinsehen stellte ich fest, dass es sich nicht um einen Ehering handelte, sondern wohl um einen großen silbernen oder weißgoldfarbenen Siegelring, der sich irgendwie verdreht hatte. Jedenfalls zeigte die große Fläche nach unten in Richtung Handteller. Ich konnte auf der glatten, glänzenden Fläche allerdings keine Initialen erkennen. Anscheinend sollten diese erst noch eingraviert werden. Ich richtete mich wieder auf und wandte mich den Umstehenden zu.

»Es war wirklich eine gute Idee, dass Sie mich angerufen haben«, stellte ich fest.

»Wissen Sie«, begann ich, »für einen Ermittlungsbeamten oder einen Leichenbeschauer werfen sich bei dem vorliegenden Fall nämlich einige Fragen auf.«

»Was denn für Fragen?«

»Zum Beispiel, was das Messer betrifft«, erklärte ich. »Sie haben mir erzählt, dass Ihr Mitspieler die Tür geöffnet habe und im nächsten Augenblick von dem Mörder niedergestochen worden sei. Der Täter habe sich daraufhin sofort wieder aus dem Staub gemacht und sei bereits verschwunden gewesen, noch bevor der Sterbende den Boden berührt habe.«

»Na ja, ganz so rasch vielleicht nicht«, wandte einer der Männer ein, »aber das Ganze ging furchtbar schnell vor sich und war schon vorbei, bevor wir überhaupt merkten, was passierte.«

»Ich glaube Ihnen ja die Geschichte. Aber ein solcher Tathergang ist nun einmal höchst unüblich. Der Mörder hat sich offensichtlich nicht einmal Zeit dafür genommen, den Tod seines Opfers zu überprüfen. Und man kann sich des Erfolgs seiner Tat keineswegs sicher sein, wenn man einfach ein Messer in jemanden hineinrammt. Außerdem ließ der Täter die Tatwaffe zurück.«

»Ist das ungewöhnlich?«

»Er könnte anhand der Waffe möglicherweise überführt werden. Deshalb ist es am sichersten, sie nicht am Tatort zurückzulassen. Außerdem handelt es sich bei dem Messer um eine Waffe. Stellen Sie sich vor, der Mörder wird von jemandem gejagt. Er könnte das Messer dringend nochmals benötigen.«

»Vielleicht ist er in Panik geraten?«

»Vielleicht«, stimmte ich zu. »Aber da ist noch etwas anderes, was ein Ermittlungsbeamter möglicherweise übersehen hätte, doch sicher nicht der Leichenbeschauer. Die Leiche ist nämlich bewegt worden.«

Es war höchst interessant zu verfolgen, wie sie alle die Augen aufrissen, sich gegenseitig aufgeregte Blicke zuwarfen und dann abwechselnd mich und die Leiche anstarrten.

»Das verraten die so genannten Totenflecken«, fuhr ich fort. »Für mich sieht es so aus, als ob Ryman vornübergestürzt sei, und zwar mit dem Gesicht nach unten. Möglicherweise fiel er dabei gegen die sich schließende Tür und verletzte sich im Gesicht, während er zu Boden glitt. Da Sie wegen des Toten die Tür nicht öffnen konnten, mussten Sie ihn jedoch bewegen.«

Der Hausherr im Blazer warf mir einen durchdringenden Blick zu. »Wir haben ja auf Sie gewartet. Und wie hätten wir Sie sonst einlassen sollen?«

»Das leuchtet mir ein.«

»Wir konnten ihn doch nicht einfach an die Tür lehnen.«

»Gewiss nicht«, stimmte ich zu. »Aber all das ist einem Außenstehenden schwer begreiflich zu machen. Zuerst haben Sie es versäumt, sofort die Polizei zu verständigen, und dann haben Sie auch noch die Leiche bewegt. Man wird Ihnen allen sicher einige unbequeme Fragen stellen.«

»Vielleicht könnten Sie uns ja ein paar Tipps geben, mit welchen Fragen wir zu rechnen hätten?«

»Vielleicht kann ich noch weit mehr helfen, auch wenn ich dabei gegen meine Dienstvorschriften verstoße und vermutlich besser die Finger von der ganzen Sache ließe«, erwiderte ich. »Aber ich denke, ich sehe einen Weg, wie Sie ungeschoren aus der ganzen Sache herauskommen können.«

»Oh!«

»Ich schlage Ihnen vor, ein wenig Theater zu spielen. Denn so, wie die Dinge liegen, sieht es nicht allzu rosig für Sie alle aus. Ihr Mitspieler hier ist von einem Unbekannten erstochen worden, der spurlos verschwunden ist, ohne dass jemand ihn auch nur gesehen hätte. Wahrscheinlich wird man den Täter niemals identifizieren können. Das aber bedeutet, dass sich die Polizei mit ihren Ermittlungen einzig und allein an Sie halten wird.«

»Gütiger Himmel«, stöhnte einer der Männer.

»Deshalb sähe es für alle Beteiligten sehr viel günstiger aus, wenn Phil Ryman durch einen Unfall umgekommen wäre.«

»Durch einen Unfall?«

»Ich weiß zwar nicht, ob dieser Ryman vorbestraft

war, aber sein Gesicht kommt mir irgendwie bekannt vor«, sagte ich. »Selbst im Tod hat er noch das Gesicht eines Spielers. Möglicherweise hat er sogar tatsächlich an der Wall Street gearbeitet. Schließlich ist Falschspielerei nicht unbedingt eine Vollzeitbeschäftigung.«

»Falschspielerei?«

»Ja, der Bursche hier war allem Anschein nach ein Falschspieler. An seinem Ring ist ein Spiegel, mit dem man beim Geben die Karten von unten sehen kann. Das ist nur einer der vielen Tricks, mit denen man betrügen kann, und er hatte wahrscheinlich noch dreißig bis vierzig weitere auf Lager«, erklärte ich. »Schauen Sie, für Sie sind solche Pokerabende nichts weiter als ein netter Zeitvertreib, zu dem man sich einmal die Woche trifft. Bei einem Einsatzlimit von fünf Dollar halten sich Gewinne und Verluste im Rahmen und gleichen sich im Laufe eines Jahres wieder aus. Niemand soll beim Spielen über den Tisch gezogen werden, sondern alle wollen nur ein bisschen Spaß haben, stimmt's?«

»Sie sagen es.«

»Deshalb können Sie sich gar nicht vorstellen, dass Sie mit Ihrer Pokerrunde einen Kartenbetrüger angelockt haben. Solche Burschen sind oftmals nicht darauf aus, mit Profis um Höchsteinsätze zu spielen, sondern bevorzugen Runden wie diese hier, wo alle nett zueinander sind und niemand Misstrauen gegen seine Mitspieler hegt. Ohne jedes Risiko kann ein Falschspieler unter solchen Bedingungen in wenigen Stunden ein paar Hundert Dollar einstreichen. Ich bin mir sicher, dass Sie alle ehrlich spielen; aber achten Sie während des Pokerns darauf, ob tatsächlich ein ungezinktes Blatt verwendet wird oder ob jemand von unten gibt? Würden Sie überhaupt bemerken, wenn jemand falsch spielt, selbst wenn Sie es in Zeitlupe verfolgen könnten?«

»Vermutlich nicht.«

»Und Ihr Freund Phil hat Ihre Arglosigkeit vor zwei Wochen zum ersten Mal ausgenutzt, ohne dabei ertappt zu werden. Aber offensichtlich hat er in der Zwischenzeit sein Glück noch bei jemand anderem versucht. Möglicherweise hat er dieselben Tricks bei einem größeren Spiel versucht, vielleicht aber hat er auch nur den Fehler gemacht, im falschen Bett zu schlafen. Auf jeden Fall muss jemand gewusst haben, dass er heute hierher kommen würde. Offensichtlich fasste der Täter dann den Plan, unten zu läuten, unter einem Vorwand eingelassen zu werden und Ryman an die Tür zu bitten, um ihn dort zu töten. Dabei spielte ihm der Zufall in die Hände, als Ryman höchstpersönlich öffnete.«

»Und dann erstach er ihn.«

»Ja. Aber damit beginnen die Ungereimtheiten, die einen Ermittler in einem Mordfall misstrauisch werden lassen. Woher sollte der Täter zum Beispiel wissen, dass Ryman selbst an die Tür kommen würde? Normalerweise müsste man doch damit rechnen, dass der Hausherr öffnet. Selbst im günstigsten Fall hätten die Chancen nur eins zu fünf gestanden, gleich den richtigen Mann zu erwischen. Und wie soll man sich das Ganze vorstellen? Stand der Mörder bereits mit gezücktem Messer vor der Tür? Sonst hätte er die Tat ja nicht so schnell begehen und wieder verschwinden können. Aber konnte er wirklich damit rechnen, dass ein Typ wie Ryman öffnen würde, ohne sich vergewissert zu haben, mit wem er es zu tun hatte?«

Ich hob eine Hand, um aufkeimende Proteste zu ersticken. »*Ich* glaube Ihnen ja, dass sich alles so abgespielt hat. Ich rate Ihnen dennoch, der Polizei eine plausiblere Geschichte aufzutischen … eine Version, die nicht so viele Fragen offen lässt und die von den Beamten deshalb eher geschluckt wird. Vergessen wir doch mal für einen Augenblick den Mörder. Nehmen wir einfach an, Sie hätten Ryman beim Falschspielen ertappt und ihn zur Rede gestellt. Dabei wäre es doch aller Wahrscheinlichkeit nach zu einem Streit gekommen, möglicherweise auch zu Drohungen. Nehmen wir an, Ryman hätte plötzlich in seine Tasche gegriffen und ein Messer gezückt!«

»Das ist doch …!«

»Sie wollen sicher einwenden, das sei an den Haaren herbeigezogen«, fiel ich dem Mann ins Wort. »Aber bei einem Falschspieler ist durchaus damit zu rechnen, dass er eine Waffe bei sich trägt, um sich zu verteidigen, falls er beim Betrügen erwischt wird. Er zieht das Messer und Sie reagieren. Nehmen wir an, Sie hätten in Ihrer Überraschung einfach den Spieltisch auf Ryman geschleudert. Der Tisch erwischt ihn, kracht zu Boden und begräbt Ryman unter sich. Dabei stößt er sich das Messer versehentlich in die Brust und fügt sich selbst eine tödliche Wunde zu.«

Ich durchquerte den Raum.

»Wir müssen den Tisch allerdings umsetzen«, fuhr ich fort. »Dort, wo er jetzt steht, wäre nicht genug Platz für eine solche Rangelei gewesen. Aber stellen wir den Tisch doch einfach in die Raummitte, und zwar dort unter die Lampe. Das wäre doch ohnehin ein guter Platz, nicht wahr?«

Ich bückte mich, packte den Überteppich und zog ihn beiseite.

»Hätte der Tisch dort gestanden, dann hätten Sie sicher auch den Überteppich dort hingelegt«, erklärte ich und deutete auf den Fleck, der plötzlich sichtbar wurde. »Sieht so aus, als hätte jemand Nasenbluten gehabt, und zwar erst kürzlich, denn der Fleck wirkt noch frisch. Das passt gut zu unserer Geschichte. Denn bei einem Stich ins Herz tritt zwar Blut aus, aber nur wenig; und dort drüben, wo die Leiche jetzt liegt, habe ich überhaupt kein Blut gesehen. Wenn wir den Toten also hierher legen, werden meine Kollegen sicher davon ausgehen, dass dieser Fleck hier von Rymans Blut stammt. Mit etwas Glück stimmen sogar die Blutgruppen miteinander überein, schließlich gibt es ja nicht so viele davon.«

Ich fasste die Männer einen nach dem anderen ins Auge.

»Wenn Sie mich fragen, ist diese Version wesentlich glaubwürdiger als Ihre. Nur ein paar Handgriffe sind zu tun. Und Sie sollten ein bisschen Bargeld am Boden verteilen, damit alles natürlicher wirkt. Dann müsste die ganze Geschichte eigentlich als Unfall durchgehen.«

»Sie müssen dich für einen genialen Hellseher gehalten haben«, sagte Elaine lachend.

»Oder für einen völlig beknackten Vollidioten«, erwiderte ich grinsend. »Schließlich riet ich ihnen nichts anderes, als genau das vorzutäuschen, was tatsächlich passiert war und was sie vertuschen wollten. Ich bin mir ziemlich sicher, dass die Männer anfangs noch vermuteten, ich hätte nur durch Zufall den wahren Hergang erraten. Aber zum Schluss dürfte ihnen klar geworden sein, dass ich sie durchschaut hatte.«

»Doch du hast sie die ganze Zeit nicht zur Rede gestellt?«

»Nein. Wir haben die Komödie bis zum Ende durchgespielt und so getan, als verschleierten wir einen Mord.«

»Obwohl du lediglich das wahre Geschehen rekonstruiert hast. Was hat eigentlich deinen Verdacht erregt und dich auf die richtige Spur gebracht?«

»Die Tatsache, dass die Leiche die Tür blockierte. An den Leichenflecken konnte ich nachher zwar deutlich erkennen, dass an der Sache etwas faul war, doch die ganze Geschichte kam mir von Anfang an ausgesprochen komisch vor. Eine Leiche, die ausgerechnet so am Boden liegt, dass sie die Eingangstür versperrt – das war einfach zu viel des Guten! Außerdem stand der Tisch offensichtlich an der falschen Stelle. Und auch der Überteppich konnte dort, wo er lag, nur eine Aufgabe haben, nämlich etwas zu verbergen. Man musste wirklich kein Genie sein, um eins und eins zusammenzuzählen. Jeder halbwegs erfahrene Cop hätte sofort argwöhnisch reagiert und sich die Männer richtig vorgenommen. Schon nach einem kurzen Verhör hätten sich die Pokerfreunde sicherlich in erhebliche Widersprüche verstrickt.«

»Und dann? Hätte man sie unter Mordanklage gestellt?«

»Wahrscheinlich schon. Aber da es sich bei allen um angesehene Geschäftsleute handelt und der Tote ein einschlägig vorbestrafter Mistkerl war, hätte der Staatsanwalt vermutlich nur auf Totschlag plädiert und ein relativ geringes Strafmaß gefordert. Dennoch – dadurch, dass die Geschichte als Unfall mit Todesfolge zu den Akten gelegt worden ist, bleibt unseren Pokerfreunden eine Menge Ärger erspart.«

»Und du bist wirklich sicher, dass es sich nur um einen Unfall handelte?«

»Ich kann mir einfach nicht vorstellen, dass einer dieser Männer ein Springmesser in der Tasche hat und es plötzlich am Kartentisch zückt. Und es erscheint mir auch nicht sehr wahrscheinlich, dass sie es Ryman abgenommen haben, um ihn anschließend damit zu töten. Nein, ich denke, dass Ryman gar nicht wusste, wie ihm geschah, als der Tisch auf ihn zukam und unter sich begrub. Möglicherweise sind auch ein oder zwei von den anderen von oben auf den Tisch gestürzt. Da Ryman meiner Vermutung nach das Messer selbst in der Hand hielt, muss er es sich dabei in die Brust gestoßen haben.«

»Und was haben die anderen Polizisten zu dieser Geschichte gesagt?«

»Nun, da ich den Vorfall weitergemeldet habe, nutzte ich die Gelegenheit, ein paar Kollegen zu alarmieren, mit denen ich sonst gut zusammenarbeite und die nicht zu viele Fragen stellen.«

»Und sie haben die Geschichte tatsächlich geschluckt?«

»Alle Beteiligten haben bekommen, was sie wollten«, erwiderte ich vielsagend. »Schließlich habe ich das Geld, das die vier mir gegeben hatten, dort verteilt, wo es den meisten Nutzen erbrachte.«

»Um die Wogen zu glätten, nehme ich an?«

»Ganz recht.«

»Aber du hast nicht das gesamte Geld dafür verwendet?«

»Nein«, bestätigte ich. »Gib mir deine Hand. Hier, bitte sehr.«

»Was ist das?«

»Ein kleiner Finderlohn.«

»Dreihundert Dollar?«

»Zehn Prozent.«

»Gütiger Himmel«, stieß Elaine überrascht hervor. »Ich habe nicht einen Cent erwartet.«

»Na, und was sagt man zu jemandem, der einem ein kleines Geldgeschenk macht?«

»Vielen Dank auch. Ich werde es an einem sicheren Ort deponieren. Das Ganze ist wirklich verrückt. Du rätst den Typen eigentlich nichts anderes, als die Wahrheit zu sagen, und alle kassieren dafür ein ganz hübsches Sümmchen. Musst du eigentlich sofort wieder nach Hause? Chet Baker spielt nämlich heute Abend bei *Mikell's*.«

»Wenn du Lust hast, können wir ihn uns anhören und anschließend hierher zurückkommen. Ich habe Anna gesagt, dass ich wahrscheinlich die Nacht über wegbleibe.«

»Na wunderbar.« Elaine schmunzelte. »Glaubst du, dass er für uns *Let's get lost* singt?«

»Warum nicht? Wenn du ihn nett bittest!«

Ich kann mich nicht mehr daran erinnern, ob Chet Baker an jenem Abend das Lied sang. Aber ich habe es erst kürzlich im Radio gehört. Der alternde Star mit dem Schmalz in der Stimme hatte ein abruptes Ende gefunden. Irgendwo in Europa war er aus einem Hotelfenster gefallen, und es gab nur sehr wenige, die daran zweifelten, dass dabei jemand nachgeholfen hatte. Nicht nur Bakers Stimme war für ihre legendäre Standfestigkeit bekannt gewesen, und es gab mehr als genug Männer, denen der Sänger während seiner Karriere Hörner aufgesetzt hatte. Am Ende war es gekommen, wie es kommen musste: Du magst allen Kugeln noch so geschickt ausweichen, die letzte erwischt dich doch.

Let's get lost. Es waren noch keine vierundzwanzig Stunden vergangen, seitdem ich das Lied gehört hatte, als ich beim Zeitunglesen den Nachruf auf einen Handelsvertreter namens P. Gordon Fawcett überflog, der an Prostatakrebs gestorben war. Der Name des Mannes kam mir irgendwie bekannt vor, doch es dauerte mehrere Stunden, bis mir wieder einfiel, woher ich ihn kannte. Fawcett war der Mann im Blazer gewesen, in dessen Wohnung Phil Ryman zu Tode gekommen war.

Es ist doch immer wieder komisch, welch seltsame Wege das Schicksal einschlägt. Nicht allzu lange nach der Sache mit dem toten Falschspieler wurde ich zu einem Fall gerufen, der mein vorzeitiges Ausscheiden aus dem New Yorker Polizeidienst beschleunigte. Gleichzeitig ging meine Ehe endgültig in die Brüche. Irgendwann verloren auch Elaine und ich uns aus den Augen. Doch ein paar Jahre später kreuzten sich unsere Wege erneut, und ich hatte in der Zwischenzeit gelernt, auch ohne Alkohol über die Runden zu kommen.

Elaine und ich hatten uns verloren und wiedergefunden – und sind mittlerweile verheiratet. Wer hätte das jemals vorhersehen können?

Mein Leben verläuft heute in ganz anderen Bahnen als damals, aber ich kann mir immer noch vorstellen, wie es wäre, zu einem solchen Fall gerufen zu werden: zu einem Tatort, an dem ein Toter mit einem Messer in der Brust auf dem Teppich liegt, umgeben von vier Pokerspielern, die am liebsten spurlos von der Bildfläche verschwinden würden. Wie ich schon sagte, in meinem Leben hat sich vieles verändert und auch ich bin nicht mehr derselbe. Heute würde ich wahrscheinlich anders handeln als damals und gleich die Polizei verständigen.

Und doch bin ich nach wie vor der Meinung, dass ich damals richtig gehandelt habe. Am Ende habe ich doch nichts anderes getan, als ein Vertuschungsmanöver zu vertuschen und auf diese Weise die Wahrheit ans Tageslicht zu fördern – oder zumindest das, was der Wahrheit sehr nahe kam. Was kann man eigentlich mehr verlangen?

STANLEY COHEN

Eine Nacht im Manchester Store

Alles begann eines Abends auf dem Nachhauseweg vom Flughafen La Guardia.

»Was hältst du eigentlich davon, wenn wir noch eben beim Manchester Store halten?«, schlug Wally damals vor. »Das Kaufhaus liegt direkt auf dem Weg.«

Wie kam er nur so plötzlich auf diese Idee? »Wally«, sagte ich zweifelnd. »Meinst du das wirklich ernst? Jetzt? Was in aller Welt willst du denn da?«

»Ich will mir etwas ansehen.«

»Was in aller Welt willst du dir denn ansehen?«

»Ein Geschenk für meine Frau. Vielleicht will ich es sogar heute gleich mitnehmen.«

Oder meinte er vielleicht stehlen? »Wally, es ist schon fast neun und wir brauchen noch eine Viertelstunde bis dorthin. Machen die nicht schon um neun zu?«

»Erst um halb zehn.«

»Na ja, das lässt uns aber auch nicht gerade massenhaft Zeit. Kann die Sache denn nicht warten? Ich will nur noch nach Hause. Wir waren immerhin drei Tage weg. Ist es wirklich so wichtig?«

»Ja, das ist es. Sonst hätte ich's ja wohl nicht gesagt. Und du wirst noch froh sein, dass wir dort anhielten. Du wirst nämlich mit Sicherheit auch deinen Spaß haben, glaub mir.«

Es sollte mir *Spaß* machen, ihm beim Einkaufen zuzusehen? Oder was, zur Hölle, sollte mir Spaß machen? Was hatte das alles zu bedeuten? Was hatte er vor? Würde das wieder in einer seiner verrückten Eskapaden enden? Die letzte lag nun schon Jahre zurück. Viele Jahre. Würde das Ganze vielleicht sogar mit irgendeinem Risiko verbunden sein ...? Ich entschloss mich, nicht näher auf die Sache mit dem ›Spaß haben‹ einzugehen. Ich würde es einfach auf mich zukommen lassen und das Beste hoffen. Dann würden wir eben einige Minuten später nach Hause kommen. *Er war* nun mal der Boss.

Und da auch *er* kein weiteres Wort mehr darüber verlor, verfielen wir zunächst eine Weile in Schweigen, während wir weiterfuhren. Er liebte das Autofahren und drückte dabei auch gerne mal richtig auf die Tube. Überhaupt liebte er es, unvernünftige Dinge zu tun, und nutzte dazu jede sich bietende Gelegenheit. Es kam mir manchmal so vor, als ob er das Schicksal ganz bewusst herausforderte. Und schon immer hatte er seinen Willen durchgesetzt, ohne dass er jemals bei irgendeiner Sache auf die Nase gefallen wäre. Wally kam stets ungeschoren davon.

Wally Hunter und ich kannten uns nun schon eine ganze Weile. Wir hatten zusammen für die nationale Forschungsanstalt in Oak Ridge gearbeitet. Er war ein brillanter Ingenieur und erledigte seine Aufgaben in der Regel durchaus erfolgreich. Er war allerdings auch ein Zyniker, der alles und jeden um uns herum mit boshaften Sprüchen bedacht hatte. Und es war ihm – wie auch mir – nur allzu bewusst gewesen, dass das Projekt, an dem wir damals arbeiteten, niemals zu irgendeinem brauchbaren Ergebnis gelangen würde. Ein von einem Atomreaktor betriebenes Flugzeug würde nie und nimmer fliegen und stellte ein höchst aussichtsloses Unterfangen dar.

Das war auch der Grund, weshalb wir unaufhörlich unsere Scherze darüber gemacht hatten. Dennoch hatten wir stets an den regelmäßigen Treffen teilgenommen, bei denen die Fortschritte des Projekts besprochen worden waren, hatten den optimistischen Machbarkeitsstudien gelauscht, die uns aufgetragenen Tests und Experimente durchgeführt, alle Daten gesammelt und Sachstandsberichte geschrieben. Das Projekt war eben, wie man so schön sagt, unser Broterwerb gewesen.

Doch das berufliche Miteinander war es nicht, was das Leben mit Wally Hunter in Oak Ridge so faszinierend gemacht hatte. Er war nicht gerade die Liebenswürdigkeit in Person und ich habe ihn nie als einen engen Freund betrachtet. Er hatte auch keine besondere soziale Ader. Seine Frau habe ich zum Beispiel nie kennen gelernt. Er war nur ein wahrhaft faszinierender und völlig unberechenbarer Bursche, bei dem man nie sicher sein konnte, mit welcher verrückten Idee er als Nächstes ankam!

Was meine Beziehung zu ihm so unvergleichlich machte, war die Tatsache, dass er mich von Zeit zu Zeit in eine total verrückte Geschichte hineinzog. Das betraf auch den Job, zumeist jedoch das Privatleben. Ein Samstagvormittag-Abenteuer für zwei Ingenieure, die das Wochenende frei hatten. Und auch wenn ich jedes Mal ein kleines bisschen nervös war, in was er mich dieses Mal hineinlotsen würde, konnte ich mich ihm doch nicht entziehen. Trotz des damit verbundenen Risikos widerstand ich nur äußerst selten der Versuchung, ihn bei seinen Unternehmungen zu begleiten, die uns stets in ein Reich weitab vom Alltäglichen führten.

Wie damals die Sache mit der Höhle. Neben tausend anderen Dingen galt seine Leidenschaft vor allem dem Erforschen von Höhlen. Er hatte eine besonders interessante mit einer unterirdischen Kammer entdeckt, die ich unbedingt sehen müsse, wie er sagte, und so fuhren wir eines Samstagabends dorthin. Wir parkten den Wagen und stießen – bewaffnet mit seiner wasserdichten Taschenlampe, die wahrscheinlich gestohlen war – in die Tiefen der Höhle vor.

Schließlich erreichten wir eine Passage, die ihm mit

Sicherheit bekannt gewesen war, die er mir aber wohlweislich verschwiegen hatte. Wir mussten dort durch eine Öffnung kriechen, die nicht größer war als wir selbst und durch die zudem eiskaltes Wasser floss. Doch es war Sommer und unsere Kleidung würde schnell wieder trocknen – was also sollte uns abhalten? Er ging mit gutem Beispiel voran und schlängelte sich als Erster geschickt durch den engen Spalt. Danach war ich an der Reihe.

Doch als ich erst halb hindurch war, blieb ich plötzlich stecken und kam nicht mehr vor noch zurück! Ihn schien meine Lage zunächst zu amüsieren, doch ich geriet in Panik, und mir brach trotz des kalten Wassers, das mich umspülte, der Schweiß aus. *Ich konnte mich nicht von der Stelle bewegen!* Ich steckte mitten in einer Höhle in einer Spalte fest! Worauf hatte ich mich nur eingelassen? Was für ein verrücktes Unternehmen für einen braven jüdischen Jungen wie mich! Eigentlich hätte ich zu dieser Stunde gemeinsam mit meiner Frau den Gottesdienst in der Synagoge besuchen sollen. Nicht, dass wir dort regelmäßig hingingen. Doch in diesem entsetzlichen Augenblick, in dem ich absolut hilflos in dem engen Felsloch feststeckte und den Durchfluss des eiskalten Wassers blockierte, das sich langsam unter meiner Brust ansammelte und meinem Gesicht immer näher kam, gaukelte mir mein Hirn Bilder von schleimigen Wasserungeheuern, Mokassinschlangen mit triefenden Giftzähnen und allerlei weiteren grässlichen Kreaturen vor. Schon fragte ich mich, wann und wie ich wohl wieder freikommen würde oder ob gar mein sicheres Ende besiegelt war?

Nachdem er meinen Panikanfall genügend ausgekostet hatte, beseitigte er unter mir kleinere Steine und Kiesel, packte mich bei meinen Händen, befahl mir, tief auszuatmen, und zog mich mit so viel Wucht aus der Klemme, dass mein armer Bauch, meine Brust und teil-

weise sogar mein Rücken dabei schmerzhaft abge-
schürft wurden.

Dann führte er mich zu der angekündigten unterirdischen Kammer. Sie war zweifellos die Entdeckung
wert, aber ich konnte die ganze Zeit über nur an den
Rückweg zur Außenwelt und den Engpass denken, der
dabei erneut zu bewältigen war. Bis heute erschaudere
ich beim Gedanken daran, wie ich dort festgesteckt
habe!

Und dann war da noch dieser verlassene Steinbruch, der nur einen Katzensprung vom gesperrten
Regierungsbezirk entfernt lag. Dorthin fuhren wir an
einem anderen Samstagmorgen, bewaffnet mit Wallys
Kleinkalibergewehr und seiner Pistole, Kaliber 22, sowie einem Sortiment aller Flaschen und Büchsen, deren wir habhaft werden konnten. Wir bauten den ganzen Krempel als Ziele auf einem Felsblock unten im
Steinbruch auf. Dann kletterten wir wieder nach oben
und begannen vom Rand aus mit unseren Schießübungen.

Die Ballerei machte viel Spaß, war aber hochgradig
illegal. Immerhin spielten wir im Regierungsviertel, wo
wir eigentlich nichts zu suchen hatten, mit Schusswaffen herum. Wie leicht hätten uns die verdammten Bullen erwischen können: entweder diese stiernackigen
Hilfssheriffs, die Zutritt zu dem abgesperrten Gelände
hatten, oder aber ein paar von den Regierungsbeamten,
die als Wachleute eingesetzt waren. Aber natürlich kamen wir wieder ungeschoren davon …!

Ich frage mich noch heute, wo einige der Schüsse
wohl gelandet sein mögen, die damals als Querschlä-
ger von dem Felsen abprallten. Was nach oben fliegt,
muss nach den Gesetzen der Schwerkraft auch wieder
nach unten kommen. Das sind nun mal die Gesetze der
Physik. Was, wenn möglicherweise …? Aber das alles
ist nun schon Jahre her.

Wally war zudem auch noch ein Meisterdieb. Er liebte es geradezu zu stehlen und nahm ständig Dinge aus dem Laboratorium einfach mit nach Hause: Werkzeug, teure Spezialgeräte, elektronische Ausrüstungsgegenstände, einfach alles Mögliche. Manchmal war seine Aktentasche so schwer, dass er kaum in der Lage war, sie an dem Wachposten vorbei zu seinem Auto zu schleppen. Aber natürlich wurde er nicht ein einziges Mal erwischt. Ebenso wenig wie bei seinen Ausflügen in die verschiedenen Geschäfte in der Stadt, bei denen er seine Diebeslust befriedigte. Er entkam stets unentdeckt. An einem Nachmittag war ich mit ihm in einem kleinen Supermarkt in der Innenstadt, als er anfing, Sachen heimlich einzustecken. Ich wusste damals nicht, was ich tun oder sagen sollte. Ich wusste nur, dass ich so schnell wie möglich aus dem Laden verschwinden wollte.

Clever wie er war, verbrachte er manche Stunde seiner Arbeitszeit im Labor damit, Artikel für verschiedene Technik-Magazine zu verfassen, die mit seiner eigentlichen Arbeit nicht das Geringste zu tun hatten. Natürlich erhielt er dafür jedes Mal ein ansehnliches Sümmchen Geld. Und auch in dieser Sache kam ihm niemand auf die Spur, sogar als er die Artikel von der Firmensekretärin tippen ließ. Er wurde einfach nie erwischt.

Wally hatte den Job am Forschungslabor bereits mehrere Jahre vor mir gekündigt, und ich hätte nie daran gedacht, ihn jemals wiederzusehen. Irgendwann hatten auch meine Frau und ich uns dazu entschieden, das allzu eintönige Leben in Oak Ridge hinter uns zu lassen. Ich sprach während eines Fach-Kongresses bei der dortigen Job-Börse vor und erhielt daraufhin mehrere Angebote. Das von mir ausgewählte führte mich als Leitenden Ingenieur zu einer in Connecticut ansässigen Firma, die sich mit der Materialprüfung von Metallen beschäftigte.

Am ersten Tag an meinem neuen Arbeitsplatz sagte der Personalchef plötzlich überraschend zu mir: »Wie ich hörte, kennen Sie also bereits Ihren neuen Abteilungsleiter?«

»Tue ich das?«

In diesem Augenblick betrat Wally Hunter den Raum und begrüßte mich mit einem breiten Grinsen. Er trug tatsächlich Schlips und Kragen. Während der ganzen Jahre in Oak Ridge war er stets nur mit Jeans oder Bermudas und Polo-Shirts herumgelaufen, während sich die meisten anderen Kollegen – wie auch ich – in Anzug, Hemd und Krawatte gezwängt hatten.

Er führte mich in sein geräumiges Büro, wo er mir nach einigen Fragen über die neuesten Entwicklungen in Oak Ridge eröffnete, dass er auch mir ein eigenes Büro mit Fenster verschafft habe. »Ich habe gerade noch verhindern können, dass man dich – wie die meisten Neuen – auch in so eine elende Viehbox steckt.«

Dann fuhr er fort: »Und wie konntest du nur das Gehaltsangebot, das sie dir gemacht haben, akzeptieren? Ich habe darauf bestanden, es um hundert pro Monat zu erhöhen. Sie machen das natürlich nicht gerne, vor allem dann nicht, wenn die Verträge bereits unterzeichnet wurden. Aber ich habe ihnen klar gemacht, dass du über spezielle Fähigkeiten verfügst, die wir dringend benötigen, und dass ich auf keinen Fall riskieren wollte, dich allzu schnell wieder zu verlieren.«

Bei diesen Worten verdrängte ich die erste Überraschung über das unerwartete Wiedersehen ebenso schnell wie die Erkenntnis, dass Wally nun mein neuer Boss war. Ich begann sogar, mich an den Gedanken zu gewöhnen.

Das erste Jahr der Zusammenarbeit verging wie im Flug. In vielerlei Hinsicht war Wally Hunter der Alte geblieben und aufgrund seines kompromisslosen Zynismus war es in seiner Nähe nie langweilig. Und doch hatte er sich verändert. Sein Verhalten war in jeder Hinsicht sehr viel intensiver und geschäftsbewusster geworden und seine zynische Art drohte manches Mal regelrecht zu eskalieren.

Da wir nun beide nicht länger in dem schläfrigen Kleinstädtchen im Süden lebten, wo es kaum eine Zerstreuung gegeben hatte, war es mit unseren ›Samstagmorgen-Abenteuern‹ vorbei. Wir hatten uns beide nach oben gearbeitet und lebten jeweils in besseren Wohnvierteln von Orten, die zwar recht nah zur Firma lagen, allerdings voneinander ziemlich weit entfernt waren.

Doch ab und zu, wenn wir gemeinsam unterwegs waren, machten wir Dinge, die mir doch ein wenig merkwürdig vorkamen. Eines Nachts in Chicago bestand Wally darauf, mit mir auf ein paar Drinks in eine bekannte Schwulenbar zu gehen, um dort zu beobachten, wie ›die anderen zehn Prozent‹ lebten. Bezüglich seiner eigenen sexuellen Vorlieben hatte er einmal in lockerem Ton verraten, dass er ›sanftem‹ Sadomasochismus nicht abgeneigt sei – natürlich nur, wenn ihm der aktive Sado-Part zufalle. Ich hatte seine Frau zu diesem Zeitpunkt immer noch nicht kennen gelernt.

Am Ende meines ersten Jahres bei der neuen Firma orderte er mich eines Tages in sein Büro, um meinen ›Jahresrückblick‹ mit ihm durchzugehen. Ohne weitere Umschweife fragte er mich direkt, welche Gehaltserhöhung ich für angemessen hielte. Ich zögerte.

»Was immer du für machbar hältst, Wally. Sieben oder acht Prozent vielleicht. Ich hoffe auf jeden Fall, dass es mehr als fünf sein werden. Zehn würden mich natürlich sehr freuen.«

Er grinste breit und sagte nur kurz: »Ich habe fünfzehn Prozent für dich rausgeholt.«

Damit war unser so genannter ›Jahresrückblick‹ – eine firmeninterne Tradition, die Wally für total überflüssig hielt – auch schon beendet.

Eine seiner Lieblingsformen des Diebstahls schien es zu sein, für mich – und wahrscheinlich auch für andere Kollegen unserer kleinen Abteilung – so viel Geld wie irgend möglich aus der Firma herauszuholen. Immer wenn ich ihm meine Spesenabrechnungen zum Abzeichnen vorlegte oder wenn wir gemeinsam auf Dienstreise waren, sagte er stets: »Schwindle ruhig ein wenig, ich werde alles unterschreiben.«

Es war wohl vor allem dieser großzügige Umgang mit den Firmengeldern, der die Loyalität erklärte, die wir Untergebenen Wally gegenüber empfanden.

Als wir den Manchester Store erreichten, parkte er den Wagen nicht auf dem ausgewiesenen Parkplatz, sondern um die Ecke an der Straße. Ich erkundigte mich erstaunt, weshalb er das tat.

»Es ist mir lieber so«, sagte er in dem mir vertrauten Tonfall, der anzeigte, dass er nicht weiter ausgefragt werden wollte. Wir verstanden uns normalerweise gut, aber wenn er diesen Tonfall an den Tag legte, dann ließ ich ihn besser in Ruhe. Bevor er ausstieg, holte er sein Handy aus dem Aktenkoffer und schob es in die Innentasche seines Jacketts.

»Reine Neugierde, Wally, aber wofür nimmst du das Handy mit?«

»Warum sollte ich es nicht mitnehmen? Die Firma zahlt dafür, und wenn ich einen Anruf tätigen möchte, dann brauche ich nicht erst lange nach einem öffentlichen Münzfernsprecher zu suchen.«

Da ich Wally inzwischen kannte, witterte ich Gefahr. Was sollten wir fünfzehn Minuten vor Ladenschluss für einen Anruf tätigen müssen? Weshalb sollten wir überhaupt noch hineingehen, da sämtliche Verkäufer doch nur auf ihren Feierabend lauerten? Aber was sollte das Fragen – so war Wally eben nun mal.

Der Manchester Store hob sich von anderen Einkaufsmärkten ab. Er war riesig und präsentierte auf geschmackvolle Weise alle nur denkbaren Waren. Neben einer großen Abteilung für Markenkleidung und -schuhe sowie einer Parfümerie- und Kosmetikabteilung gab es auch Möbel, Elektrogeräte, wertvollen Schmuck, Spielzeug und eine endlose Auswahl an Sportartikeln, die sogar eine ansehnliche Auswahl an Jagd- und Angelbedarf umfasste. Darüber hinaus gab es ein nicht zu verachtendes eigenes Hausrestaurant.

Doch es waren nicht die Größe und der Umfang des Warenangebots, die den Manchester Store so unvergleichlich machten. Es waren vielmehr der besondere Stil und Charakter des Hauses. Der Manchester Store war ein altes, traditionsreiches Familienunternehmen, und es war das erklärte Ziel der Familie Manchester, den guten Namen, den besonderen Charme und das traditionelle Ambiente des Geschäfts aufrechtzuerhalten. Erst vor kurzem hatte sich die Firmenleitung dazu entschließen können, etwas so Modernem wie dem Einbau von Rolltreppen zuzustimmen. Die Fahrstühle behielten jedoch mit ihren filigranen Metalltüren und Verzierungen weiterhin ihren altmodisch eleganten Charakter. Man hatte sich mittlerweile sogar dazu entschlossen, auch andere als die hauseigene Kreditkarte zu akzeptieren. Der Manchester Store war nicht nur ein zeitgeschichtlich architektonisches Juwel, sondern unterschied sich in jeder Hinsicht von den üblichen Einkaufsmärkten, sogar was die Lage betraf. Er stellte daher auch eine sehr reizvolle Alternative zu den modischen New Yorker Ladenketten und den herkömmlichen gigantischen Einkaufszentren dar.

Wir schlenderten mit den anderen Kunden, die sich ebenfalls noch umschauten, einige Minuten durch das

Erdgeschoss und begaben uns dann in die Schmuckabteilung, wo Wally nach einer teuren Zuchtperlenkette schaute, die wohl seiner Frau zugedacht war. Eine tüchtige ältere Verkäuferin bediente uns, indem sie die Glasvitrine öffnete und die Kette herausnahm, auf die Wally gedeutet hatte. Es war offensichtlich, dass er mehr von Perlen verstand als sie, aber das verwunderte mich überhaupt nicht. Er wusste über die meisten Dinge mehr als alle anderen.

Während er mit ihr noch über die Kette sprach, warf ich einen Blick auf meine Uhr und stellte fest, dass uns nur noch wenige Minuten bis Ladenschluss blieben. Ich bemerkte auch, wie die Verkäuferin sichtlich ungeduldig wurde. Wally erkundigte sich unterdessen nach einer Schmuckschatulle und die Frau zog eilig eine aus einem Schubfach hervor und zeigte sie ihm.

Schließlich sagte er, dass er es sich überlegen würde, und führte mich von der Schmuckabteilung fort.

»Lass uns zum fünften Stockwerk in die Möbelabteilung fahren«, sagte er.

»Wally, in wenigen Minuten schließt der Laden.«

»Nun komm schon.«

»Und weshalb?«

»Weil ich die Abteilung sehen möchte. Und zwar ohne mich drängeln zu lassen. Wir werden einfach einen gemütlichen Einkaufsbummel machen und es uns gut gehen lassen.«

Einen gemütlichen Einkaufsbummel, hier und jetzt? Was, zum Teufel, meinte er bloß? Aber es nützte nichts, sich das zu fragen. Auch wenn es lange her war, wurde mir nur allzu bewusst, dass ich wieder einmal in eine von Wallys Eskapaden hineingezogen wurde. Und diesmal hatte ich nicht den kleinsten Schimmer, was er vorhatte. Aber die ganze Sache roch nach Ärger, nach wirklichem Ärger. Ich spürte, wie mein Kragen vor Angstschweiß feucht wurde.

Wir nahmen den Fahrstuhl bis in die oberste Etage und steuerten auf die Möbel- und Bettenabteilung zu, als plötzlich ein lauter, schriller Klingelton von etwa zwanzig bis dreißig Sekunden Dauer daran erinnerte, dass die Öffnungszeit zu Ende war und der Laden nun schließen würde. Wir schauten uns um, aber es war kein Verkäufer zu sehen.

»Wally, sie schließen jetzt. Wir müssen sehen, dass wir so schnell wie möglich nach unten kommen, sonst kriegen wir ernsthafte Probleme.«

»Um Himmels willen, immer mit der Ruhe. Wir gehen erst einmal dort hinüber. Da hinten ist nämlich die Herrentoilette und ich habe ein dringendes Bedürfnis zu erledigen.«

»Lass uns jetzt besser gehen! Hat das nicht bis zu Hause Zeit?«

»Auf gar keinen Fall! Komm schon!«

Ich folgte ihm widerstrebend in die Herrentoilette, wo er in aller Ruhe ein Taschenbuch aus seiner Jackentasche fischte, in einer der Kabinen verschwand, seine Jacke an den Haken hing, die Hosen herunterließ und es sich bequem machte. Bei dem Buch handelte es sich um einen Spionagethriller, den er bereits im Flugzeug gelesen hatte. Aber war das jetzt der passende Augenblick, um zu schmökern? Ich wartete und warf einen Blick auf meine Armbanduhr. Die Minuten vergingen und der Schweiß lief mir immer heftiger in den Kragen. Was, zur Hölle, hatte das nur wieder zu bedeuten? Was sollte diese Lesestunde?

Als er schließlich wieder aus der Kabine herauskam, fragte er mich: »Musst du denn nicht auch mal pinkeln?«

Ich war mir nicht sicher, ob mir bei meiner stetig wachsenden Nervosität selbst eine so einfache Verrichtung noch gelingen würde, aber wahrscheinlich war es gar keine so schlechte Idee. Wer weiß, was mich noch erwartete! Also ging ich zum Urinal hinüber und erleichterte mich, wenn auch nur mit größter Konzentration.

»Wally, was hat das alles eigentlich zu bedeuten, wenn ich fragen darf?«

»Ich habe mir gedacht, dass wir die Nacht hier im Kaufhaus verbringen und ganz in Ruhe unseren Einkaufsbummel erledigen.«

Hatte ich recht gehört? »Wally, das soll doch wohl ein Scherz sein?«

»Entspann dich, Mann. Ich habe so etwas schon öfter getan. Ich mag es einfach nicht, wenn ich mich durch all die anderen Kunden hindurchdrängeln muss und wenn mir die Verkäufer auf die Nerven gehen.«

Er meinte es also wirklich ernst! Ich fühlte, wie sich alles um mich herum zu drehen begann. Das hier stellte alles, was wir während der Zeit in Oak Ridge angestellt hatten, bei weitem in den Schatten.

»Wally, wir müssen schnellstens hier raus! Unverzüglich! Bevor sie schließen und die Alarmanlage einschalten! Sonst stecken wir ganz schön in der Tinte.«

»Nun entspann dich doch endlich! Ich habe dir doch gesagt, dass das nicht das erste Mal ist, dass ich so etwas mache.«

Und er war tatsächlich *vollkommen* entspannt. Ich konnte es nicht fassen.

»Pass auf«, begann ich so ruhig wie möglich. »Ich möchte nach Hause fahren. Ich habe meiner Frau gesagt, dass ich gegen zehn, halb elf zu Hause bin. Ich möchte auf gar keinen Fall, dass sie sich Sorgen um mich macht.«

Er zog sein Handy aus der Tasche und reichte es mir. »Hier, bitte, ruf sie doch einfach an. Sag ihr am besten, dass wir den Flug verpasst haben und erst morgen zurückkommen.«

»Ich könnte auch von hier verschwinden und mir ein

Taxi suchen, das mich nach Hause bringt. Du kannst ja bleiben. Ich hole mir dann meinen Koffer morgen bei dir ab.«

Er warf einen Blick auf seine Armbanduhr. »Zu spät, mein Freund. Die Eingangstür ist bereits verschlossen. Es ist niemand mehr da. Und wenn du jetzt herumlaufen willst, um jemanden zu suchen, der dich herauslässt, dann wirst du noch in ernsthafte Schwierigkeiten geraten. Beruhige dich erst einmal. Wir werden uns heute Nacht hier großartig amüsieren, das garantiere ich dir. Und ich wiederhole, dass dies für mich nicht das erste Mal ist – ich weiß, was ich tue.«

»Und was wirst du tun?«, fragte ich ihn mit ironischem Unterton. »In der Möbelabteilung schlafen?«

»So ist es«, antwortete er mit seinem üblichen zynischen Grinsen. »Und dann werde ich morgen früh der Allererste in der Cafeteria sein und mir ein herrliches Frühstück mit Schinken und Eiern gönnen.«

Er reichte mir sein Handy.

»Ruf jetzt deine Frau an und sag ihr, dass wir erst morgen kommen.«

»Ich kann es nicht glauben. In Wahrheit hast du so etwas wahrscheinlich noch nie getan. Sonst wüsstest du, dass man mitten in der Nacht nicht einfach durch das Kaufhaus spazieren kann. Die werden hier mit Sicherheit über ein ausgeklügeltes Sicherheitssystem verfügen – Bewegungsmelder, Überwachungsbildschirme, jedenfalls irgendein verdammtes Gerät, das uns schnell ausmachen und eine Alarmsirene auslösen wird. Und die Polizei wird den Laden stürmen, als ob wir eine ganze Gangsterbande wären. Lass es mich dir ehrlich sagen: Du hast mich da in eine ganz dumme Geschichte hineingezogen, und ich schwitze Blut und Wasser wegen dir, Wally. Wie, zum Teufel, sollen wir aus dieser Sache nur wieder herauskommen?«

»Nun komm doch erst einmal wieder zur Ruhe,

Mann. Glaub mir, die haben hier *keine* moderne Alarmanlage. Im Manchester Store? Niemals! Das würde auch so ganz und gar nicht zu dem Image dieses gediegenen Ladens passen. Sie haben lediglich einen Wachmann, der stündlich durch das Kaufhaus patrouilliert. Er steckt jede volle Stunde seinen Schlüssel in eine altmodische Stechuhr, die sich auf jedem Stockwerk befindet. Dann kehrt er in sein kleines Büro im Erdgeschoss zurück, das mit Überwachungsmonitoren ausgerüstet ist. Die erfassen jedoch nur die Eingangstüren des Gebäudes.«

Wally schaute auf seine Armbanduhr. »Pass auf den Mittelgang dieses Stockwerks auf. Dort wird er in etwa fünf Minuten auf dem Weg zur Stechuhr entlanggehen, die sich in der Elektrogeräteabteilung an der hinteren Wand befindet. Wir ducken uns besser, obwohl er wahrscheinlich nicht einmal hier herüberschauen wird.«

»Nun, ich hoffe, du hast nichts dagegen, wenn ich ihm erkläre, dass ich aus Versehen eingeschlossen worden bin, und ihn bitte, mich hinauszulassen. Ich werde ein Taxi nach Hause nehmen.«

»Selbst wenn du eines finden solltest, würde dich eine Taxifahrt von hier bis zu deinem Haus mindestens zweihundert Dollar kosten. Ich bezweifle, dass du überhaupt so viel Bargeld bei dir hast, du Sturkopf. Und wie du wissen solltest, akzeptieren Taxifahrer keine Kreditkarten. Solltest du aber tatsächlich genügend Bares dabeihaben, dann denke daran, dass du die Fahrt nicht auf deine Spesenrechnung setzen kannst. Denn dieser Betrag würde selbst dann nicht durchgehen, wenn ich das Ganze unterzeichnen sollte.«

»Das ist mir egal, Wally. Ich bin mit meinen Nerven am Ende. Alles, was ich noch will, ist so schnell wie möglich hier wegkommen.«

»Nun, das wird leider nicht gehen. Wenn du wirklich das tätest, was du vorhin gesagt hast, würde der Wachmann die Polizei rufen. Und die Bullen würden die Sache genauer unter die Lupe nehmen. Das wäre dir doch sicher auch nicht recht. Deshalb hör mir zu. Warum entspannst du dich nicht einfach und kaufst ein bisschen ein? Es wird dir richtig Spaß machen ohne diese lästigen Verkäufer, das verspreche ich dir.«

Mein Hemd war nun schon fast durchgeschwitzt vor Nervosität und klebte unangenehm auf der Haut.

»Wally, glaub mir, es jagt mir einfach eine Heidenangst ein, unter diesen Umständen hier zu sein.«

»Du meine Güte! Und ich habe geglaubt, es würde dir Spaß machen.« Wieder schaute er auf die Uhr. »Gleich wird der Wachmann auftauchen. Wenn wir uns hier aufs Sofa setzen und uns ein wenig ducken, dann behalten wir ihn im Blick. Wenn er wieder weg ist, kannst du deine Frau anrufen.«

Ich tat, was er sagte, da ich nicht wusste, was ich sonst machen sollte. Ich spürte, wie ich am ganzen Leib zitterte. Was würde passieren, wenn der Wachmann plötzlich auf die Idee kam, in die Möbelabteilung herüberzukommen, um sich hier umzuschauen? Das war durchaus denkbar. Vielleicht war er auf der Suche nach einem Sofa. Und vielleicht hatte er es sogar auf das Modell abgesehen, auf dem wir gerade zusammengekauert saßen und auf ihn warteten.

»Sagen Sie mir doch bitte, meine Herren«, würde er sich möglicherweise an uns wenden, »wie sitzt es sich eigentlich auf diesem Modell? Ist es bequem? Achten Sie doch bitte darauf, dass Ihre dreckigen Schuhe das Sofa nicht beschmutzen. Es ist gut möglich, dass meine Wahl darauf fällt. Ach, übrigens, Sie sind festgenommen.«

Wie Wally es vorausgesagt hatte, öffnete sich die Fahrstuhltür. Schritte waren zu hören und dann sahen wir ihn. Obwohl es sehr viel dunkler war als während der verkaufsoffenen Zeit, konnten wir ihn aus unserem Versteck genau erkennen. Wally hatte für uns den Ort so ausgewählt, dass wir durch ein Gewirr von Lampen und Kleinmöbeln hindurchspähen konnten, ohne allzu große Gefahr, sogleich entdeckt zu werden. Der Wachmann war groß, mittleren Alters und von stämmiger Statur. Trotz seines Bierbauches wirkte er durchtrainiert.

Langsam durchschritt er die Abteilung, wobei er die Blicke umherschweifen ließ. Als er das andere Ende des Raumes – die Elektrogeräteabteilung – erreichte, war er unserem Blickwinkel entschwunden. Wir hörten in die Stille hinein das leise metallische Geräusch, als er seinen Schlüssel in die Stechuhr steckte. Dann ging er zurück zum Fahrstuhl. Wir hielten unsere Köpfe unten, bis wir hörten, dass sich die Fahrstuhltür öffnete und wieder schloss.

»Das ist ein anderer Wachmann als der, den ich das letzte Mal hier gesehen habe«, bemerkte Wally trocken.

»Tatsächlich?«

»Dieser ist ein ganz schöner *Brecher*. Damals war der Wachmann so alt und klapprig, dass man befürchten musste, ein einzelner Furz würde ihn aus den Pantoffeln hauen.«

»Wally, du machst mir nicht gerade Mut.«

»Du liebe Güte, entspann dich. Wir werden ihm schon nicht zu nahe kommen. Bei seinen stündlichen Kontrollgängen halten wir uns fern von ihm. Und dazwischen gehen wir ein wenig einkaufen.«

»Er ist davon überzeugt, hier alleine zu sein, Wally. Was macht dich so sicher, dass er sein Verhalten nicht plötzlich ändert?«

»Weil es sein Job ist. Er muss jede dieser Stechuhren zu einer bestimmten Zeit bedienen. Ansonsten sitzt er in seinem Büro da unten auf seinem Hintern und schaut Fernsehen, damit er wach bleibt.«

»Woher willst du das so genau wissen?«

»Ich war dort, als ich mal abends, kurz vor Geschäftsschluss, mit dem anderen Typen gesprochen habe. Ich habe ihn ein bisschen ausgehorcht, und er war nur zu glücklich, jemandem sein Herz ausschütten zu können. Er hat mir alles bis ins letzte Detail über seinen Job verraten. Sie haben ihm einen Fernseher in seinem Büro installiert, damit er ein wenig Abwechslung hat, während er auf die vielen Überwachungsbildschirme aufpassen muss.«

Wie immer überraschte mich Wallys sorgfältige Recherche ebenso, wie ich seine starken Nerven bewunderte. Er war wirklich ein ziemlich abgedrehter Typ, aber er ließ sich niemals erwischen. Nie.

»Hier«, wandte er sich mir zu. »Nimm das Handy und ruf deine Frau an.«

Mir fiel nichts Besseres ein, als seiner Aufforderung zu folgen. Ich erzählte ihr, dass unser Flug wegen technischer Probleme kurzfristig gestrichen worden sei und ich deshalb erst am nächsten Tag zu Hause eintreffen würde. Dann reichte ich ihm das Handy zurück.

»So, nun kannst du *deine* Frau anrufen.«

»Sie wird schon merken, wenn ich zurück bin.«

Mit diesen Worten steckte er sein Handy in die Jackentasche.

»Lass uns jetzt einen kleinen Einkaufsbummel machen. Wir haben eine gute Dreiviertelstunde Zeit, bis der Wachmann seinen Hintern das nächste Mal erhebt.«

»Wie wär's, wenn ich hier einfach auf dich warte?«

»Das soll wohl ein Witz sein! Komm, ich werde dir bei deinem Wochenendeinkauf behilflich sein. Ich verspreche dir, du wirst zufrieden sein!«

Widerstrebend erhob ich mich und folgte ihm. Wahrscheinlich war es mir schon in Fleisch und Blut übergegangen, mich von ihm zu Sachen überreden zu lassen, von denen ich genau wusste, dass ich sie später bereuen würde. Was war das wieder für eine verrückte Situation, in die ich da hineingeraten war? Dies hatte nichts mit dem Erforschen einer Höhle oder ein paar Schießübungen in einem Steinbruch zu tun. Dies hier war einige Nummern größer. Dies hier war schlichtweg ein Verbrechen! Was würde noch an Unerwartetem auf mich zukommen?

Wir gingen zum Fahrstuhl hinüber und stellten fest, dass alles still war und sich nichts rührte. Dann schlichen wir leise die Treppe hinunter, immer nur so weit, dass wir jedes Stockwerk zunächst überschauen konnten, bevor wir uns hineinwagten. Ich folgte Wally auf den Fersen und bemerkte, dass meine Anspannung ein wenig nachließ. Es verblüffte mich einmal mehr, zu beobachten, wie genau er wusste, was er tat. Noch nie war er bei irgendetwas geschnappt worden. Und soweit ich wusste, hatte er trotz seiner, gelinde gesagt, undisziplinierten Fahrgewohnheiten bisher nie auch nur ein einziges Strafmandat bekommen.

Wir erreichten das Erdgeschoss, und nachdem wir es noch genauer als die anderen Etagen überprüft hatten, näherten wir uns vorsichtig der Schmuckabteilung. Trotz der gedämpften Beleuchtung konnte man ausreichend sehen. Wally trat zielsicher hinter die Verkaufstheke, an der er sich die Perlenkette hatte zeigen lassen. Im gleichen Moment war mir klar, dass die ganze Sache von vornherein von ihm geplant worden war. Ich verfolgte, wie er dünne Plastikhandschuhe aus der Tasche zog.

»Lass deine Hände am besten in den Taschen«, raunte er mir zu, während er die Handschuhe überstreifte.

Ich verstand sofort, was er meinte. Wir waren beide zu einer Zeit nach Oak Ridge gekommen, in der man von jedem neuen Mitarbeiter die Fingerabdrücke nahm, und unsere Abdrücke befanden sich immer noch in den Akten. Ich gehorchte deshalb nur allzu gerne, denn ich verspürte nicht das geringste Interesse, irgendetwas in diesem Laden anzufassen. Am liebsten wollte ich mit der ganzen Sache nichts zu tun haben. Eine Frage drängte sich mir allerdings auf: Wie würde er die Schmuckvitrinen öffnen können? Sie waren ganz offensichtlich verschlossen.

Doch so schnell diese Frage aufgetaucht war, so rasch wurde sie auch schon beantwortet. Denn im gleichen Moment zog Wally ein Bund mit Dietrichen aus der Tasche, wie sie von Schlossern benutzt wurden, um versehentlich abgesperrte Türen und Schränke zu öffnen.

»Du hast dir sicherlich gerade überlegt, wie ich die Vitrinen öffnen werde, stimmt's?«, fragte Wally mit seinem typischen Lächeln.

»Um ehrlich zu sein – ja«, gab ich zu.

»Du glaubst doch wohl hoffentlich nicht, dass ich hier bin, um den Laden zu verwüsten. Das würde mir überhaupt keinen Spaß machen. Ich will das Geschäft auch nicht plündern. Es ist lediglich eine nette Herausforderung für mich, ohne Hilfe der Verkäufer ein wenig einzukaufen. Und falls sie tatsächlich bemerken sollten, dass etwas fehlt, was ich ehrlich gesagt bezweifle, dann werden sie vielleicht ein paar Fragen stellen und den Verlust schließlich als Angestelltendiebstahl abschreiben. Das Geld werden sie sich von der Versicherung zurückholen.«

»Wo hast du denn die Dietriche her?«

»Ich habe einen Kumpel, der Schlosser ist und mich ein wenig in diese Kunst eingeweiht hat. Die kleinen Schlösser an den Schmuckvitrinen taugen nichts. Sie zu knacken ist ein Kinderspiel!«

Schon wieder wurde mir eine Illusion geraubt, der

ich mich stets voller Überzeugung hingegeben hatte, nämlich dass Schlosser absolute Sicherheit verkauften. Das war's also.

»Der Manchester Store ist offensichtlich dein Lieblingsladen«, stellte ich fest. »Habe ich Recht?«

»Ein schöner und zweifellos traditionsreicher Laden. Alles ist von höchster Qualität.«

Mit einem triumphierenden Lächeln, einer schwungvollen Handbewegung und einem halb singend geflüsterten »Ta-da!« öffnete er den Schaukasten.

Wally griff hinein und wählte von den zahlreichen ausgestellten Perlenketten zielstrebig ein doppelreihiges Exemplar aus großen Zuchtperlen aus. Es war mit dreitausendfünfhundert Dollar ausgezeichnet und somit weitaus wertvoller als die einreihige Kette, die er sich zuvor hatte zeigen lassen. Er achtete genauestens darauf, dass er das Arrangement der Ketten auf dem schwarzen Samttablett nicht durcheinander brachte, und schob die übrigen Ketten nur gerade so weit zusammen, dass keine sichtbare Lücke blieb.

Dann öffnete er eine Schublade im seitlichen Verkaufstresen, die auch die Verkäuferin zuvor geöffnet hatte, und zog eine der schwarzen Geschenkschatullen hervor. Lächelnd legte er die Perlenkette hinein. Er durchsuchte die anderen Schubladen, bis er eine passende Schachtel fand, in die er die Geschenkschatulle schob. Das Ganze verstaute er in seiner Jackentasche, wobei er mich anblickte.

»Na, welche gefällt dir am besten?«

»Wie bitte?«

»Such dir eine aus. Komm schon, wir haben nicht die ganze Nacht Zeit.«

»O nein! Danke, aber ich verzichte lieber.«

»Komm schon, mein Freund. Zier dich nicht so. Jetzt ist die Chance zuzugreifen. Such dir schon etwas aus.«

»Nein, wirklich, Wally. Lass es gut sein, bitte. Um

ehrlich zu sein, ist meine Frau gar nicht so sehr an Schmuck interessiert.«

Das war natürlich eine faustdicke Lüge. Aber ich wollte mich einfach nicht in die ganze Sache verwickeln lassen.

»Quatsch! Natürlich suchst du dir etwas aus! Ich fordere dich nicht noch einmal auf!«

»Für mich nichts, Wally! Danke.«

Ich trat einige Schritte von der Schmuckvitrine zurück. Ich spürte, wie ich ihn verärgert hatte, aber ich brachte es einfach nicht über mich, mich an dem Diebstahl zu beteiligen.

»Hasenfuß«, brummte Wally. »Was, zur Hölle, ist nur mit dir los? Was glaubst du, weshalb ich dich mitgenommen habe?«

Er schloss die Vitrine wieder ab.

»Komm, wir gehen wieder nach oben.«

Vorsichtig stiegen wir die Treppen bis zum fünften Stockwerk hinauf, zurück in die Möbelabteilung. Ich konnte immer noch nicht glauben, in was für einer Sache ich da mittendrin steckte. Glaubte Wally wirklich, dass es mir gelingen würde, hier in Ruhe schlafen zu können? Noch war es zum Glück erst früh am Abend.

Wir saßen schweigend da und starrten auf unsere Armbanduhren. Als sich der Zeiger elf Uhr näherte, machten wir uns für das Kommen des Wachmanns bereit. Und genau wie Wally es vorausgesagt hatte, tauchte er pünktlich auf die Minute auf. Diesmal schritt er zügig den Gang entlang, ohne sich noch weiter umzuschauen, und verschwand in der Elektroabteilung. Er kam mir noch größer und stämmiger vor als beim ersten Mal. Das Geräusch seines Schlüssels in der Stempeluhr war zu hören und dann kehrte er zurück zu den Fahrstühlen.

Nachdem wir gehört hatten, dass sich die Fahrstuhltür geöffnet und wieder geschlossen hatte, wandte sich Wally mir zu.

»Na, was sagst du dazu? Alles nach Plan.«

In seiner Stimme klang immer noch ein wenig Gereiztheit mit, aber er schien sich wieder einigermaßen beruhigt zu haben.

»Und der Typ sitzt wirklich da unten in seinem Büro und schaut eine Stunde lang in die Glotze, um dann wieder und wieder seine Runde zu machen?«, fragte ich ungläubig nach.

»Wenn er seinen Schlüssel nicht pünktlich in die Stechuhr steckt, dann bekommt er ernsthafte Probleme. Ich kann dich ja mal während der normalen Öffnungszeiten mit hierher nehmen und dir alles zeigen. Das ist wirklich hochinteressant.«

Wally lächelte.

»Falls er dann ebenfalls da sein sollte, kann er ja eine Führung mit uns machen.«

»Und wir sollen jetzt hier bis morgen früh schlafen?«

»Erst habe ich noch eine kleine Besorgung zu machen, sobald er wieder in seinem Büro ist. Danach können wir ans Ausruhen denken. Ehrlich gesagt, könnte ich ein bisschen Schlaf gut gebrauchen. Es war doch ein ziemlicher langer Tag: das frühe Aufstehen heute Morgen in Chicago, dann haben wird den ganzen Tag gearbeitet, die Fahrt zum Flughafen O'Hare und dann der Rückflug. Außerdem ist es gestern auch ganz schön spät geworden …«

Er schaute mich mit seinem mir nur allzu bekannten herausfordernden Grinsen an.

»Und wie steht's mit dir, mein Freund? Wirst du nach all den Aufregungen des heutigen Abends hier ein wenig wohlverdiente Ruhe finden?«

Er hatte mich mal wieder mühelos durchschaut. Meine Knie wurden ganz weich, wenn ich daran dachte, in was für einer verdammt brenzligen Lage wir steckten. Aber eines musste ich ihm lassen: Er bewegte sich hier mit geradezu schlafwandlerischer Sicherheit. Wie oft zuvor mochte er dies hier schon durchexerziert haben?

Dann sagte er mit seinem ironischen Lächeln, das mir zeigte, wie sehr er sich meines inneren Zustandes bewusst war: »Okay, los geht's. Noch eine kleine Besorgung, dann haben wir uns unsere Ruhe verdient.«

Er schmunzelte.

»Weißt du, dass ich hier ein ziemlich guter Kunde bin? Meine Frau liebt diesen Laden und hat hier schon ein Vermögen gelassen. Sie wird sich über das Mitbringsel vom Manchester Store sehr freuen, da sie die ganzen typischen New Yorker Geschäfte nicht leiden kann. Hier herauf.«

»In welche Etage gehen wir diesmal?«, erkundigte ich mich.

»In die vierte.«

»Und was für eine Abteilung befindet sich dort?«

»Sportartikel.«

»Oh! Was suchst du denn dort?«

Er warf mir einen kurzen Blick zu und bedachte mich dabei mit einem seiner Du-wirst-schon-sehen-Lächeln.

»Überraschung!«

Sobald wir die Sportartikelabteilung betraten, schritt Wally zielsicher auf eine große Glasvitrine zu, in der Revolver und Pistolen ausgestellt waren.

»Eine Schusswaffe?«

»Ja, ich brauche dringend eine gute Waffe, um mich zu Hause zu schützen.«

»Aber besitzt du nicht schon eine? Ich erinnere mich noch daran, dass du damals, als wir in Oak Ridge die Schießübungen gemacht haben, eine Pistole hattest. Ich habe sie sogar selber benutzt.«

»Das war nur eine 22er: nicht mehr als ein Spielzeug.

Man müsste damit einen Angreifer schon mitten in die Augen treffen, um ihn wirklich aufzuhalten. Ich würde jedenfalls mein Leben nicht gerne von solch einer Waffe abhängig machen.«

Wieder streifte er die Gummihandschuhe über, bevor er die Vitrine berührte, und zog das Bund Dietriche aus der Tasche. In wenigen Sekunden hatte er das Schloss geöffnet.

Er betrachtete die Revolver, die in der Vitrine ausgestellt waren, und nahm ein übergroßes, reich mit Ornamenten verziertes Modell mit einem extra langen Lauf heraus. Es war die Sorte Waffe, die nur ein Sammler ausgewählt hätte. Er schaute im Magazin nach, ob der Revolver geladen war, dann richtete er sie mitten auf meine Brust und klickte mehrmals.

»Na, was hältst du von dieser Kanone?«, fragte er mich. »Verdammt, mit der Knarre würde ich Wyatt Earp in nichts nachstehen. Wenn du mit diesem Baby jemanden in die Brust triffst, könntest du ihn glatt durch ein Fenster fliegen lassen.« Er legte den Revolver zurück auf seinen Platz und musterte erneut die Auslage.

Obwohl mich die Situation immer noch beunruhigte, faszinierte es mich doch, ihn so mit der Waffe hantieren zu sehen. Ich selber besaß keine einzige Schusswaffe, nicht einmal ein Gewehr. Und Wally versorgte sich mit schweren Waffen, um bei einer Schießerei in seinem eigenen Haus als Sieger hervorzugehen. So etwas war für mich unvorstellbar. Ihn so zu beobachten war beinahe, wie einen Kinofilm zu sehen.

»Nun«, sagte ich nur. »Hast du endlich das Richtige entdeckt?«

»Darauf kannst du wetten!«

Er wählte ein schweres Modell, das aussah wie eine der neuen Schusswaffen, mit denen Polizisten ausgerüstet sind. Er spielte ein wenig damit herum, um ein

Gefühl für das Gewicht des Revolvers zu bekommen. Er drückte irgendwo einen kleinen Hebel und ließ das Magazin aus dem Griff in seine Hand gleiten.

»Sehr schön«, raunte er mir zu. »Sehr schön.«

Er kam mir vor wie ein Kleinkind, das gerade ein neues Spielzeug bekommen hatte. Plötzlich schob er das Magazin wieder an seinen Platz und warf mir die Waffe ohne Vorwarnung zu.

»Na, wie fühlt sie sich an?«

Ungeschickt fing ich sie auf und spielte damit eine Weile herum, wie er es getan hatte. Ich verspürte einen gewissen Kick, aber dennoch konnte ich mir nicht vorstellen, so eine Waffe zu besitzen.

»Das ist 'ne ganz schön großkalibrige Knarre, nicht wahr?«

Was wusste ich schon über Waffen!

»Das ist sie allerdings.«

»Dann hat sie sicher auch einen ziemlich heftigen Rückstoß beim Feuern.«

Er nickte zustimmend. »Und damit könnte ich dir ein ordentliches Loch in den Pelz brennen, mein Freund.«

»Das glaube ich dir gern, Wally.«

Ich reichte ihm die Pistole zurück. Erst in dem Moment fiel mir ein, dass ich meine Fingerabdrücke auf der Waffe hinterlassen hatte. Und wenn es nun diese war, die er mitgehen lassen wollte?

Er schaute suchend durch die Glastüren einer Vitrine, die sich hinter dem Verkaufstresen befand und in der Munitionsschachteln ausgestellt waren. Auch diese Vitrine war abgeschlossen, aber mithilfe seiner Dietriche hatte Wally sie innerhalb weniger Sekunden geöffnet.

Dann entnahm er eine Schachtel mit Munition, holte erneut das Magazin aus der Waffe und begann es zu laden.

»Du machst die Pistole scharf?«

»Was nützt mir eine Waffe, die nicht geladen ist?«

»Was …?« Ich entschloss mich, besser keine weiteren Fragen zu stellen. Ich würde ihm nur noch naiver vorkommen als ohnehin schon. Aber was machte das letztendlich aus? Er hatte ja wohl nicht vor, *mich* zu erschießen. Davon ging ich jedenfalls nicht aus.

»Möchtest du dir auch eine aussuchen?«, fragte er mich. »Wie wär's? Solange die Vitrine noch offen ist. Ich helfe dir auch dabei, eine passende auszusuchen.«

»Nein, ich brauche keinen Revolver. Trotzdem danke ich dir für das Angebot.«

»Vielleicht wenigstens eine 22er? Du hast doch damals bei unserem kleinen Schießabenteuer in Oak Ridge auch deinen Spaß gehabt. Ich erinnere mich noch daran, dass du gar nicht schlecht warst.«

»Ich hatte zweiundzwanzig Jahre lang keine Waffe mehr in der Hand gehabt, seitdem ich als Kind mal in einem Ferienlager geschossen hatte, Wally.«

»Deine letzte Chance, Kumpel.«

»Danke, Wally, aber wie ich schon sagte, brauche ich keinen Revolver.«

»Hör mal, in der heutigen Zeit sollte niemand ganz ohne Schutz in seinem Haus sein.«

Ich schwieg.

Seine Augen verrieten, dass er sich heimlich über meine Ängstlichkeit amüsierte. Doch das war nichts Neues, denn es war in all den Jahren, die wir uns nun schon kannten, niemals anders gewesen. Nach der Szene vor einer Stunde in der Schmuckabteilung hielt er es wohl für besser, sich nicht länger damit aufzuhalten, mich überreden zu wollen.

Er arrangierte die Waffen in der Vitrine so, dass das Fehlen des Revolvers nicht auffiel, und schloss sie wieder ab. Dann verschloss er auch den Glasschrank mit der Munition. Schließlich steckte er den Revolver so lässig und selbstverständlich in seinen Gürtel, als wäre er ein Westernheld. Danach schob er die Schachtel mit der Munition in seine Jackentasche.

»Wie wär's jetzt mit 'ner Runde Schlaf?«

Eine Hand rüttelte meine Schulter und weckte mich aus tiefstem Schlaf. Ich hätte nie geglaubt, überhaupt schlafen zu können. Aber nachdem wir es uns auf zwei Betten in der Möbelabteilung bequem gemacht hatten, war ich schnell und mühelos in einen traumlosen Schlummer gefallen. Es war ein wirklich langer Tag für uns gewesen: zuerst die Fahrt vom Hotel zum Büro unserer Kunden in Chicago, dann die Geschäftsverhandlungen, das Arbeitsessen, einige Drinks, anschließend die Fahrt zum Flughafen O'Hare, Flug nach La Guardia, Fahrt nach Connecticut und dann auch noch der späte ›Einkaufsbummel‹ im Manchester Store. Ein wahrhaft langer Tag.

Langsam kam ich zu mir. Ich hatte das Gefühl, als hätte ich lange und tief geschlafen. Ich fühlte mich ausgeruht, auch wenn ich die Anstrengungen des Vortages noch immer spürte. Es schien an der Zeit zu sein, langsam aufzustehen und danach unauffällig das Feld zu räumen. Um sicherzugehen, dass wir pünktlich in die Gänge kamen, hatte Wally bestimmt den Wecker an seinem Super-High-Tech-Chronografen gestellt, den er wahrscheinlich auch irgendwo gestohlen hatte. Typisch Wally. Aber weshalb musste er mich so verdammt unsanft schütteln?

»Was, zur Hölle, macht ihr Kerle hier?«

Die Stimme! Ich blickte auf und … es war überhaupt nicht Wally! Der Typ, der da über mir stand, sah aus, als ob er drei Meter groß war! Es war der Wachmann! Mit seinen breiten Schultern, den mächtigen Armen und dem leichten Bauchansatz sah er so aus, als ob er glatte dreihundertfünfzig Pfund auf die Waage bringen könnte. Er hatte eine Knollennase, unter der er einen Schnurrbart trug, und schütteres graues Haar. Er packte meinen Unterarm mit seiner linken Pranke und schüttelte mich mit Leichtigkeit so stark, dass ich am ganzen Körper zitterte.

Ich stützte mich auf den anderen Ellbogen und schaute mich um. Wally lag regungslos da und schlief offenbar immer noch tief und fest. Erschrocken setzte ich mich auf, rieb mir die Augen und fragte: »Wie spät ist es?«

»Es ist sechs Uhr früh«, antwortete der Wachmann. »Und ich wüsste gerne, was, zur Hölle, ihr beiden Kerle hier treibt!«

Während ich noch fieberhaft überlegte, was für eine Geschichte ich ihm am besten auftischen sollte, begann Wally sich zu rühren, setzte sich auf und schwang die Beine aus dem Bett. Ich fragte mich, was er wohl vorhatte und ob der Mann entdecken würde, dass Wally einen Revolver bei sich trug. »Hhhmm, es war nämlich so …«

»Es war nämlich so …!«, äffte mich der Wachmann nach. Er war offensichtlich sehr erzürnt, und ich konnte sehen, dass mit ihm nicht zu spaßen war! Ich schaute zu Wally hinüber, der seine Jacke zugeknöpft hatte. Der Revolver war nicht zu sehen.

»Ähem … es war so … also … ähem … wir waren auf der Herrentoilette, hier oben, auf dieser Etage, als das Klingelzeichen ertönte, und als wir unten ankamen, waren die Türen bereits verschlossen und kein Mensch mehr zu sehen. Wir sind eingeschlossen worden.«

»Da müssen Sie aber einen ziemlichen Druck auf der Blase gehabt haben! Das Klingelzeichen ertönt um halb zehn, und die Eingangstür wird nicht vor zehn oder fünf vor zehn geschlossen.«

»Nun, die Sache ist so.« Ich schaute ihm so flehentlich in die Augen, wie ich nur konnte. »Ich habe zurzeit ein ziemlich unangenehmes Magen-Darm-Problem, das ...«

»Sparen Sie sich den Quatsch! Ich weiß nicht, was ihr beiden Typen hier macht, aber es stinkt zum Himmel, und ich werde auf jeden Fall die Polizei holen müssen.«

»Ach, ich bitte Sie«, wandte ich ein. »Es ist doch nichts passiert. Wirklich. Ich versichere es Ihnen.«

Ich schaute zu Wally hinüber und sah, dass er den Revolver auf den Wachmann gerichtet hielt. Mir wurde plötzlich ganz schwummrig.

Als der Mann meinen Gesichtsausdruck sah, blickte er sich ebenfalls zu Wally um.

»Wo haben Sie Waffe her?«, fragte er wie vom Donner gerührt.

»Von unten aus der Waffenabteilung.«

»Ist sie geladen?«

»Natürlich ist sie geladen. Was nützt eine Waffe, wenn sie nicht geladen ist?«

Dem Wachmann wurde schlagartig klar, dass er ernsthaft in Gefahr schwebte. Er streckte beschwichtigend die Hände aus. »Ganz ruhig, Mann!«, sagte er. »Wenn Sie mir die Waffe geben, dann werde ich Sie beide gehen lassen, ohne weitere Fragen zu stellen und ohne die Polizei zu rufen. Einverstanden?«

»Nein, tut mir Leid«, erwiderte Wally knapp.

»Okay«, sagte der Wachmann. »Behalten Sie die Waffe. Aber stecken Sie sie weg, dann werde ich Sie beide rauslassen, und Sie können unbehelligt Ihrer Wege gehen – ohne Polizei, ohne weitere Fragen. Okay?«

»Ich muss Sie enttäuschen.«

»Was wollen Sie dann?«

»Wir wissen nicht, was Sie tun werden, sobald wir aus der Tür sind.«

»Ich werde tun, was Sie von mir verlangen.«

»Aber sobald wir weg sind, haben wir keine Möglichkeit mehr, das zu überprüfen.«

»Passen Sie auf. Sie sagen mir einfach, wie ich mich verhalten soll, und ich werde mich danach richten, ich verspreche es Ihnen. Ehrenwort!«

»Das können Sie leicht behaupten. Wir haben leider keine Chance, Ihre Ehrlichkeit zu überprüfen.«

Ich sah förmlich, wie Wallys scharf denkender, analytischer Kopf fieberhaft arbeitete. Wenn ich erschrocken gewesen war, als er die Waffe gezogen hatte, so fühlte ich mich nun immer benommener bei den schrecklichen Vorahnungen, die in mir aufstiegen.

Auch der Wachmann schien sich der brenzligen Situation bewusst zu sein.

»Was verlangen Sie von mir?«, fragte er.

»Nichts«, sagte Wally nur.

Ich beobachtete, wie Wally den Griff des Revolvers fester umschloss. *»Nein! O Gott, bitte nicht!«*

»Verzeihen Sie mir«, sagte er leise zu dem Wachmann. »Ich habe wirklich nichts gegen Sie persönlich.«

Mit diesen Worten schoss er dem Wachmann zweimal hintereinander direkt in die Brust. Der Knall der Schüsse echote ohrenbetäubend durch die große Verkaufsetage. Der Getroffene zuckte beim Aufprall der Geschosse, von denen eines seinen Körper durchschlug, heftig zusammen. Mit Blut und Fleischfetzen behaftet, trat das Projektil aus dem Rücken wieder aus und schleuderte danach noch eine Schreibtischlampe quer durch den Raum. Der Mann sackte auf dem Boden zusammen. Die weit aufgerissenen Augen starrten glasig ins Leere.

»Wally?«, keuchte ich atemlos, während mein Blick ungläubig zwischen ihm und dem Toten auf dem Boden hin und her eilte.

»Es war der einzige Weg, um unbeschadet aus der

Situation herauszukommen«, sagte er mit ruhiger Stimme. »Das wirst du einsehen.«

Sein analytisches Denken.

Wally kniete sich neben der Leiche des Wachmanns nieder und löste den Schlüsselbund von dessen Gürtel.

»Einer dieser Schlüssel wird uns die Tür zur Straße öffnen. Es ist noch früh und es wird draußen nicht viel los sein. Wir werden in das Frühstücksrestaurant in der Nähe der Firma fahren und dort einige Zeit verbringen, bevor wir ins Büro gehen. Falls uns jemand fragt, haben wir den Fünf-Uhr-früh-Flug von O'Hare genommen. Das kommt ziemlich genau hin.«

Nachdem wir das Gelände des Kaufhauses verlassen hatten, fuhren wir auf eine Brücke über den Fluss, wo wir zu dieser frühen Stunde noch alleine waren. Wally verlangsamte den Wagen, ließ das Seitenfenster herunter und schleuderte zuerst den Schlüsselbund und dann den Revolver ins Wasser.

Ich weiß nicht, wie ich den Tag im Büro überstanden habe. Die beiden Schüsse klangen immer noch in meinen Ohren nach. Ich bildete mir ein, jeder müsse mir meine Verwirrung ansehen, aber zum Glück sprach mich niemand darauf an. Und ich vermied es für den Rest des Tages, Wally zu begegnen.

Etwas früher als sonst verließ ich das Büro und fuhr mit meinem Wagen, den ich im Parkhaus der Firma hatte stehen lassen, nach Hause. Während der Fahrt hörte ich den lokalen Rundfunksender über den Mord berichten. Der Wachmann war verheiratet gewesen und hatte vier Kinder.

Ich rechnete fest damit, dass zwei Männer in Anzügen – Kriminalbeamte vom Polizeirevier unserer Kleinstadt – bereits auf mich warten würden, wenn ich nach Hause kam, um mich in Handschellen abzuführen. Aber das geschah weder, als ich heimkam, noch an den darauf folgenden Tagen. Ich fragte mich schließlich, ob mir überhaupt jemals jemand meine Geschichte *glauben* würde, sollte ich sie ihm erzählen.

Und bis heute sind noch immer keine zwei Männer bei mir aufgetaucht ... und die Sache ist mittlerweile schon eine ganze Weile her ...!

Dorothy Salisbury Davis

Hanks Geschichte

Es war ein grauer, stürmischer Tag, als wir Billy Baldwin beerdigten. Der Wind machte vor allem den Frau-
en zu schaffen, er zerrte an ihren Röcken und wirbelte
die Frisuren durcheinander. Reverend Barnes, der langsam in die Jahre kam, schien nicht recht zu wissen, worüber er eigentlich predigte und wann Billy gestorben
war. Dabei war der Pfarrer bei Beerdigungen gewöhnlich in Hochform, da er jeden in Webbtown persönlich
kannte. Aber man hatte ihn erst ins Haus der Baldwins
gerufen, als Billy schon kalt war, nachdem er eine ganze Weile tot dagelegen hatte. Er sei an einem Herzinfarkt gestorben. Jedenfalls meinte das der Leichenbeschauer, der ein medizinisches Diplom besaß, was
meines Wissens jemanden dazu berechtigt, sich mit Toten zu beschäftigen, falls man Spaß daran hat. Er war
extra aus Ragapoo City gekommen, das heißt dem Ver-
waltungssitz des Bezirks. Dort hatte man ihn gegen
vier Uhr früh aus dem Bett geklingelt, und trotz des
weiten Weges war er immer noch schneller bei der Leiche gewesen als Reverend Barnes.

Doch bis zur Beerdigung war alles geregelt worden.
Der Sheriff hatte Billys Falle kontrolliert. Er hatte sie
immer am Aussichtspunkt aufgestellt, um jeden Tag
auf dem Weg zurück von der Arbeit zu inspizieren,
welches kleine Viehzeug darauf wartete, aus seiner Mi-
sere befreit zu werden. Damals gab es in der Jahreszeit
eine ganze Menge Fallenstellerei in der Gegend – und
es gibt sie sogar heute noch. Vor allem Nancy Baldwin
ist im ganzen Tal berühmt für ihr Hasenpfeffer. Ich habe
mich allerdings nie so recht dafür begeistern können.
Jedenfalls brachte der Sheriff die Falle mit in die Stadt.

Sie ließ sich nur mit Gewalt öffnen. Allem Anschein nach hatte Billy an ihr gearbeitet, als er den Halt verloren haben musste und den halben Hügel hinuntergerutscht war. Danach hatte er sich allerdings wieder aufgerafft und es sicher bis nach Hause geschafft, um dann als Folge der Anstrengung an einem Herzinfarkt zu sterben, so jedenfalls stellte es der Leichenbeschauer dar. Ich dachte über seine Worte nach: sicher bis nach Hause ... Tod durch Herzinfarkt. Ich fragte Prouty, was seiner Meinung nach mit Billy geschehen war. Prouty ist der Totengräber und ein Freund von mir. In seinem kalten Lagerraum war die Autopsie durchgeführt worden. Aber Prouty wollte über die ganze Sache am liebsten kein Wort verlieren. Eigentlich wollte das niemand im ganzen Ort – auch ich nicht.

Ich richtete mein Augenmerk darauf, wer an der Beerdigung teilnahm und wer nicht. Vor allem waren Frauen gekommen. Frauen finden insgesamt mehr Gefallen an Beerdigungen als Männer und in diesem Fall traf das in besonderem Maße zu. Mary Toomey saß direkt neben Nancy in der ersten Bankreihe. Big Mary saß beinahe überall in der ersten Reihe, jedenfalls seitdem sie zur Chefin der Webbtown State Bank ernannt worden war. Sie war die erste Frau, die es zu dem Posten gebracht hatte. Nancy wirkte ziemlich fertig und irgendwie ängstlich. Von Zeit zu Zeit schluchzte sie laut auf und brachte auf diese Weise das Kind in ihren Armen zum Wimmern. Dann trat jedes Mal Big Mary in Aktion – so hatten wir sie schon genannt, als sie noch ein übergewichtiger Teenager gewesen war – und presste voller Mitgefühl Nancys Hand zusammen. Unwillkürlich erschien mir Big Mary wie ein Druckverband, dem es gelang, Nancys Tränenstrom einzudämmen. Zeigte sich das Baby davon dennoch unbeeindruckt und wimmerte weiter, schnappte sich Mary kurzerhand das Bündel und schüttelte es so kräftig, dass dem

Kind keine andere Wahl blieb, als dem nackten Überlebenstrieb zu folgen und sich nur noch aufs Atmen zu konzentrieren. Soweit ich wusste, war es Mary gewesen, die Prouty vom Haus der Baldwins aus angerufen hatte. Sie hatte gesagt, sie sei bei Nancy gewesen, als Billy gestorben war. Ich denke, das hörte sich durchaus plausibel an, und ich kenne niemanden, der an dieser Darstellung gezweifelt hätte. Auf der anderen Seite des Ganges, direkt neben dem einfachen Sarg, den er hierher in die Kirche geschafft hatte, saß Prouty: bleicher als jede Leiche, die er jemals für eine Aufbahrung präpariert hatte. In der Reihe hinter ihm saßen die vier Sargträger, die Mary Tommey auf Nancys Bitten hin bestellt hatte. Einer davon war ich. Während des stillen Gebets hörte ich, wie Mrs. Prouty sich räusperte und sah, dass ihr Mann mit einem Schulterzucken reagierte. Daraus schloss ich, dass sie ihm eine Art Botschaft übermittelt hatte, die von ihm auch als solche wahrgenommen worden war. Neben Mrs. Prouty saß Mrs. Barnes, die Frau des Pfarrers. Sie hielt sich auf ihrem Platz kerzengerade und unverrückbar wie ein Getreidesilo. Seit jeher verkörperte sie stets das, was der Pfarrer predigte, selbst wenn es um die Ökumene ging. Es handelte sich dabei um ein Wort, das wir alle nur schwer über die Lippen brachten. Aber wenn nötig, schluckten wir es. Als Einziger schien der Pfarrer größeren Wert darauf zu legen, weil er immer versuchte, auf der Höhe der Zeit zu sein. Alle Einwohner unserer Stadt gehören eigentlich nur einer Konfession an. Von Zeit zu Zeit tauchen lediglich ein paar halleluja rufende Wanderprediger auf, die uns eines Besseren belehren wollen. Aber ich erwähne diese Typen nur, weil einer von ihnen kurz darauf auf der Bildfläche erscheinen sollte, auch wenn wir damals noch nichts davon ahnten.

Wer zum Beispiel auf der Beerdigung fehlte, war Clara McCracken. Natürlich fiel mir das auf, weil Clara

McCracken der Hauptgrund dafür ist, dass ich die ganzen Jahre durchgehalten habe und überhaupt so alt geworden bin. Ich bin nämlich Anwalt und praktiziere nun schon in Webbtown, seitdem ich damals mein Kanzleischild im ersten Stock über Kincaids Laden angebracht habe. Das ist nun beinahe sechzig Jahre her. Und noch länger spiele ich Geige, auch wenn ich heute ziemlich aus der Übung bin. Doch auch wenn mein Ruf als Violinist nicht gerade den des Anwalts überstrahlt, so schätzen mich die Leute doch zweifellos mehr aufgrund meiner musikalischen Neigungen.

Die McCrackens haben das *Red Lantern Inn* bewirtschaftet, seitdem die ersten Mitglieder der Familie nach dem Ende des Unabhängigkeitskrieges nach Westen aufgebrochen waren. Einer alten Geschichte zufolge soll der Grund dafür gewesen sein, dass sie während der Whiskey-Rebellion vor den Steuereintreibern geflohen seien – was ich für durchaus wahrscheinlich halte. Vor ungefähr zwanzig Jahren sind die McCrackens allerdings beinahe ausgestorben, bis auf zwei unverheiratete Schwestern: Clara und Maud. Maud, die damals doppelt so alt war wie Clara, hatte sich in den Kopf gesetzt, ihre jüngere Schwester mit einem Farbenhändler zu verheiraten, der – immer wenn er in der Gegend war – im *Red Lantern* abstieg. Clara wollte aber nichts von ihm wissen. Stattdessen zog sie es vor, mit dem jungen Reuben White zwischen den Hügeln umherzustreifen – zumindest bis zu dem Tag, an dem er sie im Schafstall in die Ecke drängte. Maud kam dazu und wurde getötet, als sich in dem nachfolgenden Handgemenge ein Schuss löste. Daraufhin stieß Clara den jungen Burschen kopfüber in den Brunnen. Ich verteidigte sie vor Gericht, als sie wegen der Sache unter Mordanklage gestellt wurde. Sie hätte niemals zugestimmt, sich von einem Anwalt aus einer anderen Stadt vertreten zu lassen, auch wenn er in derartigen Dingen erfahrener gewesen wäre als ich. Überdies trug sie wenig zu ihrer eigenen Verteidigung bei. Sie führte die Geschworenen lediglich zu dem besagten Brunnen und demonstrierte ihnen, wie sie den Jungen hineinbefördert hatte. Das war's. Sie bekam fünfzehn Jahre.

Reuben Whites Familie wurde von den Leuten in der Stadt jedoch keinesfalls mit Mitleid bedacht, sondern in der Folgezeit eher geschnitten. Als die meisten der Bewohner von Webbtown am Tag von Claras Entlassung loszogen, um sie aus dem Gefängnis abzuholen, verließen die Whites für immer die Stadt, vermutlich mehr aus Scham als aus Sorge. Nur ein einziges Familienmitglied, eine Cousine ersten Grades von Reuben, zog nicht fort: Mary Toomey. Big Mary.

Nach Claras Rückkehr schlug ich ihr vor, mich als stillen Teilhaber zu akzeptieren, um mit meinem Geld das *Red Lantern* wieder eröffnen zu können. Sie willigte ein. Und auch wenn nicht mehr viele Gäste kommen, für Clara und mich reicht's.

Wenn Sie sich fragen, was all das mit Billy Baldwins Beerdigung zu tun hat, dann will ich es Ihnen sagen: Ich schwöre beim Allmächtigen, dass ich mit eigenen Augen gesehen habe, wie Billy auf der Veranda des *Red Lantern* zu Tode gesteinigt wurde – und zwar in der Nacht, in der er nach Big Marys und Nancys Aussage zu Hause an einem Herzinfarkt starb.

In jener Nacht wachte ich plötzlich auf und trat ans Fenster, um hinauszusehen. Der Mond schien, es war kalt und es ging bereits auf ein Uhr früh zu. Unter meinem Fenster zogen ungefähr ein Dutzend Frauen aus der Stadt in einer schweigenden Prozession entlang; außer ihren leisen Schritten war nichts zu hören. So schnell ich konnte, zog ich mich an und folgte ihnen heimlich. Schließlich versteckte ich mich in der Grube, die sich neben dem Parkplatz von Billy Baldwins Auto befand. Wie Statuen standen die Frauen neben den

Treppenstufen, die zum *Red Lantern* hinaufführten, und wurden von der Lampe über dem Eingang in pinkfarbenes Licht getaucht. Ich hörte, wie es im ersten Stock ziemlichen Tumult gab, und sah, wie Lichter angingen. Dann hörte ich Billy schreien und die Treppe hinunterstürzen. Nancy war ihm dicht auf den Fersen und schlug kreischend auf ihn ein, während er splitternackt, seine Kleidung über dem Arm, ins Freie taumelte. Währenddessen hatten die Frauen den Fluchtweg über die Treppe versperrt und hoben vom Boden Steine auf, die sie untereinander verteilten. Dann trat Clara durch eine Seitentür heraus, dünn und ausgemergelt wie ein Gespenst. Das Negligé, das sie trug, gehörte zu der Sorte, welche die Frauen aus Webbtown noch nie in ihrem Leben zu Gesicht bekommen hatten. Ohne dass sich eine von ihnen rührte, stieg Clara die Stufen hinab und nahm ebenfalls einen Stein auf. Mittlerweile war Billy vor der Gruppe auf die Knie gesunken und flehte sie an, während Nancy von einer Frau weggeführt wurde. Clara warf den ersten Stein, und kurz darauf brach Billy unter dem Hagel zusammen, der auf ihn niederging. Selbst als Clara wieder die Treppe hinaufstieg und ihm einen derben Tritt verpasste, regte er sich nicht mehr. Dann begannen die übrigen Frauen wie Schlangen zu zischen und hoben weitere Steine auf, um sie auf Clara zu schleudern. Nachdem ich sicher war, dass Clara es zurück ins Haus geschafft hatte, erhob ich mich aus meinem Versteck und machte mich davon, ohne mich noch ein einziges Mal umzusehen.

Nach der Beerdigung wurde Billys Name von niemandem mehr erwähnt, auch nicht in *Tuttle's Bar*, wo die meisten Männer häufig herumhingen. Ich hatte irgendwie das Gefühl, als könne man die in der Luft liegende Spannung mit Händen greifen. Aber bei diesem Eindruck spielten natürlich die Geschehnisse eine Rolle, die ich mit eigenen Augen gesehen hatte. Obwohl ich mir bei Prouty und Reverend Barnes nicht ganz sicher war, zweifelte ich kaum daran, dass ich der einzige Mann in der ganzen Stadt war, der wusste, was Billy wirklich zugestoßen war. Anfangs belastete mich diese Tatsache ganz schön, doch mit der Zeit redete ich mir ein, das Ganze vielleicht sogar nur geträumt zu haben – was mir am liebsten gewesen wäre.

Anfang Januar hatten wir unerwartet Tauwetter. Als Folge davon war die drei Meilen entfernte Abfahrt von der Interstate praktisch nicht passierbar. Ich hatte gerade die Veranda des *Red Lantern* erreicht, als ein Wagen mit einem Wohnanhänger vor dem Gasthaus hielt. Das Gespann sah so aus, als ob es viele Jahre und ebenso viele Meilen hinter sich hätte. Der Fahrer stieg aus und streifte seine Stiefel an der Treppe ab. Er war groß und hager wie eine Bohnenstange und hatte die Augen eines Fanatikers. Ich hatte diesen Typus schon viele Male gesehen. Er war unzweifelhaft ein Wanderprediger. Sein einstudiertes Lächeln konnte er nach Belieben ein- oder ausschalten. Er trug einen schmutzigen schwarzen Mantel und hatte die ebenfalls schwarzen Hosen in die Stiefel gestopft. Mit der rechten Hand tippte er grüßend an den Rand seines breitkrempigen Hutes.

»Sind Sie ein Christ?«, lauteten die ersten Worte, die ich aus seinem Mund vernahm.

Ich mochte diese Begrüßung nicht. »Wenn es sein muss, bin ich es.«

Er schien meine Antwort allerdings als Ermutigung zu empfinden. »Ich bin Reverend Isaiah Teague. Ich bin allerdings kein Prophet, sondern nur ein armer Evangelist.«

Er reichte mir die Hand und ich ergriff sie. Dabei konnte ich seine Knochen spüren.

»Ich bin Hank«, erwiderte ich in der Hoffnung, unser Gespräch sei damit beendet und er werde seinen

Weg fortsetzen, denn ich beabsichtigte keineswegs, ihn in das Gasthaus einzuladen. Offen gestanden fürchtete ich, ihn nicht wieder loszuwerden. In dem Fall hätte Clara mich umgebracht. Zudem fühlte ich mich in meiner Unhöflichkeit bestärkt, als er mich als Nächstes fragte, ob mir der Name Mary Toomey ein Begriff sei und ob ich wisse, wo die Dame zu finden sei.

Ich warf einen Blick auf meine Armbanduhr. »Um diese Zeit müssten Sie sie in der Bank antreffen.«

»Sie arbeitet in einer Bank?«, vergewisserte er sich und nickte anerkennend.

»Sie ist die Chefin der First State Bank von Webbtown.«

Sein Lächeln flackerte kurz auf und verschwand dann wieder – wie er selbst im nächsten Augenblick.

Kurz bevor er außer Sichtweite war, trat Clara aus dem Haus. »Was wollte der Kerl?«

»Er sucht Big Mary. Scheint ein Prediger oder so etwas in der Art zu sein.«

»Diese Typen wissen eben, wo das große Geld zu finden ist«, lautete Claras Kommentar, der mehr oder weniger meinem eigenen Eindruck entsprach.

Aber Mary nahm ihn offensichtlich mit offenen Armen auf. Und sie half ihm in vielen Dingen, die wir damals gar nicht mitbekamen. Zuerst schlug sie zwei Fliegen mit einer Klappe, indem sie ihn bei Nancy Baldwin einquartierte. Billy hatte seiner Frau kaum mehr als ein Kaninchenfell hinterlassen und seit seinem Tod war es mit ihr und dem Baby ständig bergab gegangen. Das Kind war kränklich und schrie meist die ganze Nacht hindurch, wie zumindest die Nachbarn behaupteten. Das aber änderte sich schlagartig, wann immer der Reverend abends im Haus war. Wenn man genau hinhörte, bekam man mit, dass er selbst mitten in der Nacht Gospels sang, meinte Annie Pendergast, und zwar auf so wundervolle Weise, wie sie sonst nur im Radio gespielt wurden. Oft fuhr er für ein paar Tage fort, kehrte dann jedoch am Wochenende wieder zurück. Er plane eine Sommertour zu den verschiedenen Campingplätzen in der Gegend, hieß es. Bei seiner Rückkehr hielt er zuerst vor der Bank und Big Mary trat heraus und kletterte zu ihm in dieses unsägliche Gefährt. Dann fuhr sie mit ihm am *Red Lantern* vorbei hinaus zum Aussichtspunkt. Man muss der Ehrlichkeit halber feststellen, dass sein Auftreten gegenüber Mary äußerst galant war. Er verhielt sich zwar nicht gerade kriecherisch, aber immerhin doch so respektvoll, dass es einem förmlich den Magen umdrehte. Sie dürfen jetzt allerdings nicht denken, dass wir Mary eine derartige Aufmerksamkeit missgönnten. Eher bedauerten wir sie sogar – wie jeden Menschen, von dem man den Eindruck hat, dass er von einem anderen ausgenutzt wird, ohne es selbst zu merken.

Noch während des Winters fasste Tom Kincaid den Entschluss, seinen Drugstore, über dem ich mein Büro hatte, an eine Supermarktkette zu verkaufen; und das Erste, was eine Kette in so einem Fall unternimmt, sind umfangreiche Renovierungsarbeiten. Clara schlug mir vor, mein Büro in den Salon im ersten Stock des *Red Lantern* zu verlegen, zumal es ja einen separaten Eingang zu dem Trakt gebe. Zuerst zögerte und zauderte ich und sah ihr forschend in die Augen, um herauszubekommen, was in ihr vorging, doch schließlich willigte ich ein. Natürlich wusste ich, dass es sich bei dem separaten Eingang um die Tür handelte, durch die Clara in jener Nacht, nur mit einem Negligé bekleidet, ins Freie getreten war. Ich wusste allerdings auch, dass ich mit meiner Bereitschaft, mein Büro ins *Red Lantern* zu verlegen, ein wenig guten Willen zeigen konnte, den Clara dringend nötig hatte. Sie ging mittlerweile nur noch in die Stadt, um dort die notwendigsten Besorgungen zu erledigen, und um die meisten davon kümmerte ich mich ohnehin bereits. Die anderen Frauen behandelten sie wie eine Aussätzige und wechselten die Straßenseite, wenn sie ihr begegneten. Nun ja, Clara war nie besonders gesellig gewesen und anderen ihre Gefühle und ihre Zuneigung zu zeigen war nicht gerade ihre Stärke. Zudem hatte die Zeit im Gefängnis nicht sonderlich dazu beigetragen, sie in dieser Hinsicht zu ändern.

Am Tag nach meinem Umzug sah sie mir dabei zu, wie ich – so gut es eben ging – meine Sachen verstaute. Clara hatte offensichtlich nichts zu tun, was unüblich für sie war. Ich legte meinen Geigenkasten ganz oben auf die Wandregale, um meine juristischen Fachbücher einsortieren zu können. Außerdem spiele ich zu Hause niemals auf der Geige. Ich wäre mir dann viel zu einsam vorgekommen.

»Spiel uns doch ein paar Takte«, sagte Clara plötzlich.

»Ich habe grässliche Arthritis«, erwiderte ich, holte aber schon die Geige vom Regal und begann sie zu stimmen. Da ich nicht mehr oft zum Spielen aufgefordert werde, zierte ich mich nicht allzu sehr.

Als Clara sich halb auf meinen Schreibtisch setzte, spielte das Sonnenlicht mit ihren Haaren. Sie wirkte in diesem Augenblick schöner, als ich sie jemals seit ihrer Zeit im Gefängnis gesehen hatte. Obwohl ich stets der Meinung gewesen war, dass sie von Tag zu Tag ihrer älteren Schwester Maud immer ähnlicher wurde, sah sie mit einem Mal ganz anders aus.

»Was möchtest du denn hören, Clara? Du kennst ja mein Repertoire.«

Sie lächelte und zog die Nase kraus. »Wie wär's mit einem hübschen Wiegenlied, Hank?«

Es war gegen zehn Uhr abends, als Clara mich anrief. Sie sagte, sie fühle sich nicht gut, und bat mich, die

Nachtschicht im *Red Lantern* zu übernehmen. Ich vergewisserte mich daraufhin, ob ich nicht besser einen Arzt für sie rufen solle. Natürlich war mir ihr Zustand nicht entgangen, doch zuvor hatten weder sie noch ich je ein Wort darüber verloren. Als ich es jetzt tat, explodierte sie förmlich.

»Wie, zum Teufel, kommst du bloß auf diese Idee? Geh lieber ins Bett, Hank. Du benimmst dich ja wirklich wie eine alte Glucke.« Vermutlich hatte sie Recht.

Ein Sturm zog auf. Das verriet die Stille, die so groß war, dass sogar die Grillen nicht mehr zirpten. Grillen liefern nämlich wesentlich zuverlässigere Wettervorhersagen als Radio und Fernsehen – schon deshalb, weil sie unmittelbar vor der eigenen Tür leben. Ich lebe noch immer in dem Haus, in dem ich auch geboren wurde. Als ich es verließ, schloss ich die Tür ab, da ich nicht genau wusste, wann ich zurückkehren würde.

Clara saß schwitzend und keuchend in der Eingangshalle. Wie ich bereits vermutet hatte, war kein Gast im Haus, denn alle acht Schlüssel zu den Zimmern hingen sauber aufgereiht an der Wand. Heute Nacht war kaum zu erwarten, dass sich jemand von der Interstate hierher verirrte, zumal Webbtown mehr als drei Meilen von der nächsten Abfahrt entfernt lag.

»Ich gehe dann nach oben«, sagte Clara und stemmte sich vorsichtig von ihrem Stuhl hoch. Sie war eine wirklich groß gewachsene Frau, die zweifellos kräftiger war als ich.

»Ich könnte den Lagerraum neben der Küche für dich herrichten, Clara, und dort ein Bett für dich aufstellen. Das wäre doch bequemer, als die Treppe nach oben hinaufsteigen zu müssen.«

»Was du nicht sagst, Hank.« Ihre Stimme triefte vor Sarkasmus.

Immer eine ächzende Stufe nach der anderen schleppte sie sich nach oben.

»Sieh lieber zu, dass genügend heißes Wasser da ist«, rief sie mir zu, als sie die obere Etage erreicht hatte. »Sieht so aus, als ob wir es bald brauchen würden.«

Ich will und kann nicht über alle Details berichten, aber als ich das erste Mal nach oben ging, schärfte sie mir ein, auf keinen Fall einen Arzt zu rufen, da sie ansonsten den Telefonapparat im Erdgeschoss eigenhändig aus der Wand reißen würde. Als sie jedoch immer lauter stöhnte und sich von Schmerzen gepeinigt auf dem Bett hin und her warf, war ich mit den Nerven am Ende. Ich verließ das Zimmer und rief ihr zu, dass ich bald zurück sei.

»Das will ich auch stark hoffen, Hank. Schließlich habe ich wegen dir fünfzehn Jahre lang warten dürfen.«

Auch wenn man in solchen angespannten Situationen nicht jede Bemerkung auf die Goldwaage legen darf, fühlte ich mich ziemlich getroffen.

»Tut mir Leid, ich hab's nicht so gemeint, Hank. Schuld daran war nur, dass dieser verdammte kleine Bastard unbedingt aus mir heraus will.«

Ich nickte nur und setzte dann meinen Weg fort. Ich war aber lange genug stehen geblieben, um das mir bekannte Negligé zu bemerken, das so über einen Stuhl drapiert war, als werde es von einer unsichtbaren Frau getragen.

Als ich unten ankam, rüttelte der Wind bereits an den Fensterläden, als handle es sich dabei um Kastagnetten. Ich ließ mich mit dem County Hospital verbinden, erfuhr aber lediglich, dass man dort nicht in der Lage sei, jemanden zu uns zu schicken. Ich müsse Mutter und Kind, ob geboren oder ungeboren, schon ins Krankenhaus bringen, denn der einzige diensthabende Arzt sei bereits im Kreißsaal beschäftigt. Man werde jedoch versuchen, ihn bis zu unserem Eintreffen zum Bleiben zu bewegen. Clara ins Krankenhaus? Eher kam der Berg zum Propheten!

Als Nächstes rief ich Faith Barnes an, die Frau des Pfarrers. Ihr Mann habe gerade einen Asthmaanfall, den er jedes Mal bei einem derartigen Wetterumschwung erleide. Deshalb könne sie ihn nicht allein lassen. »Bist du wirklich sicher, dass sie ein Baby bekommt, Hank?«

Anstatt mich auf Diskussionen einzulassen, fragte ich sie nur, an wen ich mich sonst noch wenden könne.

»Das werde ich selbst in die Hand nehmen. Hoffentlich finde ich jemanden, der bereit ist, zu euch rauszukommen. Schließlich haben die Leute Angst vor ihr. Und nun auch noch ein Kind? Mein Gott, sie muss doch fast fünfzig sein!«

Ich bin zwar alles andere als bibelfest, erinnerte Faith Barnes jedoch daran, in welch hohem Alter die Mutter von Johannes dem Täufer ihren Sohn bekommen habe.

»Sie hatte immerhin einen Ehemann«, konterte Faith und legte dann auf.

Da bei stärkerem Wind stets die Stromversorgung zusammenzubrechen drohte, holte ich mehrere Sturmlaternen aus dem Lagerraum. Ehre, wem Ehre gebürt: Clara hatte dafür Sorge getragen, dass alles an Ort und Stelle stand, die Glaszylinder sauber geputzt und die Lampen mit Öl gefüllt waren. Hastig eilte ich mit einer der Laternen wieder nach oben. Claras unerwartetes Schweigen war fast schlimmer als ihr Stöhnen. Bei ihrem Anblick war mein erster Gedanke, dass sie sich für Halloween zurechtgemacht hatte: Das Haar klebte in Strähnen an ihrem Kopf, die Augen traten weit aus dem Schädel hervor und ihr Gesicht glänzte vor grünlichem Schweiß.

»Eigentlich müssten jetzt die nächsten Wehen einsetzen«, sagte sie, »es sei denn, er hätte sich in meinem Bauch verwickelt und selbst erdrosselt. Komm her, Hank.« Sie nahm meine Hand und presste sie auf ihr Nachthemd. »Spürst du irgendetwas?«

Ich fühlte einen schwachen Puls. Es hätte auch mein eigener sein können, aber ich bejahte, zumal Claras Herz pumpte wie eine Dampfpresse.

Sie ließ meine Hand los und umklammerte die Messingsprossen am Kopfende ihres Bettes. »Da kommt er wieder, der kleine Bulldozer.«

Ich wunderte mich schon die ganze Zeit, wie sie so sicher sein könne, einen Jungen und kein Mädchen zu bekommen. Aber ich fragte sie nur: »Von wem ... ich meine, wer ist der Junge?«

»Jeremiah McCracken« war alles, was sie sagte.

Nach wie vor heulte der Wind durch die Fensterritzen, und Clara schrie jedes Mal vor Schmerz auf, wenn die Wehen einsetzten. Sie trug mir auf, von unten zwei Eimer zu bringen, um Wasser aus dem Badezimmer holen zu können. Außerdem erklärte sie mir, wo sie weitere frische Handtücher aufbewahrte. Schließlich sollte ich ihr auch die Küchenschere holen, mit der sie gewöhnlich das Geflügel zerteilte. Da die Lampe über ihrem Bett mittlerweile immer häufiger und länger verlosch, beschloss ich auf dem Weg nach unten, auch Streichhölzer mitzunehmen, um sicherheitshalber die Sturmlaterne anzuzünden. Dabei schoss mir plötzlich die Erinnerung durch den Kopf, wie meine Mutter gestorben war, kurz nachdem ich mein Studium beendet hatte. Sie war so ruhig und friedlich von uns gegangen. Das war nun mehr als sechzig Jahre her, doch es kam mir so vor, als sei es erst gestern gewesen.

Als ich die Sachen brachte, unterdrückte Clara jeden Laut und starrte mich an, als ob sie mit den Augen lausche. »Da ist jemand im Haus.«

»Ich gehe nachsehen.«

»Nein, du bleibst hier. Vaters Schrotflinte liegt unter dem Bett.« Und dann brüllte sie aus vollem Halse: »Verschwinde! Wer immer dort unten sein mag, hau ab!«

Wieder ging die Lampe aus, und während ich die Laterne in Gang setzte, sah auch ich, wie sich draußen im Flur ein flackernder Lichtschein die Treppe hinaufbewegte. Als das elektrische Licht wieder anging, stand Mary Toomey bereits im Zimmer.

»Hank, schaff sie raus. Hörst du, Mary Toomey. Ich will dich hier nicht sehen!«

»Ich bin nicht gekommen, weil ich auf deine Gastfreundschaft gezählt habe. Ich will nur meiner Pflicht als Christin nachkommen«, erwiderte Big Mary. »Hank, wir brauchen mehr Licht. Ich weiß zwar nicht, wie du es anstellen willst, aber wir brauchen es schnell.«

Sie legte etwas, das wie eine Werkzeugrolle aussah, auf eine Kommode und begann es auszupacken. Es handelte sich um medizinische Instrumente. Ich kannte die Hebamme, die wir in der Stadt hatten. Seit wann machte Big Mary ihren Job?

Clara warf sich hin und her und schrie vor Wut und Schmerz. Unterdessen machte ich alles, was Big Mary von mir verlangte. Sie war der geborene Feldwebel. Ich bin, weiß Gott, lange genug in der Armee gewesen, um einen zu erkennen, wenn er vor mir steht. Nachdem ich alles erledigt hatte, schickte sie mich nach unten und sagte zu mir, ich solle dort warten, bis sie mich rufe. Dann aber solle ich so schnell wie möglich wieder nach oben kommen.

Ich saß also unten in der Eingangshalle und wünschte mir, der Wind würde noch lauter heulen, um nicht mit anhören zu müssen, unter welchen Qualen Clara das Kind zur Welt brachte. Um mich abzulenken, dachte ich darüber nach, wie Big Mary es geschafft hatte, bis in die Führungsetage der Bank vorzudringen. Keiner hatte ihr das zugetraut, zumal sie völlig unattraktiv war und ihren beruflichen Aufstieg ohne die typischen Waffen einer Frau bewerkstelligen musste. Sie hatte wirklich Anerkennung dafür verdient, dass sie alles nur durch Fernkurse und harte Arbeit erreicht hatte. Und

jetzt ihr merkwürdiges Verhältnis zu dem Wanderprediger: Es war ziemlich schwer zu durchschauen, wer
dabei wen in der Hand hatte! Big Mary gab einem Rätsel auf. Und ich wäre nie darauf gekommen, dass Faith
Barnes ausgerechnet sie darum gebeten hatte, sich um
Clara zu kümmern. Möglicherweise hatte sich ansonsten tatsächlich niemand dazu bereit erklärt. Ich konnte
es dennoch nach wie vor nicht fassen: Big Mary als
barmherzige Samariterin an Claras Bett?

Vermutlich war ich irgendwann eingeschlafen, denn
ich hatte gar nicht bemerkt, wie sich der Sturm gelegt
hatte. Geweckt wurde ich im Morgengrauen durch Geräusche von Krähen, wie ich zuerst vermutete. Doch es
war Jeremiah, den ich hörte. Dann vernahm ich lautes
Streiten zwischen den beiden Frauen. Als ich oben ankam, zerrten sowohl Clara als auch Big Mary an dem
Baby, das in ein Handtuch gewickelt war und würgte,
als ob es sich übergeben müsse. Noch nie zuvor hatte
ich ein so kleines, gebrechliches, knallrotes Lebewesen
gesehen.

»Sie will mein Baby töten! Hank, nimm ihr den Jungen weg!«

Während Clara plötzlich nur das Handtuch umklammerte, hielt Big Mary die kleine Kreatur an den
Füßen, nackt und rot wie ein frisch gerupftes Huhn. Sie
schlug ihm ein paar Mal auf den Rücken, bis er wieder
zu schreien begann. Dann wickelte sie ihn in ein frisches Handtuch und reichte ihn mir. Kein Zweifel, das
Kind war ein Junge.

»Du solltest ihn schnellstens taufen lassen«, wandte
sich Big Mary an Clara. »Ich glaube nämlich nicht, dass
er es lange machen wird.«

»Er wird überleben«, keifte Clara. »Er ist nämlich ein
McCracken.« Sie versuchte, sich auf die Bettkante zu
setzen.

»Er kann ja wohl nur zur Hälfte ein McCracken

sein«, erwiderte Big Mary. Sie reinigte die von ihr mit-gebrachten Instrumente in einem Eimer Wasser und trocknete sie mit irgendwelchen Tüchern, die gerade in Reichweite lagen. Nachdem sie alles verstaut hatte, stemmte sie ihre Hände in die Hüften und blickte auf Clara herab. »Warum vertraust du ihn nicht mir an, Clara? Ich würde dafür sorgen, dass er unter behüteten Umständen in einem christlichen Haus aufwächst. Niemand würde erfahren, woher er stammt. Und Hank wird bestimmt kein Sterbenswörtchen von dem verraten, was sich hier heute Nacht zugetragen hat.«

»Halt's Maul! Halt doch bloß dein verdammtes, gott-loses Maul!«, knurrte Clara, der es tatsächlich gelungen war, sich aufzurichten und die Füße auf den Boden zu setzen. Mir dämmerte, dass sie versuchen würde, an die Schrotflinte zu kommen.

Ich legte ihr deshalb das Baby in die Arme und drückte sie zurück ins Bett. Auf diese Weise war sie erst einmal beschäftigt und konnte auf keine dummen Ge-danken kommen.

»Ich glaube, du gehst jetzt besser, Mary«, sagte ich. »Ich werde hier nachher gründlich sauber machen. Du bist mit deiner Arbeit jedenfalls fertig und du hast wirklich gute Arbeit geleistet. Aber wenn du mich fragst, solltest du die Sache besser für dich behalten, Mary.«

»Du vergisst wohl, mit wem du sprichst, Hank. Ist dir vielleicht entgangen, dass ich in Webbtown das Sa-gen habe?«

»Aber nein. Du machst deinen Job zweifellos gut …!« Ich plapperte irgendwelchen Blödsinn vor mich hin, nur um sie loszuwerden. Schließlich schloss ich die Zimmer-tür hinter uns, während Clara zurücksank und der klei-ne rote Wicht schmatzende Geräusche machte. Seine Mutter würde wissen, wie sie darauf zu reagieren hatte. Als ich später wieder nach oben kam, um – so gut es ging – aufzuräumen, wusste ich, dass ich eigentlich damit hätte beginnen müssen, Kaffee und Haferschleim zu kochen. Aber es ist nun einmal meine Angewohnheit, alles erst immer ein bisschen nett herzurichten. Bei der Gelegenheit stellte ich fest, dass Big Mary ihre Instrumente mit Claras Negligé getrocknet hatte. Ich nahm es einfach mit nach unten und warf es in den Ofen.

Von Tag zu Tag ähnelte Jeremiah immer mehr einem menschlichen Wesen und er entwickelte einen ordentlichen Appetit. Auch Clara erholte sich rasch von den Strapazen und war nach kurzer Zeit wieder auf den Beinen. Währenddessen konnte man das eisige Schweigen in der Stadt zu den Vorgängen im *Red Lantern* förmlich hören. Wenn jemand am Gasthaus vorbeifuhr, hielt er den Blick stur geradeaus auf die Straße gerichtet, ohne nach links oder rechts zu sehen. Selbst wenn ich draußen auf der Veranda stand, schien niemand von mir Notiz zu nehmen. Sogar in *Tuttle's Bar* erkundigte sich niemand danach, ob im *Red Lantern* ein Baby geboren worden sei. Eigentlich hätte man eine solche Frage erwartet, aber das Ganze war nur eine weitere Angelegenheit, von der niemand etwas wissen wollte. Dann wurden von den Pendergast-Zwillingen ein paar große Kartons geliefert, die Mary Toomey geschickt hatte. Clara versteckte sich mit dem Baby im Lagerraum, bis die Zwillinge wieder weg waren. Als sie von mir erfuhr, von wem die Sachen kamen, wies sie mich an, alles zu verbrennen.

»Kipp Benzin drüber und wirf ein Streichholz drauf!«

Ich erwiderte, sie solle sich nicht wie eine verdammte Närrin aufführen. Schließlich sei es Jeremiah doch völlig egal, in wessen Sachen er reinpinkelte und wessen Lätzchen er voll spuckte. Ich warf ihr ein paar Formulierungen und Drohungen an den Kopf, die man sonst von mir nicht oft zu hören bekommt. Am Ende gab Clara nach, zumal sie selbst nichts weiter im Haus hatte als ein paar alte Windeln.

In der Folgezeit bestellte sie ein paar Mal die Gemeindeschwester zu sich, und als Jeremiah zwei Wochen alt war, fuhr ich ihn und seine Mutter zum Krankenhaus in Ragapoo City. Wie immer bestand Clara darauf, selbst zu fahren, und wollte mir das Baby in die Hand drücken. Aber ich konnte mich nicht mit dem Gedanken anfreunden, in aller Öffentlichkeit mit einem Säugling auf den Armen gesehen zu werden. Am Ende wurde Jeremiah vom Arzt eine so gute gesundheitliche Verfassung bescheinigt, dass Clara meinte, sie müsse ihn wohl kaum ein weiteres Mal untersuchen lassen. So wie ich die Dinge sehe, war genau das der Grund, warum der Arzt ein so positives Urteil fällte.

Der Herbstanfang war einer der schönsten, die ich jemals erlebt habe. Vermutlich hatte der viele Regen, den der Sturm mit sich gebracht hatte, damit zu tun. Oder man sieht alles in einem anderen Licht, sobald man ein Kind um sich hat. Wie im Vorjahr wohnten einige der Erntearbeiter bei uns und hatten auch nichts weiter dagegen, dass sie ihre Hauptmahlzeit unten in *Tuttle's Bar* einnehmen mussten, weil Clara zu sehr mit Jeremiah beschäftigt war. Nach wie vor konnten die Leute sich bei uns noch ein paar Bier genehmigen, um die nötige Bettschwere zu kriegen. Bei solchen Gelegenheiten beobachtete ich den einen oder anderen – und Clara. Sie war wirklich eine erstaunliche Frau. Niemand außer ihr hätte darauf gesetzt, nur ein einziges Mal mit einem Mann zu schlafen und dabei ein Kind zu empfangen. Denn mittlerweile war ich mir absolut sicher, dass Clara sich nichts sehnlicher gewünscht hatte als ein Kind.

Wenn ich damals nicht alle Hände voll damit zu tun gehabt hätte, mich um Jeremiah zu kümmern, wäre ich besser über die Geschehnisse in der Stadt informiert gewesen. Ich erfuhr nur, dass Reverend Teague seinen Wohnwagen nach seiner Sommertour in der Nähe von River Junction abgestellt hatte und dort regelmäßig auf einer Bühne predigte, die von dem alten Jahrmarktgelände übrig geblieben war. Prouty und seine Frau und noch ein paar andere fuhren öfter dorthin, um Teagues Worten zu lauschen oder um sich eine Taufe anzusehen. Sie hielten ihn für ziemlich gut. Auf jeden Fall kenne er die Bibel wesentlich besser als sie selbst. Dennoch waren die meisten entschlossen, Reverend Barnes die Treue zu halten. Auch Big Mary ließ sich ab und zu bei Teague blicken, beglückte ihn mit ein paar ›Amen‹ und lud ihn hin und wieder zum Essen ein, entweder bei sich oder im Haus von Faith Baldwin. Der Wanderprediger wohnte allerdings nicht mehr bei der Witwe, und wenn er sich in der Stadt an Big Marys Seite zeigte, scharwenzelte er auch nicht mehr wie ein Schoßhündchen um sie herum, wie er es früher getan hatte. Stattdessen schritt er erhobenen Hauptes neben ihr her und trug immer einen Hut, nur um ihn vor jedermann ziehen zu können, der ihn grüßte. Denjenigen, die ihn schlichtweg ignorierten, sah er nur mit einem mitleidigen Lächeln nach, auch wenn er Mary dabei unhöflicherweise den Rücken zudrehte. Doch Big Mary zeigte sich ebenso stolz wie geduldig, was ihren Begleiter anging, so als betrachte sie ihn als ihren eigenen Ziehsohn. Als ich davon hörte, musste ich immer wieder über ihren Vorschlag nachdenken, den sie Clara unterbreitet hatte. Ich hatte nie gedacht, dass Big Mary es wirklich ernst gemeint haben könnte, als sie Clara dazu aufgefordert hatte, ihr Jeremiah zu überlassen. Jetzt erschien dieses Ansinnen plötzlich in ganz anderem Licht. Wie auch immer, auf jeden Fall traf Nora Kincaid den Nagel auf den Kopf, als sie feststellte, dass Isaiah Teague langsam beginne, größenwahnsinnig zu werden.

Halloween ging ohne größere Folgen für das *Red Lantern* vorüber. Lediglich das Regenfass war umgestürzt. Ich hatte es gerade wieder aufgerichtet und rollte es zu seinem alten Platz zurück, als Reverend Teague vorfuhr. Er stellte den Wagen ab und eilte mir zu Hilfe, ohne eine echte Hilfe zu sein. Dann folgte er mir in mein Büro.

»Ich habe gehört, dass es hier ein Baby geben soll, das noch nicht getauft ist?«

»Das ist etwas, was Sie mit der Mutter des Kindes besprechen müssen«, erwiderte ich.

»Ich habe bisher noch nicht die Ehre gehabt, Miss McCracken kennen zu lernen.«

»Warum gehen Sie dann nicht einfach zu ihr und stellen sich ihr vor? Sie hat Ihren Namen sicherlich schon gehört und weiß, wer Sie sind.«

»Ein Freund Mary Toomeys.« Er räusperte sich, schien jedoch nicht zu ahnen, dass diese Äußerung einen guten Witz abgab.

»Ich werde mich nur kurz nach der Taufe des Babys erkundigen«, fuhr er fort und knipste plötzlich sein Lächeln an. »Sie wird nie erfahren – es sei denn, Sie verraten es ihr –, dass ich bei Miss Mary war, als der Anruf von der Frau eures Pfarrers kam. Ich habe Mary dann überredet, hierher zu kommen und der werdenden Mutter zu helfen. Ich hätte mich auch selbst auf den Weg gemacht, aber Mary meinte, Miss McCracken könne vielleicht gewalttätig werden, falls sich ein Mann blicken ließe. Dabei habe ich bereits bei der Geburt von ein oder zwei Babys mitgeholfen.«

»Wirklich?« Jetzt wusste ich auch, woher Big Mary die medizinischen Instrumente gehabt hatte. Ich taute ein bisschen auf, als er zu erzählen begann, fragte mich allerdings, warum er mir diese Dinge anvertraute. Auch wenn er das Gegenteil behauptete, konnte doch nur ein Grund dahinter stecken: Ich sollte alles brühwarm an Clara weitergeben. Der smarte Reverend wurde mir dadurch jedenfalls kein bisschen sympathischer.

»Ich bringe Sie zu ihr. Dann können Sie Ihr Glück bei ihr versuchen.«

Ich ging davon aus, dass Clara höchstens zehn Minuten brauchen würde, um den Wanderprediger abzufertigen. Doch als ich zwei Stunden später mein Büro verließ, sah ich zu meinem Erstaunen, dass Teague noch immer in der Eingangshalle saß, Jeremiah hin und her wiegte und einen Singsang vor sich hin murmelte, der sich so anhörte wie ›Du wirst bald ein kleiner Christ sein‹. Jeremiah gluckste vor Vergnügen.

Clara war fast so enthusiastisch wie ihr Sohn. »Hank, wir werden bald wieder eine Taufe feiern. Erinnerst du dich noch an die letzte?«

Ich tat mein Bestes, um mir ins Gedächtnis zu rufen, ob ich in den letzten dreißig oder vierzig Jahren eine Taufe miterlebt hatte.

»Ich kann mich auch nicht mehr daran erinnern«, zog mich Clara auf. »Es war nämlich meine eigene. Und du, Hank, hast damals Geige gespielt. Ich kann doch auf dich als Taufpaten zählen, nicht wahr?«

Ich machte mir keinerlei Illusionen darüber, dass ich viel zu alt war, um Jeremiah auf Dauer von irgendwelchem Nutzen zu sein. Ausschlaggebend für meine Entscheidung war jedoch, dass ich nur ungern sah, wie der Junge sich für Reverend Teague erwärmte.

»Ich denke, ich werde das Kind schon schaukeln«, sagte ich daher.

Nachdem der Wanderprediger endlich verschwunden war und Clara den Jungen beruhigt hatte, erlaubte ich mir einen kleinen Wink mit dem Zaunpfahl.

»Du weißt doch, dass Big Mary 'ne Menge für ihn übrig hat, oder etwa nicht?«

Ich informierte Clara immer über den neuesten Tratsch und Klatsch aus der Stadt. Sollte ich mich vielleicht dadurch gehindert fühlen, dass ich durch meine Bemerkung ihre Begeisterung für den Herrn Reverend ein wenig dämpfte? Aber es war vergebliche Liebesmüh. Wenn man nicht wusste, wie viel Bosheit sich in Clara verbarg, hätte man ihr Lächeln als geradezu engelsgleich beschreiben können.

»Verdammt noch mal, wir haben doch einen Pfarrer in Webbtown«, legte ich nach. »Warum, zum Teufel, soll man dann Jeremiahs Taufe in die Hände eines dahergelaufenen Wanderpredigers legen?«

»Es gibt eine Sache, die ich in den fünfzehn langen Jahren meiner Abwesenheit gelernt habe«, belehrte mich Clara, »und zwar dass es nicht darauf ankommt, wer den Tisch gedeckt hat, sondern darauf, was auf dem Teller liegt.«

Verärgert ließ ich das junge Mutterglück in dem heruntergekommenen Gasthaus zurück, schloss mein Büro ab und machte mich auf den Weg in *Tuttle's Bar*, wo ich schon eine ganze Weile nicht mehr gewesen war. Als ich eintrat, standen Prouty und Tom Kincaid beisammen, die Ellbogen auf die Theke gestützt. Tuttle stellte mir das Übliche vor die Nase und meinte, es gehe auf Rechnung des Hauses – »Um einen Fremden willkommen zu heißen«, wie er sagte. Das Bier schmeckte zwar nicht so gut wie das, welches wir im *Red Lantern* ausschenkten, aber mir ging es vor allem um die Gesellschaft der anderen. Also gönnte ich mir erst einen herzhaften Schluck, bevor ich mich bedankte. Danach hatte ich nichts Besseres im Sinn, als mit der Tür ins Haus zu fallen.

»Ihr wisst doch, dass wir oben im *Red Lantern* ein Baby haben, oder etwa nicht?«

»Herzlichen Glückwunsch, Hank«, gratulierte mir Kincaid. »Bist ja wohl noch 'n flotter Hirsch.«

Er erntete nur ein müdes Grinsen. Die Bemerkung war zwar witzig gemeint, aber den anderen erstarb wohl das Lachen auf den Lippen, als sie daran erinnert wurden, wie sie in jener Nacht alle in die Kneipe geströmt waren, um Billy Baldwin dazu zu überreden, dass er Clara flachlegte. Sie alle waren sich so verdammt sicher gewesen, dass Clara heimlich ein Bordell betrieb und vielleicht sogar ein paar von den Ehefrauen in der Stadt dazu überredet hatte, für sie zu arbeiten. So, jetzt wissen Sie, warum niemand auch nur ein Sterbenswörtchen über Billy Baldwin verlor. Vielleicht war ich der einzige Mann, der wusste, *wie* er tatsächlich gestorben war. Aber jeder Ehemann in der Stadt hatte zumindest eine Ahnung, *warum* es Billy erwischt hatte.

»Der Wanderprediger kam heute vorbei, um nachzufragen, ob er nicht die Taufe ausrichten solle«, sagte ich. »Und ich nehme an, dass es auch eine geben wird. Ich habe mich allerdings für Pastor Barnes ausgesprochen. Ich weiß nicht, was gegen ihn spricht. Warum sollte ihm jemand dabei ins Handwerk pfuschen, wenn er versucht, seine Schäfchen zusammenzuhalten?«

»Aber er will sich zur Ruhe setzen, Hank«, sagte Tuttle. »Darüber haben wir uns gerade unterhalten, als du reinkamst.«

»Barnes wird langsam zu alt«, stimmte Prouty zu.

»Ich weiß selbst am besten, was es bedeutet, alt zu sein«, warf ich ein. »Aber Barnes? Und wie soll es jetzt weitergehen?«

»Sobald für ihn Ersatz da ist, ziehen Faith und er nach Osten, wo ein Sohn von ihnen lebt. Die beiden wollen zum ersten Mal ihre Enkel sehen.«

»Und dieser Isaiah Teague – allein schon dieser Name ... Er steht wohl ganz vorn in der Bewerberliste, stimmt's?«

»Dafür hat Big Mary schon gesorgt«, bestätigte Tuttle.

»Sag mal, reicht es ihr nicht mehr, nur ihre Bank zu

dirigieren? Will sie jetzt auch noch die Kirche unter ihre Fuchtel bringen?«

»Was soll die Aufregung?«, versuchte Tuttle mich zu beschwichtigen. »Du wirst noch zur rechten Zeit Gelegenheit erhalten, deine Meinung zum Besten zu geben.«

»So wie ich die Dinge sehe, ist die Sache schon gelaufen«, widersprach ich. Von Minute zu Minute wurde ich immer wütender. »Prouty, du weißt doch am besten, was in der Kirche los ist. Hat Big Mary tatsächlich schon alles eingefädelt?«

»Na ja, da Teague einer anderen Baptisten-Kirche angehört, hat sie eine Petition ins Leben gerufen. Nächste Woche tagt der Kirchenvorstand, um darüber abzustimmen.«

»Warte mal«, bat ich ihn. »Seit mehr als sechs Jahrzehnten habe ich mich für die Kirchengemeinde von Webbtown engagiert. Von was für einer Petition redest du da? Und wer hat sie unterzeichnet? Ich dachte immer, wir wären eine kleine, gleichberechtigte Gemeinde und nicht das Heilige Römische Reich.«

Prouty schien das Ganze selbst etwas peinlich zu sein. »Meine Frau hat einfach für mich mit unterschrieben.«

»Und das hast du zugelassen?«

»Sie hat mich nicht richtig gefragt«, druckste er herum. »Herr im Himmel, Hank, du hast dich hier schon lange nicht mehr blicken lassen. Es gibt durchaus eine ganze Reihe von Leuten in der Stadt, die Teague mögen. Und er ist wirklich ein verdammt guter Mann.«

»Und einen guten Mann findet man nicht leicht«, ergänzte ich voller Sarkasmus.

»Vor allem keinen lebenden«, setzte Prouty noch eins drauf und schob sein Glas zu Tuttle rüber, damit er die Luft rausließ.

Anstatt ins *Red Lantern* zurückzukehren und Clara

abzulösen, ging ich direkt nach Hause. Mittlerweile verbrachte ich weit mehr Zeit im Gasthaus als in meinen eigenen vier Wänden. Auf dem Tisch im unteren Flur lag genug Staub, um dort eine Telefonnummer notieren zu können. Natürlich war bei meiner Aufregung in der Bar eine Menge heiße Luft dabei gewesen. Aber dass ich so überreizt gewesen war, hatte mit Claras Sympathie für Teague zu tun und damit, dass ich sie über Big Marys Vorliebe für denselben Herrn informiert hatte. Aber wozu die Aufregung? Als ich am nächsten Tag wieder ins *Red Lantern* ging und Clara mich fragte, was denn so in *Tuttle's Bar* erzählt worden sei – sie spürte instinktiv, dass ich dort gewesen war –, berichtete ich ihr wahrheitsgemäß über Pastor Barnes' Pläne, sich zur Ruhe zu setzen, und darüber, dass Teague darauf spekuliere, Barnes' Nachfolger zu werden. Wozu hätte ich es ihr verschweigen sollen? Sie hätte es ja doch herausgefunden.

Man konnte Claras gehässiges Gelächter sicher bis zur Interstate hören. »Queen Mary versucht, an der Himmelspforte zu rütteln, um sich einen Logenplatz zu sichern, habe ich Recht, Hank?«

Dabei hatte ich noch nicht einmal die Petition erwähnt. Ich erwiderte nichts und verfolgte nur gebannt, wie Jeremiah senkrecht in die Luft strullte.

»Ist er nicht ein kleiner Teufel?«, fragte Clara voller Stolz. »Ich hasse es, ihm eine Windel anzulegen!«

Natürlich verkündete Reverend Barnes am darauf folgenden Sonntag, dass er im nächsten Frühjahr in Pension gehen würde. Eigentlich ist es in unserer Gegend nicht üblich, dass sich jemand aus freien Stücken aufs Altenteil zurückzieht, aber Barnes wirkte wieder kränklich, und Faith betonte später beim Kaffee, dass sie beide unbedingt ihre Enkel kennen lernen wollten, solange sie noch Kinder seien. Keiner der Anwesenden erkundigte sich danach, wovon die Barnes eigentlich leben wollten, obwohl sich insgeheim jeder diese Frage stellte. Ich selbst war nicht beim Gottesdienst gewesen, da ich kein regelmäßiger Kirchgänger bin, aber wenn es darauf ankommt, bin ich zur Stelle. Und als ich hörte, dass Barnes seinen Freund Reverend Teague dazu eingeladen hatte, am nächsten Sonntag die Messe zu lesen, fasste ich sofort den Entschluss, mit von der Partie zu sein.

Um es vorwegzunehmen: Teague gab sich alle Mühe, uns mit seiner Predigt das Gefühl zu vermitteln, dass wir gute Menschen seien. Ich muss gestehen, dass er damit bei mir den richtigen Ton traf. Er erzählte uns von unseren Vorvätern und von deren Pioniergeist, der sie in den Westen geführt hatte, wo sie sich als evangelische Christen in den Hügeln von Ragapoo niedergelassen hatten. All das hatten die meisten von uns schon fast vergessen. Jetzt verstand ich auch, was er bei unserer ersten Begegnung mit der Frage gemeint hatte, ob ich ein Christ sei. Es gab nämlich einmal eine Zeit, als wir alle nichts weiter waren als einfache Christenmenschen. Im Nachhinein kam ich mir wegen meiner damaligen Erwiderung, immer dann ein Christ zu sein, wenn ich als solcher gefordert würde, ziemlich albern vor.

»Es macht mir nichts, mich mit Sündern zu unterhalten«, erklärte Teague an einer Stelle der Predigt, »deshalb bin ich ja hier. Aber wie es auch schon Jesus Christus hielt, so rede auch ich gern bei einem guten Essen über Sünden. Und wenn ich von Sünden spreche, dann meine ich damit keine kleinen Schwindeleien oder harmlosen Untugenden. Nein, es verlangt mich nach etwas Größerem, in das ich regelrecht meine Zähne graben und mich verbeißen kann, bevor der Teufel mir zuvorkommt.«

Zweifellos hatte sich Teague mit dieser Bemerkung

für die folgenden Sonntage einige Einladungen zum Mittagessen verschafft. Und sollte es wegen der Barnes-Nachfolge tatsächlich zu einer echten Wahl kommen, dann hatte er sicherlich die Nase vorn. Langsam gelangte auch ich zu der Einsicht, dass ich ihm mit meinem ersten Eindruck wohl Unrecht getan hatte. Vermutlich war ich einfach eifersüchtig gewesen, weil er und Jeremiah so gut miteinander auskamen.

Clara konnte es kaum erwarten, dass ich ihr nach meiner Rückkehr ins *Red Lantern* alles berichtete. Sie war jedoch regelrecht enttäuscht, als sie hörte, dass Teague nicht mit Tod und Teufel und Höllenfeuer über uns hergezogen war. »War Big Mary auch da?«

»Zuerst saß sie an ihrem üblichen Platz in der Kirche. Später hat sie dann Kaffee ausgeschenkt.«

»So, die Gute hat also Kaffee ausgeschenkt?«

»Ansonsten hat sie sich sehr im Hintergrund gehalten«, fügte ich hinzu. »Dafür hat sie Teague mit der Petition genug geholfen.«

»Und gleichzeitig dem alten Barnes das Herz gebrochen.«

»Woher weißt du das?«

»Ich kenne die menschliche Natur eben besser als du, Hank.«

Das mochte wohl stimmen. Schließlich hatte Clara genug Zeit gehabt, darüber nachzudenken, was sie Reuben angetan hatte – und dem armen Billy. Dann sagte sie etwas völlig Verrücktes.

»Du glaubst doch wohl nicht, dass Big Mary noch ein Kind bekommen kann, oder?«

Ich gab keine Antwort.

Ein oder zwei Minuten lang verzog sie nachdenklich den Mund. »Hank, du weißt ja, wo er zurzeit haust. Er hat seinen Wohnwagen in River Junction aufgestellt, und die Leute fahren viele Meilen, um seine Taufen mitzuerleben. Ich möchte, dass du zu ihm fährst und alles

Nötige wegen Jeremiah mit ihm vereinbarst, bevor es noch kälter wird.«

»Du meinst, du willst allen Ernstes zulassen, dass er den Kleinen ins Wasser plumpsen lässt wie ein Enten-Ei?«

»Hank, Jeremiah wird doch nur kurz untergetaucht. Ich will jedenfalls, dass er *richtig* getauft wird.«

»Dann such dir auch gleich einen anderen Taufpaten. Ich hab nämlich keine Lust, mir eine Lungenentzündung zu holen.« Ich redete natürlich Unsinn.

»Lass dir einfach von ihm zeigen, wie er es macht, Hank. Kurz und schmerzlos und dann sofort in eine warme Decke. Außerdem findet die Predigt vorher statt.«

Ich muss wohl kaum erwähnen, dass ich schon am nächsten Tag zu Isaiah Teague fuhr und dass Jeremiah bereits am darauf folgenden Dienstag als vergnügt lächelnder Christ aus den Fluten des Flusses auftauchte.

Anschließend fuhren wir ins *Red Lantern* zurück und heizten den Ofen ein. Am selben Abend bezogen noch ein paar Ölsucher bei uns Quartier. Sie hatten sich vorher sogar telefonisch angemeldet. Clara fühlte sich richtig geschmeichelt, so als ob wir das Ritz gewesen wären. Auch Isaiah Teague schaute auf dem Weg in die Stadt bei uns herein, woraufhin ich eine gute Flasche Whiskey in die Küche holte und für Clara und mich einen heißen Grog aufsetzte. Auch Jeremiah bekam von Clara einen einzelnen Tropfen verdünnten Whiskey auf die Zunge geträufelt.

»Für mich auch, bitte«, sagte Teague, woraufhin wir alle lachten. Doch eh er sich's versah, hielt Clara bereits einen Teelöffel in der Hand und flößte ihm das Gebräu in den Mund.

»Hank, du wirst doch Big Mary sicher nichts davon erzählen, nicht wahr?«, fragte sie scheinheilig mit einem verräterischen Glühen in den Augen.

»Ich wünschte, das hätten Sie nicht gesagt«, erwiderte Teague. »Ich bin hier, um Frieden zu stiften, nicht um Zwietracht zu säen.«

»Ich rede immer, wie mir der Schnabel gewachsen ist, und ich tue, was ich für richtig halte.«

»Darüber werden wir uns eines Tages einmal näher unterhalten müssen, Miss Clara.«

»Hank, warum holst du nicht deine Geige?«

Teague sah auf seine Uhr. Es ging langsam auf Mittag zu, aber er verlor kein Wort darüber. Von meinem Büro aus konnte ich sehen, dass er seinen Wagen neben meinem auf dem Parkplatz hinter dem Gasthaus abgestellt hatte, sodass er von der Straße aus nicht zu sehen war. Und nichts in der Welt würde mich jemals vergessen lassen, wo Billy Baldwin seinen Wagen in jener verhängnisvollen Nacht geparkt hatte. Mehrfach hatte ich mich gefragt, welche der Frauen das Auto weggefahren haben mochte: Nancy oder Big Mary? Es musste Mary gewesen sein, denn Nancy war durch die schrecklichen Ereignisse sicherlich dem Zusammenbruch nahe gewesen.

Big Mary höchstpersönlich fragte mich, ob ich nicht einem Ausschuss vorstehen wolle, dessen Aufgabe darin bestünde, eine Art Übergangsgeld für Reverend Barnes zu sammeln. Ich stand gerade an einem der Bankschalter, als sie mich sah und zu sich in ihr Büro bat. Es war einfach eingerichtet, aber sauber: ein paar Grünpflanzen und ein Bild ihres Vaters, und zwar von der Sorte, die gewöhnlich von durchreisenden Malern nach einer vergilbten Fotografie angefertigt werden. Man sah dem Büro auf den ersten Blick an, das es einer Frau gehörte, doch der kalte, seit Jahrzehnten in der Luft hängende Zigarrenqualm würde erst verschwinden, wenn man das gesamte Gebäude niederriss.

Ich wandte gegen Big Marys Plan ein, dass ich nur

dadurch zu Geld käme, wenn ich mich mit meiner Geige und einer Blechdose samstagabends an die Straße stellen würde. Doch mit ein wenig Schmeichelei und einer ersten Spende kriegte sie mich schnell rum. Bei der Gelegenheit erkundigte ich mich auf diplomatische – um nicht zu sagen, hinterhältige – Weise danach, was denn der Kirchenvorstand zu der geplanten Ablösung von Barnes durch Reverend Teague meine.

»Reverend Teague ist beliebter, als du denkst, Hank«, erklärte Big Mary, »auch wenn der Vorstand seine Zustimmung an ein paar Bedingungen knüpft.« Sie errötete wie ein Schulmädchen und blickte verlegen zur Seite, tat jedoch so, als verscheuche sie eine Fliege. »Nun ja, wir werden ja sehen, was bei der ganzen Sache herauskommt.«

In diesem Augenblick wurde mir schlagartig bewusst, dass Big Mary verliebt war, und diese Erkenntnis beschämte mich genauso sehr wie sie. Vermutlich handelte es sich bei einer dieser ›Bedingungen‹ darum, dass der neue Reverend ein verheirateter Mann sein müsse, und sicherlich feilte Big Mary bereits an der für sie besten Lösung dieses Problems. Eigentlich wollte ich mir jede anzügliche Bemerkung verkneifen und meinte lediglich das Geld, das ich einsammeln sollte, tappte in meiner Unbeholfenheit allerdings erst recht in ein Fettnäpfchen, als ich sagte:

»Ich verspreche dir, ich werde mein Bestes tun, Mary. Und sicher wird die Sache für niemanden zu einem Stein des Anstoßes!«

Danach herrschte eine Grabesstille, in der man eine Stecknadel hätte fallen hören.

»Was du nicht sagst, Hank.« Sie bedachte mich mit einem eisigen Lächeln. Sie hätte mich eigentlich gut genug kennen müssen, um zu wissen, dass mein Wortwitz nicht für eine gezielte Stichelei dieses Kalibers ausreichte. Was aber viel gravierender war: Es konnte für sie nun kein Zweifel mehr daran bestehen, dass ich wusste, was die Frauen in jener Nacht mit Billy Baldwin angestellt und welche Rolle Faith und Big Mary dabei gespielt hatten.

Wegen Jeremiah wurde es ein außergewöhnliches Weihnachtsfest. Seit Clara ins Gefängnis gegangen war, hatte es im *Red Lantern* keinen Weihnachtsbaum mehr gegeben, und sie wollte von mir wissen, ob Jeremiah wohl schon verstehen würde, welche Bedeutung der Baum habe. Ich erwiderte, dass es darauf gar nicht ankäme, sondern dass es für Jeremiah viel wichtiger sei, den Baum an sich wahrzunehmen. Dann erzählte ich Clara von einer mir unvergesslichen Weihnacht. Ich war damals fünf Jahre alt gewesen und meine Eltern besaßen nicht viel Geld. Doch wir gingen in den Wald, suchten uns einen hübschen Baum aus, den mein Vater schlug, und steckten ihn in einen Kohleneimer. Anschließend dekorierten wie ihn mit Bildern von Spielzeugen, Engeln und Schlitten, die wir aus einem Versandkatalog ausgeschnitten hatten. Ob Sie es glauben oder nicht, zehn Minuten später saßen Clara, der Junge und ich am Tisch und schnitten Bilder aus. Zwar sehen die Kataloge heute anders aus als damals, aber da Jeremiah das nicht wusste, hatte er auf jeden Fall seinen Spaß an der ganzen Geschichte.

Heiligabend zogen etwa ein Dutzend Jugendliche unter der Leitung von Isaiah Teague zum *Red Lantern* und sangen Weihnachtslieder. Eskortiert wurde die Gruppe von Anne Pendergast, Mrs. Prouty und Faith Barnes. Ich stand auf der Veranda und tat so, als dirigiere ich den Chor. Eigentlich hatte ich Jeremiah mit hinausnehmen wollen, doch Clara hatte abgelehnt und sich mit dem Kleinen wieder im Lagerraum versteckt, wo sie abwartete, bis die Luft wieder rein war.

Irgendwann an dem Abend stellte ich ihr eine Frage,

die mir schon lange – genauer gesagt, seit Jeremiahs Geburt – auf der Seele brannte.

»Was willst du dem Jungen eigentlich sagen, wenn er dich eines Tages fragt, warum er keinen Vater hat wie all die anderen Kinder?«

»Dann werde ich ihm etwas von einem Jagdunfall erzählen«, antwortete Clara und bekam einen verklärten Ausdruck in den Augen. »Es geschah im Land der Bären – oben im Norden Kanadas während eines schrecklichen Schneesturms. Jeremiahs Vater war schwer verletzt und sein Kamerad musste ihn allein zurücklassen, um Hilfe zu holen. Er fand auch jemanden, verirrte sich jedoch auf dem Rückweg und konnte den Verletzten nicht wiederfinden. Sie suchten und suchten, riefen immer wieder seinen Namen, hörten jedoch nur das Echo ihrer eigenen Stimmen. Am Ende blieb der Zurückgelassene auf immer verschwunden. Alles, was die beiden Suchenden fanden, waren ein paar Bärenspuren. Ist das nicht eine wunderschöne Geschichte, Hank?«

Da ich es für ziemlich aussichtslos hielt, sie darauf hinzuweisen, dass Bären gewöhnlich Winterschlaf halten, erwiderte ich nichts.

Auch zwei Wochen später hatte sich der Kirchenvorstand noch immer zu keiner Stellungnahme durchringen können. Unterdessen lud Faith Barnes – die damit beschäftigt war, praktisch ihr ganzes Leben in Webbtown in Kisten und Koffern zu verstauen – Isaiah Teague dazu ein, bei ihnen im Haus die letzten Wintermonate bis zum Frühling zu verbringen. Teague lehnte jedoch höflich ab. Er sagte nur, dass der Wohnwagen sein Heim sei und dass die Einsamkeit für ihn das Beste sei. Auf dem Weg in die Stadt hielt er meistens bei uns an und schaute herein, um mit Jeremiah zu spielen und sanft auf Clara einzureden. Er ließ ihr sogar eine Bibel da, auch wenn ich nie mitbekam, dass sie tatsächlich darin gelesen hätte. Aber wer weiß, was sie in ihren langen Mußestunden tat? Auch das niedlichste Baby wird irgendwann langweilig, wenn man nicht weiß, was es so vor sich hin brabbelt.

Meine Sammelaktion gestaltete sich erfolgreicher, als ich zunächst befürchtet hatte, und wir beschlossen, Faith und ihren Mann frühzeitig über den eingegangenen Betrag zu informieren, damit sie damit kalkulieren konnten. Ostern fiel in dem Jahr auf Mitte April und schien uns der geeignete Termin für die Abschiedsparty zu sein. Keiner war daran interessiert, die Dinge zu forcieren – bis auf Big Mary. Allerdings verstand auch keiner von uns, warum der Kirchenvorstand die Nachfolgeregelung für Reverend Barnes zu einer Art theologischer Grundsatzdiskussion aufblähte. Immerhin hatte Barnes uns all die Jahre die Ökumene gepredigt, es gab also durchaus genügend Spielraum, um Teague zu akzeptieren. Doch dieser selbst bestand darauf, dass alles wohl bedacht sein sollte.

Es war Clara, der es irgendwann auffiel, dass Big Mary an den meisten schneefreien Abenden hinaus zum Aussichtspunkt fuhr. Gewöhnlich stand ich an der Bar, während sie hinaus in die Dämmerung spähte und dann plötzlich rief: »Da fährt sie wieder!«

Ein oder zwei Stunden später kehrte Big Mary dann jedes Mal wieder zurück, wie Clara genau verfolgte. Sie schloss daraus, dass Mary dem Reverend wahrscheinlich ein warmes Essen brachte und die Gelegenheit nutzen wollte, um ein bisschen mit ihm zu ›kuscheln‹. Ich dachte bei mir, dass es einfacher und angenehmer wäre, mit einer Giraffe zu kuscheln, hielt aber meinen Mund.

Der Frühling kommt immer dann, wenn man ihn in seinem Herzen trägt. Die ersten Vögel begannen morgens ihr melodisches Gezwitscher, die Weiden trugen schon eine Menge gelbes Laub und Isaiah Teague kam immer häufiger spätabends ins *Red Lantern*, kurz nachdem Big Mary von ihren regelmäßigen Ausflügen zurückgekehrt war. Falls wir Gäste hatten, luden wir sie in unsere gesellige Runde ein, in der ich Geige spielte und der Reverend alte Volkslieder sang, die wir alle von Kindesbeinen an kannten. Ab und zu stimmte ich auch eine Tanzmelodie an, was Clara einmal als Anlass dazu nahm, ihre Röcke zu raffen und als Solovorstellung einen Virginia Reel aufs Parkett zu legen. Das erinnerte mich daran, wie sie damals das erste Mal mit ihrer Schwester Ärger bekam, weil sie mit Reuben White so wild getanzt hatte. Die Peitsche, mit der Maud den Jungen aus dem Haus gejagt hatte, stand noch immer hinten in der Ecke. Dann und wann erzählte uns Isaiah Teague, was es für ihn bedeute, vor den Leuten zu predigen, geistliche Lieder zu singen und die Botschaft unseres Herrn zu verbreiten. Bei solchen Gelegenheiten zeigte er Clara und mir auch einige Male ein paar Tanzschritte, die verrieten, dass der gute Reverend in seiner Jugend ein ganz schöner Salonlöwe gewesen sein musste. Clara nahm kein Blatt vor den Mund und fragte ihn geradeheraus, ob er nicht irgendwo Frau und Kind zurückgelassen habe. Er knipste wieder sein Lächeln an, das ich schon beinahe vergessen hatte, bevor er mit einer Gegenfrage antwortete:

»Haben Sie nicht irgendwo einen Ehemann?«

Es grenzte an ein Wunder, dass Big Mary von unseren Treffen scheinbar nichts mitbekam. Mehr als einmal fragte ich mich, wie sie das Ganze wohl aufnehmen würde. Das traute Miteinander währte allerdings nur kurze Zeit, wie sich herausstellen sollte. Zunächst einmal wurden die Tage länger und ich hatte als Anwalt ein paar juristische Dinge zu erledigen, um die ich mich jedoch nur abends kümmern konnte, wenn Jeremiah im Bett lag und schlief. Deshalb bekam ich viele der Geschichten nicht mit, die Isaiah Teague über seine Predigertätigkeit zum Besten gab und die Clara offensichtlich sehr beschäftigten. Einmal fragte sie mich sogar, ob ich schon einmal etwas von weiblichen Wanderpredigern gehört hätte. Der einzige Name, der mir einfiel, war Aimee Semple McPherson, doch sie gehörte zur Generation meiner Eltern und Großeltern.

Es handelte sich um keinen Aprilscherz, als Reverend Barnes am 1. April mitteilte, er habe eine Nachricht vom Kirchenvorstand erhalten, die er verlesen wolle. Ich war an dem Tag zufällig in der Kirche, weil dort ein Treffen wegen Barnes' Verabschiedung stattfinden sollte. Die Anwesenden zeigten sich zufrieden, dass der Vorstand erklärte, für Isaiah Teague als Nachfolger zu stimmen. Der Wanderprediger nahm dieses Ergebnis in steifer, kerzengrader Haltung zur Kenntnis und bemühte sich, sein Knips-Lächeln unter Kontrolle zu halten, was ihm zumeist auch gelang, obwohl ich ab und zu ein verräterisches Zucken um seine Mundwinkel erspähte.

Was Barnes allerdings nicht vorlas, war die Mitteilung des Kirchenvorstandes, dass Reverend Teague nach eigenem Bekunden bald heiraten werde. Dennoch verbreitete sich diese Nachricht in den darauf folgenden Tagen wie ein Lauffeuer, und auch wenn es niemand aussprach, so waren wir uns doch alle in unserer Vermutung einig, wer die undichte Stelle war. Doch ohne ein Wort darüber zu verlieren, gratulierten wir Teague zu seiner Ernennung und dankten Mary Toomey für die Unterstützung seiner Bewerbung. Die ganze Zeit über fragte ich mich jedoch, was Reverend Barnes uns allen in den vergangenen Monaten wohl sonst noch verschwiegen hatte. Ich rätselte darüber nach, warum er in der Nacht, als Billy starb, erst sehr spät ins Haus der Baldwins gerufen worden war und wie seltsam er sich auf der Beerdigung verhalten hatte. Und dann seine überraschende Bereitwilligkeit, sein Amt einem anderen zu überlassen. Wäre ich an seiner Stelle gewesen, hätte ich mich nach all den Jahren mit Händen und Füßen dagegen gewehrt. Ich fand nur eine einzige Erklärung für Barnes' mangelnden Widerstand: dass er nämlich etwas auf sein Gewissen geladen hatte, das ihn sehr belastete und wegen dem er mit Gott noch nicht ins Reine gekommen war. Dieser Gedanke verursachte auch bei mir Schuldgefühle – und vermutlich auch bei den meisten anderen in der Stadt, wie die unerwartet großzügigen Spenden für Reverend Barnes verrieten.

Ich zögerte, Clara die Neuigkeiten mitzuteilen, da es nun ein Ende haben würde mit Isaiah Teagues Besuchen bei uns. Bisher hatten wir uns auch nie darüber unterhalten, warum er eigentlich zu uns kam. Stattdessen hatten wir uns immer nur darüber lustig gemacht, dass Big Mary ihm allem Anschein nach den Hof machte, und zwar ohne jede Aussicht auf Erfolg – zumindest war das unsere feste Überzeugung gewesen.

»Na und? An dem Verhältnis zwischen ihm und uns wird sich dadurch nichts ändern, Hank«, meinte Clara. »Er wird nach wie vor seine kleinen Abstecher zu uns machen.«

»Clara, wir sind hier nicht in New York oder Paris«, widersprach ich. Allein der Gedanke, dass Isaiah Teague als verheirateter Mann seinen Fuß über unsere Schwelle setzen würde, bereitete mir Schuldgefühle, auch wenn seine Besuche nichts Anstößiges an sich hatten – soweit ich es beurteilen konnte.

»Ich weiß, was es heißt, im Gefängnis zu sitzen, Hank«, fuhr Clara fort. »Maud wollte mich damals mit der von ihr geplanten Ehe in ein Gefängnis hinein verheiraten und ich habe fünfzehn Jahre in einer Zelle gesessen. Nur wenn ich auf einen Hocker in der Toilette stieg, bekam ich etwas von der Natur draußen zu sehen. Und auch Isaiah Teague ist ein Mensch, der seine Freiheit braucht und sich nicht einsperren lassen will. Big Mary ist verrückt, wenn sie tatsächlich glaubt, ihn an die Kette legen zu können.«

Dieser Ansicht war ich auch. Natürlich stellte sich unweigerlich die Frage, wie sich alles nun entwickeln würde, doch – ehrlich gesagt – wollte ich es gar nicht wissen.

Es war geplant, dass Isaiah Teague am Morgen der Verabschiedung von Reverend Barnes predigte. Er hatte auch Clara eingeladen und ihr sogar gedroht, sie persönlich in die Kirche zu schleifen, falls sie sich weigern sollte. Ich betrachtete das Ganze mit gemischten Gefühlen. Zum einen wusste ich, wie unberechenbar Clara sein konnte; zum anderen war dieser Zeitpunkt so gut wie jeder andere, um Jeremiah endlich der Gemeinde vorzustellen, jetzt, da er christlich getauft war. Nachdem Clara unser Kommen zugesagt hatte, fuhr ich nach Ragapoo City und kaufte dem Kleinen aus meiner Tasche einen hübschen Dress. Clara hatte zwar auch Geld, da der Staat daran interessiert gewesen war, ein Stück McCracken-Land von ihr zu kaufen, doch sie wollte jeden Penny für Jeremiahs Zukunft auf die hohe Kante legen. Ich war ziemlich nervös, als ich am Sonntagmorgen versuchte, den Jungen anzuziehen; und meine Unruhe steigerte sich noch, als ich Clara in einem Kleid sah, das sie seit mehr als fünfzehn Jahren nicht mehr getragen hatte. Es war schwarz und stand ihr gut, und genau wie damals während ihrer Gerichtsverhandlung trug sie ein rotes Halstuch dazu.

Als wir die Kirche betraten – wobei Clara den kleinen wie einen König in ihren ausgestreckten Armen vor sich her trug – und unsere Plätze ziemlich weit vorn in der Nähe des Altars einnahmen, verstummten die Leute um uns herum.

Dann trat Isaiah Teague auf die Kanzel und breitete eine ganze Reihe von Briefen vor sich aus. Zuerst machte er eine kleine Verbeugung vor Reverend Barnes, der – für jedermann gut sichtbar – an seinem üblichen Platz saß. Anschließend deutete Teague auf die Briefe und erklärte, es handle sich um an Barnes adressierte Dankesschreiben der Gemeinde, die er ihm später überreichen wolle. Ich erinnere mich auch noch daran, dass er sich bei der Gemeinde für das ihm erwiesene Vertrauen bedankte und namentlich Mary Toomey erwähnte, die zwar auf gleicher Höhe mit uns, aber auf der anderen Seite des Mittelganges saß. Einige Köpfe drehten sich zu ihr um, doch Clara und ich hielten unsere Blicke weiterhin geradeaus auf Isaiah Teague gerichtet.

Und dann eröffnete Isaiah Teague der gesamten Gemeinde, warum er nach Webbtown gekommen war.

Er habe früher einmal in einer Stadt gepredigt, die sich in den Bergen im Süden befinde. Dort habe sich plötzlich eine Frau von ihrem Platz erhoben und über ihren unerträglichen seelischen Schmerz geklagt, denn ihr Sohn sei ermordet worden. Sein Name: Reuben White. Der Prediger erklärte uns, wie es ihm gelungen sei, den Schmerz der Frau und der übrigen Familie zu heilen; einen Schmerz, der eine ganze Generation vergiftet habe. Die Familie sei zunächst davon überzeugt gewesen, ihren inneren Frieden nur durch Rache wiedererlangen zu können. Nur dieser Gedanke habe sie am Leben erhalten. Und dann fuhr Isaiah Teague ungefähr in folgendem Wortlaut fort:

»Mit Gottes Hilfe überzeugte ich jedes einzelne Familienmitglied davon, über all die Wut und den Zorn und den Schmerz zu Jesus Christus zu beten und alle bitteren Rachegelüste fahren zu lassen. Und soll ich euch sagen, welche Botschaft der Herr mir sandte? Er verkündete mir, dass es eine Stadt gebe, aus der die Familie fortgezogen war und in der es eine Menge verletzter Seelen zu heilen gelte. Doch vor der Heilung und Erlösung müssten die Betroffenen erst ihre Sünden und Sorgen offenbaren.«

Isaiah Teague predigte ungefähr eine Stunde, zumeist aus der Bibel, doch auf eine Art und Weise, die wir alle noch nie zuvor erlebt hatten. Selbst Jeremiah schien an seinen Lippen zu hängen, und Clara wirkte völlig erstarrt. Sie war unfähig, auch nur einen Finger zu rühren.

Zum Schluss bedankte sich Isaiah Teague nochmals bei der gesamten Gemeinde und teilte dann mit, dass er in der darauf folgenden Woche wieder in River Junction predigen werde, um danach zu einer erneuten Pilgertour durchs Land aufzubrechen.

»Ich dachte zwar eine Zeit lang, ich hätte das Zeug dazu, als Pfarrer einer Gemeinde zu dienen«, sagte er, »aber ich musste feststellen, dass ich nur ein einfacher Wanderprediger bin, der immer im Auftrag des Herrn unterwegs ist.«

Aus der als Abschiedsfeier geplanten Veranstaltung wurde schließlich eine Art ›Wiederbegrüßungsfeier‹ für Reverend Barnes. Er und Faith wurden angesichts der veränderten Lage gebeten, wieder auszupacken und in Webbtown zu bleiben. Die Feier ging noch eine ganze Weile weiter, aber weder Clara noch Big Mary wollten noch länger an ihr teilnehmen. Also brachte ich Clara und den Jungen zurück ins *Red Lantern*. Ich kann mich nur noch daran erinnern, dass Clara an diesem und dem folgenden Tag immer wieder sagte, sie werde nicht nach River Junction fahren.

Schließlich entschloss ich mich zu einer Erwiderung: »Wenn du nicht zu ihm gehst ... vielleicht kommt er dann zu dir?«

»Vielleicht besser nicht«, sagte Clara. Dann klärte sich ihr Gesicht plötzlich. »Aber er wird auch nicht zu Big Mary gehen, oder?«

Ich antwortete nicht, weil mich ihr ›vielleicht besser nicht‹ misstrauisch gemacht hatte.

Ich war gerade im Begriff, endlich mal wieder zu mir nach Hause zu gehen, wo ich schon längere Zeit nicht mehr gewesen war. Das *Red Lantern* war in der Zwischenzeit immer mehr zu meinem eigentlichen Zuhause geworden, weil Jeremiah dort war und mich gelegentlich auch ein wenig brauchte. Ich war also gerade im Begriff zu gehen, als Clara mich zurückrief.

»Hank, ich möchte dich bitten, die Schrotflinte meines Vaters mitzunehmen. Und versteck sie besser an einem sicheren Ort, nur für den Fall, dass ich dich einmal bitten sollte, sie mir wiederzugeben.«

MICKEY FRIEDMAN

Die Kette

I

Ihr eigentlicher Name war Gigi Dahl, aber für Marva und Lilith, die beiden Dauergäste in der Empfangshalle, war sie nur die ›Sexbombe‹. Jedes Mal wenn Gigi in ihren knappen Shorts und dem eng anliegenden Hemdchen mit den Spaghettiträgern durch den Raum schwebte – das noch knapper geschnittene Kostüm (inklusive Fransenschal und dem glänzenden, pinkfarbenen Umhang mit Straußenfedern) an einem Bügel unter den Arm geklemmt –, zog Marva die Augenbrauen hoch und murmelte: »Die Sexbombe ist wieder unterwegs.« Und jedes Mal blinzelte Lilith daraufhin nur kurz in Gigis Richtung.

So weit man zurückdenken konnte, war die zierliche Gigi mit dem wilden Wuschelkopf die erste und einzige Stripteasetänzerin, die je im Estelle-Peavy-Damen-Stift gewohnt hatte. Dabei war die Umgebung des Stifts alles andere als prüde. Die ›sündige Meile‹ von Cape St. Sebastian in Florida bestand aus einer ganzen Flut von billigen Unterhaltungslokalen, Spielhöllen und unseriösen Motels, die sich längs der Küste des Golfs von Mexiko endlos aneinander reihten. Mittendrin in diesem Vergnügungsviertel befand sich das Peavy-Damen-Stift und erinnerte an die besseren Zeiten des inzwischen ziemlich heruntergekommenen Feriengebiets.

Marva Trout, die die vergangene Ära selbst noch miterlebt hatte, konnte sich stundenlang darüber auslassen – immer vorausgesetzt natürlich, sie fand jemanden, der die Zeit und Geduld aufbrachte, ihr zuzuhören. Marva konnte sich noch genau daran erinnern, dass sich im Gebäude des Peavy-Stifts früher einmal das Hacienda Hotel befunden hatte – ein mit Stuck verziertes Kleinod inmitten von Palmen und Oleander. Estelle Peavy, eine wohlhabende Dame, die sich nie so recht mit den modernen Zeiten hatte anfreunden können, hatte das Haus vor dem Verfall gerettet und testamentarisch als unter ihrem Namen geführte Stiftung berücksichtigt. Seitdem bot das frühere Hotel unter dem Namen ›Estelle-Peavy-Residenz‹ preiswerte Unterkünfte für minderbemittelte Frauen an, die bereit waren, auf männliche Begleitung zu verzichten – zumindest auf dem Gelände des Stiftes. An ihrem Standort unmittelbar an der ›sündigen Meile‹ hatte sich die Peavy-Residenz eine wenn auch leicht heruntergekommene Vornehmheit inmitten der grellen Neonwelt bewahrt.

Obwohl Gigi Dahl ihre Abende mit Stripteasedarbietungen in der Stowaway Lounge verbrachte, wurde sie von Marva und Lilith, den selbst ernannten ›Empfangsdamen‹, keineswegs verachtet. Ganz im Gegenteil! Gigis Persönlichkeit war ähnlich aufregend wie ihr Körperbau. Und sie setzte sich bereitwillig in Pose, um sich von Lilith für deren Sammlung von ›Charakterstudien‹ zeichnen zu lassen. Sie hörte auch geduldig zu, wenn Marva von der Belagerung von Cape St. Sebastian durch die Unionisten während des Bürgerkriegs berichtete. Kurzum, Gigi brachte Leben in das Stift, in dem es sonst zumeist recht eintönig zuging. An einem Ort, an dem ein Fleck auf einer frischen Tischdecke tagelang als Gesprächsstoff herhalten musste, war Gigi ein Geschenk des Himmels.

Ihr Verschwinden (wenn sie denn verschwunden war) löste einige Unruhe aus. War der süßen Gigi womöglich etwas zugestoßen?

Die Lage war unklar. Gigi war ein unberechenbares

junges Ding. Sie kam und ging zu unregelmäßigen Zeiten und tauchte oft tagelang nicht im Aufenthaltsraum oder im Speisesaal auf. Es dauerte daher eine ganze Weile, bis sich irgendjemand ernsthafte Sorgen um Gigi Dahl machte.

Wie so oft war es Marva Trout, die Alarm schlug. Bei einem ihrer regelmäßigen Rundgänge durch die Flure, die sie unternahm, um auf dem Laufenden zu bleiben, kam Marva an Gigis Zimmertür vorbei. Dort bemerkte sie ein rosafarbenes Stück Papier, das unter der Tür hervorblitzte. Genau die gleiche Sorte von Papier hatte man für den Prospekt der Kunsthandwerk-Ausstellung im Stift verwendet. Wenn Marva sich recht erinnerte, waren die Prospekte vor mindestens vier oder fünf Tagen unter den Türen durchgeschoben worden. Wäre Gigi seitdem zu Hause gewesen, hätte sie den Zettel sicherlich aufgehoben. Doch er lag noch immer am Boden. Marva entfernte eine Haarnadel aus ihrem zu einem Knoten gedrehten, grauen Haar. Sie spießte die Nadelspitze in eine Ecke des Prospekts und zog ihn vorsichtig unter der Tür hervor. Tatsächlich – es handelte sich um die Ankündigung der Kunsthandwerk-Ausstellung! Marva klopfte an und rüttelte am Griff der verschlossenen Tür. Als sie keine Antwort erhielt, drehte sie sich entschlossen um und machte sich auf den Weg zum Büro der Heimleitung.

Als Emily Pye, die bis über beide Ohren in Büroarbeit vertieft war, aufschaute und Marva im Türrahmen erblickte, verzog sie das Gesicht. Marva blieb dies nicht verborgen.

»Jawohl, ich bin es mal wieder«, sagte sie.

Emily seufzte und rückte die Schleife am Kragen ihrer Bluse zurecht. »Marva, meine Antwort ist weiterhin nein. Wenn ich es für Sie tue, muss ich es für alle anderen auch tun.«

Marva war seit einiger Zeit damit beschäftigt, ein

längeres episches Gedicht zu schreiben. Ihre Bitte, den Fotokopierer zur Vervielfältigung ihres Werkes ›Die Saga von Cape St. Sebastian‹ nutzen zu dürfen, führte zu ständigen Auseinandersetzungen. In ihrem Ärger darüber, mit ›allen anderen‹ in einen Topf geworfen zu werden, warf Marva der Heimleiterin vor, allzu kurzsichtig zu denken.

»Ich hoffe, Sie werden es nicht später einmal bereuen«, meinte sie, in der unausgesprochenen Gewissheit, dass ihr Gedicht irgendwann als Meisterwerk anerkannt werden würde. Dann winkte sie mit dem rosafarbenen Prospekt und fragte: »Haben Sie Gigi Dahl in letzter Zeit gesehen?«

»Ich glaube nicht«, antwortete Emily und zuckte die Achseln. »Warum fragen Sie?«

»Ich habe den Verdacht, dass sie verschwunden ist.«

Genau wie Marva es befürchtet hatte, reagierte Emily Pye, wie es typisch für sie war. Sie erklärte, dass sie es vorzog, ›nicht unnütz die Pferde scheu zu machen‹. Gigi Dahl sei schließlich eine erwachsene Frau, die ihr eigenes Leben führe. Wenn sie längere Zeit wegblieb, so sei das kein Problem, solange nur die Miete pünktlich einging. Und die sei erst in dreieinhalb Wochen wieder fällig. Schließlich riet sie Marva in unmissverständlichen Worten, sich besser um ihre eigenen Angelegenheiten zu kümmern. Marva drehte sich auf dem Absatz um und verließ wutschnaubend das Büro.

Sie fand ihre Freundin Lilith Gervase im Aufenthaltsraum vor, wo sie wie gewöhnlich auf dem Rattansofa in der Mitte des Raumes saß. Von diesem angestammten Platz aus, den die ›Empfangsdamen‹ exklusiv für sich in Anspruch nahmen, hatten sie das Kommen und Gehen der Mitbewohner und ihrer Gäste genau im Blick. Von hier aus begrüßten sie ihren Freund, den Postboten Jonah, inspizierten abgegebene Blumensträuße und andere Anlieferungen und hatten es schließlich nicht weit nach draußen – nur für den Fall, dass dort irgendetwas Interessantes vor sich gehen sollte.

Marva räusperte sich vernehmlich, während sie das Sofa ansteuerte, doch Lilith sah nicht auf. Wie Marva war auch Lilith eine pensionierte Lehrerin und Witwe. Außerdem malte sie. Heute arbeitete sie mit Aquarellfarben und hatte ihre verträumte Studie von Seemöwen und Dünen auf einer kleinen Staffelei aufgestellt.

Obwohl die Frauen ungefähr gleich alt und nicht mehr die Jüngsten waren, unterschieden sie sich sehr in ihrer äußeren Erscheinung. Marva war kräftig gebaut und bevorzugte bequeme, bügelfreie Tageskleider und solide Gesundheitssandalen. Lilith dagegen hüllte ihre spindeldürre Gestalt mit Vorliebe in Kleider aus Stoffen, die mit indianischen Mustern bedruckt waren, oder in Naturleinen mit Makramee-Einsätzen. An den Füßen trug sie bunt gemusterte Ledersandalen in afrikanischem Stil.

Marva ließ sich schwerfällig in ihre Ecke des Sofas fallen, legte ihren Stapel von Notizheften und Unterlagen ab und berichtete Lilith, dass Gigi Dahl verschwunden und Emily Pye ein Dummkopf sei. Lilith lauschte der Freundin, während sie am Stiel ihres Pinsels kaute und gedankenverlorene Blicke auf ihr Bild warf. Als Marva fertig war, fragte Lilith mit ihrer piepsigen Stimme: »Glaubst du, dass Gigi mit ihrem Freund fortgegangen ist?«

Marva starrte sie entgeistert an. »Freund? Von welchem Freund redest du?«

»Sie hatte einen Freund. Jemand ganz Besonderen«, antwortete Lilith, wobei sie Farbe auf ihr Bild tupfte.

»Mir gegenüber hat sie nie einen Freund erwähnt«, meinte Marva mit deutlicher Entrüstung in der Stimme. So übergangen worden zu sein war einfach nicht in Ordnung.

»Sie hat mir vor einigen Wochen von ihm erzählt«, ergänzte Lilith geistesabwesend. »Man hat es ihr angesehen, wie entzückt sie war. Ich musste ihr versprechen, niemandem etwas davon zu sagen. – Oje!«, entfuhr es ihr dann, und sie legte erschrocken die Hand auf den Mund.

Daraufhin wurde Marva erst richtig wütend. Es war ja schon schlimm genug, dass Gigi sich ausgerechnet Lilith anvertraut hatte und nicht ihr. Noch mehr kränkte es Marva allerdings, dass Lilith ihr Versprechen Gigi gegenüber eingehalten und sie selbst in Unwissenheit gelassen hatte. Mit eisigem Schweigen erhob sie sich und stolzierte zum Telefonhäuschen in der Eingangshalle hinüber. Dort blätterte sie im Telefonbuch, bis sie schließlich die Nummer der Stowaway Lounge gefunden hatte.

Am anderen Ende der Leitung meldete sich eine männliche Stimme. Im Hintergrund spielte laute Musik. Als Marva darum bat, mit Gigi zu sprechen, ertönte nur ein lautes ›Was?‹ aus dem Hörer.

»Gigi Dahl«, wiederholte Marva und erhob ihre Stimme, »ich möchte Gigi Dahl sprechen.«

»Sie ist nicht hier«, lautete die knappe Antwort.

»Können Sie mir dann sagen, wo…?«

Ein Klicken in der Leitung unterbrach Marva mitten im Satz.

Sie legte den Hörer auf und starrte verärgert auf das Telefon. Einfach den Hörer einhängen, während Marva Trout noch mit ihm sprach? Wenn er glaubte, sich das erlauben zu können, dann hatte er sich geschnitten. Entschlossenen Schrittes ging sie zum Sofa zurück.

Marva mimte gerne die Vorwurfsvolle. Doch in dieser Situation konnte sie es sich nicht leisten, sich mit Lilith zu zanken. Der Grund dafür war ganz einfach: Lilith hatte ein eigenes Auto, während Marva selbst keinen Wagen besaß. Der Streit war denkbar einfach beizulegen, da Lilith die Verstimmung nicht einmal bemerkt hatte. Sie ließ sich mühelos dazu überreden, gemeinsam an der Küste entlang zur Stowaway Lodge zu fahren.

II

Es war ein glühend heißer Tag im Mai, mitten in der Hochsaison. Entsprechend dicht war der Verkehr entlang der ›sündigen Meile‹. Fußgänger in mehr oder weniger freizügiger Urlaubskleidung, die zudem in schreienden Farben gehalten war, kreuzten die Fahrbahn, um Muscheln, T-Shirts, Sonnenmilch oder Zuckerwatte zu kaufen. Hinter den Geschäften blitzten der mit Sonnenanbetern gefüllte Strand und das glitzernde Wasser der Bucht. Während Lilith sich mit ihrem uralten Chevy in den zäh fließenden Verkehr einfädelte, war Marva insgeheim dankbar für das langsame Vorankommen. Wie meistens war Lilith auch beim Autofahren geistesabwesend und ganz in ihrer eigenen Welt. Sie schenkte den Wolken am Himmel mindestens ebenso viel Beachtung wie den Ampeln und Verkehrszeichen.

Sie erreichten unbeschadet die Stowaway Lounge. Vor ihnen lag ein unscheinbares Flachdachgebäude aus hellbraun getünchtem Beton, das von einem ungepflegten Parkplatz umgeben war. Als Lilith den Wagen in eine Parklücke zurückgesetzt und den röchelnden Motor abgestellt hatte, beschlichen Marva mit einem Mal Zweifel, ob es richtig war, dass sie hierher gekommen waren. Obwohl sie schon sehr lange in dieser Gegend lebte, hatte sie noch nie eine Stripteasebar betreten.

Die beiden stiegen aus dem Wagen und gingen über den brennend heißen Asphalt zum Haupteingang der Stowaway Lounge. Es gab keine Fenster in dem Gebäude und es dauerte eine Weile, bis sich Marvas Augen an die Dunkelheit gewöhnt hatten. Die beiden Frauen fanden sich in einem Raum wieder, in dem es nach Alkohol und Zigaretten roch. Unmelodische Klänge dröhnten in ihren Ohren. In der Nähe des Eingangs befand sich eine Bar. Weiter hinten waren ein paar Tische und Stühle im Raum verteilt. Ungefähr ein Drittel davon war besetzt, und zwar ausschließlich von Männern. An der Stirnwand des Raums auf einem kleinen Podest tanzte eine rothaarige Frau mit zuckenden Bewegungen, als litte sie an einer akuten Blinddarmentzündung. Sie war lediglich mit hochhackigen Sandalen und einer weißen Federboa bekleidet.

Marva wischte sich die schwitzenden Handflächen an ihrem khakifarbenen Rock trocken. Sie beabsichtigte, den Geschäftsführer zu sprechen und ihn über den Verbleib Gigi Dahls auszufragen.

»Kann ich irgendetwas für Sie tun?«

Der Barkeeper, der sich zu ihnen hinüberlehnte, war ein kleiner, untersetzter Mann mit Schnurrbart. Er trug ein buntes, mit Hibiskusblüten bedrucktes Hemd.

Marva ergriff das Wort. »Ich möchte gerne mit …«

»Einen Gin Tonic, bitte«, wurde sie von Lilith unterbrochen, die Marvas missbilligenden Blick nicht zu bemerken schien.

»Kommt sofort«, antwortete der Barkeeper und mixte den Drink für Lilith. Sie nahm das Glas und setzte sich an einen Tisch in der Nähe der Bühne.

Marva ignorierte Lilith und wiederholte ihr Anliegen an den Barkeeper: »Könnte ich bitte den Geschäftsführer sprechen?«

»Ist nicht hier«, lautete die knappe Antwort. »Geht es wieder mal um den Gewerbeschein?«

»Nein, damit hat es nichts zu tun.« Langsam ging Marva die Musik auf die Nerven. Wie konnte sich auch nur irgendjemand bei diesem Lärm konzentrieren?

»Aha. Und worum geht es dann?«, fragte der Barkeeper weiter. Nach kurzem Überlegen fügte er die Worte ›meine Dame‹ hinzu.

»Ich suche eine Ihrer Tänzerinnen. Ihr Name ist Gigi Dahl.«

Der Barkeeper schüttelte den Kopf. »Sie ist nicht hier.«

Marva war von dieser Antwort keineswegs befriedigt. »Und wo ist sie?«

»Keine Ahnung.«

Marva störte das Verhalten ihres Gegenübers gewaltig. Sie hob ihre Stimme, um die laute Musik zu übertönen, und fuhr den Barkeeper an: »Junger Mann, ich habe Ihnen eine klare Frage gestellt und erwarte darauf eine klare Antwort: Wo ist Gigi Dahl?«

Während Marva sprach, war die Musik immer lauter geworden, um dann abrupt zu verstummen, als die Frau auf der Bühne ihren Tanz beendet hatte. Marvas Frage nach dem Verbleib Gigi Dahls schallte daher aufgrund der plötzlichen Stille laut hörbar durch den Raum. Mehrere Gäste drehten sich nach ihr um und man konnte ein aufgeregtes Tuscheln unter den Anwesenden vernehmen.

Der Barkeeper stützte seinen hochrot angelaufenen Kopf in die Hände und zischte zwischen zusammengebissenen Zähnen: »Verehrte Dame, ich habe Ihnen schon einmal gesagt, dass ich keine Ahnung habe, wo Gigi Dahl steckt. Sie hat letzte Woche gekündigt und keine Adresse hinterlassen. Haben Sie mich nicht verstanden?«

Marva warf ihm einen wütenden Blick zu. Aus dem Augenwinkel konnte sie beobachten, wie sich Lilith mit der rothaarigen Tänzerin unterhielt.

»Sie bringen nur Unruhe in den Laden. Zwingen Sie mich nicht, Sie hinauszuwerfen«, fügte der Barkeeper hinzu.

Er hatte nicht mit Marvas Beharrlichkeit gerechnet. »Ich möchte den Geschäftsführer sprechen«, forderte sie zum wiederholten Male.

»Ich bin der Geschäftsführer, verdammt noch mal«, herrschte der Barkeeper sie an. »Und jetzt verschwinden Sie!«

Als sie wieder auf dem Parkplatz standen, stieß Lilith einen zufriedenen Seufzer aus. »Das war herrlich, Marva. Ich danke dir für die Anregung zu diesem unterhaltsamen Ausflug.«

»Ich glaube, es ist besser, wenn ich fahre. Du hast Gin Tonic getrunken«, entgegnete Marva verärgert.

»Wie du meinst.«

Lilith überreichte ihr die Autoschlüssel und nahm auf dem Beifahrersitz Platz. Während sich Marva bemühte, den Wagen in Gang zu bekommen, schaute Lilith versonnen aus dem Fenster. »Diese Tänzerin ist so ein hübsches Mädchen. Sie hat mir versprochen, sich einmal von mir zeichnen zu lassen.«

Marva kam mit dem Chevy nicht zurecht. Als sie zum fünfzehnten Mal versuchte, den Motor anzulassen, beugte sich eine Gestalt am Fenster zu ihr hinab. Marva drehte sich um und erkannte die Tänzerin, die jetzt Shorts, ein T-Shirt mit dem Aufdruck ›Souvenir aus St. Sebastian‹ und eine Sonnenbrille trug.

»Ich habe mitbekommen, dass Sie dort drinnen nach Gigi gefragt haben«, sagte sie.

»Ach wirklich?«, erwiderte Marva. Neben ihren anderen offensichtlichen Vorzügen besaß die Tänzerin anscheinend ein ausgesprochen gutes Gehör.

»Ich wollte Ihnen nur sagen, dass sie letzte Woche weggegangen ist. Sie hat gekündigt.«

Marva schenkte ihr ein verkniffenes Lächeln. »Das habe ich gehört.«

»Sie hatte vor zu heiraten. Sie war total aufgeregt.«

»Das ist ja wunderbar!«, zwitscherte Lilith.

Marva unterbrach ihre Versuche, den Wagen zu starten. »Ist das wahr? Sie wollte wirklich heiraten?«, fragte sie ungläubig.

Die Rothaarige beugte sich noch tiefer zu ihr herab und stützte sich mit den Ellenbogen auf den Fensterrahmen. »Sie hatte einen reichen Freund und sie war verrückt nach ihm. Letzte Woche sind sie zusammen von hier fortgegangen.«

»Du meine Güte!«, entfuhr es Marva. Damit hatte sie nicht gerechnet. Ihre Gedanken überschlugen sich. Warum war Gigi nicht ins Stift zurückgekehrt, um ihre Sachen zu holen? Warum hatte sie dort nicht gekündigt? Warum hatte sie niemandem von den guten Neuigkeiten erzählt?

»Kennen Sie den Mann?«, hakte Marva nach.

Die Tänzerin schüttelte den Kopf. »Gigi brachte ihn niemals mit in den Club. Sie hat mir nicht einmal seinen Namen verraten. Die beiden haben sich nach Dienstschluss immer hier draußen auf dem Parkplatz getroffen.«

»Haben Sie ihn nicht einmal gesehen, als er sie abholte?«

»Nein. Ich gebe zu, ich war neugierig, ihn zu sehen, aber die beiden trafen sich ganz hinten am anderen Ende des Parkplatzes.« Die Tänzerin stieß einen tiefen Seufzer aus. »Gigi hat es gut. Ich hoffe, so etwas wird mir eines Tages auch passieren.«

»Das wird es ganz bestimmt. Machen Sie sich nur keine Sorgen«, tröstete Lilith die Tänzerin, die ihr lächelnd zuwinkte und zur Lounge zurückging.

Tief in Gedanken stieg Marva aus dem Wagen und überließ Lilith den Fahrersitz, damit sie den Wagen starten konnte.

Gigi Dahl hatte also geheiratet. Vielleicht befand sie sich in diesem Augenblick gerade auf Hochzeitsreise und genoss es, frisch verliebt zu sein. Irgendwann würde sie wieder auftauchen, um ihre Sachen zu holen. Marva war entschlossen, sich von jetzt ab wieder ganz ihrem Gedicht zu widmen. Sie hatte nun wirklich genug Zeit mit diesem ganzen Unfug vergeudet.

Auf der Heimfahrt fuhr Marva gegen eine Fahrbahnbegrenzung, die am Wagen jedoch nur eine winzige Schramme hinterließ. Lilith machte sich nichts daraus, sondern bedankte sich noch einmal bei Marva für den gelungenen Ausflug. Das Rätsel um Gigi Dahl, so schien es, war gelöst.

III

Am nächsten Morgen saß Marva mit einem Stift in der Hand und dem aufgeschlagenen Notizblock auf den Knien auf dem Rattansofa im Aufenthaltsraum. Sie war allein, da Lilith gerade ihren Yogakurs besuchte. Einige andere Mitbewohner der Residenz lasen oder lösten Kreuzworträtsel, und in einer Ecke des Raums wurde wie üblich Bridge gespielt. Marva war stets auf dem Sprung, die Spieler zu mehr Rücksicht zu ermahnen, wenn deren Unterhaltung sie von der Arbeit an ihrem Gedicht ablenkte.

Sie war gerade im Begriff, eine neue Strophe ihres Gedichts über Cape St. Sebastian aufzuschreiben. Der Titel des 4. Gesangs sollte ›Träume aus Rauch: Der Sieg der stählernen Dampffrosse‹ heißen. Marva suchte nach einem Wort, dass sich auf ›Stahl‹ reimte. Sie konnte natürlich ›Portal‹ nehmen und ›Areal‹, ›General‹ oder ›universal‹, aber all das …

»Darf ich die Damen kurz um Ihre Aufmerksamkeit bitten!«

Marva sah vom Notizblock auf. In der Mitte des Raums stand Emily Pye und direkt neben ihr ein Mann, dessen Alter Marva auf etwa Ende vierzig schätzte. Er hatte ordentlich geschnittenes, schütteres Haar und trug eine Brille mit Horngestell, die seinem runden, blassen Gesicht ein wenig mehr Ausdruck verlieh. Er hatte abstehende Ohren, und sein Bierbauch spannte unter dem klein karierten, kurzärmeligen Hemd. Sein Aussehen als durchschnittlich zu bezeichnen wäre eine wohlwollende Übertreibung gewesen.

»Ich möchte Ihnen gern Rex Ogden vorstellen, unseren neuen Mitarbeiter am Empfang«, erklärte Emily Pye. »Rex wird fünf Tage in der Woche die Nachtschicht übernehmen.«

Sie zeigte auf den lächelnden Mann an ihrer Seite, der hoheitsvoll seine Hand zum Gruß erhob, als sei er der Kaiser von China.

»Lassen Sie uns Rex als neues Mitglied unserer Estelle-Peavy-Familie willkommen heißen und ihn unterstützen, so gut wir können. Vielen Dank.«

Noch bevor Emily Pye und Rex Ogden den Raum verlassen hatten, waren Marvas Gedanken schon längst wieder bei ihrem Gedicht. Also, da gab es ›Portal‹, ›Areal‹, ›General‹ oder …

Schon nach wenigen Tagen hatte sich Rex Ogden im Peavy-Stift allgemein beliebt gemacht. Zum Teil hatte er seinen Erfolg sicherlich dem akuten Männermangel in der Residenz zu verdanken. Außerdem strahlte er eine robuste Fröhlichkeit aus und hatte selbst bei der Ausgabe des Zimmerschlüssels am Empfang stets ein paar persönliche Worte parat.

»Zimmer fünfundzwanzig! Wird sofort gemacht, die Dame!«, rief Rex munter und rollte in seinem Stuhl rückwärts, wenn er den Inhalt des Schlüsselfachs hervorholte. »Hier haben wir's, Madam! Alles nur für Sie!«

Neben seinen Aufgaben am Empfang und der Bedienung der veralteten Telefonanlage widmete sich Rex vor allem der Postverteilung. Er gab sich alle Mühe, die vom tagsüber zuständigen Kollegen nachlässig verteilten Briefe, Zeitschriften und Wurfsendungen den richtigen Empfängern zuzuordnen. Ebenso genau überprüfte er den Eingang und die Verteilung der Paketpost. Da Lilith unzählige Sendungen mit Vitaminen, Mineralien und Kräutertinkturen vom Versandhaus ›Quelle der Jugend‹ erhielt, waren sie und Rex bald gute Bekannte.

Eines Abends war Marva zufällig dabei, als Rex im Spaß Lilith' Hand ergriff und ihr einen Handkuss gab, während er ihr ein Päckchen mit Zinkkapseln aushändigte. »Quelle der Jugend! Wenn Sie noch jünger werden, müssen wir demnächst eine Wiege für Sie aufstellen!«, rief er scherzend.

Marva bemerkte, wie das Gesicht ihrer Freundin rot anlief, und sie schnaubte vor Wut. *Ihre* Hand hatte Rex Ogden noch nie gehalten oder seine unattraktiven Lippen *ihren* Fingern genähert. Er sollte es nur wagen! Als sie mit Lilith zum Speisesaal ging, um das Abendessen zu sich zu nehmen, bemerkte Marva spitz:

»Wenn ich du wäre, würde ich mir die Hände waschen. So kann man sich schnell etwas einfangen.«

»So ein charmanter Mann«, erwiderte Lilith und presste ihr Päckchen fest an die magere Brust.

Marva wechselte das Thema. »Heute ist Spaghetti-Abend. Hoffentlich haben sie die Soße endlich einmal etwas anders gewürzt. Ich möchte nicht noch einmal daran erinnern müssen.«

Ohne Marvas Beschwerde zu beachten, hatte das Küchenpersonal jedoch wieder einmal viel zu viel Oregano verwendet. Nachdem sie von der Soße gekostet hatte, ließ Marva ihre Spaghetti trotzig stehen und aß nur den Salat, das Brötchen und den Schokoladenpudding. Das war der Grund dafür, dass sie später mitten in der Nacht mit einem starken Hungergefühl erwachte. Ihr Magen knurrte gefährlich, sodass Marva befürchtete, ihr Blutzuckerspiegel werde gefährlich absinken, falls sie nicht gleich etwas zu sich nahm. Wenn sie jetzt einen Schokoladenpudding äße oder vielleicht zwei, würde sie bis zum Morgen durchhalten.

Sich nachts in der Küche zu bedienen verstieß gegen die Regeln des Peavy-Stifts. Doch Marva hatte längst entschieden, dass die Regeln nur dazu da waren, um die anderen in Schach zu halten, während sie selbst tat, was sie für richtig hielt. Sie zog ihren karierten Morgenrock über und schlüpfte in ihre Pantoffeln. Dann steckte sie den Kopf aus der Tür, um zu prüfen, ob die Luft rein war, und trat hinaus in den düsteren Korridor.

Der kürzeste Weg in die Küche führte über die kaum benutzte dunkle Hintertreppe und nicht über die großzügige, gusseiserne Haupttreppe, die in elegantem Schwung in die Eingangshalle und direkt zum Empfang führte. Unterwegs kam Marva am Zimmer vorbei, in dem Gigi Dahl gewohnt hatte.

Sie blieb wie angewurzelt stehen. Unter der Tür zu Gigis Zimmer war Licht zu sehen. Oder hatte sie es sich nur eingebildet? Es war nur ein kurzer, schwacher Lichtschein gewesen, der Scheinwerfer eines vorbeifahrenden Autos vielleicht. Jetzt, eine Sekunde später, war schon wieder alles dunkel.

Marva ging zu Gigis Tür und klopfte an. »Gigi? Bist du da?«, fragte sie mit leiser Stimme. Nach einer Weile klopfte sie ein zweites Mal. »Ist da jemand?« Wieder erhielt Marva keine Antwort. Sie rüttelte am Türgriff, doch die Tür war verschlossen.

Es kam nur selten vor, dass Marva an sich zweifelte. Wäre sie überzeugt gewesen, das Licht tatsächlich gesehen zu haben, dann hätte sie diese Feststellung bis zum Jüngsten Gericht verteidigt. In diesem Fall jedoch fühlte sie sich ungewöhnlich unsicher. Es war immerhin möglich, dass das starke Hungergefühl leichte Halluzinationen bei ihr ausgelöst hatte. In diesem Fall war es umso wichtiger, schnell etwas in den Magen zu bekommen, bevor sie noch in ein ernstes Delirium verfiel. Eilig ging Marva den Korridor entlang zur dunklen Hintertreppe.

Kaum war sie in der Küche angelangt, befielen sie erneute Zweifel. Vielleicht hatte sie sich das Ganze doch nicht eingebildet und der Lichtschein war Realität gewesen? Sie musste jemandem Bescheid sagen und sicherstellen, dass sie die Erste war, die die Angelegenheit meldete. Ohne den Kühlschrank auch nur zu beachten, stürzte sie durch die Schwingtüren in den Speisesaal und durchschritt den Gang, der in die Eingangshalle führte.

Rex Ogden saß auf seinem Posten hinter der Empfangstheke. Marva, die von hinten herankam, war von seinem Platz aus nicht zu sehen. Erst als sie ziemlich nahe herangekommen war, sagte Marva laut und vernehmlich:

»Rex, ich habe etwas zu melden!«

Der Angeredete zuckte erschrocken zusammen und drehte sich zu Marva um. »Verflixt«, entfuhr es ihm.

Marva Trout war vielleicht nicht gerade ein bildschöner Anblick in ihrem karierten Morgenrock, aber ›verflixt‹ empfand sie dennoch als eine unhöfliche und allzu rohe Anrede. Dass er sein Taschentuch zückte, um sich mit zitternden Händen den Schweiß von der Stirn zu wischen, und hinzufügte: »Mein Gott, Sie haben mich beinahe zu Tode erschreckt«, machte die Sache nur noch schlimmer.

»Ich bitte vielmals um Verzeihung«, bemerkte Marva mit eisiger Stimme. »Ich war gerade oben auf dem Flur. Ich glaube, ich habe einen Lichtschein im Zimmer von Gigi Dahl gesehen, die schon seit Wochen nicht mehr hier ist. Hat irgendjemand Zutritt zu dem Zimmer?«

Nachdem er sein Taschentuch eingesteckt hatte,

kreuzte Rex die Arme über der Brust und steckte die Hände unter die Achseln. Er war errötet und schnappte nach Luft. »Welche Zimmernummer soll das sein?«

»Nummer zweiundvierzig.«

Marvas Blick fiel auf das Schlüsselbrett, das an der Wand hinter Rex angebracht war. Dort in der vierten Reihe hing der Schlüssel mit der Nummer zweiundvierzig. Marva konnte schwören, dass der Schlüssel ganz leicht am Haken hin und her schaukelte. Sie starrte so aufmerksam auf den Schlüssel, dass sie kaum mitbekam, wie Rex ihr versicherte, dass keine Menschenseele am heutigen Abend in dem Zimmer gewesen sein konnte. Alles sei vollkommen ruhig gewesen – bis zu ihrem Auftauchen.

Marva hätte beinahe schwören können, dass der Schlüssel sich bewegt hatte. Beinahe. Wenn sie Recht behielt, konnte es nur Rex selbst gewesen sein, der in Gigi Dahls Zimmer herumgestöbert hatte.

Marva ging zurück in die Küche und entdeckte, dass kein Schokoladenpudding übrig geblieben war. Stattdessen musste sie mit einem mit Gelee gefüllten Gebäckstück vorlieb nehmen, das eigentlich für das Frühstück in wenigen Stunden vorgesehen war. Während sie den zähen Kuchenteig kaute, dachte sie über Rex Ogden nach.

IV

Schlafmangel und eine leichte Magenverstimmung führten dazu, dass Marva morgens nicht gerade bester Laune war. Sie ließ ihre Verstimmung an Lilith aus, die gerade dabei war, Skizzen für ein Ölportrait von Rex Ogden anzufertigen. Unter dem Vorwand, viel zu beschäftigt zu sein, hatte Rex es glattweg abgelehnt, ihr Modell zu stehen. Doch Lilith hatte ihn oft genug beobachtet, um ihn auch aus der Erinnerung zeichnen zu können.

Marva reckte den Hals, spähte ihr über die Schulter und kommentierte kritisch: »Soll das etwa Rex Ogden sein? Sieht eher nach Clark Gable aus, wenn du mich fragst!«

»Rex hat tatsächlich ein bisschen Ähnlichkeit mit Clark Gable«, erwiderte Lilith voller Ernst.

»Du meinst wohl seine Ohren, die ebenso weit abstehen wie die von Gable?«

Lilith arbeitete ungerührt und mit aufreizender Genauigkeit an ihrer Skizze weiter. In diesem Augenblick klopfte es an der Eingangstür und Jonah, der Postbote, erschien, beladen mit seiner voll gestopften ledernen Umhängetasche. Der magere junge Mann, dessen Hautfarbe an Milchkaffee erinnerte, war ein guter Freund der ›Empfangsdamen‹. Als er sie erblickte, rief er laut: »Hallo, Lilith! Ich habe wieder Vitamine für Sie! Wollen Sie sie gleich haben oder soll ich sie am Empfang abgeben?«

Marva winkte ihn heran. »Schauen Sie sich doch einmal diese Zeichnungen an, Jonah«, forderte sie ihn auf und deutete auf den Zeichenblock der Freundin. »Wer könnte das wohl sein, was meinen Sie?«

Johnah schaute sich die Skizzen an und kratzte sich am Kinn. »Ich bin mir nicht sicher«, meinte er zögernd, »könnte es vielleicht Harrison Ford sein?«

Marva rollte mit den Augen. Lilith lächelte und pflichtete ihm bei: »Da ist tatsächlich eine gewisse Ähnlichkeit mit Harrison Ford.«

Während sie sich noch unterhielten, hatte Jonah begonnen, in seiner Posttasche zu kramen. »Dieses ist für Sie, und das hier auch, und dieses …«, zählte er auf, zog die Päckchen aus der Tasche und gab sie Lilith. »Das hier ist, glaube ich, auch noch für Sie«, fügte er hinzu und hielt inne. »Nein, warten Sie – diesmal ist es für Gigi Dahl.«

Marva zögerte nicht eine Sekunde. »Gigi ist zurzeit nicht hier. Sie hat mich gebeten, ihre Post für sie anzunehmen und aufzuheben«, warf sie ein. Mit diesen Worten griff Marva nach dem unscheinbaren Pappumschlag, der ungefähr die Größe und Form einer Videokassette besaß.

Wie einfach doch die Dinge manchmal waren. Ohne zu zögern, reichte ihr Jonah das Päckchen. »Ich habe Gigi schon eine ganze Weile nicht gesehen«, räumte er ein. Während er seine Ledertasche schulterte, verabschiedete er sich und ging hinüber zum Empfang.

Das Päckchen für Gigi fühlte sich so leicht an, als wäre es leer. Ihre Anschrift war auf einen Aufkleber der Firma *DRU* mit Adresse in New York City getippt. Es gab keinen Hinweis darauf, welcher Branche die Firma angehörte. Die Sendung war unglücklicherweise so fest verklebt, dass sie auf keinen Fall zufällig aufgehen konnte. Auch als Marva das Päckchen gründlich schüttelte, entstand kein Geräusch, das Aufschluss über den Inhalt hätte geben können.

Lilith schien völlig darin vertieft, die Kerbe in Rex Ogdens Kinn zu zeichnen. Doch nach einigen Minuten wandte sie sich in dem schulmeisterlichen Ton, den sie bisweilen an sich hatte, an ihre Freundin. »Marva, Gigi hat dich doch nicht wirklich darum gebeten, ihre Pakete anzunehmen?«

Marva ging stillschweigend über Lilith' Einwand hinweg. »Irgendetwas ist faul, was Gigi betrifft«, entgegnete sie. »Ich muss unbedingt herausfinden, was da vor sich geht.«

Lilith seufzte vorwurfsvoll. »Rex gibt sich solche Mühe mit der Postverteilung. Du pfuschst ihm regelrecht ins Handwerk, wenn du eigenmächtig Post für andere entgegennimmst.«

Marva hatte selten etwas so Lächerliches gehört. Sie verlieh ihrer Verachtung für das, was Rex tat, Ausdruck, indem sie gleichgültig mit ihren kräftigen Schultern zuckte.

Lilith' Nasenspitze war pink angelaufen. »Das ist einfach nicht in Ordnung«, stieß sie mit schriller Stimme hervor, »erstens hast du die Unwahrheit gesagt und zweitens hast du gegen das Postgesetz verstoßen. Was du getan hast, ist ein Verbrechen, Marva.«

Marva Trout hatte sich schon oft in ihrem Leben geärgert – *ziemlich* oft sogar. Doch selten hatte sie jemand so in Wut gebracht, wie Lilith Gervase es gerade tat. Um Lilith nicht noch vor lauter Ärger die Augen auszukratzen, erhob sich Marva majestätisch und sagte bestimmt: »Ich sehe keinen Grund dazu, diese blödsinnige Unterhaltung weiter fortzusetzen.« Sie klemmte Gigis Päckchen fest unter den Arm und rauschte aus dem Saal.

Auch beim Abendessen herrschte nicht gerade die beste Stimmung. Marva und Lilith wechselten kein einziges Wort, während sie Hühnchen und Bananenkuchen speisten. Als Marva fertig gegessen hatte, stand sie auf und entschuldigte sich für den Rest des Abends. Statt wie üblich zum Fernsehraum zu gehen, zog sie sich beleidigt auf ihr Zimmer zurück.

Gigi Dahls Päckchen lag ungeöffnet auf Marvas Frisiertisch, wo sie es am Nachmittag abgelegt hatte. Marva nahm es auf und schaute es sich noch einmal von allen Seiten an.

Die Vorwürfe, die Lilith ihr gemacht hatte, nagten an ihrem Gewissen. Es stimmte, dass sie die Unwahrheit gesagt hatte. Doch sie hatte es in der guten Absicht getan, die Ungewissheit auszuräumen. Der zweite Vorwurf, sie habe gegen das Postgesetz verstoßen, traf schon gar nicht zu. Schließlich hatte ihr der Postbote das Päckchen eigenhändig übergeben. Wenn jemand deswegen in Schwierigkeiten käme, dann war es doch wohl Jonah und nicht sie.

Bisher hatte Marva sich demnach nichts vorzuwerfen. Doch es entsprach nicht gerade ihrer Art, eine erfolgreich begonnene Sache nicht zu Ende zu führen. Der nächste logische Schritt war daher, das Päckchen auszupacken.

Sie hatte vor, es so behutsam zu öffnen, dass sie es anschließend wieder verschließen konnte, ohne dass etwas zu bemerken war. Das Klebeband erwies sich jedoch als dermaßen fest und hartnäckig, dass Marva es schließlich aufschneiden musste. Mit einiger Mühe gelang es ihr, einen schmalen Styroporkasten freizulegen. Darin – genau eingepasst – steckte ein längliches, mit dunkelblauem Samt bezogenes Etui. Marva öffnete es.

Vor ihr lag ein Schmuckstück. Es handelte sich um eine edel gearbeitete Kette aus silberfarbenem Metall: vermutlich Platin, wie Marva schätzte. An der Kette waren sechs Anhänger befestigt – jeder davon ein mit glitzernden Diamanten besetzter Buchstabe G. Der Anblick war atemberaubend, und Marva malte sich aus, wie bezaubernd das Schmuckstück an Gigis glattem, gebräuntem Hals aussehen würde. Sie nahm es aus dem Etui und hielt es näher ans Licht. Gigi, Gigi, Gigi schien es zu sagen.

Plötzlich entdeckte Marva einen kleinen weißen Umschlag, der im Deckel des Samtetuis festgeklemmt war. Sie nahm ihn heraus und versuchte, den Schriftzug darauf zu entziffern. »Für meine geliebte Gigi«, las Marva. Auf der schlichten weißen Karte, die im Umschlag steckte, standen die Worte »Dies ist ein kleines Geschenk von deinem Boopie«.

Nun ja. Das war wohl ein Geschenk dieses reichen Freundes, den Gigi wahrscheinlich vor gut einer Woche geheiratet hatte. Es war merkwürdig, dass das glückliche Paar ein so wertvolles Geschenk einfach auf gut Glück verschickt und es seinem Schicksal – oder besser gesagt: Marva Trout – überlassen hatte. Oder gar Rex Ogden, dem eifrigen Postverteiler. Noch nicht einmal per Nachnahme hatten sie das Schmuckstück verschickt, also ohne jede Absicherung.

Die Kette glänzte im Licht der Tischleuchte. Marva betrachtete sie schweren Herzens. Sie machte sich ernsthafte Sorgen um die ›Sexbombe‹, um Gigi Dahl.

Zu allem Übel hatte sie das Postgeheimnis nun wahrhaftig verletzt. Es war sicher das Beste, wenn sie das Beweisstück für ihre Gesetzesübertretung versteckte, bis sich die ganze Angelegenheit geklärt hatte oder Gigi wieder aufgetaucht war. Das war ganz einfach. Als Marva damals ihr bescheidenes Häuschen in der Vorstadt verkauft hatte, um in die Residenz zu ziehen, hatte sie Zweifel an der Vertrauenswürdigkeit ihrer neuen Nachbarn gehegt. Daher hatte sie ihren Neffen, der ein begeisterter Hobby-Handwerker war, gebeten, ihr ein Geheimfach über dem Kopfteil ihres Bettes einzubauen. In dem hinter einem Bücherregal verborgenen Fach befanden sich einige Schmuckstücke, wichtige Dokumente und ein Packen Briefe eines Herrn, mit dem sie vor Jahren in engem Briefkontakt gestanden hatte. Nachdem sie das Geheimfach in der letzten Zeit kaum noch genutzt hatte, kam es jetzt auf einmal wie gerufen.

Entschlossen entfernte Marva einige der Bücher aus dem Regal, öffnete das Geheimfach, indem sie auf eine Ecke der beweglichen Rückwand drückte, und verstaute sorgfältig Gigi Dahls Schmuckpaket. Dann richtete sie alles wieder so her, wie es zuvor gewesen war, und wischte sich den Staub von den Händen. So, das war erst einmal geschafft. Nun konnte Marva in Ruhe darüber nachdenken, wie es weiterging.

V

Auch an den darauf folgenden Tagen war die Stimmung zwischen Marva und Lilith zum Schneiden. Die beiden saßen in den entgegengesetzten Ecken des Sofas und taten so, als seien sie in ihre Arbeit vertieft. Dabei schielten beide heimlich danach, was der andere gerade tat. Die Gespräche waren verkrampft und einsilbig. Die angespannte Atmosphäre schlug Marva so sehr auf den Magen, dass sie beim Abendessen von der Beilage zu ihrem Steak nur dreimal Nachschlag nahm.

Die Tatsache, dass Lilith gleich nach dem Essen zu dem schrecklichen Rex Ogden hinüberging und sich kichernd mit ihm unterhielt, machte alles nur noch schlimmer. Um sich den Anblick zu ersparen, begab sich Marva auf ihr Zimmer und beschloss, sich früh schlafen zu legen.

In ihrem Zimmer erwartete sie weiteres Unheil. Aus unerfindlichem Grund war eine ihrer reizenden Hummel-Porzellanfiguren aus dem Regal auf den Boden gefallen. Die Figur lag bäuchlings auf dem Teppich und ein großes Stück Porzellan war aus dem Alpenhut gebrochen. Marva erinnerte sich nicht daran, gegen das Regal gestoßen zu sein. Doch da sie den ganzen Tag von Lilith' unmöglichem Benehmen belastet gewesen war, hatte sie es vielleicht nur nicht bemerkt. Sie fügte die zerbrochene Porzellanfigur der Liste von Lilith' Verfehlungen hinzu und legte sich übellaunig ins Bett. Sie war dermaßen erschöpft von den Anstrengungen des Tages, dass sie sofort einschlief.

Viel später in der Nacht öffnete sie die Augen. Voller Schrecken spürte sie, wie jemand ihr den Mund zuhielt. Die gleiche Person presste ihr einen kalten Metallgegenstand gegen das Ohr.

»Das hier ist ein Revolver«, stieß eine unangenehme Stimme, die ihr bekannt vorkam, keuchend hervor. »Ich nehme jetzt die Hand von Ihrem Mund, aber nur, wenn Sie nicht schreien, sondern mir sagen, wo das Päckchen für Gigi Dahl geblieben ist.«

Es war – Rex Ogden, wer auch sonst? Marva zuckte zusammen, als sie an die Waffe dachte, die er auf sie gerichtet hielt. Doch es lag nicht in ihrer Natur, einfach klein beizugeben.

»Welches Päckchen meinen Sie?«, fragte sie, kaum dass er seine widerliche Hand von ihrem Mund genommen hatte.

Der Druck der kalten Waffe an ihrem Ohr wurde stärker und Marva spürte Ogdens Atem auf ihrer Stirn.

»Sie wissen ganz genau, von welchem Päckchen hier die Rede ist. Lilith Gervase hat mir erzählt, dass Sie es dem Postboten abgeluchst haben.«

Lilith! Wie konnte sie es nur wagen! Sie hatte gepetzt und Marva in die Klauen dieses Wolfes im Schafspelz getrieben. Falls sie das Ganze überleben sollte, würde sie Lilith ihren spindeldürren Hals umdrehen.

»Sie hätten es nicht so gut verstecken sollen!«, ergänzte Rex Ogden spöttisch. »Wenn ich es selbst gefunden hätte, dann wäre Ihnen diese Situation erspart geblieben.«

Er hatte also ihr Zimmer durchsucht. Eine widerliche Vorstellung!

»Sie haben also meine Hummel-Figur zerbrochen!«, rief Marva missbilligend.

»Ich zerbreche mehr als Ihre Hummel-Figur, wenn Sie mir das Päckchen nicht geben – und zwar ein bisschen plötzlich!«

Es klang ganz so, als meine er es ernst. Mit einem Revolver am Ohr fühlte sich Marva nicht in der Position zu streiten. Sie knipste die Nachttischlampe an, nahm die Bücher aus dem Regal und öffnete ihr Geheimfach. Als sie ihm den Styroporbehälter in die Hand drückte, fuhr Ogden sie barsch an: »Sie haben es also ausgepackt? Ziemlich dumm von Ihnen.«

Marva fühlte sich gekränkt. Sie konnte es nicht leiden, wenn jemand ihre geistigen Fähigkeiten infrage stellte.

»Wenigstens nenne ich mich nicht Boopie«, sagte sie mit zitternder Stimme.

Ogden reagierte nicht darauf. Er ließ das Schmuckstück in seine Tasche gleiten, wies mit dem Revolver in Marvas Richtung und befahl: »Gehen wir.«

»Wohin?« Marva war im Nachthemd. Es war aus weißem Batist und mit rosafarbenen Rosen bedruckt. »Machen Sie keine Witze. Ich bleibe selbstverständlich hier.«

Doch ihr blieb keine Wahl. Sie hatte gerade genug Zeit, in ihren Morgenrock zu schlüpfen und die Filzpantoffeln überzuziehen. Und Marva empfand es als eine weitere Entwürdigung, als Rex ihr mit dem Gürtel ihres eigenen Morgenrocks die Hände hinter dem Rücken fesselte. Mit der Waffe im Kreuz stieß er sie vor sich her den dunklen Korridor entlang bis zur Hintertreppe und durch die Küchentür hinaus ins Freie. Draußen parkte ein großer, schwarzer Mercedes-Kombi. Rex schubste Marva auf den Beifahrersitz und schnallte sie an. Da ihre Hände immer noch hinter dem Rücken zusammengebunden waren, wurden ihre Arme dabei schmerzhaft verrenkt. Doch Marva biss die Zähne zusammen. Sie würde Rex Ogden nicht die Genugtuung bereiten, auch nur einen einzigen Schmerzenslaut von sich zu geben. Nachdem er sie festgeschnallt hatte, knallte Rex die Wagentür zu und ging hinüber zur Fahrerseite. Er verstaute seine Waffe in der Jackentasche, stieg in den Wagen und ließ den Motor an. Sie rauschten die schmale Straße entlang und bogen in die neondurchflutete ›sündige Meile‹ ein. Auf der Uhr im Armaturenbrett konnte Marva erkennen, dass es halb drei

Uhr morgens war. Selbst die erlebnishungrigsten Urlauber müssen irgendwann schlafen und die Straßen waren menschenleer. Es war unwahrscheinlich, dass irgendjemand Marvas Hilfeschreie aus dem geschlossenen Wagen hören würde. Sie machte sich mit dem Gedanken vertraut, dass sie Rex Ogden hilflos ausgeliefert war.

Ein plötzliches schrilles Piepen schreckte Marva aus ihren Gedanken auf. Rex holte sein Mobiltelefon aus der Halterung neben der Gangschaltung, drückte einen Knopf und meldete sich. Nach einer Weile sagte er: »Hallo, Lois. Nein, Liebste, ich bin leider noch bei der Arbeit.« Er schielte zu Marva hinüber. »Vor einer Stunde bin ich sicher nicht zu Hause.«

Damit war Lois jedoch offensichtlich nicht zufrieden. Rex erging sich in einer Litanei von besänftigenden Beteuerungen wie »Ja, Liebste« und »Es tut mir wirklich Leid, Schatz«. Schließlich sagte er: »Wenn du noch etwas Geduld mit mir hast, verspreche ich dir, dass wir einen langen Urlaub machen, sobald …« Marva konnte beobachten, wie er sich wand. Ohne ein weiteres Wort zu sagen, steckte er das Telefon zurück in die Halterung. »Verdammter Mist!«, fluchte er.

Marva hatte sich noch nie lange zurückhalten können. »Hört sich ganz so an, als ob ihre Frau wütend ist«, bemerkte sie.

Rex starrte verbissen auf die Fahrbahn.

»Darum konnten Sie also Gigi nicht heiraten. Sie hatten bereits eine Frau«, ergänzte Marva. »Was ist passiert? Hat Gigi die Wahrheit herausgefunden?«

Es sah so aus, als stünden Rex Tränen in den Augen. »Gigi«, flüsterte er verzweifelt.

Sie hatten die Sündenmeile verlassen und entfernten sich an der Küste entlang immer mehr von der Stadt. Cape St. Sebastian hatten sie bereits weit hinter sich gelassen.

Marva sah jetzt alles glasklar. Es war doch immer die gleiche alte Geschichte. »Sie haben Gigi hingehalten, indem Sie ihr versprochen haben, mit ihr zusammen wegzugehen. Mit teuren Geschenken wie der diamantbesetzten Kette haben Sie versucht, sie bei der Stange zu halten.«

»Ich habe sie eigens in New York für sie machen lassen, als ich dort auf Geschäftsreise war«, murmelte Ogden mit heiserer Stimme. »Ich wollte sie damit überraschen.«

»Aber die Sache spitzte sich zu, noch bevor die Kette angekommen war. Gigi hatte entdeckt, was für ein Mistkerl Sie sind, nicht wahr? Wie hat sie darauf reagiert? Hat sie gedroht, Ihrer Frau alles zu erzählen?«

»Lois würde mich umbringen, sollte sie es je erfahren. Sie würde mich einfach erwürgen«, flüsterte Rex Ogden mit halb erstickter Stimme. Mit dem Handrücken wischte er sich den Schweiß von der Stirn.

»Und da haben Sie lieber Gigi umgebracht«, folgerte Marva. Die arme kleine Gigi Dahl.

»Sie nannte mich einen Lügner und den letzten Abschaum«, wimmerte Ogden. »Ich habe nur … ich wollte ihr doch nicht wehtun.«

Die Straße erstreckte sich vor ihnen wie ein graues Band und links von ihnen zeichnete sich der Golf von Mexiko mit seinen schäumenden Wellen und den blinkenden Bojen ab. Wo würde sie wohl morgen um die gleiche Zeit sein? Vielleicht neben Gigi in der Erde verscharrt? Mit finsterer Miene starrte sie aus dem Fenster, während Ogden schniefend das Steuerrad umklammerte.

»Sie haben den Schmuck mit normaler Post schicken lassen, um jede Aufmerksamkeit zu vermeiden«, fuhr Marva fort. »Zu der Zeit, als es in den Versand ging, war Gigi längst tot. Deshalb mussten Sie das Schmuckstück abfangen, bevor ihre Leiche entdeckt wurde.

Sonst hätte man die Herkunft der Kette zurückverfolgen können, und zwar über die Firma mit dem Kürzel *DRU*, was immer das auch bedeuten mag.«

»*Diamonds R Us*«, erklärte Rex. »Ich bin da bekannt. Es war eine Kundenbestellung. Nur das Beste für meine Gigi.«

»Dann haben Sie für einige Wochen Nachtdienst im Empfang der Residenz geleistet, damit sie das Päckchen abfangen konnten. Leider bin ich Ihnen dabei in die Quere gekommen.«

Ogden warf ihr einen giftigen Blick zu. »Sie meinen, Sie haben sich in meine Angelegenheiten eingemischt, Sie neugierige, alte Tante.«

»Lieber eine neugierige, alte Tante als ein brutaler Mörder.«

Es war alles gesagt. Marva bewegte sich vorsichtig, um die Schmerzen in den Armen und Schultern zu lindern. Sie dachte an ihr Gedicht über Cape St. Sebastian. Gerade war sie so gut mit dem 4. Gesang vorangekommen. Die Vorstellung, dass ›Die Saga von St. Sebastian‹ vielleicht niemals vollendet werden würde, erfüllte sie mit Zorn. So leicht durfte sie sich nicht geschlagen geben. Wenn Rex Ogden der Welt dieses Werk vorenthalten wollte, sollte er sich dafür zumindest anstrengen müssen.

Er verlangsamte die Fahrt und bog in einen schmalen, von Eichen und Gestrüpp gesäumten Weg ein. Dürre Zweige zeichneten sich im Licht der Scheinwerfer ab und scharrten am Auto entlang. Ogden hielt an einer Lichtung, auf der Marva einen Sandhaufen ausmachen konnte. Das musste Gigis letzte Ruhestätte sein. Und Rex Ogden hatte ihr das gleiche Schicksal zugedacht.

Er stellte den Motor ab und stieg aus dem Wagen. Mit gezückter Waffe ging er hinüber zum Beifahrersitz, öffnete die Tür und griff an Marva vorbei, um den Gurt zu lösen.

Das war ihre einzige Chance. Als Ogden sie abge-
schnallt hatte, warf sie sich mit aller Kraft vorwärts und
rammte mit voller Wucht ihren Kopf in seinen weichen,
unförmigen Bauch. Sie hörte, wie er laut aufstöhnte.
Dann strauchelte er zurück und fiel hintenüber. Hastig
kletterte sie aus dem Wagen und stolperte mit verbundenen Händen in das Gestrüpp.

Hinter sich hörte sie ein Keuchen, gefolgt von einem
Schuss. Sie beachtete weder die Brombeerranken, die
ihren Morgenrock und das Nachthemd zerfetzten, noch
nahm sie Rücksicht auf die Tatsache, dass sie ihre Pantoffeln verloren hatte und barfuß war. Mit gesenktem
Kopf jagte sie, so schnell sie konnte, durch das Ge-
büsch.

Dann geschah etwas Unerwartetes.

Zwischen den Zweigen und Blättern tauchten plötzlich Scheinwerfer auf. Sie näherten sich auf dem Weg,
der von der Hauptstraße abzweigte.

Marva vernahm Sirengeheul und das Schlagen
von Autotüren. Dann hörte sie Stimmen, die jemanden
dazu aufforderten, stehen zu bleiben und die Waffe fallen zu lassen. Hinter ihr stieß Rex Ogden einen wütenden Schrei aus.

Mit einem Mal war alles vorüber. Sie war am Leben
und sie würde den 4. Gesang fortsetzen können.

Später, nachdem Ogden mit heulenden Sirenen in einem Polizeiwagen abtransportiert worden war, fragte
Marva einen jungen Polizisten, der ihre Pantoffeln gefunden hatte und sie mit ›meine Dame‹ ansprach, wie
es kam, dass die Polizei ausgerechnet an diesem verlas-
senen Ort erschienen war.

»Wir haben Sie gesucht und sahen Sie gerade in dem
Augenblick, als der Kerl von der Hauptstraße abbog«,
erklärte der Polizist. »Eine Dame hat uns alarmiert,
eine gewisse Lilith Gervase. Sie sagte, sie sei eine
Freundin von Ihnen.«

VI

Marva Trout und Lilith Gervase, die beiden ›Empfangsdamen‹, saßen auf ihrem Lieblingssofa im Estelle-Pea-
vy-Stift. Der Mord an Gigi Dahl hatte die Bewohner tief
erschüttert. Emily Pye, die den Mörder als Aushilfe für
den Empfang eingestellt hatte, redete davon, sich vorzeitig pensionieren zu lassen. Rex Ogden hatte sich einen guten Anwalt besorgt und Marva freute sich schon
auf ihre Aussage im Zeugenstand.

Lilith erzählte zum hundertsten Mal von ihrem Einsatz in der Nacht, die beinahe Marvas letzte geworden
wäre. »Ich konnte einfach nicht einschlafen«, erinnerte
sie sich. »Ich war verärgert über unsere Meinungsver-
schiedenheit und ich fühlte mich schuldig, weil ich Rex
von dem Päckchen erzählt hatte. Ich habe mich endlos
im Bett herumgewälzt. Schließlich habe ich mich dazu
entschlossen, auf der Stelle zu deinem Zimmer zu gehen, dich zu wecken und mich bei dir zu entschuldigen.«

Als sie das Zimmer leer vorgefunden hatte und da
sie die Angewohnheit Marvas kannte, sich nachts im
Kühlschrank zu bedienen, war Lilith über die Hintertreppe in die Küche gegangen. Durch ein Fenster habe
sie gerade noch beobachten können, wie Rex Ogden
eine Waffe eingesteckt und in den Mercedes eingestiegen sei, um mit Marva davonzufahren. Mit einem Mal
sei ihr alles klar geworden und sie habe sofort die Polizei benachrichtigt.

»Du verzeihst mir doch, Marva, nicht wahr?«, bat Lilith die Freundin.

»Natürlich verzeihe ich dir. Du hast mir schließlich
das Leben gerettet«, versicherte ihr Marva ebenfalls
zum hundertsten Mal. Dabei verschwieg sie, dass sie
ohne Lilith' Dazutun gar nicht erst in Lebensgefahr geraten wäre. Sie verschwieg auch, dass Lilith auf einen

hundsgemeinen Verbrecher hereingefallen war, während sie selbst Rex Ogden von Anfang an verabscheut hatte. Marva sagte von all dem nichts. Sie sah einfach über die vielen Schwächen und Fehler hinweg, die Lilith nun mal hatte. Das war es doch wohl, was man Freundschaft nannte.

Susan Isaacs

Komplimente einer Freundin

An einem kalten und nassen Dienstag im März ließ sich die bewunderungswürdig schlanke Deirdre Giddings – Gründerin und Chefin von *Panache*, der größten Arbeitsvermittlung auf Long Island – im Herzen von Garden City gegen ein Uhr mittags in Bloomingdales Abteilung für Designerschuhe mit einem Paar schwarzen Schlangenlederpumps von Manolo Blahnik auf einen Stuhl sinken. Sie schloss die Augen. Wenige Minuten später tippte Oliver, der sie gewöhnlich bediente, ihr sanft auf die Schulter. »Ms. Giddings? Siebeneinhalb, nicht wahr? *Ms. Giddings*?« Der Verkäufer erhielt allerdings keine Antwort, weil sich Deirdre Giddings bereits im Koma befand.

Noch vor Beginn der grauen Morgendämmerung des nachfolgenden Tages war sie tot. Der offizielle Leichenbeschauer kam zu dem Ergebnis, dass sie ihren Tod durch eine Überdosis Barbiturate selbst herbeigeführt hatte. Dann baute sich der Sprecher des Nassau-County-Polizeichefs vor den Kameras und Mikrofonen auf, stemmte seine Arme in die Hüften und schob auf diese Weise den Leichenbeschauer beiseite. Er bestätigte die Selbstmordversion, da man unter den persönlichen Papieren der Verstorbenen auch einen Abschiedsbrief gefunden habe. Als ich an jenem Mittwoch nachmittags von der Arbeit nach Hause kam und auf meinem Anrufbeantworter die erste von vier Nachrichten über ihren Tod abhörte, war ich nicht nur überrascht, sondern geradezu erschüttert.

Ausgerechnet Deirdre Giddings, der Inbegriff der Vitalität? Wenn ich den Begriff ›Vitalität‹ verwende, dann ist das nicht nur so dahergesagt. Vielmehr will ich damit verdeutlichen, dass ich diese Frau für wahrhaft unverwundbar gehalten hatte. Sie verkörperte den Idealtypus der erfolgreichen Geschäftsfrau, wenn sie in ihrem Prada-Hosenanzug und den Gucci-Schuhen auf der Bildfläche erschien – wobei ich gestehen muss, dass meine Modekenntnisse nicht besonders fundiert sind und es auch umgekehrt gewesen sein kann. Wie auch immer, auf jeden Fall handelte es sich um diese klobigen Treter, mit denen ich ausgesehen hätte, als schleppte ich mich auf Klumpfüßen herum. An einer Frau wie Deirdre wirkten sie jedoch nicht nur modisch, sondern ließen ihre ohnehin schon langen, schlanken Beine noch attraktiver erscheinen. Allein ihr Haar! Es hatte dieses unsagbar teuer wirkende Blond, das platin- und goldfarben schimmert. Und dann diese Lippen – die Konturen in Burgunderrot umrissen, mit chiantifarbenem Lippenstift ausgefüllt und mit einem hinreißenden erdbeerroten Gloss überzogen: Sie verrieten auf den ersten Blick, dass Deirdre die vollkommene Herrin ihres Schicksals war, eine von sich überzeugte Frau, die selbst zu einer Krebsvorsorge-Untersuchung ohne flaues Gefühl im Magen ging.

Wann immer ich ihr auf den halbjährlich stattfindenden Kuratoriums-Treffen der ›Long-Island-Stiftung zur Erhaltung historischer Kulturgüter‹ begegnete, sie verschwendete nie auch nur eine Sekunde für Belanglosigkeiten, sondern kam immer gleich zur Sache. Und während sie mächtigen Bankern und ihr ebenbürtigen Geschäftsgrößen die Hand schüttelte, stand ich im Hintergrund herum, um meinen Universitätskollegen, einen Anthropologen aus Southampton, dabei zu beobachten, wie er das während der Konferenz gereichte Gebäck in Servietten wickelte und in seinen Rucksack stopfte.

Es wäre allerdings irreführend, sich Deirdre als abschreckendes Stereotyp einer Karrierefrau vorzustellen, die mit stahlhartem Blick und zusammengekniffenen Lippen ihre Sklaven drangsaliert. Sie war vielmehr eine Schönheit mit pfirsichzarter Haut und apfelroten Wangen. Ihre Augen strahlten tiefblau und ihre Stimme klang überaus angenehm. Hinzu kam die Tatsache, dass sie stets die Höflichkeit in Person war. Dennoch kann ich verstehen, dass viele Leute sie für überaus zurückhaltend, um nicht zu sagen, für ein wenig abweisend hielten. Sie wahrte in der Tat Distanz zu anderen Menschen, wohl weniger aus Schüchternheit als vielmehr aus der Befürchtung heraus, dass eine allzu intime Kenntnis anderer nur zu Enttäuschung führen kann. Und Deirdre Giddings zog es vor, von ihren Mitmenschen nur das Beste zu denken. Sie war also alles andere als eine Anhängerin voreiliger Verbrüderungen und nur geheuchelter Verbindlichkeit. Gerade diese Zurückhaltung aber bescherte ihr nicht nur eine Sonderstellung in der Geschäftswelt, sondern trug auch dazu bei, dass die meisten *Panache*-Mitarbeiter als Spiegelbild von Deirdres kühler Professionalität galten.

Auf ihrer Beerdigung wählte auch der Geistliche nur die Worte ›aufmerksam‹ und ›anteilnehmend‹, als er auf Deirdres menschliche Stärken zu sprechen kam. Selbst er als barmherziger und gütiger Christ konnte sich nicht dazu durchringen, sie etwa als ›warmherzig‹ zu bezeichnen. Und dennoch hat Deirdre ausgerechnet mich immer ausgesprochen herzlich behandelt. Bei jeder Begegnung begrüßte sie mich mit ausgestreckten Armen. »Judith Singer – ich freue mich, Sie zu sehen!«, rief sie dann, umfasste meine Schultern und reckte mir ihren Kopf entgegen, um mir einen Kuss auf die Wange zu hauchen. Nun gut, es war nie ein richtiger Kuss; vielmehr produzierte sie mit ihren Lippen nur ein zirpendes Geräusch, wenn ihre samtige, mit kostbaren Kosmetika gesalbte Wange die meine streifte. Danach aber zeigte sie jedes Mal aufrichtige Freude, mich zu sehen, und erkundigte sich nach meinem Befinden: »Wie geht es denn meiner Freundin Judith?«

Ich habe nicht den geringsten Hauch einer Ahnung, wie es mir gelang, ihre Freundschaft zu verdienen. Abgesehen von den halbjährlichen Kuratoriums-Treffen hatten wir keinerlei Kontakt miteinander, sieht man einmal von zufälligen Begegnungen ab, zu denen es hier und da vor dem Kaufhaus in der Main Street oder nach den abendlichen Sommerkonzerten am Hafen kam. Vielleicht spielte bei unserer besonderen Beziehung eine Rolle, dass wir beide in Shorehaven lebten, einem Vorort auf Long Island, in dem es trotz der sechsundzwanzig Meilen bis ins Zentrum Manhattans nur so vor Geschäftsleuten aus der Stadt wimmelte.

Um die Wahrheit zu sagen, Deirdres besonderes Verhältnis zu mir war möglicherweise auch nur die Folge des Mitleids, das sie für mich empfand. Ich war – ich bin – nämlich Witwe. Zwei Jahre zuvor war mein Mann Bob gestorben, und zwar einen halben Tag nachdem er den New-York-Marathon in vier Stunden und zwölf Minuten beendet hatte. Seither habe ich eine seltsame Erfahrung gemacht: Leute, die zum Beispiel eine geschiedene Frau mittleren Alters mit derselben Zärtlichkeit behandelten wie einen räudigen Hund, zeigten sich gegenüber einer Witwe, die gerade ihren Mann verloren hatte, überraschend aufmerksam und anteilnehmend.

Vielleicht wollte Deirdre mir auch nur ihre Dankbarkeit beweisen. Zur Erklärung: Ich bin Historikerin und mache zwei Jobs gleichzeitig. Die halbe Zeit arbeite ich als Honorarprofessorin für Geschichte am St. Elizabeth's College, das früher nur Studentinnen offen stand, von Nonnen geleitet wurde und auch einmal einen sehr guten Ruf hatte. Die übrige Zeit beschäftige ich mich an der Stadtbibliothek von Shorehaven mit einem von mir ins Leben gerufenen Projekt, das sich mit mündlich überlieferter Geschichte beschäftigt. In diesem Zusammenhang war Deirdre vor einigen Jahren zu mir gekommen und hatte mich in einer geschäftlichen Angelegenheit um Hilfe gebeten. Ein potenzieller Kunde von ihr – genauer gesagt der Präsident von Kluckers, einer Großhandelsgesellschaft für koscheres Geflügelfleisch – befand sich auf der Suche nach einem geeigneten Standort für seine neue Firmenzentrale. Er war sich allerdings nicht sicher, ob Long Island die optimalen ›atmosphärischen‹ Voraussetzungen für sein Vorhaben bot. Also arbeitete ich mit Deirdre zusammen und erstellte eine eindrucksvolle Studie über die Geschichte der Geflügelzucht auf Long Island. Offensichtlich fruchtete unser Bemühen, denn der Bursche war begeistert. Natürlich nahm ich das Geld nicht an, das Deirdre mir bot. Als Gegenleistung spendete sie der Bibliothek daher einen überaus großzügigen Betrag und schickte mir eine luxuriös gebundene Ausgabe der *Grashalme*, nachdem sie irgendwie herausbekommen hatte, dass ich eine große Verehrerin von Walt Whitmans Gedichten bin. Und nun war sie tot.

»Die Sache mit Deirdre nimmt mich wirklich mit«, sagte ich zwei Abende später zu Nancy Miller, meiner besten Freundin. »Unser Verhältnis zueinander war zwar nicht besonders eng, auch wenn sie bei jeder Begegnung immer wieder betonte, wie sehr sie mich …«

Mit Adleraugen verfolgte Nancy, wie der Ober eine Flasche Rosso di Montalcino öffnete.

»Sag mal, hörst du mir überhaupt zu?«

»Wie könnte ich anders?«

Wir saßen im La Luna Toscana, einem neuen Restaurant. Aus irgendwelchen geheimnisvollen Gründen, die ich bis heute nicht durchschaue, dringen neue kulinarische Trends aus Manhattan – wie zum Beispiel toskanische Küche – eher in das entlegenste Nest in den

Prärien des Mittelwestens vor als in das nur sechsundzwanzig Meilen entfernte Shorehaven.

»Um auf Deirdre zurückzukommen ...«, fuhr ich fort, »ich bin einfach sehr aufgewühlt, ohne sagen zu können, dass mich ihr Tod innerlich sehr berührt ... Zum Teufel, ich weiß nicht, wie ich die richtigen Worte finden soll, um beschreiben zu können, wie ich mich fühle.«

»Wie wär's mit ›tief bestürzt und sehr ergriffen‹?«, meinte Nancy. »Denk mal zurück. Als Bob starb, hast du damals auch nur eine einzige Kondolenzkarte erhalten, in der es nicht hieß, dass der Absender aufgrund des tragischen Verlusts ›bestürzt und ergriffen‹ war? Worauf ich hinauswill: Hatte auch nur ein Einziger die Originalität, wenigstens einmal ›ergriffen und bestürzt‹ zu sagen?« Obwohl Nancy seit dreißig Jahren nicht mehr in Georgia lebte, war sie wieder in ihren sirupartigen Südstaaten-Dialekt verfallen, der sie allerdings nur umso charmanter wirken ließ.

»Nein. Aber mir will einfach nicht in den Kopf, dass Deirdre Selbstmord begangen haben soll. Das ist tatsächlich schockierend für mich. Natürlich weiß ich, dass jeder Mensch seine Sorgen und Nöte mit sich herumschleppt. Doch sie schien immer so stark und robust zu sein.«

»Da wäre ich mir nicht so sicher. Hast du schon vergessen, dass Stan Giddings sie wegen einer Jüngeren verlassen hat?« Nancy hob das Weinglas, hielt es gegen das Licht und runzelte die Stirn. Nachdem sie einen Schluck gekostet hatte, schüttelte sie missmutig und enttäuscht den Kopf, akzeptierte aber die Flasche und schickte den Ober mit einem Wink davon. »Hatte er nicht auch seine erste Frau verlassen, um Deirdre heiraten zu können?«

»Stimmt«, räumte ich ein. »Sie hieß Barbara. Stand übrigens alles in deiner Zeitung. Großer Gott, liest du denn gar nicht, was ihr selber schreibt?«

»Jedenfalls nicht die Sensationsgeschichten, die nur Gehirnamputierten das Wasser im Mund zusammenlaufen lassen – obwohl ich schätze, dass diese Beschreibung auf den größten Teil unserer Leserschaft zutreffen dürfte.« Ein paar Jahre zuvor hatte Nancy aufgehört, als freie Journalistin zu arbeiten, und hatte als Redakteurin bei *Newday's* angefangen. »Wenn mir nach Klatsch und Tratsch ist, lese ich lieber gleich die *Washington Post*. Die können das besser und muten einem nicht diese zweitklassig gedrechselten Provinz-Tragödien zu. Wie hieß es doch gestern: ›Der Leichenbeschauer wollte sich auf keine Spekulationen darüber einlassen, warum Ms. Giddings ihrem Leben ausgerechnet in einer Schuh-Abteilung ein Ende bereiten wollte, nachdem sie eine Überdosis von verschreibungspflichtigem Nembutal genommen hatte. Dabei handelt es sich um ein Barbiturat, das üblicherweise als Schlafmittel verordnet wird.‹« Sie trank ihr Glas aus und füllte es sofort wieder nach.

»Warum steckst du nicht einfach einen Strohhalm in die Flasche und nuckelst sie dann leer?«, schlug ich vor. »Das würde dir das alberne Nachschenken ersparen!«

»Ich danke dir für deine diskrete Kommentierung meiner Trinkgewohnheiten. Lass uns darauf anstoßen!«

Mit einem Seufzer – von dem ich hoffte, dass er tief genug war, um mein Bedauern wegen meiner unbedachten Bemerkung auszudrücken – kehrte ich zum Thema zurück. »Eine Frau wie Deirdre hätte sich jedenfalls nie wegen eines Mannes das Leben genommen.«

»Immerhin war sie dumm genug, diesen nichtsnutzigen, aalglatten Typen zu heiraten«, widersprach Nancy. »Wie kannst du dir dann so sicher sein, dass sie gelassen blieb, als er sich von ihr trennte?«

»Zunächst einmal ist er kein aalglatter Typ«, begann ich geduldig. Bei den wenigen Gelegenheiten, an denen ich Stan Giddings getroffen hatte – vor allem bei dem

alljährlich veranstalteten Stiftungs-Bankett der Kultur-
förderer –, hatte ich ihn keinesfalls als ›aalglatten‹ Geschäftsmann erlebt, sondern als wohltuend anders kennen gelernt. Mit seiner hoch aufgeschossenen Statur,
den breiten Schultern und dem kantigen Gesicht, das
besser zu ausgebleichten Denim-Hemden und Tweed-
Jacketts passte als zu Smoking und Fliege, sah er aus
wie die Ostküsten-Ausgabe des Marlboro-Mannes. Sein
langsam ergrauendes, braunes Haar trug er eher lang
und ungebändigt, keinesfalls aber wohl frisiert. Und
sein breites Lächeln wirkte ausgesprochen sinnlich. Es
ließ stets durchblicken, dass er sich durchaus der Tatsache bewusst war, eine Frau vor sich zu haben und selbst
ein Mann zu sein. Und der Unterschied bereitete ihm
offensichtlich großes Vergnügen. Es war ein aufrichti-
ges Lächeln, nicht nur diese schmallippige Grimasse
des für Long Island typischen Durchschnitts-Casano-
vas. Man musste dieses Lächeln einfach erwidern. In
diesem Augenblick gewann in jeder Frau die lustbeton-
te Sinnenfreude die Oberhand, selbst wenn man alt genug war, um Stans Mutter zu sein. Dieses Lächeln ging
einem tage-, ja wochenlang einfach nicht aus dem Sinn
– obwohl man wusste, dass man schon aus Stan Giddings Bewusstsein verschwunden war, während man
noch angelächelt wurde.

»Er ist nicht aalglatt, sondern nur … aufmerksam
und gewandt im Umgang mit Menschen.«

»Mit aalglatt meine ich auch nicht, dass er so ein ge-
schniegelter Schleimbeutel à la Michael Douglas wäre«,
erklärte Nancy. »Mit aalglatt meine ich nur, dass sein
Charme nichts mit seinen wahren Empfindungen zu
tun hat – vorausgesetzt, dass er überhaupt welche hat.«
Sie setzte ihr Glas ab, nahm ein Stück Brot und brach es
in zwei Stücke. »Na ja, geerbtes Vermögen«, fügte sie
kommentarlos hinzu.

Im Laufe der Jahre habe ich mich an Nancys Eigenart gewöhnt, dass ihre Schlussfolgerungen einer sehr eigenwilligen Logik folgten und zumeist nur stichwortartig dargeboten wurden.

»Du willst damit sagen, dass Stan Giddings emotionale Defizite eine Folge seines ererbten Reichtums sind?«

»Das ist nicht zu übersehen«, bestätigte Nancy.

»Inwiefern?«

»Großer Gott, Stan hat sein ganzes Geld mit *Socken* gemacht. Das sagt doch wohl alles.«

»Immerhin mit Socken für die US-Armee«, gab ich zu bedenken. »Von Iwo Jima bis zum Golfkrieg haben alle amerikanischen Soldaten in seinen Socken gekämpft und seine Familie über mindestens drei Generationen hinweg unermesslich reich gemacht. Außerdem verstehe ich nicht, was Stans Socken oder sein Geld mit seinem Charakter zu tun haben.«

Nancy deutete mit dem Brotstück auf mich wie ein Lehrer mit dem Zeigestock auf einen begriffsstutzigen Schüler.

»Er war nie dazu gezwungen, sich seinen Lebensunterhalt selbst zu verdienen. Er musste nie auch nur irgendetwas tun. Er musste nur da sein und dabei zusehen, wie seine Leute für ihn staubsaugten, seine Pferde striegelten, ihn in Princeton anmeldeten und ihn mit einem Respekt behandelten, als hätte er etwas wahrhaft Großes vollbracht.«

Ich gab mir redlich Mühe, mit einem schlagfertigen Gegenargument zu kontern. Doch alles, was dabei herauskam, war: »Du hast Recht.«

»Nach außen hin leitet er die Firma – bis auf die zwei Monate, die er jedes Jahr in Vail beim Skifahren verbringt. Und dann die zwei Monate, in denen er in Maine segelt. Und dann sind da noch die zwei Monate, die er im Winter an einem warmen Ort Golf spielt. Herr im Himmel, jeder weiß, dass der Laden über Nacht pleite wäre, falls Stan sich wirklich in die Geschäftsführung einmischen würde. Er wurde nun mal mit einem goldenen Löffel im Mund geboren. Und statt seines Hirns gebraucht er viel lieber ein anderes Körperteil, denn meistens ist er spitz wie Moppi.«

»Woher willst du das wissen?«

»Woher weiß ich es wohl?«

Nach Nancys Auffassung war der Berg Sinai der Ort, an dem Moses von Gott ganze *neun* Gebote mit auf den Weg bekam. Meiner bisherigen Buchführung zufolge hatte sich Nancy in ihren einunddreißig Ehejahren vier Liebhaber geleistet – und sie wieder in die Wüste geschickt.

»Du hast mit Stan Giddings geschlafen?«

Sie nickte leicht mit dem Kopf: unübersehbar ein Eingeständnis.

»Ich kann's einfach nicht glauben. Wie kommt es, dass du ihn mir unterschlagen hast?« Manchmal gingen die Pferde mit mir durch und ich hielt mich für ein Mittelding zwischen Nancys außerehelichem Mattenrichter und ihrem persönlichen Beichtvater.

»Das Ganze muss gewesen sein, als du gerade an deiner Doktorarbeit geschrieben hast«, murmelte meine Freundin. »Du standest ohnehin schon unter Stress. Warum sollte ich dich dann noch zusätzlich mit dieser Affäre belasten? Wie auch immer, in der Stadt weiß ohnehin jeder darüber Bescheid, wie Stan Giddings bestückt ist.«

»Ich jedenfalls nicht!«

»Du! Du kannst zwar namentlich alle Mitglieder benennen, die jemals zu Roosevelts Kabinett gehörten … und zwar zwischen … was weiß ich, seit wann …?«

»Zwischen 1933 und 1945.«

»Von mir aus. Aber alle wirklich interessanten Fakten sind dir ein Buch mit sieben Siegeln. Dann stehst du staunend da wie die Unschuld vom Lande. Herr im

Himmel, Stan Giddings hat einen Riemen, der ohne Übertreibung mindestens einen Fuß lang ist. Und ich sage dir, er weiß auch, was man mit einem solchen Gerät anfangen kann.«

»Allmächtiger!«, war alles, was ich über die Lippen brachte.

»Aber wo Licht ist, ist auch Schatten«, fügte Nancy hinzu.

»Nämlich?«

»Er ist ein ultrakonservatives Arschloch und kann in seiner Selbstherrlichkeit einfach nicht das Maul halten. Stattdessen muss er diesen verqueren ideologischen Dünnpfiff in alle Welt hinausposaunen. Er ist genau wie dieser verdammte Oliver North – nur dass Stan bessere Zähne hat.«

»Wenn du Recht hast und Giddings wirklich so ein Idiot ist, dann dürfte Deirdre ihm doch keine Träne nachgeweint haben, als er sie verließ?«

»Na ja, ich habe da noch was anderes läuten hören«, murmelte Nancy in ihr Weinglas.

»Wie meinst du das?«

Ich muss wohl eine Spur *zu* interessiert geklungen haben, denn sie reagierte nur mit einem eleganten Aufblähen ihrer Nasenflügel. Daraufhin beugte ich mich vor und stemmte meine Hände auf das dämliche Schlachter-Packpapier, das im Restaurant als Tischdecke diente und besonders schick sein sollte. »*Was* hast du läuten hören?«

»Dass es ernste geschäftliche Rückschläge gab.«

»Woher hast du das?«

Nancy genehmigte sich einen ordentlichen Schluck Wein. »Irgendwoher.«

»Und wie ernst bedeutet ›ernst‹?«

Nancy starrte wieder in ihr Glas. Sie schien überrascht zu sein, dass es leer war: so als ob jemand vorbeigekommen wäre, um sich den Wein heimlich einzuverleiben, während sie mit mir sprach. Achselzuckend schenkte sie sich nach. Unterdessen nippte ich an diesem Abend zum dritten Mal an meinem ersten Glas und fragte mich zum x-ten Mal in den dreiunddreißig Jahren, die wir uns seit unserer gemeinsamen Studienzeit kannten, wie lange Nancys Leber diese Belastung wohl noch mitmachen würde.

»Wie ernsthaft waren Deirdres geschäftliche Probleme?«

»Warum interessiert dich diese Frage so sehr?«

»Nur so.«

»Nichts geschieht ›nur so‹!«

»Ich glaube einfach nicht an diese Selbstmord-Geschichte.«

Nancy umfasste den Stiel ihres Weinglases. »Du hast doch nicht etwa vor, selbst Detektiv zu spielen, Judith – oder etwa doch?«

»Ich bitte dich.«

Ich bemühte mich, diese Idee ins Lächerliche zu ziehen. Aber das, was als amüsiertes Kichern gedacht war, klang selbst in meinen Ohren wie ein Verlegenheitshüsteln.

»So etwas habe ich nur einmal gemacht, und das ist nun mehr als zwanzig Jahre her ... nicht mehr als ein einmaliges Aufflackern auf dem Radarschirm des Lebens. Es ist nur ...«

»Was?«

»Also schön. Dieser angebliche Selbstmord macht einfach keinen Sinn. Stell dir vor, du wolltest dir das Leben nehmen, aber du willst es auf die stille, leise Tour machen. Du würdest doch wohl kaum während der Hauptverkehrszeit von einer Autobahnbrücke springen, oder? Und falls du so akribisch auf dein Äußeres bedacht wärst wie Deirdre Giddings, würdest du wohl kaum auf die Idee kommen, einen Schlauch über das Auspuffrohr deines Wagens zu stülpen, um dich mit den Abgasen zu vergiften, weil du dir dabei einen Fingernagel abbrechen könntest. Also würdest du wahrscheinlich – wie es die meisten Frauen tun – zu Schlaftabletten greifen, stimmt's?«

»Schon möglich«, gab Nancy widerstrebend zu.

»Und dann? Möglicherweise würdest du einfach einschlafen und nicht wieder aufwachen. Genauso gut könnte es aber auch sein, dass du würgen musst und an deinem Erbrochenen erstickst.«

»Musst du vor dem ersten Gang wirklich so sehr in die Details gehen?«

»Eingedenk dieser Möglichkeit, warum solltest du in Gottes Namen auf die Idee kommen, ausgerechnet bei Bloomingdales das Zeitliche zu segnen?«, fuhr ich fort. »Was sollte dich dazu veranlassen, in der letzten Sekunde deines Lebens auf ein Paar Schuhe zu starren? Denk doch mal nach, Nancy! Falls du depressiv genug wärst, Selbstmord zu begehen, würdest du dir dann allen Ernstes Gedanken darüber machen, welche Schuhe zu der nächsten Frühlingskollektion passen?«

»Sicher nicht. Derlei Überlegungen sprechen eindeutig für eine weitere Lebensplanung.«

»Genau. Und jetzt stell dir vor, du wärst eine derart perfektionistische Frau wie Deirdre«, fuhr ich fort. »Würdest du wirklich das Risiko auf dich nehmen, über einer Auslage von Ferragamos zusammenzubrechen und dabei die Kontrolle über deine Gedärme zu verlieren, deren Inhalt sich in dein Seidenhöschen ergießen könnte?« Während ich diese Frage stellte, winkte ich den Ober heran, um ihn zu fragen, wie viel Knoblauch sich in dem Brot befände.

Lange nach dem Essen, als ich längst wieder zu Hause war, schwirrten mir noch immer Fragen im Kopf herum. Deshalb holte ich die Zeitungen aus der Garage, die ich längst als Altpapier aussortiert hatte. Mit ihnen setzte ich mich in die Küche, wurde jedoch auch dort

von den Graupelschauern gestört, die einen Lärm ver-
ursachten, als ob tausende von Fingern mit überlangen
Fingernägeln auf eine gläserne Tischplatte trommelten.
Immer wieder las ich Deirdres Todesanzeige und alle
Berichte über ihren Tod. Viel erfuhr ich dabei nicht. Sie
war als Deirdre Graubart in Rockville Centre geboren
worden, einem Ort auf Long Island. Später hatte sie das
Hofstra College besucht, das sich ebenfalls auf Long Island befand. Danach hatte sie relativ kurz in New York
in einer riesigen Agentur für Arbeitsvermittlung gearbeitet, bevor sie – noch immer in den Zwanzigern – ihr
eigenes Unternehmen gründete. Zu ihren Klienten gehörten nicht nur Kluckers und ein im ganzen Land bekannter Software-Gigant, sondern auch Prominente
aus Wirtschaft und Politik sowie Profisportler. Mit Anfang dreißig hatte sie nicht nur Stan Giddings geheiratet, sondern ihren Frischvermählten auch dazu bewegt,
ihr auf einer Klippe, von der aus man den ganzen
Long-Island-Sund überblicken konnte, ein riesiges
Haus zu bauen. Die Anlage und die Ausmaße des An-
wesens verrieten überdeutlich, dass Deirdre als Kind
zu oft *Vom Winde verweht* gesehen hatte.

In einem der Artikel war ein Foto zu sehen, in dem
Deirdre auf der Kante ihres Schreibtischs von Louis
dem Soundsovielten hockte. Zu ihrer Linken wurde sie
von einer Frau flankiert, die wie ein Hausmädchen gekleidet war, und zu ihrer Rechten von einem Mann, der
einen dreiteiligen Banker-Anzug trug, sowie von einem
weiteren Mann in einem Mechaniker-Overall. *Von ihrem
Exmann, Stanley Giddings, so berichtete der Shorehaven
Sentinel, war keine Stellungnahme zu erhalten. Sein Pressesprecher erklärte jedoch, dass Mr. Giddings tief bestürzt und
sehr ergriffen gewesen sei, als er von ihrem Selbstmord gehört habe.* Der bestürzte und sehr ergriffene Stan, so entnahm ich ebenfalls dem Blatt, habe drei Monate zuvor
eine Künstlerin geheiratet, die unter dem Namen Ryn

bekannt sei, und wohne mittlerweile nicht mehr in Shorehaven.

Als ich das nächste Mal aufsah, war es bereits nach elf. Ich hatte einen ganz ansehnlichen Stapel an Zeitungsausschnitten über Deirdres Tod vor mir liegen, chronologisch sortiert und mit älterem Material angereichert, das ich im Internet gefunden hatte. Warum hatte ich den ganzen Abend mit diesen Recherchen zugebracht, wo ich doch noch einundzwanzig Seminararbeiten meiner Studenten zu lesen und zu bewerten hatte? Na ja, Deirdre hatte mich als ihre Freundin bezeichnet. Ich hatte deshalb einfach das Gefühl, ihr etwas schuldig zu sein, zumal sie offensichtlich nur sehr wenige Freunde gehabt hatte. Wie sonst wäre sie auf die Idee gekommen, einen ihr beinahe völlig fremden Menschen wie mich so zu titulieren? Vielleicht war mein Engagement auch nur eine Folge des unguten Gefühls, das ich wegen dieses angeblichen Selbstmords in der Magengegend spürte. Und im Laufe der Jahre habe ich festgestellt, dass die Reaktionen meines Magens recht zuverlässig sind. Wer weiß, vielleicht war nach dem Abendessen mit Nancy und einer weiteren dunklen, einsamen Nacht die Aufgabe, dieses Rätsel zu knacken, genau das, was ich brauchte, um ein wenig Abwechslung in mein ziemlich eintöniges Leben zu bringen.

Mein Mann war tot. Sicher hatten Bob und ich nicht gerade eine Traumehe geführt. Aber auch wenn unser Zusammenleben zum Schluss nur noch von höflicher Unterhaltung und dann und wann von der leidenschaftslosen Erfüllung unserer ehelichen Pflichten im Bett bestimmt wurde, mussten wir uns irgendwann einmal geliebt haben – zumindest hatte ich mir das immer wieder eingeredet. Deshalb hatte ich im Stillen immer noch damit gerechnet, dass unsere Beziehung irgendwann auf irgendeine Weise wieder ins rechte

Fahrwasser käme. Vielleicht bedurfte es ja nur eines überraschenden Ereignisses oder aber eines großen Konflikts, der wie ein reinigendes Gewitter am Ende alle dunklen Regenwolken vertreiben würde. Glücklich wie nie, würden Bob und ich schließlich wieder Hand in Hand auf den gemeinsamen Sonnenuntergang zu schreiten – es sei denn, einer von uns würde vorzeitig in seinem achten oder neunten Lebensjahrzehnt in die ewig finstere Nacht vorausgehen.

Stellen Sie sich meinen Schock vor, als Bob vor meinen Augen in der Notaufnahme des North Shore Hospitals starb. Nur eine Minute zuvor hatte er noch beruhigend meine Hand gedrückt, doch ich hatte die heimliche Furcht in seinen Augen gesehen. Noch während ich die Geste erwiderte, sackte er in sich zusammen. Einfach so. Er starb so schnell, dass ich nicht einmal mehr so etwas sagen konnte wie »Mach dir keine Sorgen, Schatz! Es wird alles wieder gut!« oder »Ich liebe dich, Bob!«.

Nun fehlte mir nicht nur mein Ehemann, sondern auch jede Perspektive, einen anderen Mann zu finden, mit dem ich mein Leben hätte teilen können. Jedenfalls würde ich nicht mehr auf eine Kontaktanzeige antworten und mich auf ein ›Blind Date‹ einlassen, das war sicher. Nicht nach den Erfahrungen mit den beiden Herren, auf die Nancy nur mit den Bezeichnungen ›die Mumie‹ und ›Mr. Scheintod‹ zu sprechen kam. Es gab nur noch meinen Universitätskollegen Geoff, einen Experten für postmoderne Literatur, mit dem ich regelmäßig ins Kino oder ins Theater ging. Ich verstand allerdings kaum ein Wort von dem, was er sagte, und seine Kleidung roch immer, als ob er sie gerade aus der chemischen Reinigung geholt hätte. Sonst klopfte niemand an meine Tür. Mein Sohn und meine Tochter waren erwachsen und hatten das Haus längst verlassen. Wer weiß! Vielleicht bastelte ich auch nur an meiner Mordtheorie herum, weil es eine dieser dunklen und stürmischen Nächte war, in denen der furchtbare Gedanke an Selbstmord so nahe lag, dass man ihn einfach mit aller Macht bekämpfen musste.

Als am nächsten Morgen die freundlich strahlende Sonne in den azurblauen Himmel aufstieg und in der kalten Luft bereits der frische Duft des heranziehenden Frühlings lag, hätte ich mich eigentlich besser fühlen müssen. Das tat ich auch. Die Ursache hierfür beruhte aber vor allem auf der Tatsache, dass ich Dr. Jennifer Spiros gegenübersaß, der stellvertretenden Leiterin des gerichtsmedizinischen Instituts des Nassau County.

»Ich bin nicht autorisiert, Ihnen eine Kopie des Obduktionsberichts auszuhändigen«, stellte sie fest, wobei sie jedes Wort sorgfältig wählte. Ihr langes, glänzendes Alice-im-Wunderland-Haar wurde von einem blauen, an den Rändern gezackten Band zusammengehalten. Dieser positive Aspekt ihres Äußeren war jedoch nur die eine Seite der Medaille. Die Pathologin hatte ein beinahe rechteckiges Gesicht und einen derart stämmigen Hals, dass sie den Eindruck erweckte, als sei sie das Ergebnis eines Seitensprungs, den sich ihre Mutter mit einem Lipizzaner-Hengst erlaubt hatte.

»Ich habe natürlich Verständnis dafür, dass Sie mir nicht den gesamten amtlichen Bericht überlassen dürfen«, erwiderte ich. »Aber ich beschäftige mich mit dem Fall ja nur im Auftrag der Stadtbibliothek im Rahmen des Projekts ›Mündliche Geschichtsüberlieferung‹.«

Wir starrten beide auf die rote Kontrollleuchte des eingeschalteten Kassettenrekorders, den ich zwischen uns auf den Tisch gestellt hatte. Dr. Spiros fuhr sich mit der Zunge über die Lippen.

»Es geht dabei nicht um eine exakte Dokumentation von Deirdre Giddings' Selbstmord«, erklärte ich. »Vielmehr versuche ich, exemplarisch die Begleitumstände

des Todes, der einer Bürgerin von Shorehaven widerfahren ist, aus allen möglichen Blickrichtungen zu be-
leuchten. Zu diesem Zweck spreche ich auch mit den
Freunden und Kollegen der Verstorbenen, dem Geistli-
chen, der die Beisetzung zelebriert hat, und … und natürlich auch mit den offiziell mit dem Fall Betrauten,
die von amtlicher Seite ermittelt haben.«

Selbstverständlich erwähnte ich nicht, dass ich – sollte der Leiter der Stadtbibliothek von unserem Gespräch
Wind bekommen – meinen dortigen Job los wäre. Stattdessen bemühte ich mich, Dr. Spiros nicht zu viel Zeit
zum Nachdenken zu lassen.

»Soweit ich weiß, hat die Verstorbene einen Abschiedsbrief hinterlassen?«

Die Pathologin presste die Hände zusammen und
führte sie unter ihr Kinn, als bete sie. »Ich muss Sie
nochmals darauf hinweisen, dass ich nicht autorisiert
bin …«

Ihre – für eine Medizinerin verblüffend langen – Fingernägel waren in einem scheußlichen, lila-orange-
farbenen Pink-Ton lackiert, der an die Farbe eines im
Zwielicht vor sich hin dösenden Plastik-Flamingos erinnerte.

Ich beugte mich vor und schaltete den Kassettenre-
korder ab, um dem Gespräch seinen eher formellen
Charakter zu nehmen. »Es geht mir nur um ein paar
Hintergrundinformationen«, sagte ich keck und versuchte erneut mein Glück, da ich noch nicht aufgeben
wollte. Doch plötzlich begann mein Herz zu rasen. Es
brachte auf diese Weise zum Ausdruck, was mein Hirn
sich nicht zu fragen getraut hatte: Was, zum Teufel,
machte ich hier eigentlich? Jeder neue Herzschlag
nahm scheinbar an Intensität zu, sodass ich immer
mehr das beängstigende Gefühl bekam, mein gesamter
Brustkorb drohe durch das Hämmern gesprengt zu
werden. »Auf diese Weise möchte ich mir einen Ge-

samteindruck verschaffen«, fuhr ich fort. War ich völlig übergeschnappt? Es grenzte an ein Wunder, dass Dr. Spiros mich noch nicht am Ohr gepackt und empört nach draußen geschleift hatte.

»Der Abschiedsbrief enthält eine Zeile, die ungefähr so lautet: ›Ich kann es nicht mehr länger ertragen und mache dem Ganzen ein Ende!‹«, begann die Pathologin. »Das sind die letzten Worte.«

»Wurde der Brief unterzeichnet?«

»Ja. Mit ›Deirdre‹. Geschrieben auf ihrem persönlichen Briefpapier.«

»Und er wurde handschriftlich verfasst?«

Dr. Spiros nickte.

»Trug sie ihn bei sich?«

Die Pathologin blickte mich fragend an.

»Ich meine, ob sie den Brief zum Beispiel in ihrer Handtasche oder in ihrem Mantel bei sich trug, als sie bei Bloomingdale's war?«

»Nein. Er …!« Für meinen Geschmack musterte sie mich eine Spur zu misstrauisch. Da sie jedoch nicht wusste, welchen Reim sie sich auf das Ganze machen sollte, fuhr sie fort. »Er wurde in einem Ordner in der obersten Schublade ihres Schreibtisches gefunden. Der Ordner war aufgeschlagen und trug die Aufschrift ›Persönliche Unterlagen‹. Darin befanden sich außerdem ihre Heiratsurkunde und die Scheidungspapiere. Gewissermaßen hatte sie darin ihre gesamte Beziehung zu Stan Giddings dokumentiert.«

Ich schaltete den Rekorder wieder ein.

»Ich möchte jetzt auf einige Dinge zu sprechen kommen, über die bereits in den Medien berichtet worden ist.«

Dr. Spiros nickte zustimmend und strich ihre Haare zurück über die Schultern. Ohne Zweifel war sie sich bewusst, worin der größte Vorzug ihrer äußeren Erscheinung lag.

»Wie viele Tabletten hat die Verstorbene eingenommen?«

»Wir gehen von etwa dreißig aus.«

»Wie kommen Sie zu diesem Ergebnis? Kann man die Tabletten nach der Autopsie regelrecht zählen?«

»Aber nein. Die Tabletten hatten sich natürlich längst aufgelöst. Wir können die Anzahl jedoch aufgrund der Blutwerte näherungsweise bestimmen.«

»Und wie können Sie sich eigentlich sicher sein, dass nicht jemand einfach dreißig Nembutal-Pillen zermahlen hat und sie dem Opfer ins Müsli gerührt hat?«

Ihr herablassendes Lächeln bestand aus nicht mehr als ein wenig Luft, die sie durch ihre zusammengepressten Lippen ausstieß. »Hierbei kommen natürlich die polizeilichen Ermittlungen ins Spiel«, erklärte sie mir, als rede sie mit einem Kind. »Auf diese Weise erfahren wir zum Beispiel – und Sie können mir glauben, dass all das gewissenhaft überprüft worden ist – von dem Abschiedsbrief, den die Verstorbene handschriftlich auf ihrem eigenen Briefpapier verfasst und unterzeichnet hat. Darüber hinaus sind in den Ermittlungsunterlagen mehrere Aussagen von Freunden und Bekannten protokolliert worden, dass die Verstorbene wegen ihrer Scheidung unter Depressionen gelitten habe. Zudem hatte Deirdre Giddings mit ernsthaften geschäftlichen Rückschlägen zu kämpfen. Und sie hatte offenkundig eine ganze Reihe von Verabredungen mit ihrem neuen Freund abgesagt.«

»Aha. Und was kann man Ihrer Meinung nach daraus schließen?«

»Ein solches Verhalten ist ein häufiges Symptom schwerer Depressionen«, stellte Dr. Spiros fest.

»Könnte es nicht auch sein, dass der Bursche nur ein Fehlgriff war und sie ihn wieder loswerden wollte?«, hakte ich nach.

Die Pathologin beugte sich daraufhin in ihrem Sessel

vor und ich spürte überdeutlich, dass sie auf jeden Fall *mich* loswerden wollte.

»Und finden Sie es nicht auch seltsam, dass sie sich ausgerechnet in aller Öffentlichkeit das Leben genommen hat?«, fügte ich rasch hinzu. »Ich meine, versetzen Sie sich doch einmal in ihre Lage. Hätten Sie etwa so gehandelt?«

Einfühlungsvermögen schien nicht gerade eine der Stärken von Dr. Spiros zu sein. Ihr langes Pferdegesicht wurde nur noch länger – aber nicht vor Nachdenklichkeit, sondern augenscheinlich vor Besorgnis. War sie womöglich in ein bürokratisches Fettnäpfchen getreten, als sie sich auf das Gespräch mit mir einließ?

»Es gibt jede Menge Leute, die sich in aller Öffentlichkeit das Leben nehmen«, versicherte sie. »Sie springen von Gebäuden und Brücken, sie …«

»Aber in der Schuhabteilung eines Kaufhauses, mit einem Paar Edelpumps in der Hand?«

»Die Wirkung von Barbituraten tritt nicht sofort ein. Vielleicht hatte sie die Absicht, sich lieber ein wenig abzulenken, anstatt sich hinzulegen und … na ja, auf den Tod zu warten.«

»Welcher Beamte der Mordkommission leitet übrigens die …!« Ich hatte plötzlich einen derartigen Kloß im Hals, dass ich den Satz nicht zu Ende sprechen konnte.

»Detective Sergeant Andrew Kim«, antwortete sie und warf ihre Haare so entschlossen nach hinten, dass keine Zweifel aufkommen konnten: Das Interview war beendet.

Ich denke, ich bin Ihnen eine Erklärung für meine Überreaktion schuldig, als das Gespräch auf das Nassau County Police Department kam. Also schön! Vor ungefähr zwanzig Jahren – kurz nachdem ich die magische Grenze von fünfunddreißig hinter mir gelassen hatte und zu einer Zeit, als meine Kinder noch klein waren – wurde ein in Shorehaven praktizierender Kieferspezialist namens Dr. Bruce Fleckstein ermordet. Ich erinnere mich noch daran, wie ich die Meldung im Radio hörte und dachte: Wer kann denn nur so etwas getan haben? Dann begann ich mit meinen eigenen Ermittlungen und es dauerte auch nicht allzu lange, bis ich dazu beitrug, dass der Mörder gefasst wurde. Im Zuge meiner Tätigkeit als Detektivin lernte ich auch einen echten Polizeibeamten kennen, nämlich Lieutenant Nelson Sharpe vom Nassau County Police Department.

Um es kurz zu machen: Ich hatte eine Affäre mit ihm – und zwar sechs Monate lang. Sechs Monate, denen achtundzwanzig Jahre treuer Ehe gegenüberstehen. Selbst für eine Historikerin wie mich, die sich der Bedeutung der Vergangenheit mehr als bewusst ist, war die Sache eine Ewigkeit her und längst erledigt. Nur eins ließ mich nach wie vor nicht zur Ruhe kommen: Ich hatte Nelson wirklich geliebt. Und er mich. Eine Zeit lang hatten wir ernsthaft erwogen, unsere Ehepartner zu verlassen und zu heiraten. Wir konnten beide einfach nicht den Gedanken ertragen, aufeinander verzichten zu müssen. Dabei ging es uns keinesfalls nur um das erotische Vergnügen, das wir miteinander teilten, sondern vielmehr um den unglaublichen Spaß, den wir zusammen hatten. Doch mehr noch als meine heimliche Befürchtung, dass eine Ehe, die aus dem Scheitern anderer Ehen hervorgeht, selbst zum Scheitern verurteilt ist, führte ein anderer Gesichtspunkt zu einer Beendigung unserer Beziehung. Damals war meine Tochter Kate sechs Jahre alt und mein Sohn Joey vier. Und Nelson hatte selbst drei Kinder. Also blieb er bei seiner Frau June und ich bei meinem Mann Bob Singer. Nelson und ich haben uns seither nicht mehr gesehen oder gesprochen – zwanzig Jahre lang.

»Wenn du meine Meinung dazu hören willst …«, begann Nancy später am Abend des gleichen Tages.

»Vielen Dank«, fiel ich ihr ins Wort, »kein Bedarf!«

»Ich sage sie dir trotzdem«, fuhr Nancy ungerührt fort. Am Telefon klang ihre Stimme noch charmanter. Sie war schon früher in Nancys Zeit als Reporterin ihre stärkste Waffe gewesen, um einem Interviewpartner auf verführerische Weise indiskrete Geständnisse zu entlocken. »Meiner Meinung nach war dein Besuch bei Dr. Pferdegesicht nur ein Vorwand.«

»Ganz recht«, nahm ich den Faden auf. »Ich suchte nur nach einem Grund, um meine Nachforschungen beim Nassau County Police Department fortzusetzen, dort zufällig Nelson Sharpe über den Weg zu laufen und ganz beiläufig eine fünfundzwanzig Jahre alte Flamme anzuheizen, die noch immer vor Leidenschaft lodert – auch wenn das Östrogen, durch die sie einst entfacht wurde, seit den Wechseljahren versiegt ist.« Ich hatte meinen üblichen 18.30-Uhr-Feierabend-Durchhänger. Er war schon schlimm genug, wenn man einen Mann hatte, dem man noch zum achttausendsten Mal seit der Eheschließung sein Abendessen bereiten musste. Noch schlimmer aber war es, wenn man keinen Mann mehr hatte und nicht einmal mehr die Energie aufbrachte, sich in der Mikrowelle eine Single-Portion Fertigsuppe aufzuwärmen. »Bitte, Nancy, verschone mich damit. Das ist alles Schnee von gestern.«

»Du hast aber keine Schonung verdient – es sei denn, ich gewähre sie dir. Ich habe übrigens mit dem Reporter gesprochen, der in der Sache recherchiert hat. Er hatte ein paar Informationen über die geschäftlichen Rückschläge, mit denen Deirdre zu kämpfen hatte.«

»Macht es dich nicht auch stutzig, dass die Behörden beim Tod einer so einflussreichen Frau so schnell von Selbstmord reden?«

»Darf ich dich vielleicht daran erinnern, dass deine Freundin Deirdre einen Abschiedsbrief hinterlassen hat? Und ist dir bereits entfallen, dass ihr geliebter Stan, der nimmermüde Power-Stecher, sie erst kurz zuvor wegen einer Jüngeren verlassen hatte? Vielleicht wärest du darüber hinaus ja auch daran interessiert, etwas über ihre geschäftlichen Probleme zu erfahren – dem letzten Nagel zu ihrem Sarg?«

»Nun red schon!« Ich wunderte mich selbst, wie sehr es mir gelang, gelassen zu wirken. Währenddessen schob ich die Suppe in die Mikrowelle, klemmte den Telefonhörer zwischen Schulter und Ohr und mühte mich mit einem weiteren Pappkarton ab, in dem sich mein Hauptgang befand: gebratener Tofu und Broccoli.

»Deirdre hatte Sveltburgers verloren.«

»Was, zum Teufel, soll das bedeuten?«, fragte ich verblüfft. »Ich habe keine Ahnung, wovon du sprichst.«

»Von Sveltburgers! *Sveltburgers!*«, wiederholte Nancy ungeduldig. »Mein Gott, diese Firma ist doch berühmt!«

»Nicht in meinem Universum.«

»Es handelt sich um vegetarische Gemüseburger, du Dumpfbacke. Sie werden hier in der Gegend hergestellt. Anders als diese flachen Dinger, die wie ein Eishockey-Puck aussehen, sind diese Burger wirklich dick und sehen wie richtige Hamburger aus. Du hast wirklich noch nie etwas von Sveltburgers gehört?«

Ich hasse es, wenn mein Gesprächspartner immer wieder den Finger in die Wunde legt und sich an meiner Ignoranz weidet – wie zum Beispiel mein Sohn Joey, der Filmkritiker geworden ist. »Du bezeichnest dich selbst als Film-Fan«, stichelte er häufig, »und weißt nichts über Peter-Putzel-Irgendwer?«

»Vielleicht doch schon mal«, murmelte ich vage, um das Thema zu beenden. »Sveltburgers? Na ja, kann schon sein, dass ich den Namen mal gehört habe.«

»Ich dachte, du seist Historikerin. Sveltburgers ist doch eine Firma mit langer Tradition auf Long Island.«

»Offensichtlich bin ich keine so gute Historikerin, wie ich immer gedacht habe.«

»Eine gewisse Polly Terranova – mein Gott, was für ein Name – begann mit dem Geschäft in ihrer Küche in Levittown und baute es zu einem zig Millionen Dollar schweren Unternehmen aus.«

Nancy machte eine Pause, vermutlich um mir Gelegenheit für ein ›Ach ja, ich erinnere mich‹ zu geben. Da ich jedoch nichts erwiderte, fuhr sie schließlich fort.

»Sie schloss einen Vertrag mit *Panache*. Dabei muss es um mehrere Dinge gegangen sein: um Verwaltungsangestellte, Fabrikarbeiter, was weiß ich. Wie auch immer, laut Polly Terranova hat Deirdre ihr einen Chefbuchhalter vermittelt, der völlig inkompetent war und ihr eine Menge Ärger mit den Finanzbehörden eingetragen hat. Sie behauptet ferner, bei den von *Panache* zu ihr geschickten Fabrikarbeitern hätte es sich allesamt um gescheiterte Existenzen aus irgendeinem Drogen-Rehabilitierungsprogramm gehandelt. Die Leute seien mehr als einmal bei der Arbeit an den Maschinen eingeschlafen. Als Folge davon hätten die Inspekteure des Gesundheitsamts des Öfteren abgeschnittene Finger in den Sveltburgers gefunden.«

»Also handelt es sich doch nicht um vegetarische Produkte«, kommentierte ich. Ein Klingelzeichen signalisierte mir, dass es Zeit war, die Suppe aus der Mikrowelle zu nehmen.

»Stimmt. Jedenfalls hat eine ziemlich aufgebrachte Polly unserem Reporter erzählt, dass Deirdre anscheinend nicht in der Lage gewesen sei, sich um die berechtigten Beschwerden zu kümmern, weil sie nur noch ihrer gescheiterten Ehe nachgejammert habe.«

»Wenn das tatsächlich stimmen sollte und Deirdre einzig und allein unter ihrer Scheidung gelitten hätte, dann wäre sie ja wohl kaum durch den Verlust des Sveltburger-Vertrags in den Selbstmord getrieben worden«, wandte ich ein. »Und da wir schon bei dem Thema sind: Falls ihr der Verlust dieses ihr ehelich angetrauten reichen Rammlers wirklich so nahe gegangen ist, wie ist dann zu erklären, dass sie einen neuen Freund hatte?«

»Ich gebe ja nur weiter, was unser Reporter berichtet hat«, erwiderte Nancy eingeschnappt. »Ihm zufolge erklärte Polly Terranova gegenüber der Polizei, dass Deirdre nach Auflösung des Vertrags buchstäblich am Boden zerstört gewesen sei.«

Am Boden zerstört? Nach wie vor hegte ich erhebliche Zweifel an dieser Version, war aber während der nächsten Tage zu sehr mit anderen Dingen beschäftigt und ließ Deirdre in Frieden ruhen – oder welches Schicksal vermeintlichen Selbstmördern auch immer beschieden sein mag. Zunächst einmal unterrichtete ich meine drei Kurse am College, dann interviewte ich einen fünfundachtzig Jahre alten, ehemaligen Gärtner, der vor langer Zeit aus Umbrien nach Shorehaven gekommen war, um hier in den Gewächshäusern eines der großen, alten Anwesen im nahe gelegenen Manhasset zu arbeiten.

Aber nachdem ich am Samstagabend wohl zum hundertsten Mal *Radio Days* gesehen hatte, mir zudem noch sieben von Halloween übrig gebliebene Miniatur-Schokoriegel in die Hände gefallen waren und ich in einer Fachzeitschrift einen Artikel über die im Jahre 1903 gegründete, erste amerikanische Frauengewerkschaft gelesen hatte, kam ich zu dem Ergebnis, dass nun wieder Deirdre Giddings ein wenig meiner Aufmerksamkeit verdiente.

Also fuhr ich am Sonntag nach New York und besuchte die Acadia-Fensterheim-Galerie. Unter den dort ausgestellten Kunstwerken befanden sich auch zwei Fingerzeichnungen von Ryn, der neuen Mrs. Giddings. Dem halben Dutzend Kunstzeitschriften zufolge, die ich in der Bibliothek studiert hatte, handelte es sich hierbei um Leckerbissen, die ich mir nicht entgehen lassen durfte.

Ich schicke voraus, dass ich Leute hasse, die sich vor ein modernes Kunstwerk stellen – zum Beispiel vor ein abstraktes Gemälde – und dann schwachsinnige Kommentare abgeben wie ›Das hätte mein dreijähriger Sohn genauso gut hinbekommen‹. Doch auch nachdem ich volle fünf Minuten in der ganz in Weiß gehaltenen und großzügig angelegten Galerie vor Ryns ›Lila Meinung‹ gestanden hatte, konnte ich in den Schwüngen der erkennbaren fünf Finger nichts erkennen, was sich von den Grundschulerzeugnissen meiner Kinder Kate und Joey unterschieden hätte.

»Gefällt es Ihnen?«, fragte mich eine Männerstimme. Der Mann, zu dem sie gehörte, war in den Zwanzigern und hatte – wie es sich für die Szene gehörte – einen rasierten Schädel, aber ein unrasiertes Gesicht. Ich vermutete daher, dass er ein Mitarbeiter der Galerie oder aber ein Verehrer von Ryns *Œuvre* war. Auf jeden Fall schien es sich bei seiner Frage um keine versteckte Falle zu handeln. Also nickte ich und setzte einen Gesichtsausdruck auf, der – wie ich hoffte – zugleich Begeisterung und Ehrfurcht signalisierte.

»Sind Sie mit Ryns Werken vertraut?«, lautete seine nächste Frage.

»Nein. Handelt es sich bei dem Namen um eine Anspielung auf Rembrandt van Rijn?«, erkundigte ich mich.

Er sah sich vorsichtig um und stellte zu seiner Beruhigung fest, dass wir ganz allein waren. »Soll ich Ihnen was verraten? In Wirklichkeit heißt sie *Karyn* – mit Ypsilon. Mit Familiennamen heißt sie – hieß sie – Bleiberman.«

»Und wie jetzt?«

»Mittlerweile heißt sie …« – er hob den Kopf und

spitzte die Lippen, um der Ironie in seiner Stimme auch mimisch Ausdruck zu verleihen – » ...Giddings.«

Ich bedachte ihn mit einem Bei-mir-ist-der-Groschen-gefallen-Nicken. »Wie viel kostet das Bild?«, fragte ich weiter und stellte beruhigt fest, dass ich damit offensichtlich gegen kein Tabu verstoßen und mich als Laien verraten hatte. Immerhin besaß der junge Mann die Diskretion, mir stillschweigend eine Preisliste in die Hand zu drücken. ›Lila Meinung‹ war mit sechzehntausend Dollar aufgeführt.

»Ich will zwar keineswegs die Qualität des Bildes infrage stellen, aber ...«

»Aber Sie finden, dass der Preis für ein nur mit den Fingern gemaltes Werk ein wenig hoch ist? Schließlich ist die Künstlerin nicht Chuck Close, stimmt's?«

Er warf mir einen prüfenden Blick zu, ob ich die Anspielung verstanden hatte, woraufhin ich zustimmend nickte.

»Ich darf Ihnen dennoch versichern, dass der Preis eher niedrig angesetzt ist«, fuhr er fort. »Ryn verwendet nämlich unglaublich viel Zeit darauf, die Leinwand so zu behandeln, dass sie wie Papier aussieht.«

Ich hielt es für das Beste, nur mit einem vagen ›Aaah‹ zu reagieren. Wir starrten weiterhin voller Bewunderung auf die lilafarbenen Kringel.

»Kommt die Künstlerin hier aus der Stadt?«

»Sie hat ein Studio in Williamsburg, aber vor kurzem ...« Mit einer widersprüchlichen Mischung aus Missbilligung und Anerkennung schüttelte er lächelnd den Kopf. »Aber vor kurzem zog sie raus nach Long Island. Sie hat nämlich einen älteren, reichen Mann geheiratet ...«

Einen Augenblick lang schien er unsicher zu sein, ob es eine Unhöflichkeit darstellte, gegenüber jemandem in meinem Alter eine andere Person als ›älter‹ zu bezeichnen.

»Sie leben in einer herrschaftlichen Villa«, fügte er hinzu.

»Was Sie nicht sagen.«

»Das Anwesen verfügt sogar über Stallungen. Und er hat ihr einen fünfkarätigen Diamantring geschenkt. Das ist doch ein Wort, stimmt's? Aber nicht, dass diese Dinge irgendeinen Einfluss auf Ryns künstlerisches Bewusstsein ausgeübt hätten. Wissen Sie, was Ryn als Einziges erwähnte, als ich das erste Mal mit ihr sprach, nachdem sie die Villa gesehen hatte? Die Qualität des Lichts.«

»Also arbeitet sie jetzt dort?«

»Nun, zurzeit arbeitet sie nicht.«

»Aha, sie gönnt sich wohl eine kleine Schaffenspause nach diesen Werken hier?« Ich deutete mit der Hand auf ›Lila Meinung‹ und ›Grüne Gewissheit‹.

»Sie erwartet ein Kind. Es kann jede Sekunde so weit sein. Als wir vor zwei Wochen die Ausstellung eröffneten, waren wir alle heilfroh, dass sie nicht …«

Er zuckte zusammen, als fürchte er jetzt noch, das auf Hochglanz gewienerte Eichenparkett könnte durch eine Fruchtwasserlache verunstaltet werden. Auf jeden Fall dankte ich dem jungen Mann, verstaute die Preisliste sauber zusammengefaltet in meiner Handtasche und beeilte mich, den Zug um 16.18 Uhr zurück nach Shorehaven zu bekommen.

Es war schon gegen 23.00 Uhr abends, als ich mich der unteren linken Ecke des Sunday-Times-Kreuzworträtsels geschlagen gab und endlich realisierte, dass Ryn bei ihrer Heirat mit Stan Giddings schon fast im sechsten Monat schwanger gewesen war. Aber handelte es sich bei dieser Tatsache auch um eine bedeutungsschwangere Information? Nach achtundzwanzig Ehejahren und erst zwei Jahren als Witwe hatte ich mich noch nicht daran gewöhnt, spätabends mit einer Frage konfrontiert zu werden und keine Möglichkeit zu haben, mit jemandem darüber zu reden. Selbst wenn die einzige Reaktion auf mein ›Was denkst du darüber?‹ nur in einem gemurmelten ›Keine Ahnung!‹ oder ›Was geht's dich an, Judith?‹ bestand, so reichte diese Reaktion doch dazu aus, mich entweder im Stillen weitergrübeln zu lassen oder aber einen Schlussstrich zu ziehen und ins Bett zu gehen.

Sicherlich wäre Bob von meinen privaten Nachforschungen im Hinblick auf Deirdre Giddings' Tod nicht allzu begeistert gewesen – wie schon damals, als ich beim Fleckstein-Mord auf eigene Faust aktiv wurde. Wenn er gut gelaunt war, hatte er nur verärgert reagiert; war er aber schlecht gelaunt, hatte er vor Wut getobt. Seiner Meinung nach bestand meine Aufgabe ausschließlich darin, seine Frau zu sein. Und dass ich als Historikerin arbeitete? Warum nicht? Schließlich lebte Bob in einer Gegend, in der sich die Ehefrauen mächtiger Männer nicht nur in der Küche tummelten. Sollte sich die bessere Hälfte doch ruhig eine nette Nebenbeschäftigung suchen – je prestigeträchtiger, desto besser. Nur bitte nicht so prestigeträchtig, dass das Ansehen des eigenen Mannes überstrahlt wurde.

Doch selbst angesichts der Tatsache, dass ich auf meine Frage, ob die Eheschließung der hochschwangeren Ryn irgendetwas mit Deirdres Tod zu tun haben mochte, von Bob nur einen harschen Rüffel geerntet hätte, konnte ich seinen Verlust nur sehr schwer ertragen. Sonntagabends war es immer am schlimmsten. Ich sehnte mich danach, seine schläfrige Stimme ›gute Nacht‹ murmeln zu hören, bevor er sich auf die Seite drehte und ich die Wärme seines nur wenige Zentimeter entfernten Körpers spürte und den Duft des Weichspülers in seinem Pyjama genoss. Sicher, wenn ich ihn damals verlassen hätte, um Nelson zu heiraten, dann würde ich jetzt anders dastehen und stundenlang darüber diskutieren, ob … *Halt!*

Im Laufe der Jahre habe ich mir strenge Regeln auferlegt und eine klare Trennlinie gezogen zwischen gelegentlichen lustvollen Erinnerungen an Nelson und ebenso schmerzvollen wie selbstzerstörerischen Fantasien: Was tut er jetzt gerade? Ist er noch verheiratet? Ist er glücklich? Wäre der Gedanke wirklich so undenkbar, einfach bei ihm anzurufen und zu sagen: ›He, mir kam gerade der Einfall, mich mal wieder bei dir zu melden und zu fragen, ob wir nicht …‹ *Halt!*

Am nächsten Morgen machte ich auf dem Weg zum College einen kleinen Zwischenstopp bei einer Bekannten von mir. Mary Alice Mahoney Hunziger Schiesinger Goldfarb war ein echtes Phänomen, denn sie redete alles kurz und klein, ohne auch nur das Geringste zu sagen. Welche Attribute trafen auf sie zu? War diese Frau eine Zumutung? Aber ja. Eine Klatschbase allerersten Ranges? Sicher. Die Dummheit in Person? Ohne jeden Zweifel. Und doch bot ihr Spatzenhirn offenkundig die besten Voraussetzungen dafür, jedes auch noch so vage Gerücht, das in Shorehaven die Runde machte, aufzuschnappen und zu speichern. Also war sie genau die richtige Ansprechpartnerin für die Frage, die mir keine Ruhe ließ.

»Warum hat Stan Giddings mit der Hochzeit gewartet, bis Ryn bereits im sechsten Monat schwanger war?«

»Das ist eine laaange Geschichte«, begann Mary Alice. Da sie auf das Eintreffen ihres persönlichen Fitness-Trainers wartete, war sie mit kornblumenblauen Spandex-Shorts bekleidet und trug ein passendes Top sowie ein ebenfalls kornblumenblaues Stirnband. Es war nicht zu übersehen, dass sie – absurderweise – stolz war auf ihren Körper. Dabei hatten ihre Arme schätzungsweise den Durchmesser der Pappröhre, die man in einer gewöhnlichen Rolle Toilettenpapier vorfindet. Und ihre Hüftknochen standen weiter vor als ihre Brüste. »Eine wirklich sehr lange Geschichte.«

»Mary Alice, ich muss in zehn Minuten weg, weil meine Studenten auf mich warten.«

»Um die Zeit müsste auch mein Trainer hier sein. Er heißt Tucker. Kennen Sie ihn?« Sie verdrehte die Augen, um zu zeigen, wie großartig er war. »Immerhin ist er der bekannteste Trainer weit und breit. Na ja, ihr Intellektuellen hockt ja immer nur in eurem Elfenbeinturm. Deirdre kannte ihn auf jeden Fall.« Sie stieß einen Seufzer aus, der allerdings mehr war als nur ein bisschen ausgestoßene Luft. Bei Mary Alice geriet ein Seufzer zur Inszenierung einer drittklassigen Schauspielerin, die in ihrem Drehbuch als Regieanweisung in eckigen Klammern ›Seufzer‹ las. »Was soll ich Ihnen erzählen? Deirdre wusste, dass Ryn ein Kind erwartet, und sie nutzte ihr Wissen, um Stan unter Druck zu setzen.«

»Um eine gute Abfindung herauszuschlagen?«

»Warum sonst?«, erwiderte sie ungeduldig. Mary Alice und ich waren keine besonders intimen Freundinnen. Wie Zellengenossinnen hatten wir früher eher zwangsweise eine Zeit lang miteinander zu tun gehabt, als unsere Kinder zusammen zur Schule gingen und wir Elternvertreterinnen waren. »Natürlich hatte Deirdre vor der Heirat einen Ehevertrag unterschrieben«, fuhr Mary Alice fort. Da sie selbst mittlerweile zum vierten Mal verheiratet war – und zwar mit dem Urologen Lance Goldfarb, der ausnahmslos die Reichen und Schönen auf Long Island behandelte –, kannte sie sich natürlich mit Eheverträgen aus. Sie nahm einen blauen Pullover, der über einer Stuhllehne lag, und drapierte ihn kunstvoll über ihre knochigen Schultern. »Schließlich würde sich jemand mit Stans Vermögen nicht ohne gewisse Vorkehrungen auf eine Ehe einlassen, um ein finanzielles Desaster zu verhüten.«

»Nun, mit Ryn hat er sich offensichtlich ohne alle verhütenden Vorkehrungen eingelassen.«

»Kaum zu glauben, nicht wahr«, bestätigte Mary Alice. »Andererseits kann ich es schon verstehen. Er hatte zwar mit seiner ersten Frau zwei Kinder, aber mit den beiden hatte er wenig Freude. Sie waren irgendwie neurotisch veranlagt oder litten unter Lese- und Schreibschwäche oder irgendwas. Und Deirdre konnte keine Kinder bekommen – oder wollte keine. Aber Stan war immer ganz wild darauf, eine richtige Familie zu haben.«

»War das Ganze nicht trotzdem ziemlich riskant? Ich meine, die Geliebte zu schwängern, während man noch verheiratet ist?«

Mary Alice winkte nur überlegen ab. »Wann werden Sie endlich erwachsen, Judith?«

»Was ist so schrecklich naiv an meiner Frage?«

»Dass Stan mit seinem absolut wasserdichten Ehe-vertrag früher oder später ohnehin die Scheidung durchgesetzt hätte, ohne dabei allzu sehr bluten zu müssen. Und was wäre schon dabei gewesen, wenn Ryn das Kind vor der Heirat bekommen hätte? Mein Gott, sie ist doch eine *Künstlerin*! Glauben Sie etwa, dass sich Künstler darüber Gedanken machen, ob sie ein Kind ehelich oder als Bastard zur Welt bringen?«

»Da haben Sie sicher Recht«, gab ich zu. »Aber Stan ist kein Künstler, und ich könnte mir vorstellen, dass er es vorzog, lieber Vater eines ehelichen Kindes zu sein. Folglich hatte Deirdre die Zeit auf ihrer Seite.«

Mary Alice rang sich ein müdes Endlich-hat-sie's-be-griffen-Nicken ab. Auf Dauer ist es wirklich frustrie-rend, von allen für geistig unterbelichtet gehalten zu werden.

»Genau. Deshalb brauchte sie auch keinen Anwalt, um zu erkennen, dass der Zeitpunkt günstig war, um Stan die Daumenschrauben anzulegen. Glauben Sie mir, Deirdre war völlig im Bilde – und sie sahnte nicht schlecht ab: das Haus am westlichen Central Park und genug Geld, um darin schwimmen zu können. Allerdings brauchte sie auch einiges davon, weil bei ihr einige Renovierungsarbeiten anstanden: Facelifting, den Bauch straffen, Fett absaugen und noch ein paar andere Verschönerungen. Vielleicht auch Implantate. Ich erinnere mich nicht mehr so genau, ob sie was davon erwähnte.«

»Hat sie all das mit sich machen lassen?«, fragte ich verblüfft. Dass ich Deirdre das letzte Mal lebend gesehen hatte, lag mehrere Monate zurück. Damals hatte sie keinesfalls den Eindruck gemacht, sich etwas entfernen oder implantieren lassen zu müssen. Möglicherweise hatte ich aber bereits das Resultat derartiger Eingriffe gesehen.

»Sie hatte es vor, weil sie jemanden kennen gelernt hatte.«

»Und wen?«

»Möchten Sie vielleicht eine Tasse Ingwer-Tee, Judith?«

»Nein, danke. Wen hat Deirdre kennen gelernt?«

»Sein Name ist Tony. Wie Tony Bennett.« Mary Alice wickelte eine Strähne ihres blondierten Haars um den Zeigefinger: eine Geste, die in mir den Eindruck erweckte, dass Tony wohl nicht gerade unattraktiv war.

»Und wie heißt dieser Tony mit Nachnamen?«

»Tony Marx.«

»Wie der gleichnamige Karl?«

»Was?«

»Schon gut. Sind Sie ihm jemals persönlich begegnet?«

»Nein. Ich meine, ja. Schauen Sie, zu Deirdres Abfindung gehörte auch die Mitgliedschaft im Country Club. Dieser Punkt muss Stan besonders geärgert haben, da sein Großvater zu den Gründern des Clubs gehörte. Nur sehr, sehr selten wird Frauen die Mitgliedschaft gewährt, woran Sie erkennen können, wozu Stan bereit war, nur um die Scheidung durchzusetzen. Er und Ryn leben nun in der Villa seines Großvaters. Liegt ein Stück weit draußen in Lloyd's Neck. Soll praktisch ein Schloss sein, an dem allerdings eine Menge zu renovieren ist. Wird wahrscheinlich Jahre dauern. Deshalb legte Deirdre keinen Wert darauf. Aber um zum Thema zurückzukommen, ich weiß, dass Intellektuelle wie Sie, Judith, den Country Club nicht besonders ernst nehmen. Aber glauben Sie mir, dass die dortige Mitgliedschaft Normalsterblichen sehr viel bedeutet. Lance und ich waren dort als Gäste der Shays …!« Mary Alice spielte an ihrem Armband, das ausnahmslos aus lupenreinen Diamanten bestand. »Im Club werden nämlich keine Juden als Mitglieder akzeptiert.«

Wieder legte sie eine Pause ein, als erwarte sie von mir eine Erwiderung. Als jedoch keine kam, redete sie weiter.

»Lance ist Jude.«

»Das habe ich mir bereits gedacht, Mary Alice. Der Name ›Goldfarb‹ ist ein ziemlich deutlicher Hinweis.«

»Deshalb waren wir nur als *Gäste* geladen.«

»Und bei der Gelegenheit haben Sie Deirdre zusammen mit diesem Tony gesehen?«

»Genau. Nun, wir plauderten ein paar Minuten miteinander. Er trug ein sportliches Jackett. Auf den ersten Blick wirkte es anthrazitfarben. Feinstes Cashmere. Todschick kann ich Ihnen sagen …«

»Und was macht Tony so?«

»Er handelt mit Autos.«

»Mit einer bestimmten Marke?«

»Volvo. Er alberte mit dem Namen ein bisschen herum und redete immer von ›Vulva‹. Nun, ich nehme an, seinen Kunden gegenüber wird er sich diesen Scherz nicht erlauben.«

»Hat er sein Geschäft hier auf Long Island?«

Sie nickte.

»Und wie ernst war die Beziehung zwischen Deirdre und ihm?«

»Wie ernst?« Sie schürzte ihre dünne, aber mit teurem Gloss versehene Unterlippe. »Ernst in der Hinsicht, dass Tony ein überaus attraktiver Mann ist. Weniger ernst, weil er nur ein Autohändler ist.«

Ich muss ziemlich ratlos aus der Wäsche geguckt haben, weil Mary Alice ungeduldig abwinkte.

»Sie dürfen nicht vergessen, dass Tony, finanziell gesehen, nicht in derselben Liga spielt wie Stan. Nicht einmal in derselben Liga wie Deirdre. Wie ernst konnte also ihre Beziehung zu einem Mann sein, der nicht so viel verdiente wie sie? Also dürfte sie geplant haben, den Sommer über ihren Spaß mit ihm zu haben. Im September hätte sie sich dann zum Beispiel damit entschuldigt, beruflich zu sehr eingespannt zu sein. Nach Weihnachten wäre sie dann von der Bildfläche verschwunden, um sich einigen plastischen Operationen zu unterziehen und nach ihrer Rückkehr wirklich wettbewerbsfähig zu sein. Schauen Sie mich nicht so an, Judith, als wüssten Sie nicht, wovon ich rede. Mit ›wettbewerbsfähig‹ meine ich, dass Deirdre die notwendigen äußeren Vorraussetzungen erfüllt hätte, sich einen wirklich großen Fisch zu angeln.«

»Wenn das tatsächlich ihr Plan war, warum hat sie sich dann umgebracht?«, fragte ich.

Mary Alice zuckte die Achseln. »Vielleicht stimmt ja, was überall herumerzählt wird … dass der Verlust von Stan und Sveltburgers einfach zu viel für sie war. Was tut man schon, wenn man am liebsten an gebrochenem Herzen sterben würde, es aber nicht kann?«

»Nun?«

»Man begeht Selbstmord«, lautete die heitere Antwort.

Gerade als ich die Tür öffnete, um zu gehen, schneite Tucker herein. Mary Alice' Trainer war ein ebenso muskulöser wie kleingewachsener Mann: kaum größer als seine Sporttasche. Auf meine Nachfrage bestätigte er mir, dass er noch am Morgen von Deirdres Tod bei ihr gewesen sei, um für ihre Fitness zu sorgen. Sie habe die Trainingseinheit allerdings nach einem Blick aus dem Fenster vorzeitig abgebrochen. Draußen sei gerade ein silberner Volvo S80 vorgefahren. Als ich Tucker fragte, ob er den Fahrer erkannt habe, verstummte er misstrauisch. Glücklicherweise nickte Mary Alice ihm beruhigend zu. So erfuhr ich von ihm, dass es sich tatsächlich um Deirdres Freund Tony gehandelt hatte.

Den Nachmittag über hatte ich noch im Historischen Seminar zu tun und am nächsten Tag wartete in der Bibliothek ein drei Wochen alter Stapel von Interviews mit Zeitzeugen auf mich. Deshalb schaffte ich es erst am darauffolgenden Morgen, zu der Volvo-Niederlassung hinauszufahren. Ich hatte das Gefühl, bei meinen privaten Ermittlungen nicht nur kostbare Zeit, sondern immer mehr auch den Boden unter den Füßen zu verlieren. Falls an Deirdres Tod wirklich etwas faul gewesen sein sollte, hätte der Täter – oder hätten die Täter – in der Zwischenzeit alle Möglichkeiten gehabt, eventuelle Spuren zu verwischen.

Ich vermute, dass einen Geschäftsmann, der im hochsensiblen Bereich des Autohandels gewöhnlich mit einem amerikanischen Kundenkreis zu tun hat, nichts, aber auch gar nichts mehr überraschen kann. Wohl deshalb schien Tony Marx keineswegs verwundert, dass ich nicht nur meinen Jeep, Baujahr 98, gegen einen Volvo, Baujahr 99, eintauschen, sondern mich mit ihm auch über Deirdre unterhalten wollte.

»Ich weiß nicht, ob Deirdre jemals meinen Namen erwähnt hat …«, begann ich.

»Sicher hat sie das«, log er auf höchst charmante Weise, obwohl er meinen Namen gerade zum ersten Mal gehört haben konnte.

»Ich fühle mich noch immer ganz mitgenommen von der Nachricht über ihren Selbstmord«, beteuerte ich, ohne lügen zu müssen. »Ich kann es einfach nicht glauben.«

»Das verstehe ich gut.« Von einem verzeihlichen Bauchansatz abgesehen, war er ein schlanker Mann von Anfang vierzig, der offensichtlich sein ganzes Leben lang auf jenen sonnengebräunten Teint hingewirkt hatte, der schließlich Haut zu Leder werden lässt. In diesem Fall handelte es sich um ein butterweiches, hickoryfarbenes Leder.

»Sie wollen also statt ihres Jeeps vermutlich lieber einen V70 AWD?«, fragte Tony.

»Einen was?«

»Einen allradgetriebenen Volvo.«

»Ja, genau.«

Er war konservativ gekleidet: grauer Anzug, weißes Hemd, kastanienrote Krawatte – das richtige Outfit für jemanden, der ein sicheres und solides Produkt verkaufen will. Sein elegantes Auftreten, seine schlehenfarbenen Augen und sein wohlgezügeltes Temperament prädestinierten ihn jedoch eher dazu, mit Maseratis zu handeln.

»Deirdre sagte mir, Sie seien der richtige Mann, um mir bei der Wahl des richtigen Autos weiterzuhelfen.«

Er nickte.

»Sie schien sehr viel von Ihnen zu halten«, fuhr ich fort. Wieder erwartete ich ein zustimmendes Nicken von ihm und dass er anschließend versuchen würde, mir die Vorzüge eines Turboladers oder von was auch immer zu erklären. Stattdessen schluckte er nur schwer.

»War sie …?«, begann ich. »Entschuldigen Sie bitte. Ich möchte nicht indiskret erscheinen und sollte vielleicht besser nicht fragen.«

»Ist schon in Ordnung«, erwiderte er. »Ja, sie war depressiv. Aber nicht so depressiv, dass sie …«

»Dass sie deshalb Selbstmord begangen hätte?«

»Nein. Mein Gott, als ich davon erfuhr, hielt ich das Ganze zunächst für einen schlechten Scherz. Aber die Nachricht stammte von Polizisten, die zu mir gekommen waren. Sie stellten mir Fragen, weil Deirdre nicht in einem Krankenhaus gestorben war, sondern bei Bloomingdale's.«

»Warum war sie depressiv? Wegen der Probleme mit Sveltburgers?«

Er schüttelte den Kopf. »Depressiv, wütend … Herr im Himmel, wir sind alle mal depressiv oder wütend.«

Die Beleuchtung des Präsentationsraums, die dazu gedacht war, seine Volvos im richtigen Licht erstrahlen zu lassen, ließ sein dunkelbraunes Haar glänzen. Seine Augen schimmerten verräterisch, aber ich war mir nicht sicher, ob Tränen in ihnen glitzerten.

»Die Angriffe gegen sie waren völlig aus der Luft gegriffen. Was hätte Deirdre denn tun sollen? Etwa die Arbeit von Polly Terranova erledigen?«

Er gab selbst die Antwort.

»Nein. Deirdre hatte ihren Teil erfüllt und Polly die Leute besorgt. Das war's. Für alles Weitere war Polly verantwortlich.«

»Da haben Sie Recht«, stimmte ich zu. Dann senkte ich meine Stimme. »Hat sich Deirdre denn immer noch wegen ihrer Scheidung aufgeregt?«

»Ach was! Jedenfalls nicht in meinem Beisein.«

»Wann haben Sie sie denn das letzte Mal gesehen?«, hakte ich nach.

»Am Abend zuvor.« Tony fuhr sich leicht über den Bauch, als helfe ihm dies, sich zu erinnern. »Wir gingen gemeinsam essen. Sie hatte mich gerade auf Diät gesetzt. Ich sollte nur noch eiweißreiche Kost zu mir nehmen.« Seine Augen wirkten immer matter, und in einem Winkel bildete sich eine Träne, die ihm in einer Zickzacklinie über die Wange rann. »Sie sagte mir, es sei …!« – er musste tief Luft holen, bevor er weiterreden konnte – »… wegen meines Stoffwechsels. Deshalb müsse ich viel Eiweiß zu mir nehmen.«

»Die in der Presse genannten Gründe für ihren Selbstmord leuchten mir einfach nicht ein«, sagte ich so sanft, wie ich konnte. »Gab es vielleicht noch etwas anderes, das Deirdre zu schaffen machte? Zum Beispiel irgendeine andere geschäftliche Angelegenheit? Oder jemanden in ihrem Bekanntenkreis, der ihr stark zugesetzt hätte?«

»Nein. Das hätte sie mir gegenüber erwähnt«, meinte Tony voller Überzeugung. »Wir hatten ein absolut …!« Erneut musste er eine Träne unterdrücken. »Wir redeten über wirklich alles.«

Nachdem ich versichert hatte, über die Vorteile der Viskosekupplung beim Allradantrieb nachzudenken, machte ich mich auf den Rückweg nach Shorehaven. Unterwegs hielt ich an einem Starbucks-Café, kaufte mir einen großen Becher und hockte mich auf dem Parkplatz in meinen Jeep. Es begann gerade zu schneien und die Windschutzscheibe beschlug leicht. Während ich in eine gedämpft weiße Welt hinausblickte, dachte ich über alles nach. Tonys Angebot hatte mich nicht überzeugen können. Er selbst auch nicht. Zwar hatte mich die Träne auf seiner Wange gerührt, doch gab mir zu denken, dass er mich damit belogen hatte, Deirdre zum letzten Mal am Vorabend ihres Todes gesehen zu haben. Schließlich hatte sie noch am Morgen ihres vermeintlichen Selbstmordes Tucker vorzeitig weggeschickt, weil Tony plötzlich bei ihr vorgefahren war. Und der Fitness-Trainer hatte Tony mit eigenen Augen gesehen. Also musste einer von beiden lügen: Tucker oder Tony!

Ich wärmte meine Hände an dem Pappbecher und nippte am Kaffee. Tony schien wirklich unter Deirdres Tod zu leiden. Allerdings hatte Nelson mir damals gesagt, er wäre einer der reichsten Männer auf Long Island, falls er für jede vergossene Träne eines überführten Mörders einen Dollar bekäme. Aber welches Motiv hätte Tony haben sollen, Deirdre umzubringen? Und wenn nicht er, wer hätte überhaupt ein Interesse daran haben sollen, Deirdre aus dem Weg zu räumen? Ich beschloss, für einen Moment die mir selbst auferlegten Beschränkungen aufzuheben und die ganze Sache mit Nelsons Augen zu sehen. Also fragte ich ihn: *Wer hätte durch ihren Tod einen Vorteil gehabt?* Er riet mir daraufhin: *Um diese Frage zu klären, musst du jede Person unter die Lupe nehmen, mit der sie in Verbindung stand.* Vermutlich muss ich im Verlauf dieses ›Gespräches‹ ziemlich seltsame Verhaltensweisen an den Tag gelegt haben, wie zum Beispiel meinem imaginären Gesprächspartner zuzunicken oder – besonders einfallsreich – ihn anzulächeln. Auf jeden Fall war ich später sehr erleichtert darüber, dass die Scheiben rundum zugeschneit waren.

Also schön! Was war mit Tony? Hätte er Deirdre wirklich gehasst, dann wäre er eben einfach nicht mehr mit ihr ausgegangen ... es sei denn, sie hätte irgendein dunkles Geheimnis über ihn gekannt und ihn erpresst: vielleicht wegen einer geschäftlichen Sache oder wegen Tonys Sexleben. Wäre Nelson wirklich bei mir gewesen, hätte er jetzt entschieden den Kopf geschüttelt. *Das ist alles ziemlich weit hergeholt. Setze es zwar mit auf deine Liste, aber nur ganz unten. Beschäftige dich lieber zuerst mit näher liegenden Möglichkeiten.*

Polly Terranova? Soweit meine bisherigen Recherchen ergeben hatten, war der unaufhaltsame Siegesmarsch von Sveltburgers hinein in alle amerikanischen Kühlschränke selbst durch einen unfähigen Buchhalter und ein paar bekiffte Fließbandarbeiter niemals ernsthaft ins Stocken geraten. Die Firmenchefin mochte zwar wegen der ihr von Deirdre vermittelten Nieten wütend gewesen sein. Um ihre Rachegelüste zu befriedigen, war es jedoch weit wirkungsvoller gewesen, den Vertrag mit *Panache* zu kündigen, als Deirdre einen Nemutal-Burger unterzuschieben.

Stan Giddings? Natürlich hatte er ein Interesse daran gehabt, Deirdre loszuwerden, damit er Ryn heiraten konnte. Aber das lag bereits Monate zurück. Und selbst wenn ihn die Scheidung mehr gekostet hatte, als in dem Ehevertrag mit Deirdre vereinbart worden war, dann hatte sie ihn trotzdem nicht in den Bankrott getrieben. Stan hatte immer noch genug in seinem Sparstrumpf, um Ryn einen Fünfkaräter an den Finger zu stecken und um die Villa seines Großvaters zu renovieren.

Da wäre noch Ryn. Möglicherweise hatte sie nicht abwarten können, die dritte Mrs. Giddings zu werden, weil ihr noch die zweite Mrs. Giddings im Weg stand. Aber ich teilte Mary Alice' Auffassung, dass es einer Frau wie Ryn egal war, ob ihr Kind ehelich oder unehelich geboren wurde. Zugegeben – hätte Deirdre sich richtig quergestellt, um aus Stan auch das Letzte herauszuholen, wäre Ryns Kind vor der Scheidung geboren worden und Stan hätte sich das Ganze vielleicht noch einmal überlegt. Sicherlich hätte er den Unterhalt für das Baby bezahlt, aber auch den Klunker und die Villa für dessen Mama? Also hatte es in Ryns Interesse gelegen, Stan so schnell wie möglich zu heiraten. Und das war ihr ja auch noch termingerecht gelungen, so dass kein Grund mehr bestanden hatte, Deirdre Giddings zu töten.

Ich stellte die Scheibenwischer an. Der Schnee war flockig und trocken: ein Schnee, der sich zum Ende des Winters von seiner besten Seite zeigte, um den sehnsüchtig auf den Frühling Wartenden vor Augen zu führen, wie schön der Winter sein konnte. Wieder schwappte eine mir mittlerweile vertraute Welle der Traurigkeit über mich hinweg. Ich fühlte mich verlassen und einsam, da es niemanden gab, mit dem ich die Schönheit um mich herum hätte teilen können. Natürlich hätte ich abends eines meiner Kinder oder Nancy anrufen können, um jemandem meine Begeisterung über die herrlichen Schneeflocken mitzuteilen. Aber das unweigerliche ›Oh, wie schön!‹ wäre als Erwiderung lediglich ein wenig überzeugender Gnadenakt gewesen. Aber um die Wahrheit zu sagen: Auch Bob wäre wegen ein paar Schneeflocken sicher nicht gerade in Ekstase verfallen. Ich startete den Motor und setzte zurück, um nach Hause zu fahren.

Dann fiel mir ein, dass es ja auch noch die erste Mrs. Giddings gab – Barbara. Es kostete mich bestimmt dreißig Dollar, bis ich per Handy über die Telefongesellschaft endlich herausbekommen hatte, dass sie am Bridal Path West in Shorehaven Acres wohnte. Nachdem das Gebiet bereits in der Zeit der Tudors kolonialisiert worden war, handelte es sich nach wie vor um eine gute Adresse. Die in den sechziger Jahren gepflanzten Setzlinge hatten sich zu prächtigen Eichen und Ginkgos gemausert. Sie bildeten den passenden Rahmen für die hübschen Gebäude, die allesamt sehr ansehnlich waren – mit Ausnahme des von Barbara Giddings bewohnten.

Selbst dem Schnee gelang es nicht, gnädig alle Anzeichen des Verfalls zu verbergen. Wie nach einem Bombenangriff gähnten in der Zufahrt tiefe Löcher, um die herum Asphaltbrocken lagen. Das Haus wirkte noch heruntergekommener. Von den weiß gestrichenen Fensterläden blätterte die Farbe ab. Die Fassade musste einst tief rot geleuchtet haben, denn durch den Schnee hindurch waren hier und da ein paar rötliche Flecken auszumachen, die wie ein unansehnlicher Hautausschlag aussahen.

Auch Barbara Giddings befand sich in keiner besonders guten Verfassung. Obwohl es bereits auf zwei Uhr mittags zuging, war die eine Seite ihrer einstigen Lockenpracht verräterisch platt gedrückt. Auch ihre blinzelnden Augen deuteten darauf hin, dass ich sie von einem Nickerchen hochgescheucht hatte. Kraftlos hingen ihre Schultern nach vorn und die kleinen blauen Augen blickten stumpf. Allenfalls ihr Schmollmund ließ erahnen, dass sie einst eine Schönheit gewesen sein mochte. Doch ihr Gesicht war so aufgedunsen, dass niemand hätte sagen können, ob sie eher ein Sandra-Dee-Typ gewesen war oder eine zweite Kim Novak. Ich hatte erst Zweifel, ob ich bei ihr mit meiner üblichen Geschichte (Bibliothek, Projekt ›Mündlich überlieferte Geschichte‹, wichtiger Beitrag, usw.) durchkommen würde, als ich darum bat, ihr ein paar Fragen stellen zu dürfen.

»Nun, ich denke, ich kann mich darauf einlassen, auch ohne meinen Anwalt hinzuziehen zu müssen«, antwortete sie und bat mich herein.

Ich hatte das leise Piepsen einer lebenden Toten erwartet. Umso mehr überraschte mich ihre ausdrucksvolle Stimme, die ich eher der Ansagerin bei einem Sender für klassische Musik zugeordnet hätte.

Auch von innen waren die Gebrauchsspuren von zehn Jahren nicht zu übersehen. Wir setzten uns im Wohnzimmer auf ein Sofa. Es war mit einem dieser beigefarbenen Schonbezüge versehen, die im Katalog immer den Eindruck vermittelten, sie sähen auf modische Weise altmodisch aus, in Wirklichkeit aber nur überdeutlich signalisieren, dass man eine verschlissene Couch hat, jedoch nicht das nötige Geld, um sich eine neue leisten zu können.

»Hätten Sie etwas dagegen, wenn ich unser Gespräch aufzeichne?«, fragte ich Barbara Giddings, die vehement den Kopf schüttelte. Die Hände auf dem Schoß, beugte ich mich vor.

»Waren Sie überrascht, als Sie von Deirdres Tod hörten?«

»Nein.«

»Wieso nicht?«

Sie presste ihre Lippen voller Abscheu so fest zusammen, dass alle Farbe aus ihnen wich. »Weil Deirdre immer schon jede Menge Pillen in sich hineingestopft hat.«

»Deirdre?«

Ihr kurzes, verächtliches Lachen demonstrierte mir wieder einmal, wie wenig ich eigentlich wusste.

»Ja, Deirdre. Kennen Sie diese langen Pillendosen, in die eine ganze Wochenration hineinpasst?«, fragte Barbara Giddings. »In ihrer Handtasche trug sie davon stets *zwei* mit sich herum. Und das zu einer Zeit, als sie eigentlich obenauf war und keinen Grund zum Trübsalblasen hatte. Kein Wunder, dass sie damals nie Gewichtsprobleme hatte, obwohl sie zusammen mit Stan bei zahllosen Essen war. Sie nahm dort nie etwas zu sich, sondern dröhnte sich nur ihr Hirn zu.«

Auch wenn ihre Worte nichts an Deutlichkeit vermissen ließen, klang ihre Stimme unglaublich kultiviert. Man hatte förmlich das Gefühl, Haydns Symphonie Nr. 96 in D-Dur zu hören. Gerade deshalb aber wirkten ihre Äußerungen umso erschütternder. Zugleich tat mir Barbara Giddings unsagbar Leid. Mit ihrer aus dem Leim gegangenen Figur und den strohigen Haaren sah sie aus wie ein Fürsorgefall, nicht aber wie die Exfrau eines der reichsten Männer weit und breit. Irgendwie passte all das nicht zusammen, und ich wusste einfach nicht, was ich von dieser Frau halten sollte.

»Wissen Sie, welche Art von Tabletten Deirdre damals nahm?«, fragte ich. »Litt sie unter irgendwelchen Krankheiten?«

»Krankheiten? Dass ich nicht lache. Sie schluckte Diätpillen und Amphetamine, vermute ich. Wahrscheinlich auch Beruhigungsmittel und was weiß ich nicht alles. Auf jeden Fall hatte sie zwei Pillendosen: eine blaue und eine gelbe.«

»Sind auch Sie davon überzeugt, dass es sich um einen Selbstmord handelte?« Ich bemühte mich, möglichst neutral zu klingen.

»Ob auch ich davon überzeugt bin, dass es sich um einen Selbstmord handelte?« Die Wiederholung meiner Frage irritierte mich. Auf ihren bleichen Wangen zeichneten sich rote Flecken ab. »Es interessiert mich einen Dreck, ob sie Selbstmord begangen hat oder nicht.«

»Es tut mir Leid. Ich hätte diese Frage nicht stellen sollen.«

»Unsinn. Ich muss mich für meine unbedachten Worte entschuldigen«, beeilte sie sich zu erklären und versuchte, mit den Fingern ein wenig Ordnung in ihre Haare zu bringen. »Was soll ich Ihnen sagen? Natürlich hatte ich nichts für sie übrig. Schließlich hat sie mir meinen Mann weggenommen. Aber wie heißt es doch gleich: ›In der Liebe und im Krieg ist alles erlaubt!‹« Der Anflug eines Lächelns huschte über ihr Gesicht. Zugleich verstärkte sie derart die Bemühungen, ihre Haare zu zähmen, dass ich fürchtete, sie wolle sich den halben Skalp abreißen. »Stan konnte einer Frau wirklich alles bieten: gutes Aussehen, Charme, Intelligenz – und Geld.«

Ich konzentrierte mich darauf, Barbara anzusehen und nicht den ausgeblichenen Teppich unter meinen Füßen, der einst gewiss nicht so deprimierend grau gewirkt hatte.

»Die Leute haben Recht, wenn sie sagen, dass Geld die Ursache allen Übels ist«, fügte sie hinzu.

»Dem kann ich nur zustimmen«, sagte ich, um überhaupt etwas zu sagen.

»Deirdre gab sich nicht damit zufrieden, nur die Frau an Stans Seite zu sein. Nein, sie wollte alles!«

»Alles?«

»Alles.«

»Und wie stellte sie das an?« Ich war ein bisschen

nervös, weil ich fürchtete, dass Barbara sich plötzlich die Frage stellen könnte, warum sie all diese Informationen an eine ihr völlig fremde Person weitergab. Stattdessen schien sie jedoch eher erleichtert darüber zu sein, in mir jemanden gefunden zu haben, dem sie ihr Herz ausschütten konnte über all das Unrecht, das ihr widerfahren war.

»Wie? Indem sie Stan nach Strich und Faden manipulierte. Glauben Sie mir, Stan war in vieler Hinsicht ein wahres Unschuldslamm, und Deirdre wusste eben, wie sie ihn zu nehmen hatte. Sie steckte dahinter, als Stan mich dazu brachte, einen Scheidungsvertrag zu unterzeichnen, der mich praktisch mittellos dastehen ließ. Von meiner kleinen Rente war es kaum möglich, mich und unsere beiden Kinder, von denen eines krank war, durchzubringen. Ich hatte mich damals auf ein mündliches Versprechen von Stan verlassen, mir größere Beträge zukommen zu lassen, aus steuerlichen Gründen allerdings nur unter der Hand und ohne jede schriftliche Abmachung. Was wusste ich denn, worauf ich mich einließ? Ich war nur sein ehemaliges *Hausmädchen*.«

»Sie arbeiteten wirklich als …?«

»Aber nein!«, fuhr sie dazwischen und zeigte unvermittelt so viel Energie, dass ich zuerst glaubte, eine Doppelgängerin habe unbemerkt ihren Platz auf dem Sofa eingenommen. »Ich war damals an der Universität und studierte Botanik. Um mir Geld zu verdienen, hatte ich in meinem zweiten Studienjahr einen Job als Hilfskraft angenommen und sollte Stans Gärtner helfen. Nachdem wir bereits verlobt waren, kam irgendwie das Gerücht auf, er habe sich mit einem *Hausmädchen* eingelassen. Es gelang mir nie, diesen Unsinn aus der Welt zu räumen.«

»Wie kam es, dass Ihr Anwalt nichts gegen diese niederträchtige Vereinbarung unternahm?«

»Stan hatte ihn mir besorgt. Der Bursche war noch ein junger Schnösel und arbeitete für eine von Stans Tochterfirmen. Muss ich noch mehr sagen?«

Ich schüttelte den Kopf, aber dadurch ließ sich Barbara Giddings nicht aufhalten. Während der nächsten fünfundvierzig Minuten erfuhr ich, wie Stans Besuche bei seinen Kindern von anfänglich zweimal pro Woche schließlich bis auf einmal pro Monat zurückgingen – und zwar auf Deirdres Druck. Ich hörte, wie Deirdre Stan dazu brachte, einen Architekten aus Los Angeles mit dem Bau eines neuen Hauses in Shorehaven zu beauftragen. Barbara schilderte mir, wie Deirdre dafür gesorgt hatte, dass Stan einen Chauffeur einstellte, der sie regelmäßig zum Einkaufen nach Manhattan fuhr. Von dort sei Deirdre jedes Mal mit Taschen und Tüten voller Kleidung zurückgekehrt: Prada, Comme des Garçons, Zoran. In ihrem Kleiderschrank befänden sich allein vierzehn Hosenanzüge, Größe sechs. Sie besäße Krokodilleder-Handtaschen mit goldenen Verschlüssen und Berge von Schuhen, Größe siebeneinhalb. Deirdre sei für Stan einfach eine Nummer zu groß gewesen. Unter ihrem Einfluss habe er sich völlig verändert. Plötzlich habe er keine Schuhe mehr aus dem Regal getragen, sondern nur noch italienische Maßanfertigungen. Und mit einem Mal habe Stan nicht nur versucht, seinen zunehmenden Haarausfall mit künstlichen Haarteilen zu kaschieren, sondern auch Privatstunden genommen, um sich in die Geheimnisse des Weinverkostens einführen zu lassen. Zuvor habe seine größte Freude darin bestanden, in seiner Privatloge im Giants-Stadion zu sitzen und alljährlich in Pebbles Beach Golf zu spielen. Unter Deirdres Regie sei er jedoch zu einem Krocket-spielenden Salonlöwen geworden, nur noch darauf fixiert, ständig mit Freunden essen zu gehen, die nicht seine Freunde waren, oder in seinem neuen Haus am Meer Feste für ihm völlig unbekannte Leute zu geben, nur weil sie – hier holte Barbara tief Luft, um mir den Rest des Satzes förmlich entgegenzuspeien – Deirdres Kunden waren.

Irgendwann schaffte ich den Absprung und stieg in mein Auto – froh, Barbaras Verbitterung und dem deprimierenden Haus entkommen zu sein. Sie war in ihrem Denken und Handeln völlig fixiert, aber nicht auf ihren Exehemann, der sie übers Ohr gehauen hatte, sondern auf eine andere Frau – auf Deirdre. Ich konnte zwar noch nachvollziehen, dass sie auf den akademischen Universitätsabschluss und die Wespentaille ihrer Rivalin neidisch war, aber dass sie sogar Deirdres Konfektionsgröße kannte und wusste, wie viele Kleidungsstücke ihre Nachfolgerin in ihrem Schrank aufbewahrte, überstieg meinen Horizont.

»Konnte Barbara Giddings wirklich so naiv gewesen sein zu glauben, dass ein Mann, der sie mit einer anderen Frau betrog, der sie wegen dieser Frau verließ und der sie zusammen mit seinen leiblichen Kindern in einem Haus einquartierte, das vermutlich weniger kostete als die Einrichtung des früheren Esszimmers … konnte sie wirklich so naiv gewesen sein zu glauben, dass dieser Mann sein Versprechen halten würde, ihr unter der Hand größere Beträge auszuzahlen?«

So lautete meine Frage, als ich zwei Stunden später neben Nancys Schreibtisch in der *Newsday*-Redaktion saß und ihr dabei zusah, wie sie einen Artikel über Subventionen im Bereich der bildenden Künste überarbeitete. Noch nie zuvor hatte ich sie an ihrem Arbeitsplatz aufgesucht, doch ich stellte – zugleich verblüfft und beruhigt – fest, dass die Redaktionsräume genauso aussahen, wie Redaktionsräume im Fernsehen immer dargestellt werden.

»Du kennst die Antwort«, erwiderte Nancy sanft. Sie wusste, dass ich nicht nur zum Plaudern vorbeigekommen war. Sie klickte dreimal kurz mit der Maus, um einen Textabschnitt zu markieren; dann betätigte sie eine einzelne Taste und der Abschnitt wurde gelöscht. »Ja, ich denke schon, dass Barbara Giddings so naiv gewesen sein könnte. Wenn du nur noch mit Lügen abgespeist wirst, dann greifst du nach jedem Strohhalm, der Hoffnung verspricht. Und wenn du von hinten gefickt wirst, dann bildest du dir ein, du wärst die Maikönigin und das Ding in deinem Hintern der Maibaum.«

»Ja, ja«, gab ich zu. »Aber ob sie wirklich die Wahrheit sagt? Könnte es nicht auch sein, dass sie eine anständige Abfindung erhalten hat und das Geld zum Beispiel bei Pferderennen, mit einem Gigolo oder durch eine Fehlinvestition verbraten hat? Und was ihr Verhältnis zu Deirdre betrifft, wirkt Barbara eher apathisch und trübsinnig, so als wisse sie nicht, auf wen sie nun – nach Deirdres Tod – all ihren Hass konzentrieren soll. Wenn ich nur wüsste, ob ich lediglich das Opfer einer Schmierenkomödie geworden bin oder ob Barbara tatsächlich die Wahrheit gesagt hat.«

»Du meinst, ob Barbara ein kaltblütig mordendes Monster ist.«

»Ich meine, ob sie die Wahrheit gesagt hat. Hat Deirdre denn wirklich so viele Pillen genommen? Könntest du nicht noch einmal den Reporter fragen, der den Fall bearbeitet hat ...?«

»Das ist doch eine Schnapsidee, Judith.« Aber nachdem sie mich eine Weile schweigend angestarrt hatte, griff sie zum Telefonhörer. Zwei Minuten später – in denen ich mich flüsternd als Souffleuse betätigt hatte – legte sie wieder auf. »Das einzige Medikament, das in ihrem Körper nachgewiesen wurde, war das Nembutal, das ihren Tod verursacht hat. Sie hatte allerdings tatsächlich zwei große Pillenschachteln in ihrer Handtasche, darin befanden sich jedoch nur große Vitaminkapseln. Ansonsten ergaben die polizeilichen Ermittlungen, dass die einzigen Arztrezepte, die auf ihren

Namen lauteten, wegen des Nembutals und eines Schlafmittels ausgestellt worden waren.«

»Hat die Polizei auch das Nembutal-Fläschchen gefunden?«, fragte ich nach.

»Das habe ich ihn nicht gefragt. Und ich werde ihn nicht noch einmal anrufen. Am Ende denkt der Kerl noch, dass ich was von ihm will oder aber hinter seinem Job her bin.«

»Dann ruf doch bitte direkt bei der Polizei an«, bettelte ich, doch Nancy schüttelte entschlossen den Kopf.

»Ich schwöre dir, dass ich die Geschichte nicht nur als Vorwand benutzen will, um wieder an Nelson heranzukommen.«

»Fahr zur Hölle.«

»Es muss bei der Polizei doch einen Pressesprecher geben, an den du dich wenden könntest. Es geht mir ja nur um die Frage, ob das Nembutal-Fläschchen sichergestellt worden ist. Wichtig wäre darüber hinaus, das Datum in Erfahrung zu bringen, an dem die Rezepte ausgestellt worden sind.«

Es ist immer sehr aufschlussreich, wenn man einen guten Freund oder eine Freundin bei der Arbeit beobachtet. Die Autorität, mit der Nancy zu Werke ging, beeindruckte mich außerordentlich. Von der oft auch sehr verletzlichen Frau war plötzlich nichts mehr zu spüren. Stattdessen ging sie äußerst geschickt und entschlossen vor. *Hallo, hier spricht Nancy Miller vom* Newsday. *Wir arbeiten gerade an einer Reportage über Selbstmorde und wollen in diesem Zusammenhang auch über den Fall Deirdre Giddings berichten.* Obwohl sich Nancy eher nüchtern und zielstrebig gab, verfiel sie wieder stark in ihren Südstaaten-Dialekt. Bestimmt telefonierte sie mit einem Mann. Nachdem sie alles geklärt hatte, informierte sie mich.

»Das Nembutal-Fläschchen wurde nicht gefunden. Die Polizei vermutet, dass Deirdre es auf dem Weg zu

Bloomingdale's weggeworfen hat. Und was die Rezepte betrifft: Das für das Nembutal wurde im März '98 ausgestellt, das für das Schlafmittel im Januar.«

»Ruf den Typen noch einmal an.«

»Nein.«

»Bitte. Du musst herausfinden, wo sich Stan, Tony Marx, Barbara Giddings … und auch Ryn am Tag von Deirdres Tod befanden.«

Nancys Eroberung im Nassau County Police Department war Gold wert. ›Sagen-Sie-doch-einfach-Mike-zu-mir‹ hörte sich ihre Wunschliste an und rief eine halbe Stunde später zurück. In dieser Zeit arbeitete Nancy weiter an dem Text und rief schließlich dessen Verfasserin an, um sie über die Änderungen zu informieren. Dann erfuhren wir von ›Mike‹ *inoffiziell*, dass Ryn an jenem Morgen bei ihrem Gynäkologen gewesen war. Danach war sie von ihrem Chauffeur nach New York zur Acadia-Fensterheim-Galerie gefahren worden – vermutlich um dort ihre eigenen Werke zu bewundern. Tony Marx war von seiner Eigentumswohnung zu seinem Autohaus gefahren. Diese Aussage stand allerdings im Widerspruch zu der Beobachtung, die Tucker, der Trainer, gemacht hatte, als er Tony vor Deirdres Haus vorfahren sah. Stan hatte sich auf dem Rückflug von Palm Beach befunden, wo er den Vortag damit verbracht hatte, sich Immobilien anzusehen. Barbara Giddings war nicht von der Polizei befragt worden.

»Jetzt ist Schluss mit dem Räuber-und-Gendarm-Spielen«, meinte Nancy entschlossen. Es war nicht zu übersehen, dass mein Treiben bei ihr auf keine große Begeisterung stieß. »Deirdre hat sich selbst das Leben genommen. Basta! Sie war *keine* intime Freundin von dir und du schuldest ihr absolut nichts! Sie war lediglich eine Frau, die nicht nur ihren Ehemann, sondern auch einen wichtigen Kunden verloren hatte. Möglicherweise verlor sie auch ihre Schönheit, wenn man nur genau genug hinsah. Versetz dich mal in ihre Lage! Hättest du den Rest deines Lebens damit verbringen wollen, bekifften Malochern Jobs zu vermitteln oder mit einem Kerl zu schlafen, der seinen Wagen ›Vulva‹ nennt? Von wegen. Du hättest dir auch eine Überdosis verpasst und dich dann verabschiedet.«

»Nein, das hätte ich nicht«, widersprach ich und stand auf. »Aber selbst wenn das meine Absicht gewesen wäre, hätte ich kaum dreißig Nembutal geschluckt und wäre dann Einkaufen gegangen.« Ich zog meinen Mantel an. »Es wäre doch wohl einleuchtender gewesen, die Tabletten zum Beispiel abends zu nehmen, wenn man sich ohnehin schlafen legt – um dann nie wieder aufzuwachen!«

»Wohin gehst du?«, wollte Nancy wissen – misstrauisch wie eine Mutter, die ahnt, dass ihre Tochter eine große Dummheit vorhat.

Ich strich ihr beruhigend über den Kopf. »Beruhige dich. Ich fahre nur nach Mineola, um mir dort ein paar Informationen zu besorgen.«

»Was für Informationen?«

»Angaben in öffentlichen Registern. Alles, was ich über Stans Scheidungen herauskriegen kann. Ich muss unbedingt wissen, ob das Haus, in dem Barbara zur Zeit lebt, wirklich das ist, mit dem Stan sie vor zehn Jahren abgefunden hat … oder ob sie damals ein besseres hatte und es in der Zwischenzeit nur durchgebracht hat. Danach kehre ich in die Bibliothek zurück, um mich ein bisschen intensiver mit Ryn und Tony zu beschäftigen.«

»Warum?«

»Weil die beiden zu der Sorte Menschen gehören, die eine bewegte Vergangenheit hinter sich haben könnten. Und weil die Alternative darin bestünde, in meinem Lesekreis einen Schmöker zu besprechen, den ich noch nie leiden konnte.«

Ich folgte dem Long Island Expressway in westlicher Richtung und hörte währenddessen im Radio ein Interview mit einem Experten für Flechten und Moose. Er erläuterte, dass sich Flechten bilden, wenn ein Pilz und eine Alge auf ›intime‹ Weise zusammenleben. Dieses Stichwort muss bei mir eine unterbewusste Reaktion ausgelöst haben, denn anstatt zur County-Verwaltung zu fahren, ertappte ich mich dabei, wie ich unvermittelt in Richtung Polizeihauptquartier abbog. Du bist völlig verrückt, dachte ich. Und falls ich Nelson über den Weg lief? Er würde doch annehmen müssen, dass ich ihm die ganzen zwanzig Jahre hinterherspioniert hätte. Es sei denn …! Ich hatte plötzlich eine Idee.

Reiß dich zusammen und behalte die Nerven, sagte ich zu mir selbst, als ich auf den Parkplatz einbog. Schließlich war es nicht mehr als eine vage Hoffnung. Wie lautete noch der Name des Polizeibeamten, der die Ermittlungen leitete? Dr. Pferdegesicht hatte ihn erwähnt und ich hatte ihn x-mal in den Zeitungen gelesen. Ausgerechnet jetzt, da ich den Namen brauchte, streikte das verdammte Neuron, das ihn gespeichert hatte. Aber ich musste ja nur hineingehen und nach ihm fragen. Jeder von den Cops würde mir sofort sagen können: ›Ach, Sie meinen Detective Sergeant Soundso!‹ Im nächsten Augenblick würde ich in seinem Büro stehen und ihm erzählen, dass ich eine Nachbarin von Deirdre Giddings wäre. Dann würde ich ihn ganz beiläufig fragen, was er von meinen Überlegungen halte. Es seien ja nur gewisse Vermutungen, aber … Kim! Das war der Name. Also, es gab zwei Alternativen. Entweder würde mich Detective Sergeant Kim aufgrund seiner professionellen Neugier anhören und – falls es mir gelänge, ihn zu überzeugen – anschließend den Fall neu aufrollen, oder aber er würde mich für komplett übergeschnappt halten. Angesichts meiner fragwürdigen Geistesverfassung gab es noch eine dritte Möglichkeit: Da ich auf dem Weg durch das Polizeipräsidium ständig fürchten musste, Nelson über den Weg zu laufen, würde ich bei Kim, sollte ich ihn jemals finden, völlig durch den Wind sein und wahrscheinlich nur unzusammenhängendes Zeug vor mich hinbrabbeln.

Trotz des Chaos in meinem Hirn gelang es mir, Detective Sergeant Kims Büro innerhalb von vier Minuten ausfindig zu machen, auch wenn ich das Gefühl hatte, vier Jahre unterwegs gewesen zu sein. Normalerweise hätte ich es in der halben Zeit geschafft, doch ich hielt meinen Kopf gesenkt für den Fall, dass mir Nelson begegnete. Ich wagte nur aufzusehen, wenn ich sicher war, mich allein auf dem Flur zu befinden.

»Sie haben da eine wirklich interessante Theorie entwickelt«, meinte Kim ungefähr eine Viertelstunde später. Er war ein groß gewachsener Mann von Ende dreißig, der so aussah, als ob er seit dem Kauf seines Anzugs zwanzig Pfund zugenommen hätte. »Und ich danke Ihnen dafür, dass Sie sie mir erläutert haben, Ms. Singer. Ihre Überlegungen haben allerdings einen Haken.«

»Ich weiß. Niemand hat ein Motiv für einen Mord an Deirdre Giddings.«

Er verzog sein Gesicht zu einem großzügigen Seifreundlich-zu-einem-Bildungsbürger-Lächeln.

»Genauer gesagt, hatte niemand zum Zeitpunkt ihres Todes ein Motiv«, präzisierte ich meine Aussage. »In dem Punkt haben Sie völlig Recht. Aber was ist mit der Zeit vier oder fünf Monate zuvor?«

»Was meinen Sie damit?« Er wirkte eher verblüfft als ungeduldig, stellte ich zu meiner Erleichterung fest.

»Falls sie wirklich die Absicht gehabt hätte, sich das Leben zu nehmen, warum nahm sie dann Tabletten, die ihr bereits Monate zuvor verordnet worden waren? Immerhin hatte sie doch ein neues Rezept für ein Schlafmittel, das allemal dafür ausgereicht hätte, sie nie wieder aufwachen zu lassen.«

Kim musterte mich abwartend. Er verschränkte seine Arme vor der Brust und versuchte, sich mit dem Stuhl zurückzulehnen – nur dass der Stuhl nicht mitspielte. Also gab er sein Vorhaben auf und stützte seine Ellbogen auf den Tisch.

»Schauen Sie«, fuhr ich fort, »nehmen wir einmal an, Sie hätten die Absicht, Deirdre Giddings umzubringen und das Ganze wie einen Selbstmord aussehen zu lassen. Was würden Sie tun? Nun, als Erstes würden Sie sicherlich so etwas wie einen handgeschriebenen Abschiedsbrief des Opfers in dessen persönlichen Unterlagen platzieren: ›Ich kann es nicht mehr länger ertragen und mache dem Ganzen ein Ende!‹ Das alles auf dem persönlichen Briefpapier und natürlich eigenhändig unterzeichnet.«

»Was lässt Sie daran zweifeln, dass es sich tatsächlich um einen Abschiedsbrief handelt?«, fragte er, noch immer geduldig und aufmerksam. Ich war mir noch nicht sicher, ob er einfach nur ein netter Typ war oder ob es sich bei seiner Freundlichkeit nur um einen Polizisten-Trick handelte, mit dem er bei Verhören Informationen aus den Leuten herauskitzelte.

»Dieser Satz könnte alles Mögliche bedeuten«, erklärte ich. »Es könnte sich um eine Nachricht für die Haushälterin handeln, die Deirdres Blusen immer zu heiß gebügelt hat. Eine Mitteilung für die Sekretärin, die sich ständig krankmeldet. Ein Versuch, den Liebhaber loszuwerden. Oder eine Warnung an den Ehegatten, der ständig fremdgeht und lügt, dass sich die Balken biegen.«

Kim atmete tief durch, als wolle er etwas erwidern. Deshalb redete ich schneller.

»Genauso gut könnte es eine an die Geliebte ihres Mannes gerichtete Aufforderung sein, das Verhältnis zu beenden. Oder auch eine Warnung an die Exfrau ihres

Mannes – die von Deirdre noch immer geradezu besessen ist –, ihr nicht länger nachzuschnüffeln.«

»Sie behaupten also, dass sich jemand irgendwann diese Nachricht unter den Nagel gerissen hat und sich später Zutritt zu Deirdre Giddings' Haus verschaffte, um sie in der Mappe mit ihren persönlichen Unterlagen zu deponieren?«

Kim hatte eigentlich ein süßes Gesicht mit einem Ansatz zum Doppelkinn und leuchtenden, dunklen Augen, aber um seine Skepsis zu demonstrieren, zog er einseitig eine Augenbraue hoch und wirkte plötzlich wie der Anti-Held in einem *Film noir*.

»Nein. Ich sage vielmehr, dass wer immer den Mord begangen hat, die ganze Sache bereits vor Monaten eingefädelt hat, als er oder sie noch leichter Zugang zu Deirdres persönlichen Dingen hatte.«

Kim musterte mich prüfend. Sein Lächeln war zwar verschwunden, aber sein Gesichtsausdruck zeigte zumindest keine gereizte Wut.

»Meiner Einschätzung nach muss der so genannte Abschiedsbrief in der Mappe deponiert worden sein, bevor das Rezept für das Schlafmittel ausgestellt wurde und bevor es zur Scheidung kam. Befand sich der Brief in der Mappe obenauf?«

»Nein«, sagte Kim vorsichtig.

»Und zwar deshalb nicht, weil Deirdre in den vergangenen Monaten weitere Papiere – wie zum Beispiel ihre Scheidungsunterlagen – in die Mappe steckte, ohne ihren ›Abschiedsbrief‹ zu bemerken.«

»Also schön, gehen wir mal davon aus, dass Sie Recht haben«, sagte Kim gedehnt. »Wie ist es dann weitergegangen?« Offensichtlich versuchte er, mir zu folgen, tappte aber zu sehr im Dunkeln, um die Fährte aufnehmen zu können.

»Schauen Sie, was passiert denn, wenn die Todesursache bei einer Leiche zweifelhaft ist? Die Polizei nimmt Ermittlungen auf und beschäftigt sich vor allem mit der Frage, was die näheren Bezugspersonen des Betreffenden zu dem Zeitpunkt machten, als der Tod eintrat. Wenn also jemand vorhat, einen Mord wie Selbstmord aussehen zu lassen, ist es für den Täter am sichersten, sowohl zeitlich wie räumlich einen möglichst großen Abstand zwischen sich und sein sterbendes Opfer zu bringen.«

»Was also ist Ihrer Meinung nach geschehen?« Der Ton in seiner Stimme machte unmissverständlich klar, dass es sich um keine Frage handelte, sondern um die einmalige Aufforderung, entweder zur Sache zu kommen oder endlich die Klappe zu halten.

»Ich bin mir selbst nicht ganz sicher«, gestand ich, was auch nicht eben dazu beitrug, Kim wieder zum Lächeln zu bringen. »Tony Marx hat mich – und wahrscheinlich auch Sie – angelogen, indem er behauptete, Deirdre am Tag ihres Todes *nicht* gesehen zu haben.« Bevor Kim mich erneut mit einer Frage unterbrechen konnte, gab ich ihm die Erklärung für meine Feststellung. »Deirdres persönlicher Fitness-Trainer, ein gewisser Tucker, sah mit eigenen Augen, wie Tony am besagten Vormittag bei Deirdre vorfuhr.«

Kim konnte sich allem Anschein nach nur mit Mühe die Frage verkneifen, woher ich das wusste, sagte aber nichts.

»Die tödliche Dosis muss Deirdre jedoch schon vor Tonys Besuch verabreicht worden sein. Ich vermute, dass er nur deshalb nicht zugab, noch bei ihr gewesen zu sein, weil er wahrscheinlich früher mal Dreck am Stecken hatte und auf keinen Fall mit dieser Geschichte in Zusammenhang gebracht werden wollte.«

Nachdem ich Kim eine Weile erwartungsvoll angesehen hatte, bequemte er sich zu einer Antwort. »Er ist mal wegen Versicherungsbetrugs zu einer Bewährungsstrafe verurteilt worden.«

»Tony scheint Deirdre wirklich geliebt zu haben«, fuhr ich fort. »Das kann man von Barbara Giddings gewiss nicht sagen. Sie ist geradezu besessen von ihrem Hass auf Deirdre und sie kennt sogar die genaue Anzahl der Hosenanzüge in Deirdres Schrank – und deren Größe!«

»Wollen Sie damit sagen, dass sie Zugang zu den Räumlichkeiten der Verstorbenen hatte?«

»Ich weiß es nicht. Deirdre und Stan lebten in einem großen, teuren Haus, das sicherlich mit einer aufwendigen Alarmanlage gesichert ist. Einzubrechen wäre sicherlich sehr schwer. Falls überhaupt hätte Barbara wohl eher den Versuch unternommen, einen der Hausangestellten zu bestechen, damit er sie heimlich hineinließ. Aber haben Sie Barbara Giddings persönlich kennen gelernt?«

Als Kim nichts erwiderte, redete ich einfach weiter.

»Sie wirkt einfach viel zu niedergeschlagen und matt, als dass sie eine solche Tat hätte planen können, die eine Menge Mut und Einfallsreichtum verlangt. Meiner Einschätzung nach weiß sie nur deshalb so gut über Deirdre Bescheid, weil sie ihre Antennen überallhin ausrichtet und alles aufschnappt, was in der Stadt erzählt wird.«

»Dann wäre da noch die dritte Mrs. Giddings – die Künstlerin!«, bemerkte Kim.

Auf jeden Fall hörte er mir zu, und zwar sehr konzentriert, denn er spielte weder mit einer Büroklammer, noch kaute er auf einem Bleistift herum.

»Richtig. Und Ryn spielte gegen die Zeit, denn sie bekam ein Baby. Nicht dass es sie gekümmert hätte, ob das Kind ehelich oder unehelich geboren würde. Das Problem bestand vielmehr darin, Stan Giddings zur Heirat zu bewegen. Hatte das Kind erst einmal das Licht der Welt erblickt, stellte es eine unwiderlegbare Tatsache dar und Stan wäre sicherlich für den Unterhalt aufgekommen. Aber würde er eine weitere Scheidungsprozedur auf sich nehmen, nur um die Mutter heiraten zu können? Ihm musste klar sein, dass sich Deirdre niemals so billig abspeisen lassen würde wie Barbara. Vor diesem Hintergrund lief Ryn Gefahr, dass Stan das Interesse an ihr verlieren könnte, falls sich die Scheidung von Deirdre zu lang hinziehen würde. Am Ende stünde sie allein mit einem Kind von Stan Giddings da. Dessen finanzielle Unterstützung würde gewiss dazu ausreichen, die Farbe zu bezahlen, die sie mit ihren Fingern auf Leinwand schmiert, aber ein Fünfkaräter wäre dann ebenso in weite Ferne gerückt wie eine große Villa und ein Ehemann, der sicherlich imstande war, ihre Karriere als Künstlerin voranzubringen.«

»Noch irgendwelche weiteren Verdächtigen?«, erkundigte sich Kim leicht ironisch.

Jetzt beugte auch ich mich vor und stemmte meine Ellbogen auf seinen Schreibtisch, als wären wir zwei Kollegen, die gemeinsam ins Blaue hinein spekulierten.

»Ich kenne die anderen Leute in Deirdres Leben nicht«, gestand ich. »Sind Sie auf irgendjemanden gestoßen, der ein Motiv dafür haben könnte, Deirdre zu töten?«

Kim war viel zu vorsichtig, um mir einfach eine klare Antwort zu geben. Doch bevor er etwas sagen konnte, zuckte sein Kopf unwillkürlich zur Seite, als wolle er ihn schütteln. Der Detective Sergeant war selbst so verärgert über seine verräterische Geste, dass er auf seine Armbanduhr starrte und sich entschieden von seinem Tisch abstieß, als müsse er zu einer dringenden Besprechung.

»Ich muss jetzt wirklich gehen, Ms. Singer«, sagte er nicht unerwartet. »Was Sie mir erzählt haben, war sehr interessant und zeugt von großer … Kreativität.« Er stand auf und atmete tief ein – was seinem Jackett nicht gut bekam. »Glauben Sie mir, auch wir bei der Polizei müssen immer wieder Kreativität beweisen. Aber Sie haben nicht einen einzigen Beweis für ihre Vermutung, es habe sich um Mord gehandelt. Es liegen allerdings jede Menge Beweise dafür vor, dass wir es tatsächlich mit einem Selbstmord zu tun haben: der Abschiedsbrief, Zeugenaussagen über die Depressionen der Toten, das auf die Verstorbene ausgestellte Rezept für die tödliche Droge. All das lässt nur einen Schluss …!«

»Bei den Tabletten in den beiden Pillendosen, die sie bei sich trug, handelte es sich hauptsächlich um Vitaminpräparate«, fiel ich ihm ins Wort. »Riesige Kapseln, die äußerlich aus Gelatine bestehen, die sich im Magen auflöst. Bei einer ganzen Reihe von diesen Vitaminbomben kann man die zweiteilige Kapsel trennen. Und man muss kein Apotheker sein, um dreißig Nembutal im Mörser zu zermahlen, das Pulver in eine Kapsel zu füllen und sie anschließend in eine der Pillendosen zurückzulegen. Danach verlässt man am besten die Stadt oder besorgt sich auf jeden Fall ein unerschütterliches Alibi, nur für den Fall, dass die Polizei doch Ermittlungen aufnehmen sollte. Aber dann passiert etwas Unvorhergesehenes. Deirdre nimmt die präparierte Kapsel *nicht* ein. Und warum nicht? Vielleicht hat sie gerade über eine aktuelle Studie gelesen, dass zu viele Vitamine die Leber schädigen oder die Haut austrocknen lassen. Vielleicht war sie auch nur außer sich, weil ihr Mann sie fortwährend betrog. Oder aber er hatte sie gerade um die Scheidung gebeten, was ihr so sehr den Wind aus den Segeln nahm, dass sie nicht mehr auf ihre Gesundheit achtete. Unterdessen wartet der Mörder auf ihren Tod, aber sie lebt immer noch. Welche Schlussfolgerungen zieht der Mörder daraus?«

»Sagen Sie es mir?« Kim geleitete mich zur Tür, aber langsam, ohne zu drängeln.

»Dass sie die präparierte Kapsel genommen und

möglicherweise das längste, nicht aber das letzte Nickerchen ihres Lebens gemacht hat.«

»Und warum hat sie doch noch die verdammte Kapsel geschluckt?« Er hatte die Frage eher beiläufig gestellt, machte aber keine Anstalten, zu seinem wichtigen Termin zu verschwinden. Stattdessen lehnte er sich gegen den Türrahmen.

»Vielleicht, weil sie plötzlich eine andere Studie gelesen hatte, die der ersten widersprach. Möglicherweise fühlte sie sich wieder besser und kehrte deshalb zu ihrer alten, gesundheitsbewussten Lebensweise zurück. Es war allerdings Ironie des Schicksals, dass der Mörder mittlerweile nicht mehr an ihrem Tod interessiert war, weil er längst bekommen hatte, was er wollte.«

»Nämlich?«

»Deirdre hatte Stan gehen lassen.«

Er lächelte ein überlegenes Lächeln – wie der Gelehrte in einer Komödie, in der sonst nur Irre mitwirkten.

»Kommen Sie schon, Sergeant Kim, auf wen haben Sie als Täter gewettet?«

»Wie bitte?«

Sein Lächeln war wie weggewischt. Als ich sah, dass er sich endgültig davonmachen wollte, verstellte ich ihm den Weg.

»Haben Sie auf Barbara Giddings gesetzt?«, fragte ich ihn. »Sie ist noch immer besessen von Deirdre. Sie wusste auch von den beiden Pillendosen. Sie wusste jedoch nicht, dass Deirdre darin nur Vitaminpräparate bei sich trug anstelle von Aufputsch- und Beruhigungsmitteln. Außerdem bleibt nach wie vor die Frage des Zugangs zu Deirdres privaten Utensilien. Hätte Barbara es wirklich schaffen können, nicht nur einmal, sondern zweimal an Deirdres Handtasche zu kommen, um eine der Kapseln zunächst zu entwenden und später wieder zurückzulegen?«

234

Kim entschloss sich, wieder den Ausgeglichen-Humorvollen zu mimen. »Wie wär's mit der neuen, der dritten Mrs. Giddings?«, schlug er vor und blickte mich so erwartungsvoll an wie ein Kind den Weihnachtsmann.

»Auch bei ihr stellt sich dieselbe Frage. Wie hätte sie ohne Stans Hilfe die Tabletten austauschen können?«

»Das heißt …?«, begann er, führte den Gedanken jedoch nicht zu Ende.

Das Problem bestand weniger darin, ihn für meine Überlegungen zu erwärmen. Ich sah, dass er längst Feuer gefangen hatte. Aber welche Konsequenzen würde er daraus ziehen? Hatte er das Rückgrat, den Fall noch einmal aufzurollen, oder gehörte er zu den gewissenlosen Taktikern, die nur auf ihre Karriere bedacht waren? In letzterem Fall würde er es sich zweimal überlegen, plötzlich von Mord zu sprechen, nachdem er zuvor in aller Öffentlichkeit die Selbstmord-Theorie bestätigt hatte.

»Sergeant Kim«, begann ich, »ich unterrichte an der Universität Geschichte und ich arbeite in einer öffentlichen Bibliothek, die etwa dreißigtausend Bürgern offen steht.«

»Was soll das? Worauf wollen Sie jetzt plötzlich hinaus?«

»Ich will Ihnen nur erklären, dass ich mich mit den Tücken der Bürokratie auskenne und dass ich nachvollziehen kann, was Ihnen im Augenblick vermutlich durch den Kopf geht. Es könnte für Sie so aussehen, als ob Sie einen *Fehler* eingestehen müssten, falls Sie jetzt nicht mehr von einer Selbsttötung, sondern von Mord sprechen würden. Aber das muss nicht so sein. Viel wahrscheinlicher wäre es doch, dass der Leichenbeschauer gepfuscht hat oder die ersten Cops, die bei der Leiche eintrafen, oder was weiß ich. Sie aber könnten als der strahlende Held aus der ganzen Sache hervorgehen, weil Sie immer schon Zweifel an der Selbstmordversion hatten und darüber hinaus den Mut, die Wahrheit ans Tageslicht zu bringen.«

»Und was ist die Wahrheit?«, fragte Kim.

Bevor ich antworten konnte, meldete sich plötzlich aus dem Hintergrund eine Stimme, die sich offensichtlich an Kim richtete. »Hey, Andy, wie geht's?«

O mein Gott, ich erkannte die Stimme sofort. Aber ich brachte es nicht über mich, mich umzudrehen, um mich zu vergewissern.

»Es geht«, erwiderte Kim. »Und wie sieht's bei dir aus?«

»Auch nicht schlecht. Danke der Nachfrage«, antwortete die Stimme. Ein oder zwei Sekunden lang waren Schritte zu hören, die sich den Gang hinab entfernten. Wahrscheinlich war jedoch weniger eine übersinnliche Wahrnehmung als vielmehr der für einen Polizisten typische Instinkt, aus den Augenwinkeln kleinste Bewegungen wahrzunehmen, dafür verantwortlich, dass Nelson unvermittelt stehen blieb. Auf jeden Fall schlug mir das Herz bis zum Hals.

Er sah lausig aus – und zugleich einfach wunderbar. Sein ehemals grau meliertes Haar war schlohweiß geworden. Zudem hatte er die bleiche Gesichtsfarbe eines Mannes, der sein ganzes Leben lang als Staatsdiener hinter einem Schreibtisch gehockt hatte. Seine Figur wirkte allerdings noch immer recht ansehnlich, und vor allem seine großen, rehbraunen Augen waren nach wie vor wundervoll. In diesem Augenblick starrten sie mich so durchdringend an, dass mein erster Gedanke war, in meinem Gesicht wäre plötzlich irgendetwas Entstellendes zu sehen, womöglich ein aus heiterem Himmel aufgetretenes Anzeichen meines unaufhaltsam voranschreitenden Alters: zum Beispiel ein riesiges Haar, das aus der Nase wuchs, oder ein hässlicher Leberfleck, der die halbe Wange bedeckte. Nur mit großer

Mühe konnte ich dem Impuls widerstehen, mein Gesicht mit den Händen nach derlei Absonderlichkeiten abzutasten. Stattdessen schluckte ich nur krampfhaft. Sonst geschah nichts weiter. Nelson nickte mir nur kaum merklich zu und verschwand schließlich, offensichtlich ohne mich erkannt zu haben. Das war's.

Meine Reaktion bestand darin, vor Enttäuschung das Polizeipräsidium fluchtartig verlassen zu wollen. Doch irgendwie gelang es mir, die Demütigung zu ignorieren und das Gespräch mit Detective Sergeant Kim fortzusetzen.

»Wir beide wissen doch, wer als Einziger bereits vor Monaten freien Zugang zu Deirdres persönlichen Dingen hatte«, sagte ich.

»Sie reden über Stan Giddings.«

»Wir beide wissen, dass Deirdre eine Nummer zu groß für ihn war und ihn in eine Rolle drängte, die ihm nicht behagte: angefangen bei seinen Maßschuhen bis hin zu den Haarteilen. Stan konnte und wollte sich damit nicht abfinden, weil er ein Mann ist, der es nicht ertragen kann, dass man ihn infrage stellt. Er ist noch immer gewohnt, dass man ihn akzeptiert, wie er ist, und dass *er* die Hosen anhat. Zwar hatte er sich eine Frau gewünscht, die ihm mehr bot als Barbara, aber keine, die ihn mit ihrer Persönlichkeit in den Schatten stellte. Ein Mann wie Stan Giddings wollte eine Frau, die durchaus ein bisschen Karriere gemacht hatte, aber keine wirklich wichtige Rolle spielte. Und sie sollte in der Lage sein, ihm ein Baby zu schenken – einen Nachkommen, der einst sein Vermögen erben sollte. Dies war der Traum, den so viele Männer in seinem Alter haben. Stan wünschte sich ein Kind, das in dem Haus aufwachsen sollte, in dem schon sein Großvater gelebt hatte. Und Stan wollte selbst das Leben eines reichen Fürsten führen, der im Winter in Palm Springs residiert. Womit war er doch gerade beschäftigt, als Deirdre starb? Er kam aus Florida zurück, wo er sich ein paar Immobilien angeschaut hatte. Aber da war jemand, der all diese Träume platzen lassen konnte: Deirdre!«

Kim schüttelte den Kopf. »Warum konnte er nicht einfach warten, bis die Scheidung durchgefochten war? Warum sollte er das Risiko auf sich nehmen, seine Frau zu ermorden?«

»Weil er nicht nur völlig gewissenlos ist, sondern auch noch eingebildet und über alle Maßen arrogant. Es ging ihm darum, seinen Willen durchzusetzen, *was* immer und *wann* immer er wollte! Er wollte die Scheidung und er wollte ein Kind, also schwängerte er Ryn. Aber Deirdre weigerte sich mitzuspielen. Irgendwie muss sie herausbekommen haben, dass das Baby unterwegs war. Möglicherweise hat er es ihr sogar selbst gesagt. Doch es gelang ihr, ihn länger hinzuhalten, als laut Ehevertrag nötig gewesen wäre. Mit einer solchen Dreistigkeit hatte er nicht gerechnet, deshalb kochte er vor Wut. Er wollte auf schnellstem Wege geschieden werden, und da Deirdre Schwierigkeiten machte, musste sie eben aus dem Weg geräumt werden. Ich bin mir sicher, dass Sie bei einer Überprüfung feststellen würden, dass Stan bereits vor Monaten eine ganze Weile außerhalb der Stadt verbracht hat: nämlich zu der Zeit, als der ›geplante Selbstmord‹ stattfinden sollte.«

Kim schob seine Hände in die Hosentaschen. »Und wie soll ich all das beweisen können?«, fragte er skeptisch.

Später am Abend rief er mich zu Hause an. Im Bericht des Leichenbeschauers stand tatsächlich vermerkt, dass in Deirdres Magen Spuren von Gelatine gefunden worden waren: genug, um von einer großen Kapsel stammen zu können.

Danach wurde meine Geduld erneut auf eine harte Probe gestellt. In einer klassischen Detektivgeschichte wäre ich Kims Assistent gewesen, der ihn auf ein paar kaum sichtbare Reste von Vitamin C und Nembutal in Stans Jackentasche aufmerksam gemacht hätte. Oder ich hätte Stan Giddings unter einem Vorwand in ein Lokal gelockt, um anschließend die von ihm benutzte Kaffeetasse auf Speichelreste untersuchen zu lassen. Und – o Wunder – per DNS-Analyse hätte sich gezeigt, dass sein Speichel mit dem identisch war, den man in einigen kleinen Flecken auf dem so genannten ›Abschiedsbrief‹ gefunden hatte. Aber im echten Leben laufen die Dinge meistens nicht so glatt wie in einem Roman.

Doch Ehre, wem Ehre gebührt. Detective Sergeant Kim machte seine Hausaufgaben zwar spät, aber er machte sie. Von zwei Künstlern, die mit Ryn befreundet waren, erfuhr er, dass sie Stan ein Ultimatum gestellt hatte: Entweder es gelang ihm, die Scheidung binnen eines Monats durchzusetzen, oder aber sie würde das Kind abtreiben lassen. Auf die Frage, ob es Ryn darum gegangen sei, das Kind ehelich zur Welt zu bringen, hatten die Zeugen nur gelacht. Ryn habe immer schon sehr genau gewusst, was sie wollte. Das Baby sei nur Mittel zum Zweck gewesen und der Zweck bestand in der Ehe mit Stan. Keine Ehe, kein Baby.

Und Stan war im Oktober zusammen mit Ryn tatsächlich einen Monat lang in Maine gewesen, also zu der Zeit, als er die Scheidungsklage eingereicht hatte und auf Deirdres ›Selbstmord‹ wartete. Danach hätten er und Ryn zurückkehren und in aller Ruhe heiraten können. Aber da der Plan schiefging, kostete ihn seine Freiheit letztendlich eine zusätzliche »Ablösesumme von schlappen dreieinhalb Millionen Dollar« – so die Worte von Detective Sergeant Kim.

Darüber hinaus stellten die Ermittler Stans Fingerabdrücke auf einem Fläschchen mit Vitaminpräparaten fest, das sich in dem Badezimmer neben Deirdres Fitnessraum befand. Was denn das beweisen würde, brüllte Stans Anwalt den Staatsanwalt an, der die erneute Untersuchung leitete. Nur, dass Mr. Giddings dem Fläschchen vermutlich ein Vitaminpräparat entnommen habe, erwiderte der Staatsanwalt in aller Bescheidenheit. Am Ende zahlten sich jedoch die großzügigen Wahlkampfspenden aus, die Stan den örtlichen Kandidaten aller Parteien zukommen ließ. Mangels Beweisen wurde auf eine Anklageerhebung verzichtet.

Aber auch wenn der Gerechtigkeit nicht mehr zum Sieg verholfen werden konnte, so hatte doch *Newsday* irgendwie Wind von der erneuten Aufnahme des Ermittlungsverfahrens bekommen, und auch davon, dass plötzlich Deirdres Exehemann unter Mordverdacht stand. Stan und Ryn zierten daraufhin am nächsten Tag die Titelseite.

»Meinst du, dass unsere heutige Ausgabe ein bisschen zur Rehabilitierung deiner Freundin Deirdre beitragen wird?«, fragte Nancy, die mich an dem Morgen anrief. »Ich habe bewusst auf das Gesülze verzichtet, Stan als ›respektablen Geschäftsmann‹ zu feiern. ›Erbe eines Socken-Imperiums‹ schien mir boshafter. Mehr konnte ich leider nicht tun, denn mit ›alternder Playboy‹ war mein Chefredakteur nicht einverstanden.«

»Nancy, ich danke dir von ganzem Herzen!«, jubelte ich und hielt die Zeitung auf Armeslänge entfernt, um das Foto genießen zu können. Es zeigte eine unglücklich dreinblickende Ryn und einen wutschnaubenden Stan beim Verlassen der Kirche. Sie hielten ihr Baby zwischen sich, als handle es sich dabei um ein Bündel, das keiner von beiden entgegennehmen wollte.

»Und du sitzt nicht da und heulst dir wegen Nelson die Augen aus?«, bohrte Nancy nach.

»Keine Sorge.«

»Dir ist nicht auf den Magen geschlagen, dass du ihm so nah warst, ohne mit ihm auch nur ein persönliches Wort zu wechseln?«

»Aber nein.«

»Du wirst bestimmt keine Dummheiten machen – zum Beispiel ihn anrufen?«

»Nein«, versicherte ich ihr.

»Oder ihm Bobs Nachruf zufaxen?«

»Du bist geschmacklos, Nancy.«

»He, ich dachte, ich sei eine gute Freundin?«, erwiderte sie mit gespielter Empörung.

»Du bist die beste, die man sich nur wünschen kann.«

»Nein, Judith. Es gibt keine bessere Freundin als dich – obwohl du unverständlicherweise eine Menge Energie für diese langweilige Kuh Deirdre verschwendet hast, die anscheinend nur Klamotten und Geld im Kopf hatte. Na ja, Friede sei mit ihr. Ich will dich damit bestimmt nicht beleidigen, aber meinst du nicht auch, dass …«

»Warte mal eben, Nancy. Da ist ein Anruf auf der anderen Leitung. Ich melde mich gleich wieder.«

An jenem Tag wartete Nancy vergebens auf meinen Rückruf, denn auf der anderen Leitung war Nelson Sharpe.

»Hallo, Judy«, sagte er, und dann …

Doch das ist eine andere Geschichte.

Judith Kelman

Müllentsorgung

Dem altertümlichen Kerosinofen war offensichtlich der Brennstoff ausgegangen. Leonora Mathis rieb sich ihre bratpfannengroßen Hände über dem letzten bisschen Wärme, das der Ofen noch abgab. »Jan telefoniert jetzt schon eine halbe Ewigkeit. Ich würde sagen, wir fangen ohne sie an.«

»D-das finde ich a-auch.« Midgie Stricklands Zähne klapperten wie kleine Kastagnetten. »J-je eher wir mit diesem niederträchtigen Casanova fertig sind, d-desto eher können wir in die Zivilisation zurückkehren.«

»Was würde ich jetzt für elektrischen Strom, fließendes Wasser und eine Zentralheizung geben«, stöhnte Leonora. »Ich sage euch, sobald ich nach Hause komme, werde ich mir ein extra heißes Bad einlassen und mindestens eine Woche lang darin liegen bleiben.«

Celeste Lapointe ließ mit unglücklicher Miene den Kopf hängen. Ihr blondes Haar sah so schlaff und traurig aus wie verwelkte Blütenblätter.

»Bitte verzeiht mir. Ich hatte ja keine Ahnung, dass diese Blutsauger den Strom hier im Camp einfach abdrehen würden, obwohl ich beteuert hatte, die Rechnung zu bezahlen, sobald ich mich finanziell wieder erholt hätte. Als ich hier eintraf und bemerkte, dass weder die Heizung noch das Licht funktionierte, war es leider schon zu spät, um euch noch zu erreichen und die Pläne zu ändern. Ihr könnt euch gar nicht vorstellen, wie schrecklich Leid mir das alles tut, ehrlich.«

Regina Patterson, herb und drahtig wie ein Dobermann, nahm einen tüchtigen Schluck aus ihrem versilberten Flachmann. Ihr rabenschwarzes Haar glänzte im flackernden Kerzenlicht wie eine Öllache. »Offen gesagt interessiert es mich nicht besonders, wie Leid es dir tut, Celeste. Dadurch wird mir auch nicht wärmer. Und dich herumjammern zu hören macht meine Lage auch keinen Deut bequemer. Ich stimme mit Midgie und Leonora vollkommen überein. Lasst uns nicht länger warten und diesem elenden Schürzenjäger endlich den Garaus machen. Dann können wir von hier verschwinden, je schneller, desto besser.«

Barbie Breslow, die so schüchtern war, dass man sie beinahe nicht wahrnahm, hob ihre Hand mit einer hilflosen Geste. Sie erinnerte an eine kaputte Schranke, die bereits auf der Hälfte der Strecke den Geist aufgab. »Es wäre aber nicht fair, wenn Jan den Mord verpassen würde. Immerhin ist er der absolute Höhepunkt unserer jährlichen Wiedersehenstreffen.«

»W-wenn sie wirklich dabei sein möchte, dann k-kann sie ja schließlich das endlose G-Gequassel mit ihrem Handy, das nun schon eine h-halbe Stunde dauert, b-beenden und ihren A-Arsch zu uns herüberbewegen«, erklärte Midgie entschlossen. »Ich werde j-jedenfalls nicht hier herumhängen und abwarten, b-bis ich mir eine L-Lungenentzündung geholt habe. Die Mehrheit entscheidet. Wer ist also dafür, d-die Sache zu beginnen? Wie steht's mit dir, Leonora?«

»Lassen wir Celeste das Signal geben. Schließlich ist das hier ihr Höllenloch und sie ist die Gastgeberin.«

Tränen stiegen in Celestes schlammbraune Augen. Zwei Tage ununterbrochenen Heulens hatten ihre Lider anschwellen lassen und das Weiß der Augäpfel in ein zartes Rosa verwandelt, das ihr Ähnlichkeit mit einem Albino-Kaninchen verlieh.

»Es gehört mir ja gar nicht mehr. Ab morgen fällt das Camp der Sackwell Corporation in die Hände, die es bei der Zwangsversteigerung von der Bank gekauft hat. Schon nächste Woche kommen die Bulldozer und werden das Camp dem Erdboden gleichmachen. Diese Geier werden an diesem wunderschönen Ort einen weiteren dieser abscheulichen Schnäppchenläden mit billigen Fabrikverkäufen errichten. Dabei sind die ehemaligen Bewohner des Camps immer wieder gerne hierher zurückgekommen, um ihre Enkel und Urenkel zu besuchen. Und nun sollen hier irgendwelche Fabriküberschüsse und Remittenden verschleudert werden. Es ist so traurig, dass ich mir am liebsten einen Strick kaufen würde.«

»Ich verstehe dich voll und ganz«, wurde sie von Leonora getröstet. »Und vergiss nicht, Celeste, dass es ohne diesen verdammten Romeo gar nicht erst so weit gekommen wäre. Wenn er dich nicht so schamlos betrogen hätte, dann wärst du gar nicht erst in diese finanziellen Probleme geraten. Und wenn er dich nicht wie eine Ladung billigen Industriemüll weggeworfen hätte, dann wärst du auch nicht in diese manische Depression verfallen und hättest das Camp nicht verloren. Aber jetzt hast du die Chance, dich zu rächen. Sag uns, wie willst du es ihm heimzahlen?«

Celeste seufzte tief. »Ich befürchte, ich muss euch schon wieder enttäuschen. Seit Wochen bemühe ich mich darum, eine angemessene Methode zu ersinnen, wie man dieser Riesenratte den Garaus machen könnte. Aber mir ist nichts, aber auch gar nichts eingefallen. Vergiften ist passé, Aufknüpfen ist reine Wildwestmanier. Erwürgen ist nur ein Klischee und lebendig Häuten – nee!«

Barbie Breslow kicherte hinter vorgehaltener Hand. »Das hat sich ja richtig gereimt, Celeste. Wie süß!«

Trotz zahlreicher Faceliftings, die ihre Haut so dünn und gespannt wie Pergamentpapier gemacht hatten, runzelte Regina die Stirn. »Etwas Süßes ist wohl nicht gerade das, was wir brauchen. Midgie, wie schaut's mit dir aus? Dir hat es doch noch nie an teuflischer Fantasie gefehlt. Was hast du dieses Jahr für uns in petto?«

Ein verschlagenes Grinsen zog sich quer über Midgies Mondgesicht. »Um ehrlich zu sein, sah es auch bei mir erst ziemlich trübe aus. Aber letzte Woche habe ich im Fernsehen eine Sendung über seltene Kaktusse gesehen, die nur in einem Dschungel im tiefsten Afrika vorkommen. Wenn du einen davon berührst oder ihm auch nur zu nahe kommst, dringen die Stacheln in die Haut ein und lassen sich nicht mehr entfernen. Sie sondern ein schreckliches Gift ab, das sich im ganzen Körper verteilt. Es verursacht so entsetzliche Schmerzen, dass die meisten der Opfer durchdrehen und irgendwann in den Selbstmord getrieben werden. Dabei ist mir eingefallen, dass wir doch versuchen könnten, an so einen Kaktus heranzukommen, und unseren Charmeur dazu bringen könnten, ihn zu berühren. Er würde alles bekommen, was er verdient – und noch mehr.«

Leonora verdrehte die Augen. »Der Plan hat aber etliche Schwachpunkte, Midgie. Erstens, wie würdest du mit solch einer Pflanze fertig werden, ohne selber in Gefahr zu geraten? Zweitens, wie sollten wir an sie herankommen? Einfach in den gelben Seiten blättern? Außerdem heißt es Kakteen und nicht Kaktusse.«

»Ja, der Vorschlag ist einfach lächerlich«, stimmte Regina zu. »Du hättest ebenso gut vorschlagen können, dass wir ihn von einem tollwütigen Einhorn beißen oder von Superman zu Mus hauen lassen sollten.«

»Dann lass uns doch hören, was du auf Lager hast, Madame Besserwisserin«, konterte Midgie beleidigt.

»Es ist mir ein Vergnügen.« Regina zog die Augenbrauen vielsagend hoch, während sie einen weiteren kräftigen Schluck aus ihrem Flachmann nahm. »Meine Idee ist, ihn an den Handgelenken und Knöcheln mit Lederriemen auf einer Liege festzubinden. Dann konstruieren wir eine Art schwingendes Pendel mit einem rasierklingenscharfen Ende. Das hängen wir über ihm an der Decke auf und sorgen dafür, dass es sich sehr, sehr langsam immer tiefer über ihm absenkt und ihm immer näher kommt. Außerdem werden wir über seinem Gesicht einen Spiegel anbringen und seine Augenlider mit Klebeband gewaltsam geöffnet halten, sodass er gezwungen ist zuzusehen, wie die Klinge sich seinem edelsten Teil immer bedrohlicher nähert.« Regina kicherte vor teuflischem Vergnügen. »Na, ist das eine fantastische Idee oder nicht?«

»Du schlägst *schon wieder* eine Kastration vor? Hatten wir das nicht schon?«, wandte Celeste ein.

»Das würde ich auch sagen«, stimmte Midgie zu. »Sein edelstes Teil abhacken, pulverisieren, unbrauchbar machen – das kennen wir schon. Das ist zum Gähnen, wenn nicht gar zum Einschlafen.«

»Du hast gut reden, Dickbacke. Du kannst doch nur wie ein Papagei das nachplappern, was du im Fernsehen hörst. Du hast doch nie neue Ideen, sondern wiederholst dich nur immer wieder«, gab Regina schnippisch zurück.

»Wiederholungen, Regina? Du meinst, wie deine Besuche beim Schönheitschirurgen? Und was meine angeblich ›dicken Backen‹ betrifft – wenn du nicht so eine blutleere und ausgemergelte Alkoholikerschlampe wärst, dann hättest du auch nicht so eine faltige Runzelfotze.«

»Oh, du miese kleine …!«

Regina sprang aus ihrem Sessel auf und ging Midgie mit ausgestreckten Händen – allem voran mit ihrem sechzehnkarätigen, makellos geschliffenen Diamantring – an den stämmigen, kurzen Hals.

Leonora packte Regina bei ihren Streichholzarmen und ließ sie zappeln wie einen Fisch an der Angel.

»Okay, das reicht. Schluss jetzt!«

Als ehemalige Ermittlerin beim Morddezernat und jetzige Strafverteidigerin war sie es gewohnt, kritische Situationen in den Griff zu kriegen. Ihr strenger Blick ließ beide Frauen auf die Klappstühle zurücksinken.

»Ich vermute, wir tun uns alle dieses Jahr so schwer, weil wir im Grunde längst über ihn hinweg sind«, erklärte Leonora. »Schaut euch doch einmal an! Midgie hat eine ganze Menge an Übergewicht verloren und ihre Praxis läuft besser denn je. Celeste mag das Camp verloren haben, aber sie hat eine ganz neue Karriere als Krankenschwester begonnen. Jan ist in ihrer Firma zur leitenden Drogistin befördert worden. Barbie verdient mit dem Verkauf frisch renovierter Häuser einen Batzen Geld und Regina hat sich einen neuen Typen mit einer megadicken Brieftasche geangelt. Mein Stern ist ebenfalls gestiegen, seit ich die Mordanklage gegen ›Freddy die Faust‹ abschmettern konnte. Die Crème de la Crème der Halbwelt steht jetzt Schlange bei mir, um mich zu engagieren: selbst solche Kerle wie ›Fritze, der Schlitzer‹ und ›Rudi die Ratte‹. Aber was noch besser ist, ich habe seit dem Superbowl im letzten Jahr kein Wettbüro mehr betreten. Ich habe sogar die Telefonnummer von meinem Buchmacher gelöscht. Das Leben meint es eigentlich gut mit uns.«

Regina stülpte ihre mit Kollagen aufgepumpten Lippen nachdenklich nach vorne. »Du hast vollkommen Recht, Leonora. Was kümmert uns dieser verdammte Mistkerl denn noch? Ich möchte am liebsten keinen Gedanken mehr an ihn verschwenden. Ich habe Gott weiß was Wichtigeres zu tun. Zum Beispiel muss ich Arthur dabei helfen, möglichst viel von seinem schönen Geld auszugeben.«

»Hört, hört«, fiel Celeste ihr ins Wort. »Habt ihr schon vergessen, dass dieser Schleimer uns nicht nur missbraucht und entwürdigt hat, sondern auch schamlos angelogen und ausgeraubt? Er hat unser Selbstwertgefühl am Boden zerschmettert und uns alle in eine

Phase der Selbsterniedrigung getrieben. Das wisst ihr doch alle nur zu genau.«

»Du hast Recht«, stimmte Midgie ihr zu. »Ich plädiere deshalb dafür, dass dies hier unsere letzte Versammlung ist, auf der wir unseren Rachegelüsten freien Lauf lassen. Wenn wir uns von nun an treffen, dann sollte es ein rein geselliges Zusammensein werden.«

»Eine exzellente Idee. Wir könnten ein nettes gemeinsames Abendessen zu uns nehmen und sogar unsere Freunde mitbringen«, sagte Celeste. »Ich wollte es eigentlich für mich behalten, aber warum sollt ihr nicht wissen, dass ich einen sehr netten Mann kennen gelernt habe? Wir haben uns während meines Bankrottverfahrens getroffen. Uns hat zur gleichen Zeit das gleiche Schicksal ereilt. Habt ihr je etwas Romantischeres gehört?«

»Zu meiner College-Zeit hatten mein Schatz und ich einmal zur gleichen Zeit eine Magen-Darm-Grippe«, bemerkte Midgie.

»Wir könnten für unsere erste Soiree Arthurs Sommerhaus in Bedford Hills nutzen«, schlug Regina vor. »Seine Angestellten sind unglaublich. Arthur hat den Koch vom ›Vier Jahreszeiten‹ und den Butler des Sultans von Brunei abgeworben.«

Midgie strahlte vor Begeisterung. »Das hört sich ja fantastisch an. Wie wär's mit Champagner und Musik?«

»Selbstverständlich. Ich werde Arthur bitten, einige seiner Freunde einzuladen. Die drei Tenöre wären doch was. Oder vielleicht auch Barbra, wenn sie verspricht, nicht dieses furchtbare Lied ›People who need Peeeeple‹ zu jaulen.«

»Was denkst du … ich meine, wenn es nicht zu viel verlangt ist … wäre es dann wohl möglich, dass wir auch tanzen?«, fragte Barbie.

»Natürlich. Wir werden schon ein nettes Orchester

auftreiben. Vielleicht sogar das London Philharmonic.«

In diesem Augenblick wurde die Tür zu dem Raum, in dem sie sich befanden, aufgerissen, und ein scharfer eiskalter Windstoß wehte herein. In der offenen Tür zeichnete sich die Silhouette Jan Schragers gegen die schwarze, stürmische Nacht ab.

»Komm herein, Jan, damit wir dir unsere Entscheidung vortragen können«, rief Leonora aus.

Jan, eine schlanke Frau mit auffallend leuchtend rotem Haar, stand wie angewurzelt auf der Türschwelle. Ihr stolz geschnittenes Gesicht mit den hohen Wangenknochen war vollkommen ausdruckslos. Der scharfe Wind wehte ihr die langen zimtfarbenen Haare ins Gesicht. Trotz der schneidenden Kälte trug sie lediglich eine dünne Baumwollbluse und einen leichten Wollrock. Die Kälte schien sie nicht im Geringsten zu berühren.

»Um Himmels willen, mach die Tür zu! Wir werden uns alle eine Lungenentzündung holen!«, schimpfte Midgie.

Als Jan immer noch nicht reagierte, nahm Regina die Sache in ihre kräftigen Hände. Sie eilte zur Tür und packte Jan bei den Schultern. »Rein mit dir!«, befahl sie Jan, während sie die rustikale Holztür kurzerhand hinter ihr schloss. »Nun beweg dich schon! Lass dich nicht länger bitten!«

Regina schob Jan in den Versammlungsraum und manövrierte sie wie einen schwergängigen Einkaufswagen zu dem Kreis von nicht mehr ganz taufrischen Klappstühlen.

Als das flackernde Licht der Kerzen auf Jans Gesicht fiel, schlug Midgie sich die Hand vor den Mund.

»Was ist los mit dir, Jan? Was ist passiert? Mein Gott, ich glaube, sie hat einen Schock erlitten.«

»Sie muss sich erst einmal hinsetzen und tief Luft holen. Ich kümmere mich darum.«

Mit routinierten, professionellen Bewegungen maß Celeste Jans Puls und unterzog sie einer genaueren Begutachtung. Nach einem Blick in ihre abwesend dreinblickenden Augen stellte sie die Diagnose.

»Es ist kein echter Schock, aber sie ist sehr durcheinander, das steht fest. Jan, Liebes, kannst du mich hören? Bist du verletzt oder krank?«

»*Er* steckt dahinter. *Er* hat sich an mein Baby herangemacht. Das Ganze ist ein Alptraum. O Gott, nein!«, jammerte Jan.

»Schhhhh, Liebes«, versuchte Celeste sie zu beruhigen. »Was sagst du da? Du hast doch gar kein Baby. Erzähl uns alles von Anfang an. Ganz in Ruhe.«

Jan erzitterte und holte tief Atem. »Ich habe einen Anruf von Lydia, meiner Jüngsten, bekommen. Sie studiert erfolgreich Architektur. Liddy ist schon immer ein großartiges Mädchen gewesen: intelligent, aufmerksam und warmherzig. Leider ist sie ein wenig schüchtern, sodass sie nie einen besonders großen Freundeskreis gehabt habt.«

»Das kann ich sehr gut nachvollziehen«, seufzte Barbie.

»Sie rief mich an, um mir zu erzählen, dass sie einen wundervollen Mann kennen gelernt hat«, fuhr Jan fort. »Er sei zwar schon etwas älter, sagte sie, aber er sei so fantastisch, dass der Altersunterschied überhaupt nichts ausmache. Sie erzählte weiter, dass er ein begnadeter Stadtplaner sei, ein regelrechtes Genie mit großartigen Visionen. Sie habe deshalb beschlossen, in seine Firma zu investieren. Diese verfolge nämlich das Ziel, den Prototyp für *die* Wohnanlage des neuen Jahrtausends zu entwickeln. Meine Exschwiegermutter ist im vergangenen Jahr gestorben und hat den drei Mädchen jeweils ein hübsches Sümmchen hinterlassen. Unklugerweise hat die alte Dame das Geld nicht fest angelegt, sodass Liddy über ihren Anteil frei verfügen kann.

Ich hatte gehofft, dass sie es als Notgroschen für schwierige Zeiten zurücklegen würde.«

Jan krümmte sich, als ob sie einen Schlag in die Magengrube bekommen hätte.

»Mein Gott, ich muss es ihm gegenüber irgendwann einmal erwähnt haben. Wie sollte er sonst davon erfahren haben?«

»Moment, Jan. Da kommen wir nicht mehr ganz mit. *Was* willst du *wem* gegenüber erwähnt haben?«, hakte Leonora mit der für Anwälte typischen Ruhe und Präzision nach.

»Ich muss Carl, oder wie immer er wirklich heißen mag, davon erzählt haben, dass Liddy beim Tod ihrer Großmutter erben würde. Da hat es natürlich bei ihm geklingelt. Ihr wisst doch am besten, was für ein Parasit er ist. Er ist ein wahrer Meister darin, hilflose Frauen auszuhorchen, falls er eine Möglichkeit wittert, durch sie an Geld heranzukommen.«

Regina schoss unter ihrer Dauerbräune die Zornesröte ins Gesicht. »Höre ich recht? Soll das etwa heißen, dass diese Ratte, dieses Monster, dieser verdammte, ekelhafte Schleimer sich an deine Tochter herangemacht hat?«

Jan begann zu weinen. »Ich hab es zuerst auch nicht glauben wollen. Aber es kann sich nur um ihn handeln. Liddy hat ihn mir genau beschrieben: sanftmütig, charmant und mit Augen so blau wie das Eis der Antarktis.«

»Vielleicht ist es noch nicht so schlimm, wie du denkst, Jan. Wie weit ist die Sache zwischen den beiden bis jetzt gegangen? Hat sie die Tätowierung erwähnt?«, wollte Leonora wissen.

»Ja – Gott steh mir bei«, heulte Jan. »Liddy erzählte mir, ihr Freund habe einen kleinen roten Skorpion eintätowiert. Sie hat natürlich keine Ahnung, dass ich nur zu genau weiß, wo sich dieser Skorpion befindet und dass ich ihn aus intimer Nähe gesehen habe. Arme Liddy. Meine arme Kleine. Was soll ich nur tun?«

»Hast du ihr denn nicht *sofort* reinen Wein eingeschenkt und sie vor ihm *gewarnt*?«, rief Regina entsetzt aus. »Bist du denn von allen guten Geistern verlassen?«

»Ich wollte es ja tun. Aber ich konnte es einfach nicht übers Herz bringen. Sie ist noch so jung, so offenherzig, so vertrauensvoll. Wenn sie erfährt, dass sie lediglich das Opfer eines skrupellosen Gewohnheitsverbrechers geworden ist, dann würde es ihr das Herz brechen. Eine solche Erfahrung würde Liddy vollkommen verändern. Es würde sie verbittern und so hart machen, wie wir es bereits geworden sind. Den Gedanken kann ich einfach nicht ertragen. Es muss einen anderen Weg geben.«

Die Frauen verfielen in ein beredtes Schweigen, während sie in Gedanken das Leid noch einmal durchlebten, das *er* ihnen zugefügt hatte. Die Stille wurde lediglich durch das Heulen des Windes durchbrochen, der den Verlust von Liddys Unschuld zu beklagen schien.

So viele waren ihm schon zum Opfer gefallen. Dieser Mann machte es sich zum Sport, Frauen zu finden, mit denen er leichtes Spiel hatte. Er wählte sie mit großer Sorgfalt aus, um sie dann heimlich zu beobachten, bis er den sichersten Weg gefunden hatte, um sich in ihre Herzen und ihre Brieftaschen zu schleichen und ihnen alles, was von Wert war, zu stehlen.

Er war ein überaus talentiertes Chamäleon, das seine Identität mühelos der jeweiligen Situation anpassen konnte. Als Regina ihm auf einer Gala in Greenwich begegnet war, hatte er sich als Vernon March ausgegeben: ein wohlhabender Gentleman aus dem Süden, durch und durch ein Philanthrop. Ihre überraschend vielen Gemeinsamkeiten und Interessen hatten Regina so beeindruckt wie weniges zuvor in ihrem Leben.

Auch sie glaubte fest an die Macht der Wohltätigkeit – vor allem, wenn sie im eigenen Hause begann. Darüber hinaus hatte er so wundervolles, platingrau meliertes Haar und Augen von der Farbe kostbarster blauer Diamanten. Diese Augen hatten sie sogleich an wertvolle Ohrringe erinnert und sie war in ein hoffnungsloses Schwärmen verfallen.

Barbie Breslow gegenüber war er als liebevoller Vater und bedauernswerter Witwer aufgetreten, der für die Kinder aus der Nachbarschaft stets zu einem Hockey-Match auf der Wiese bereit war. Er stellte sich ihr als David Steinberg vor, von Beruf Buchhalter aus dem nahen Westport. Er vertraute ihr darüber hinaus an, dass er ein eher introvertierter Typ sei, was es ihm außerordentlich schwer gemacht hätte, neue Freunde kennen zu lernen, seit seine teure Marylin vor zehn Jahren von ihm gegangen war. Er erzählte, dass Marylin den Kampf gegen ein schweres Herzleiden verloren habe – zufällig das gleiche Schicksal, das Barbies geliebten Gatten Sam ereilt hatte. Vor Scham errötend, hatte er ihr eröffnet, dass seine größte Leidenschaft das Tanzen sei. Ein erstaunlicher Zufall, denn Barbies Passion waren argentinischer Tango, Salsa und Swing. Sie sammelte Originalaufnahmen von alten Schwarzweißfilmen mit Fred Astaire und suchte im örtlichen Secondhandshop stets nach Ballkleidern, wie Ginger Rogers sie getragen hatte.

Midgie hatte ihn bei einer Zusammenkunft der ›Anonymen Übergewichtigen‹ getroffen. Hinterher – bei einem Stück Käsetorte im Bull's-Head-Imbiss – hatte er ihr offenbart, dass sein Name Charlie Baumwaller sei. Ein geradezu unglaublicher Zufall wollte es, dass seine Vorfahren aus dem gleichen kleinen Ort in Deutschland stammten wie Midgies. Er verriet ihr, dass er schon immer hatte abnehmen wollen, aber dass seine Exfrau sich darüber, ebenso wie über all seine Pläne und Wünsche, stets nur lustig gemacht habe. Die Phase der Scheidung sei eine sehr schmerzvolle Zeit gewesen, was Midgie aus eigener Erfahrung nur allzu gut nachempfinden konnte. Drei Jahre zuvor war ihr Mann nach neunzehn Jahren Ehe mit einer aufreizend selbstbewussten Fitness-Trainerin namens Pammy durchgebrannt. Charlies Ex-Frau hatte ihn wegen des jungen und attraktiven Leiters der biologisch-organischen Abteilung eines Lebensmittelvertriebs verlassen. Midgie und ihr neuer Bekannter hatten zusammen ein zusätzliches Dessert, genauer gesagt ein Stück Apfelkuchen *à la mode* genossen, um gemeinsam über ihre schmerzliche Vergangenheit hinwegzukommen.

Celeste hatte er sich als Jean-Paul La Croix vorgestellt. Er sei ein aus Genf stammender Kardiologe und vertrete die Überzeugung, dass Freizeit-Camps für das Wohlergehen einer Familie wichtiger seien als Krankenhäuser. Leonora wiederum lernte ihn in einer Sport-Bar kennen, wo die beiden bis zur Polizeistunde an einem düsteren Dezembermorgen gesessen, Wiederholungen von Sportübertragungen gesehen und sich über ihre auffällig ähnlichen Wettverluste ausgetauscht hatten. Diesmal hatte er sich als Ricky Moran ausgegeben.

Um Jan war es geschehen gewesen, als er sie in dem Geschäft, in dem sie als Apothekerin arbeitete, vor den Übergriffen eines gewalttätigen Kunden bewahrt hatte. Der Mann hatte Viagra verlangt. Als sie ihm erklärt hatte, das potenzsteigernde Medikament nur auf Rezept herausgeben zu können, hatte der Kerl sie beim Kragen ihres Kittels gepackt und fest zugedrückt.

»Das hier ist mein Rezept«, hatte er geknurrt. »Also her mit dem Zeug!«

Vor Angst und Atemnot wäre sie beinahe in Ohnmacht gefallen, als ein gut aussehender Kunde mit auffällig blauen Augen den Angreifer mithilfe einer Packung extragroßer ›Binden für die Nacht‹ außer Gefecht setzte.

Jans Retter hatte sich als Carl Simmons vorgestellt. Nachdem er sich vergewissert hatte, dass Jan unversehrt geblieben war, hatte er seinem Ärger über den brutalen Übergriff deutlich Ausdruck verliehen. Einer wissenschaftlich qualifizierten und engagierten Expertin wie ihr solle man mit dem gebührenden Dank und Respekt begegnen, anstatt sich so schamlos zu gebärden. Sie hatte dankbar in die großen, eisblau schimmernden Augen gesehen – und schon war es passiert.

Der Rest hatte sich für alle Frauen als der gleiche Horrortrip entpuppt. Der Schürzenjäger mit den vielen Namen hatte ihnen das Herz gebrochen, ihre Brieftaschen geleert, ihre Hoffnungen zerschmettert und rücksichtslos ihr Leben zerstört.

Nachdem sie eiskalt von ihm fallen gelassen worden war, hatte Barbie fast ein ganzes Jahr lang nur noch in ihrer Küche verbracht und wie am Fließband Backblech auf Backblech an Knusperkeksen produziert. Midgies Gewicht war bis zur Rekordmarke von zweihundertzweiundsechzig Pfund in die Höhe geschnellt. Celeste hatte sechs Monate lang krank im Bett gelegen, was ihr härtester Konkurrent, der Besitzer des Camp Watasconset, dazu nutzte, um ihr zahlreiche ihrer besten Kunden abzuwerben. Jan hatte unter Schlaflosigkeit, nervösen Zuckungen und Hautausschlägen gelitten und zu starken Medikamenten greifen müssen, um Linderung zu finden. Der Inhaber von Leonoras Wettbüro konnte sich endlich den Porsche Boxter leisten, auf den er schon seit Jahren ein Auge geworfen hatte. Reginas gesamtes Hauspersonal hatte gekündigt, und wegen ihrer Geldknappheit, die sich natürlich auch bei den infrage kommenden Bewerbern herumsprach, konnte sie lediglich ein neues Zimmermädchen und eine Hausmasseuse finden. Als Folge hiervon versank sie in große Depressionen.

Die Dinge hätten sich noch lange auf so tragische Weise weiterentwickeln können, wenn das Schicksal nicht seinen Lauf genommen hätte. Die zweitbeste Schulfreundin von Barbies jüngster Tochter hatte sich eine Grippe zugezogen, und Barbie machte sich zu ihr auf, um ihr sechs Dutzend Kekse und ein Blech mit Schokokuchen zu bringen. Die Mutter des kranken Kindes war Celeste, die aus ihrem Zimmer herausgeschlichen kam, um die Tür zu öffnen. Barbie, die stets ein gutes Wort für jeden hatte, gratulierte Celeste zu ihrem schönen Haus und ihrem Haar, das nach sechs Monaten Bettlägerigkeit einer Korsage aus gepressten Blütenblättern glich. Sie schwärmte von Celestes liebenswerter Tochter und vergaß auch nicht, das von Celeste betriebene Freizeit-Camp in den höchsten Tönen zu loben. Celeste gab die Komplimente zurück, indem sie sich über Barbies Tochter, ihr köstliches Backwerk und ihren Ruf als begnadete Tänzerin begeisterte.

Die beiden Frauen freundeten sich schnell an und wurden einander bald vertraut. Dabei stellte sich auf schmerzvolle Weise schließlich heraus, dass beide Opfer eines schamlosen Schwindlers geworden waren. Und irgendwann wurde beiden klar, dass es sich bei Celestes Exbeau, dem Schweizer Kardiologen Jean-Paul, um den gleichen verschlagenen Betrüger handelte wie bei dem angeblichen David Steinberg, der sich Barbie gegenüber als schüchterner Buchhalter ausgegeben hatte.

Durch geteiltes Leid gestärkt, beschlossen sie, eine Selbsthilfegruppe zu gründen. Sie setzten eine Anzeige in die örtliche Zeitung, über die sie weitere Frauen suchten, die auf ähnliche Weise hintergangen worden waren. Zu ihrer großen Überraschung berichteten vier von den sieben Frauen, die zu dem ersten Treffen erschienen, dass ein Mann mit eisblauen Augen und einer Skorpion-Tätowierung ihr Herz gebrochen hatte.

Seit diesem schicksalsschweren ersten Treffen waren

nun fünf Jahre vergangen und die sechs Opfer hatten mit gemeinsamer Anstrengung den Heilungsprozess gewonnen. Aber sie waren noch immer lange nicht so stabil wie zuvor, und durch Jans entsetzliche Nachricht kamen wieder schlimme Erinnerungen hoch. Starr vor Entsetzen, beachteten sie weder die Eiseskälte noch die Dunkelheit. Auch der Sturm, der wie ein Wutausbruch um das Haus tobte, drang kaum in ihr Bewusstsein vor. In jedem einzelnen der Köpfe, die in diesem ungemütlichen Raum versammelt waren, machte sich ein mörderischer Zorn breit.

Celeste war die Erste, die es aussprach. »Es gibt nur einen einzigen Weg, wie wir dieses Problem lösen können, Jan. Und wir alle wissen, was ich meine.«

Leonora nickte mit ernster Miene.

»Wenn deine Wohnung vor *Dreck* zu stinken beginnt, musst du ihn entfernen.«

»Und wenn *Mr. Dreckskerl* dein Leben verpestet, dann musst du *ihn* entfernen«, ergänzte Midgie.

»Ganz richtig«, ließ sich Regina hören. »Wir werden Mr. Dreckskerl entfernen und die Sache ein für alle Mal regeln.«

»Aber was ist mit Liddy?«, fragte Jan.

Regina schnaubte verächtlich. »Ganz einfach. Du kannst dir ja eine Geschichte ausdenken. Sag deiner Tochter doch, dass Mr. Dreckskerl sie an der Uni nicht erreichen konnte. Er habe aber im Telefonbuch deine Nummer gefunden und dir eine Nachricht für sie hinterlassen. Erzähl ihr, dass er in einer dringenden Familienangelegenheit auf irgendeine entlegene Südseeinsel reisen musste. Und ein paar Tage später sagst du ihr, ein Verwandter von ihm hätte angerufen, um dir mitzuteilen, dass ein plötzlicher Sturm das Boot, in dem er zur Insel übersetzen wollte, versenkt hat. Nun wird er vermisst und ist aller Wahrscheinlichkeit nach ertrunken. Das ist doch schön romantisch, oder?«

Jan erschauderte. »Liddy glaubt, dass sie diese Ratte wirklich liebt. Sie wird verzweifelt sein.«

»Sie ist noch sehr jung. Sie wird schon darüber hinwegkommen«, versicherte Barbie.

»Außerdem wird sie eine wundervoll tragische Figur abgeben, was ihr etwas dürftiges Liebesleben sicher in Schwung bringen wird«, prophezeite Regina. »Die Sache wird so ähnlich wirken wie ein sozialer Wonderbra. Und in null Komma nichts hat sie einen neuen Freund.«

»Ich denke, wir haben sowieso keine Wahl«, seufzte Jan.

»Die einzige Wahl, die uns noch bleibt, betrifft Zeit und Ort.«

Leonora kramte aus ihrer Handtasche einen Notizblock und den Montblanc-Kugelschreiber aus massivem Gold hervor, den sie zum Dank für ihre erfolgreiche Verteidigung von ›Freddy der Faust‹ geschenkt bekommen hatte. Nach allem, was sie gehört hatte, bestanden die Intarsien am Griff aus den echten Knochen eines Spitzels, von dem Freddy einmal verpfiffen worden war.

»Okay, Leute, wir sammeln erst einmal Vorschläge. Ich werde mitschreiben.«

Celestes Finger schoss in die Höhe wie ein Geflügelthermometer. »Ich habe eine Idee. Wir könnten die Bremsen seines Wagens manipulieren, sodass er beim Fahren die Kontrolle verliert. Ein tragischer Unfall wäre genau das, was dieser schlechte Witz von einem Mann verdient hat.«

»Das gefällt mir nicht«, meldete sich Leonora zu Wort. »Er könnte dabei möglicherweise unschuldige Menschen mit in den Tod reißen.«

»Wie wär's, wenn ich ihm eine Dose mit vergiftetem Gebäck schicke? Ihr kennt seine Vorliebe für Süßes. Ich würde die Kekse mit ganzen Haselnüssen machen. Denen könnte er selbst dann nicht widerstehen, wenn er sie anonym zugeschickt bekäme«, schlug Barbie vor.

Leonora schüttelte den Kopf. »Das gleiche Problem. Wir wüssten nicht, ob noch jemand anderes die Kekse isst.«

»Warum heuern wir nicht einfach ›Freddy die Faust‹ an? Was immer er auch kosten mag, Arthur wird die Rechnung sicherlich mit Vergnügen übernehmen«, bot Regina an. »Wozu hat man schließlich Geld?«

»Freddy ist doch längst nicht mehr aktiv. Und selbst wenn er es wäre, fände ich es nicht besonders gelungen, Geschäft und Vergnügen zu verbinden. Das hier ist unser Mr. Dreckskerl, und wir müssen selber sehen, wie wir mit ihm fertig werden.«

»Du hast vollkommen Recht. Weshalb sollte jemand anderes den ganzen Spaß haben? Aber ich habe eine Idee. Warum gehen wir nicht einfach noch einmal unsere Hitparade der Morde durch, die wir während unserer bisherigen Treffen aufgestellt haben? Auf einen der Vorschläge müssten wir uns doch einigen können, oder?«, schlug Midgie vor.

»Eine exzellente Idee«, lobte Leonora. »Wer erinnert sich noch daran, wer den Sieg bei unserem ersten Treffen vor fünf Jahren davongetragen hat?«

Regina verbeugte sich mit herrschaftlicher Geste. »Das war ich. Ich hatte die Idee, ihn während eines Besuchs der Hershey-Fabrik in Pennsylvania in einen Kessel mit kochendem Schokoladensirup zu stoßen. So viel zu dem Spruch ›Rache ist süß‹.«

»Äußerst amüsant, aber nicht gerade leicht umzusetzen«, meinte Celeste.

»Im darauf folgenden Jahr habe ich gewonnen«, meldete sich Midgie zu Wort. »Er hat mir einmal verraten, dass er schon immer Fallschirmspringen lernen wollte, aber nie das nötige Geld dazu gehabt habe. Mein Plan sah deshalb vor, ihm mitzuteilen, er habe bei einer Werbeaktion eine kostenlose Übungsstunde gewonnen. Beim Ziehen der Reißleine sollte er sein blaues Wunder erleben, denn statt des Fallschirms würde sich nur ein Schild mit der Aufschrift ›April, April!‹ entfalten. Ziemlich teuflisch, nicht wahr?«

»Leider kann keine von uns ein Flugzeug fliegen«, bemerkte Leonora trocken.

»Als Nächste gewann Barbie, aber wenn ich so recht darüber nachdenke, erscheint mir die Sache mit der Giftschlange doch etwas zu unsicher«, ließ sich Jan hören. »Bei dem Kerl, mit dem wir es hier zu tun haben, halte ich es für möglich, dass er sich am Ende noch mit der Schlange anfreundet.«

»Im vergangenen Jahr hat noch einmal Midgie gewonnen. Aber selbst wenn ihr Plan funktionieren sollte, müssten wir bis zum Eröffnungstag der nächsten Jagdsaison warten. Außerdem müssten wir sehen, wie wir an das Fell und das Geweih sowie an geeigneten Klebstoff herankämen, damit er sich das Zeug nicht einfach wieder herunterreißt. Außerdem, wie sollten wir ihn daran hindern, einfach aufzustehen und zu signalisieren, dass er in Wirklichkeit ein Zweibeiner ist und kein süßes, vierbeiniges Bambi?«, gab Regina zu bedenken.

Leonora klopfte mit dem Kugelschreiber ungeduldig gegen ihre Walrosszähne. »Lasst euch was einfallen, Leute. Was wir brauchen, ist ein brandneuer, genialer und vor allem absolut narrensicherer Plan.«

»Wie wär's, wenn wir sein Haus anzünden? Wir könnten die Tür und die Fenster von außen vernageln, sodass er gefangen wäre. Es wäre doch eine saubere Lösung, einen Müllhaufen wie ihn durch Verbrennen zu vernichten.«

»An sich keine schlechte Idee, Regina. Sie hat nur einen klitzekleinen Haken«, kommentierte Midgie den Vorschlag.

»Und der wäre?«

»Er *hat* überhaupt kein Haus. Du weißt doch selbst, wie er lebt. Er ist ständig unterwegs, von Abenteuer zu Abenteuer, von Frau zu Frau, von Gelegenheit zu Gelegenheit, von Stadt zu Stadt. Er bleibt nie lange an einem Ort, sodass er nicht dingfest gemacht oder gar festgenommen werden kann. Ich weiß noch nicht einmal, wie wir ihn finden sollen.«

»Er ist über sein Handy zu erreichen«, fiel Barbie leise ein. »Die Nummer ist immer dieselbe geblieben.«

»Woher willst du das wissen?«, forschte Celeste nach. »Sag bloß, du rufst ihn immer noch an. Ich dachte, du wärst endgültig über ihn hinweg.«

Barbie schlug die Hände vors Gesicht. »Ich kann es einfach nicht lassen. Ich tue es nur ein- oder zweimal im Monat, jedenfalls *niemals öfter* als einmal pro Woche, und ich hänge sofort ein, wenn ich seine Stimme gehört habe.«

»Beschämend«, entfuhr es Regina.

»Das weiß ich doch selber.« Barbie wischte sich eine Träne fort. »Es ist die Hölle, wie sehr mich der Kerl immer noch in der Gewalt hat. Deshalb wünsche ich wahrscheinlich mehr als ihr alle, ihn endlich endgültig los zu sein. Meine Abhängigkeit macht mich ganz krank. Ich träume immer wieder einen Traum, in dem ich einen Zementsockel für ein Haus ausgieße, das ich gerade baue. Jedes Mal liegt *er* im feuchten Zement und ich gieße weiter und weiter, bis er völlig bedeckt ist. Dann hole ich mir einen bequemen Sessel und schaue zu, wie der Zement fest wird. Meistens wache ich laut lachend auf und kriege mich erst wieder ein, wenn mir regelrecht der Bauch wehtut.«

»Das ist es! Barbie, du bist ein Genie!«

Leonora zog ihre schüchterne Freundin von deren Stuhl hoch und tanzte mit ihr im Kreis herum, bis beiden ganz schwindlig wurde.

»Verzeiht bitte, aber irgendetwas scheine ich verpasst zu haben«, erkundigte sich Regina erstaunt.

»Ich gebe zu, dass ich auch nicht weiß, worauf du hinauswillst«, fiel Midgie ein. »Wovon redest du, Leonora? Beruhige dich erst einmal und sag, was los ist.«

Leonora schob die atemlose Barbie wieder auf ihren Stuhl. Dann nahm sie auf ihrem eigenen Klappstuhl Platz und lehnte sich nach vorne, um ihren Plan zu erläutern.

»Wir machen es so. Wir werden unseren Mr. Dreckskerl irgendwie dazu kriegen, im Laufe dieser Woche hier aufzukreuzen. Dann machen wir ihm den Garaus und verstecken seine Leiche unter einem Haufen Müll. Wenn die Bautrupps anrücken, werden sie das Gelände ausbaggern, den Müll versenken und darüber das Fundament für die Parkplätze und das Einkaufszentrum gießen. Unser Häufchen Dreck wird auf diese Weise noch zu etwas nützlich, indem es den Boden mit auffüllt. Das nennt sich poetische Gerechtigkeit.«

»Eine glänzende Idee, Leonora. Das einzig Schlechte an ihr ist, dass sie nicht von mir stammt«, schwärmte Regina.

»Moment! Es gibt noch ein Problem bei der Sache.« Celeste knabberte an ihrer Unterlippe. »Du schlägst damit einen kaltblütigen Mord vor, Leonora. Darüber zu sprechen ist eine Sache. Aber wenn es hart auf hart kommt, glaube ich nicht, dass auch nur eine Einzige von uns dazu fähig wäre, einen Menschen zu töten.«

»Seit wann ist der Kerl ein *Mensch*?«

Regina hatte ihren Flachmann geleert. Sie bückte sich und füllte ihn mit einer Flasche Jack Daniels auf, die wie ein treuer Hund zu ihren Füßen stand.

Midgie runzelte die Stirn. »Ich befürchte, Celeste hat Recht. Gib es zu, Regina! Du magst es ja faustdick hinter den Ohren haben, aber ich traue dir keinen kaltblütigen Mord zu.«

»Ich nehme an, so ein Mord wäre tatsächlich ziemlich unappetitlich«, bestätigte Regina. »Außerdem könnten dabei meine Fingernägel abbrechen.«

»Liddy bedeutet mir mehr als alles andere auf der Welt und ich würde alles für sie tun. Aber ehrlich gesagt glaube auch ich nicht, dass ich jemanden eiskalt ermorden könnte«, erklärte Jan.

»Na ja, er ist ja schließlich auch ein eiskalter Mistkerl«, stellte Celeste fest und wandte sich dann ihrer Freundin zu. »Und wie steht's mit dir, Barbie?«

»Ich könnte zusehen, wie er stirbt. Ich glaube, das wäre sogar eine große Genugtuung für mich. Aber ich bin auch der Meinung, dass keine von uns ihn mit ihren eigenen Händen töten könnte.«

»Dafür gibt es sogar wissenschaftliche Gründe«, sagte Midgie. »In meinen Psychologie-Kursen habe ich gelernt, dass man wirklich pathologisch veranlagt sein muss, um einen Menschen kaltblütig töten zu können. Ein Killer ist entweder ein Soziopath, was auf keine von uns zutrifft, oder eine normale Person, die so verängstigt oder zornig ist, dass das Gewissen und die Moral vollkommen außer Kraft gesetzt sind. Wir alle sind bei weitem zu normal veranlagt, um eine solche Tat zu begehen.«

»*Allerdings*. Außerdem – wer von uns will schon das Risiko eingehen, am Ende im Gefängnis zu landen?«, meldete sich Jan zu Wort.

»Wer sollte sich dann um meine Kinder kümmern?«, griff Barbie den Gedanken auf.

»Und wer um meine?«, fügte Jan hinzu.

»Wer sollte meine Patienten übernehmen?«, überlegte Midgie.

»Und wer meine Klienten?«, schloss sich Leonora an.

»Und wer sollte sich im Gefängnis um mein Haar kümmern?«, seufzte Regina.

»Hört zu! Ich glaube, Barbie hat den Nagel auf den

Kopf getroffen«, sagte Leonora. »Wir selbst werden uns an diesem Dreckskerl die Hände gar nicht schmutzig machen. Alles, was wir tun müssen, ist, die Sache vorzubereiten. Danach brauchen wir uns nur noch entspannt zurückzulehnen, um unsere Genugtuung zu genießen.«

»Ich komm mal wieder nicht ganz mit, Leonora«, beschwerte sich Regina.

»Es ist alles ganz einfach. Ich werde es euch erklären.«

Die Frauen lauschten gespannt Leonoras Ausführungen. Um sich von Dreck zu befreien, musste man dessen natürlichen Zersetzungsprozess lediglich etwas beschleunigen, bis sich der faulige Müll in seine harmlosen Grundbestandteile zersetzt hatte. In diesem Fall waren alle Voraussetzungen gegeben, um eine saubere und wirksame Unratbeseitigung zu garantieren.

»Wir haben ausreichend Informationen über ihn«, erklärte Leonora. »In seiner Familiengeschichte hat es zahlreiche plötzliche Herzanfälle gegeben. Deshalb fiel es ihm ja so leicht, Barbie die Geschichte mit dem angeblichen Verlust seiner Ehefrau glaubwürdig zu verkaufen. Sein Vater und sein älterer Bruder sind nämlich beide im Alter von dreiundvierzig Jahren gestorben – und er wird in diesem Jahr genauso alt.«

»Ja, ich erinnere mich daran, dass er mir vor Jahren davon erzählt hat. Die Sache hat ihm regelrecht Angst eingejagt«, bestätigte Barbie.

»Außerdem ist er ein waschechter Hypochonder. Er stopft sich mit Pillen voll und lamentiert ständig wegen aller möglichen Krankheitssymptome«, erinnerte sich Jan.

»Richtig. Darüber hinaus hat er mir verraten, dass der Arzt bei ihm einen monströs hohen Cholesterinspiegel diagnostiziert hat. Er war ziemlich besorgt darüber, aber er hat nie wirklich etwas dagegen getan«,

sagte Celeste. »Er ernährt sich absolut gesundheitsschä-
digend und treibt überhaupt keinen Sport. Dazu trinkt
er noch viel zu viel und raucht diese widerlichen, dicken Zigarren.«

»So ist es. Er hat bereits selbst alle Hebel in Bewegung gesetzt, um seinen Verwandten bald auf dem
Fairfield-Friedhof Gesellschaft zu leisten. Wir brauchen
ihm lediglich noch einen klitzekleinen Schubs zu geben«, triumphierte Leonora. »Mein Plan sieht folgen-
dermaßen aus ...«

Sie erläuterte anschaulich und detailliert, wie sie sich
die Sache vorstellte. Die Frauen kicherten voll teuflischer Vorfreude. Mr. Dreckskerls sicheres Ende war besiegelt.

Regina runzelte die Stirn. »Das ist nicht ganz fair,
Leonora. Alle haben ihren Anteil an der Sache – außer
mir. Kann ich nicht auch etwas tun?«

»Verhalte du dich nur einfach so wie immer«,
schmunzelte Leonora. »Das wird ihm den Rest geben.«

»Na bitte«, strahlte Regina. »Du kannst dich auf
mich verlassen.«

Am großen Tag der Rache lief alles perfekt nach Plan.
Jan – deren Stimme der ihrer Tochter Lydia sehr ähnelte
– rief den verhassten Romeo auf seinem Handy an und
lockte ihn an eine Straßenecke in der Nähe von Liddys
Studentenwohnheim. Dort überwältigten Leonora und
Midgie ihn und verstauten ihn kurzerhand im Koffer-
raum von Reginas bereitstehendem Mercedes. Barbie
fesselte seine Knöchel und knebelte seinen Mund mit
Isolierband, das sie von einer ihrer Baustellen mitge-
nommen hatte, und Leonora legte seine Hände in
Handschellen, die sie als Souvenir aus ihrer Zeit bei der
Polizei in Stamford behalten hatte.

Während der Fahrt blieb den Frauen ihr Glück treu.
Sie brauchten eine halbe Stunde weniger Fahrtzeit als

erwartet, da die Straßen frei und auch die Wetterver-
hältnisse tadellos waren. Die ganze Zeit über ignorierten die Frauen die gedämpften Protestgeräusche, die
aus dem Kofferraum drangen.

In der Woche, seit sie das letzte Mal dort gewesen
waren, hatte sich das Gelände sehr verändert. Die
ziemlich mitgenommene Zufahrtsstraße war mit zahlreichen Warnschildern zugepflastert: BAUSTELLE! BE-
TRETEN VERBOTEN! ZUTRITT NUR FÜR BEFUGTE
MIT HELM! Riesengroße, ineinander verschränkte Dol-
larzeichen – das Firmenlogo der Sackwell Corporation
– verdeckten das ursprüngliche Eingangsschild. Auf
dem ganzen Gelände verstreut standen Bulldozer, Zementmischer und Bagger.

Als sie vor dem Gebäude mit dem ehemaligen Speisesaal hielten, eilte Celeste ihnen aus dem Haus entgegen.

»Ein Segen, dass ihr da seid. Der Bautrupp ist nämlich bereits mit seiner gesamten Ausrüstung angerückt
und hat versuchsweise ein Loch im Boden ausgehoben
und es mit Zement gefüllt, um zu prüfen, wie schnell er
bei diesen Wetterbedingungen aushärtet. Ich habe dem
Bauleiter gesagt, dass ich nur hier sei, um noch einige
Sachen zu holen, die ich vergessen hätte. Er sagte mir,
ich solle mich besser beeilen. Offensichtlich hat der
Auftraggeber deutlich gemacht, dass ein Bonus winkt,
wenn das Projekt den geplanten Zeitrahmen unter-
schreitet. Morgen früh werden sie mit den Arbeiten beginnen und den ganzen Tag damit verbringen, die Gebäude abzureißen und die Fundamente auszuheben.
Uns bleiben also höchstens achtzehn Stunden.«

Leonora blickte auf den Casanova hinab, dessen eis-
blaue Augen vor Angst weit aufgerissen waren. Seine
Brust hob und senkte sich heftig und seine Haut hatte
eine kränkliche blaue Farbe angenommen.

»Kein Problem. Ich wäre mehr als überrascht, sollte

er auch nur halb so lange durchhalten«, sagte sie verächtlich.

Sie brachten ihn in den Speisesaal und setzten ihn – gefesselt wie er war – auf einen der Klappstühle. Celeste schob die Manschette des Blutdruckmessgeräts über seinen Oberarm.

»Entsetzliche Hautfärbung, feuchtkalte Hautoberfläche. Sieht ganz so aus, als ob sich da ein netter kleiner Schock anbahnt. Wundervoll.« Sie pumpte die Manschette auf. »Der Blutdruck ist normal. Wirklich merkwürdig.«

Mr. Dreckskerl bemühte sich, Worte zu artikulieren. Er bäumte sich gegen seine Fesseln auf, wobei er so hilflos zappelte wie eine Flunder am Angelhaken.

»Das wird sich schon noch ändern. An deiner Stelle, Vernon, würde ich versuchen, mich zu entspannen, mein Schatz«, wandte sich Regina dem Gefesselten zu. »Immerhin kommt ein ziemlich heftiger Herzanfall auf dich zu. Sieht der Arme nicht wirklich schlecht aus, Mädels?«

»O ja«, bestätigte Jan. »Ich glaube, diese arme, lächerliche Kreatur braucht medizinische Hilfe. Befreie den guten Carl doch bitte von seinem Knebel, Leonora. Ich habe nämlich genau das Richtige für ihn.«

Leonora zog das Klebeband von seinem Mund, sperrte gewaltsam seinen Kiefer weit auf und drückte seinen Kopf nach hinten. »Schön weit auf, Ricky-Boy. Sag fein ›A‹.«

Jan schüttete ihm eine Mischung aus rezeptfreien Medikamenten in den Mund, die seinen Körper garantiert in ein totales Chaos stürzen würde: Abführmittel und Präparate gegen Durchfall, Muntermacher, Schlafmittel und etliche andere Pillen. Regina füllte noch einen Schluck Jack Daniels aus ihrem Flachmann hinterher. »Runter damit, Süßer. Schmeckt das nicht lecker?«

Er spuckte und hustete, während sie ihm das Klebeband wieder auf den Mund drückten.

»Verdammt, der Blutdruck ist ja immer noch normal«, stellte Celeste fest. »Wir müssen uns wohl doch noch ein bisschen mehr Mühe geben. Schließlich brauchen wir einen Herzinfarkt oder einen Schlaganfall, und zwar möglichst schnell.«

»Ich wette drei zu eins mit euch, dass er durch einen Herzinfarkt zur Hölle fährt«, meldete sich Leonora.

»Ich dachte, du wettest nicht mehr?«, stichelte Midgie. Sie ging zum Campingtisch hinüber, griff in das Bonbonglas und stopfte sich den Mund mit M&Ms voll.

»Und ich dachte, du seist auf strenge Diät gesetzt«, konterte Leonora.

»Jeder weiß, dass das, was man im Stehen isst, nicht zählt.«

Jan kratzte sich am Nacken. »O nein! Sag bloß, mein Ekzem bricht wieder aus.« Sie kramte verzweifelt zwischen ihren Tablettendosen herum, die sie in ihrer Handtasche bei sich trug.

Reginas Flachmann war schon wieder leer. Sie nahm die Flasche und machte ihr mit einem langen, entschlossenen Zug den Garaus. »Untersteht euch und sagt auch nur ein Sterbenswörtchen zu Arthur. Ich habe ihm nämlich versprochen, nicht mehr zu trinken.«

»Na ja, ob es *mehr* geworden ist, weiß ich nicht. Aber weniger sicher nicht«, bemerkte Leonora trocken.

»Wer hat dich gefragt, Pferdegesicht?«

»Meine Damen, bitte! Es gibt keinen Grund dafür, miteinander zu streiten oder sich aufzuregen«, beschwichtigte Barbie die anderen. »Ich weiß was. Wie wär's, wenn ich ein Feuerchen mache und ein großes Blech Kekse backe?«

»Nie mehr backen, Barbie! Erinnerst du dich an deinen Vorsatz?« Jan kratzte sich wie ein verflohter Hund.

Celeste ließ ihr Stethoskop und das Blutdruckmessgerät sinken. »Ich fühle mich plötzlich so erschöpft. Wenn es niemandem etwas ausmacht, lege ich mich ein wenig hin.«

Barbie schlug die Hand vor den Mund. »Wie kommt es, dass wir alle plötzlich so absacken?«

Leonora gab ein Zeichen zum Einhalt. »Immer langsam mit den jungen Pferden. Niemand von uns wird jetzt aufgeben. Der Einzige, der hier absacken wird, ist *er*. Ich wette hundert Dollar, dass er Mitternacht nicht mehr erleben wird. Nun, wer ist dabei? Du, Jan? Regina?«

Niemand antwortete. Jede der Frauen war in ihrer persönlichen kleinen Hölle gefangen. Midgie stopfte sich immer weiter Süßigkeiten in den Mund. Jan kratzte sich die Haut wund. Celeste war weich wie Wachs vor Verzweiflung. Barbie machte sich daran, Backzutaten zu suchen, während Regina eine neue Whiskeyflasche aus dem Kofferraum ihres Mercedes holte. Und Leonora bemühte sich weiterhin verzweifelt, jemanden für ihre Wette zu gewinnen.

»Komm schon, Celeste. Sei kein Feigling. Und wie steht's mit dir, Jan? Ich biete euch drei zu eins für Mitternacht und zwei zu eins für dreiundzwanzig Uhr an.«

Jan wütete gerade an ihrem linken Arm und ging dann zu ihrem geröteten rechten Knie über. Sie kratzte mit den Zehen ihre Knöchel und rieb das Ohr heftig an der Schulter. »Lass mich in Ruhe, Leonora. Siehst du denn nicht, dass ich alle Hände voll zu tun habe?«

Als Regina mit der vollen Whiskeyflasche von ihrem Wagen zurückkehrte, forderte Leonora sie aufreizend heraus.

»Okay, Miss Megamoneten! Jetzt liegt es an dir! Zeig uns, aus welchem Holz du geschnitzt bist, Baby! Deine Mama braucht neue Schuhe.«

»Dann geh doch zu Bloomingdale's oder Saks. Sie

führen zauberhafte Ferragamos bis Größe vierzehn«, gurrte Regina. »Probier auf jeden Fall die aus blauem Krokodilleder an. Die sind extrem schick.«

»Ich rede von einer kleinen Wette, Regina. Einer klitzekleinen Wette.«

»Ich wette nur mit Männern, Regina. Und zwar mit reichen Männern.«

»Nimmt wirklich niemand an? Was ist los mit euch? Wo ist euere Abenteuerlust geblieben?« Leonoras flehende Worte echoten in dem kalten, düsteren Saal. »Keine von euch macht mit? Auch nicht, wenn ich auf einen mickrigen Fünfziger heruntergehe? Oder gar auf zwanzig Dollar? Zwei Dollar?«

Sie fiel wartend in Schweigen. Alle Frauen waren verstummt, schockiert über die tiefe Depression, in die jede von ihnen verfallen war. Der Speisesaal war still bis auf ein einziges, merkwürdiges Geräusch. Es war ein leises, wiederkehrendes Tuckern wie das eines unrund laufenden Motors. Sie blickten sich nach der Quelle dieses Geräusches um.

»Schaut nur!« Midgie stopfte sich den Mund mit Kartoffelchips voll und zeigte dann mit ihrem Wurstfinger auf den Gefangenen. »Er lacht uns aus!«

»Der hat vielleicht Nerven!«, schimpfte Regina, zugleich wütend und betrunken.

»Hör sofort auf zu lachen!«, befahl Jan, während sie sich weiter kratzte.

Aber Mr. Dreckskerl lachte immer lauter und krümmte sich geradezu auf seinem Stuhl. Sein Gesicht lief schon blau an und seine hellen Augen blitzten vor Trotz.

»Er scheint sich göttlich zu amüsieren. Ich glaube es einfach nicht.« Celeste stemmte sich mühsam von ihrem Stuhl hoch und maß seinen Blutdruck. »Immer noch hundertzehn zu siebzig. Das kann doch gar nicht sein.«

»Vielleicht stimmt etwas mit dem Messgerät nicht. Hier, versuch es mal bei mir.« Jan hielt ihren Arm hin, der mit flammend roten Flecken übersät war.

»Deiner sieht ziemlich mitgenommen aus, Jan. Lass es mich bei dir ausprobieren, Midgie.«

Celeste maß nacheinander bei jeder Einzelnen von ihnen den Blutdruck. Sie hatten sämtlich gefährlich erhöhte Werte, rasenden Puls und andere Symptome von lebensbedrohlichem Stress.

»Keine Panik, Mädels. Wir müssen uns nur einen Moment ruhig hinsetzen, um wieder ins Gleichgewicht zu kommen.«

Die Frauen folgten dem Rat, aber als sie es sich auf ihren Klappstühlen bequem gemacht hatten, bemerkten sie, dass der Casanova immer noch nicht aufgehört hatte zu lachen. Jans Gekratze, Midgies Fresserei, Reginas Saufen und das jammervolle Gehabe der anderen Frauen reizten ihn so sehr zum Lachen, dass ihm die Tränen aus seinen eisblauen Augen liefen. Sein gefesselter Körper schüttelte sich vor unverhohlener Schadenfreude.

»Jemand muss ihn zur Räson bringen!«, rief Jan aus.

»Ich kann es nicht mehr ertragen!« Midgie hielt sich die Ohren zu und wimmerte.

»Hör sofort auf damit oder ich werde dafür sorgen, dass dir das Lachen auf der Stelle vergeht!« Regina schwang die Whiskeyflasche wie eine Keule, was den erheiterten Romeo jedoch nur noch mehr zu amüsieren schien.

»Okay, wenn du so darum bettelst, dann sollst du kriegen, was du brauchst.«

Leonora kippte seinen Stuhl mit dem Zorn eines gereizten Stiers um. Mr. Dreckskerl entfuhr ein dumpfer Schreckensschrei, als er auf den harten Fußboden stürzte. Sein Lachen verstummte schlagartig.

»So ist es besser«, stellte Midgie erleichtert fest.

»Wollt ihr etwas wirklich Komisches erleben? Schaut nur her!«

Sie erhob sich schwerfällig von ihrem Stuhl, ließ sich auf Casanovas Bauch nieder und ritt mit ihrem ganzen Gewicht auf ihm herum.

»Aber, aber, Midgie! Das kannst du doch nicht machen«, sagte Leonora mit gespielter Empörung. »Du nimmst ihm ja völlig den Atem.«

Als sich auf dem Gesicht des Gemarterten Erleichterung abzeichnete, fuhr sie fort: »Es wäre sehr viel besser, wenn du dich auf ihn stellen würdest. Vielleicht gelingt es dir dann sogar, ihm einige Knochen zu brechen. Lass mich mal ran, ich zeig's dir.«

Leonora trampelte auf dem Casanova herum, als wolle sie ein Feuer austreten. Danach demonstrierte Barbie einen stilvollen Tango Argentino auf seiner Brust.

»Gute Arbeit, Mädels. Er sieht jedenfalls nicht mehr halb so munter aus«, bemerkte Celeste. Sie kniete neben ihm nieder und prüfte seinen Puls. »Verdammt!« Sie runzelte die Stirn. »Sein Herz schlägt immer noch viel zu regelmäßig nach all dem, was er einstecken musste. Das steht doch normalerweise kein Mensch durch.«

»Er ist ja auch kein Mensch«, fiel Jan ein.

»Schluss jetzt!«, meldete sich Leonora zu Wort. »Jan hat den Nagel auf den Kopf getroffen. Wir sind die Sache vollkommen falsch angegangen. Es ist nicht so, dass wir jemanden töten – wir *entledigen* uns seiner nur. Rechtlich gesprochen ist es kein Verbrechen, Dreck zu entsorgen, sondern sogar erste Bürgerpflicht.«

»Da stimme ich dir voll und ganz zu«, bestätigte Midgie. »Aber wie sollen wir das tun?«

»Ich weiß, wie«, mischte sich Celeste ein. »Dieser Speisesaal ist eine überaus leicht entflammbare Holzkonstruktion, die auch noch staubtrocken ist. Wir kön-

nen ihn einsperren, ein Streichholz entzünden, und *puff*
– weg ist er!«

»Brillante Idee! Es gibt nichts Schöneres als ein ordentlich loderndes Lagerfeuer. Hat jemand ein paar
Würstchen dabei, die wir grillen könnten?«, erkundigte sich Jan.

»Sofern *alle Menschen* hier heraus wären, könnte kein
Unheil passieren«, kommentierte Leonora.

»Genau. Also werden wir sicherstellen, dass alle
menschlichen Wesen außer Gefahr sind, bevor wir das
Gebäude abfackeln. Kommt, Mädels, lasst uns gehen!
Raus mit euch – Midgie, Leonora, Barbie, Jan! Und du,
Regina! Hopp, hopp!«, befahl Celeste.

Die Frauen marschierten hinaus, wobei sie erleichtert miteinander scherzten. Sie schenkten Mr. Dreckskerl, der sich verzweifelt von seinen Fesseln zu befrei-
en versuchte und dabei unterdrückte Laute von sich
gab, keinerlei Aufmerksamkeit mehr.

Celeste verließ als Letzte das Gebäude und schloss
die Tür hinter sich ab. Midgie und Jan eilten um das
windschiefe Haus herum, um die Fensterläden zu
schließen.

»Im Schuppen befindet sich noch etwas Benzin«,
sagte Celeste. »Ich werde es holen.«

In kürzester Zeit war sie mit einem Zwanzig-Liter-
Kanister der hochentzündlichen Flüssigkeit zurück
und verspritzte sie großzügig über die Front des
Hauses. Dann zückte Regina ein vergoldetes Feuerzeug.

»Ich habe die Ehre.«

»Darf ich? Bitte!«, flehte Barbie.

»Auf keinen Fall! Er hat sich an meine Tochter herangemacht. Ich muss es tun.«

Jan versuchte, Barbie das Feuerzeug zu entreißen.
Diese fletschte jedoch entschlossen die Zähne.

»Ich habe gesagt, ich tue es. Also lass mich in Ruhe!«

Nun mischte sich auch noch Celeste ein. »Es ist mein Gebäude, also werde ich es auch abbrennen.«

»Nein, ich!«, kreischte Midgie.

»Es war immerhin meine Idee«, meldete Barbie mit verblüffender Bestimmtheit ihre Rechte an. »Also her damit!« Sie grabschte nach dem Feuerzeug, aber Regina hielt es fest in der Hand.

»Aua! Schau, was du angerichtet hast! Du hast meinen Nagellack versaut, du dumme Kuh!«, schrie Regina. »Zurück mit euch!«

»Moment, Moment!« Regina trat zwischen die zankenden Freundinnen. »Hört mir zu. Mir ist gerade ein Gedanke gekommen. Unser Plan funktioniert nicht.«

»Warum denn nicht?«, fragte Midgie.

»Wenn wir dieses Gebäude abbrennen, wird das dem Bautrupp mit Sicherheit verdächtig vorkommen. Sie werden unbequeme Fragen stellen und vielleicht sogar die Feuerwehr einschalten, um der Sache auf den Grund zu gehen. Wer weiß? Das ist viel zu riskant.«

Jan seufzte. »Sie hat Recht.«

»Was schlägst du vor, Leonora?«, wollte Celeste wissen.

»Ich weiß es nicht. Jedenfalls müssen wir unsere ganze Kreativität nutzen und uns etwas einfallen lassen. Setzen wir uns doch einfach zum Ziel, den besten Racheplan zu entwickeln, den es je gab.«

Wie Verlierer schlichen sie mit hängenden Köpfen der Reihe nach wieder in den Speiseraum zurück. Als er die Frauen erblickte, brach Mr. Drecksskerl erneut in wildes Gelächter aus. Sein Körper schüttelte sich und seine kalten Augen blitzten vor sadistischem Vergnügen.

Leonora zog das Klebeband von seinem Mund. »Was ist so verdammt komisch, du verlogener, diebischer, betrügerischer Haufen Dreck?«

Sein lautes Lachen dröhnte durch den Raum.

»Ihr seid es, was so komisch ist. Ihr verrückten Hühner kriegt doch nichts auf die Reihe. Wenn ihr die Wahrheit wissen wollt: Ich habe euch schon immer für eine Ansammlung von Witzfiguren aus irgendeinem billigen Groschenroman gehalten. Hat wirklich jemand von euch ernsthaft angenommen, ein Mann wie ich könnte irgendein Interesse an einer Lachnummer wie euch haben? Seid ihr alle wirklich so bodenlos dämlich?«

»Es sieht fast so aus«, presste Celeste durch ihre zusammengebissenen Zähne hervor.

»Ja, aber wir haben dazugelernt, nicht wahr, Mädels?«, sagte Jan.

»Zweifellos«, bestätigte Midgie.

»Ich glaub's euch ja. Aber jetzt habt ihr hässlichen Entlein mir genug von meiner kostbaren Zeit gestohlen. Also nimm mir endlich die Fesseln ab, Leonora. Das Ganze war ja äußerst amüsant, aber ich habe noch einige wichtige Dinge zu erledigen.«

»Nein, das hast du nicht, Carl. Wir werden dafür sorgen, dass du nie wieder irgendwelche *Dinge* erledigen wirst«, bemerkte Jan ernst.

Er schmunzelte. »Ich muss wirklich zugeben, dass deine Tochter ein Leckerbissen ist. Aber sie ist genauso wenig eine Mörderin wie du. Deshalb werde ich tun, *was* ich will und mit *wem* ich es will. Daran wird mich niemand von euch aufgescheuchten Hühnern hindern.«

»Du Mistkerl!«, erregte sich Midgie. »Du scheinst völlig zu vergessen, dass du keineswegs in der Lage bist, irgendwelche Forderungen zu stellen oder jemanden zu beleidigen, du ekelhaftes Schwein!«

»Du siehst mich also als deinesgleichen an, Miss Piggy?«

Midgies Lippen zitterten. »Du hältst jetzt besser deinen Mund, oder wir werden dich zum Schweigen bringen müssen.«

»Ja, ja, natürlich«, höhnte er selbstgefällig. »Du wirst gar nichts tun, außer dich wie immer mit Essen voll zu stopfen.«

»Lass sie in Ruhe, du widerlicher Kerl! Sie bemüht sich sehr, die Sache in den Griff zu bekommen – wie wir alle«, schaltete sich Barbie ein.

»Süße, das Einzige, was du kannst, ist, den Leuten mit deinen verdammten Keksen auf den Keks zu gehen.« Er lachte über seinen schlechten Witz.

»Das nimmst du zurück!«, verlangte Barbie mit ihrer schüchternen Stimme. »Ich habe seit Monaten nichts mehr gebacken.«

»Ihr Dummköpfe seid so leicht zu durchschauen, dass es schon lächerlich ist.«

»Du solltest dich besser benehmen, solange du es noch kannst, Ricky-Boy«, sagte Leonora. Ein zorniges Rumoren regte sich tief in ihrer Brust.

»Und wenn ich es nicht tue?«

»Dann werden wir dir Benehmen beibringen müssen – allerdings auf die harte Tour.«

Er kicherte. »Dass ich nicht lache! Ihr werdet euch eher ins Höschen machen als mir ein Haar krümmen. Blondie wird sich wahrscheinlich unter der Decke verkriechen und die alte Schnapsdrossel da drüben wird sich in ihrem Fusel ertränken.«

»Ich sagte, hör auf!«, bellte Leonora. »Ich warne dich zum letzten Mal!«

»Ruhig Blut, Godzilla! Lass uns lieber eine Wette abschließen. Ich wette mit dir, dass du höchstens deinen Buchmacher anrufst und deine letzten Kröten auf den lahmsten Gaul setzt.«

Leonora stob auf ihn zu wie eine heranbrausende Sturmwelle.

»Und ich wette mit dir, Ricky-Boy, dass du den Morgen nicht mehr erleben wirst!«

Er schmunzelte mit sichtlichem Vergnügen. »Huh,

da schau an! Siehst du, wie ich vor Angst zittere? Aber zerbrich dir deswegen nicht den Kopf, sondern leg dir lieber ein Argument zurecht, mit dem du dich vor Gericht wegen Freiheitsberaubung verteidigen kannst.«

»Keine Sorge«, erwiderte Leonora trocken. »Ich zerbreche mir nicht den Kopf – höchstens deinen! Und ich habe ein wirklich schlagendes Argument!«

Sie hob den Klappstuhl, auf dem sie zuvor gesessen hatte, hoch in die Luft und ließ ihn mit unglaublicher Wucht auf Casanovas Schädel heruntersausen. Der arrogante Ausdruck in seinen Augen wich urplötzlich ungläubigem Entsetzen. Dann sackte er in sich zusammen und rührte sich nicht mehr.

Celeste kniete neben ihm nieder und fühlte seinen Puls. »Du liebe Güte, Leonora. Du hast ihn getötet.«

Leonora zuckte nur die Achseln. »Er hat ja förmlich darum gebettelt.«

»Das ist ja fürchterlich«, jammerte Jan. »Er hat bei weitem nicht genug gelitten.«

»Ach was«, winkte Midgie ab. »Gut, dass dieses miese Stück Dreck keinen Schaden mehr anrichten kann.« Sie runzelte die Stirn. »Hat jemand eine Idee, wie wir die schäbigen Überreste am besten loswerden?«

»Das sollte auf einer Baustelle kein Problem sein. Überlasst das ruhig mir«, sagte Barbie. Kurz entschlossen kletterte sie in die Führerkabine eines riesigen Baggers, manövrierte ihn zu der frisch gefüllten Grube und hob den noch nicht ausgehärteten Zement wieder aus. Binnen kürzester Zeit war das Loch groß genug, um jede Menge Müll darin versenken zu können.

Leonora, Midgie, Jan und Celeste zerrten den toten Mr. Dreckskerl aus dem Speisesaal und entsorgten ihn in der kleinen Sonderdeponie. Regina schleuderte ihre komplette Whiskeyflasche und Midgie die verbliebenen Süßigkeiten sowie einiges Knabberzeug hinterher. Barbie zerriss ihr geheimstes Keks-Rezept und ver-

278

streute die Schnipsel theatralisch über der Leiche. Leonora folgte dem Beispiel ihrer Freundin und versenkte ihr schwarzes Notizbüchlein mit den Telefonnummern der Wettbüros und einen Spickzettel mit diversen Wettkalkulationen. Celeste steuerte ihre Antidepressiva und Jan ihr halbes Dutzend Pillendosen bei. Fortan würden sie alle auf diese entwürdigenden Überlebenshilfen verzichten können.

Schließlich schaltete Barbie den Zementmischer ein und füllte das Loch erneut mit einer vorbildlich glatten Zementschicht. Dann holte sich jede der Frauen einen Klappstuhl ins Freie, um in größter Seelenruhe zuzusehen, wie der Zement langsam, aber sicher hart wurde. Abgesehen von gelegentlichen Seufzern der Genugtuung genossen sie den Anblick in andächtigem Schweigen.

Über dem Horizont stieg das erste frühe Morgenrot auf und verkündete – begleitet von einer klaren, frischen Brise – den Beginn eines wunderschönen Tages.

Warren Murphy

Kollaboration

»Wirklich hübsch, Dalton. Sie müssen mir mal den Namen Ihres Innenarchitekten geben. Vielleicht lasse ich ihn mal meinen Schweinestall hinter dem Haus auf Vordermann bringen. Zum Beispiel finde ich den Lokus ohne Brille unheimlich elegant.«

»Na, wenn das nicht Detective Slivovitz ist, die geistig unterbelichtete Antwort auf Sherlock Holmes! Dabei hatte ich eigentlich einen Priester erwartet. Sie wissen schon, die Nummer mit der Seelenrettung, bevor ich zur Hölle fahre.«

»Ich werde für Sie beten und in dem alten Marmeladenglas, das auf meinem Nachttisch steht, Geld zum Heil Ihrer armen Seele sammeln.«

»Darauf wette ich. Was wollen Sie eigentlich hier?«

»Keine Angst. Der Priester wird auch noch kommen. Ich hoffe nur, dass Sie zuvor noch ein paar Minuten für mich erübrigen können. Oder soll ich besser mit Ihrer Sekretärin einen Termin vereinbaren?«

»Sie sind und bleiben ein Schelm – bis zum bitteren Ende. Ich weiß gar nicht, womit ich all diese Sticheleien verdient habe.«

»Allein mit der Tatsache, dass Sie leben.«

»Nun, wenn das Ihre Hauptsorge ist …?« Dalton warf einen Blick auf seine Armbanduhr. »In genau zweiundneunzig Minuten brauchen Sie sich darüber nicht mehr den Kopf zu zerbrechen. Dann können Sie Ihren kriminalistischen Scharfsinn wieder auf die Jagd von genialen Verbrechern konzentrieren, die unerlaubterweise in zweiter Reihe geparkt haben. Aber vielleicht kommt ja doch noch etwas dazwischen. Zum Beispiel ein Stromausfall! Oder mir gelingt in letzter Sekunde die Flucht!«

»Träumen Sie ruhig weiter, Dalton. Sie sitzen endgültig in der Falle. Und sollte wirklich der Strom ausfallen und daraufhin das Licht ausgehen, dann werde ich Sie in der Dunkelheit aufspüren, wo immer Sie sich auch verkrochen haben mögen, und Sie eigenhändig totschlagen.«

»Aber dann wird man wissen, dass Sie es getan haben. Die anderen sind nämlich nicht so dumm wie Sie, Detective.«

»Falsch. Kein Hahn wird danach krähen, wer einer Ratte wie Ihnen das Genick gebrochen hat. Schließlich reden wir über *Sie*, Dalton. Vielleicht pissen wir alle auf Ihre Leiche und behaupten einfach, dass Sie ertrunken sind. Anschließend gehen wir dann über die Straße und besaufen uns, um Ihre Höllenfahrt zu feiern. Denken Sie dran, Dalton: Hier an diesem Ort sind Sie kein menschliches Wesen mehr, sondern ein entbehrliches Stück Vieh, das darauf wartet, zur Schlachtbank geführt zu werden.«

Der Mann, der mit dem Namen Dalton angeredet worden war, zog seine Stirn in Falten.

»Ich weiß nicht, Freddy«, sagte er zögerlich. »Ist der Ton, in dem Sie mit mir reden, nicht doch ein bisschen zu … grob?«

»Zu grob? Du bist immerhin ein Mörder, der seinen eigenen Boss umgelegt hat. Und du hast dich an meine Frau herangepirscht, um sie zu vergewaltigen. Ich bin es gewesen, der dich geschnappt hat und der nun in den Todestrakt gekommen ist, um genüsslich mit anzusehen, wie du auf dem elektrischen Stuhl gegrillt wirst. Wir beide hassen uns wie die Pest. Was heißt denn da ›grob‹? Außerdem hast du doch angefangen! Schließlich behauptest du doch, als ich in die Zelle komme, dass ich geistig unterbelichtet sei. Soll ich darauf vielleicht höflich bleiben?«

»Nun mach mal halblang. Schließlich sind das hier nur

zwei erfundene Charaktere, okay? Und außerdem will Slivo-
vitz ja etwas von Dalton erfahren. Glaubst du wirklich, das
würde ihm gelingen, wenn er ihn derart beleidigt?«

»Dalton würde es Slivovitz niemals abkaufen, falls er
freundlich zu ihm wäre. Aber müssen wir das nach all den
Jahren immer und immer wieder diskutieren? Warum tust
du nicht einfach, was ich dir sage? Dir geht's doch gut dabei
und du verdienst eine Menge Geld. Das ist doch das Wich-
tigste für dich. Also spielst du deine Rolle weiter und ich die
meine.«

»Na schön, wenn du meinst«, lenkte der mit Dalton An-
geredete ein.

»Dann können wir jetzt endlich weitermachen, einver-
standen?«

»Herr im Himmel, hast du heute eine Laune. Wo waren
wir?«

»Ich schlage dich tot, wir pissen auf deine Leiche, gehen
dann saufen und so weiter und so weiter ...«

»Okay.«

»Ich halte es für besser, wenn Sie jetzt verschwinden,
Slivovitz. Meine letzten paar Minuten mit Ihnen zu verbringen entspricht nicht gerade meiner Vorstellung von
einer netten Abschiedsparty.«

»Stellen Sie sich doch einfach vor, Sie seien auf der
Titanic.«

»Hauen Sie ab.«

»Hören Sie auf, uns beiden was vorzumachen, Dalton. Sie wissen so gut wie ich, dass es für Sie jetzt nichts
Schlimmeres gäbe, als wenn ich Sie allein zurückließe.«

»Wie bitte? Diese geniale Einsicht müssen Sie mir erklären, Slivovitz!«

»Weil niemand mehr nach mir kommen wird, Dalton. Es gibt niemanden mehr, der noch mit Ihnen reden
will. Sie haben nur noch mich. Alle anderen haben Sie
längst vergessen, und deshalb brauchen Sie mich, um

sich bei mir auszuquatschen, bevor alles mit dem großen Kurzschluss vorbei ist.«

Dalton lachte höhnisch.

»Amüsieren Sie sich nur«, fuhr der Detective fort. »Erzählen Sie mir den Witz, damit ich mitlachen kann. Wenn er gut ist, schicke ich ihn an *Reader's Digest*, Überschrift: ›Galgenhumor im Todestrakt‹.«

»Mir ist nur gerade klar geworden, warum Sie gekommen sind, Slivovitz. Sie brüten noch immer darüber, was nun tatsächlich geschehen ist, nicht wahr? Sie wollen von mir die Wahrheit erfahren, ist es nicht so? Sind Sie nach all den Jahren immer noch unsicher, ob Sie den Richtigen geschnappt haben? Bereitet Ihnen diese Frage schlaflose Nächte, Slivovitz?«

»Ich schlafe ausgezeichnet.«

Dalton ignorierte die Antwort. »Es ist das Geld, stimmt's? Sie sind sich zwar sicher, dass ich den Mord allein begangen habe, aber Sie zermartern sich das Hirn, woher die zehntausend Dollar auf meinem Bankkonto stammen.«

»Es gibt nichts, was mich weniger interessieren würde.«

»Na schön. Dann verschwinden Sie endlich.«

»Aber wenn Sie es unbedingt loswerden wollen, woher das Geld stammt, bin ich bereit, Ihnen Gesellschaft zu leisten, während Sie in Erinnerungen schwelgen.«

»Davon bin ich überzeugt.«

»Wenn ich nicht da wäre, hätten Sie niemanden, dem Sie's erzählen könnten. Also was soll's? Außerdem wissen Sie auf diese Weise wenigstens, dass Sie noch am Leben sind!«

»Ich weiß nur nicht, ob Sie die Wahrheit wirklich erfahren wollen, Slivovitz.«

»Machen wir einen Versuch.«

»Na schön.« Dalton verzog sein Gesicht zu einem Lächeln. »Wie geht's eigentlich Ihrer Frau?«

In einem Nachbarzimmer saßen Nora Baines und Mimi Florell bei einem Glas Wein zusammen und bemühten sich krampfhaft, Konversation zu betreiben. Das erste Treffen der beiden war bisher eine einzige Katastrophe.

Normalerweise war Nora eine herzliche und unterhaltsame Gastgeberin, aber seit Mimi Florells Ankunft ertappte sie sich ständig dabei, nervös herumzuzappeln und immer wieder aufzuspringen, um Eiswürfel, Servietten, Taschentücher und alle anderen möglichen Dinge heranzuschleppen. All das waren unübersehbare Anzeichen ihres inneren Unbehagens, das die ihr gegenüber sitzende junge Frau bei ihr auslöste.

Auf ermüdende Weise hatte Mimi die ganze Zeit über betont, wie aufregend es doch für sie sei, nun die Frau des berühmten Freddy Florell zu sein, der zusammen mit Ted Baines als unschlagbares Gespann Drehbücher für das Fernsehen verfasste. Gerade noch hatte sie es als ›ausgesprochen süß‹ bezeichnet, dass die beiden sich – wie schon vor zwanzig Jahren – in einem Raum einschlossen, um die neue Geschichte ›durchzuspielen‹.

Nora fand es sehr anstrengend, sich auf das zu konzentrieren, was Mimi sagte. Überhaupt fiel es ihr sehr schwer, die junge Frau nicht lediglich als höchst durchschnittliches, hübsches Dummchen zu betrachten, das von einem alternden, aber wohlhabenden Mann als Ehefrau eingekauft worden war. Irgendwie hatte die neue Mrs. Florell etwas an sich, das Nora Unbehagen bereitete.

Es lag nicht nur daran, dass Nora älter war als Mimi; heutzutage hatte Nora ständig das Gefühl, dass alle anderen jünger waren als sie. Aber sie war früher sehr eng mit Jane Florell befreundet gewesen, bevor diese einen tragischen Tod erlitten hatte. Beide hatten sich viele Jahre lang gekannt und manche schweren Zeiten gemeinsam durchgestanden. Und Nora wusste, dass sich zwischen ihr und Mimi niemals ein auch nur annähernd inniges Verhältnis entwickeln würde.

Freundschaften entwickelten sich nun einmal nicht an einem Wochenende, sondern manchmal erst im Laufe eines ganzen Lebens. Und wer rechnet schon damit, dass ein wirklich guter Freund plötzlich stirbt? Nora hätte Freddy eigentlich mehr Verstand zugetraut. Wie konnte er nur diese Mimi heiraten, die praktisch noch ein Kind war? Nora, Ted und Freddy gingen alle auf die Sechzig zu, während Mimi noch ein ganzes Stück vor sich hatte, bevor sie erst einmal dreißig werden würde.

Gott schütze die alternden Witwer, wenn sie plötzlich von einem Rudel karrieregeiler Sekretärinnen als Beute ausgemacht wurden, dachte Nora.

Sie lenkte ihren Blick wieder auf die junge Frau, deren strahlendes Lächeln ein eindrucksvoller Beweis für die Früchte sorgfältiger Zahnhygiene war. Geblendet versuchte Nora sich zu erinnern, was Mimi gerade gesagt hatte. Nein, es war nicht fair, sie mit Sekretärinnen in einen Topf zu werfen. Sie hatte irgendeinen anderen Job bei der Produktionsfirma gehabt, für die Ted und Freddy arbeiteten. Aber welchen?

Richtig, sie war eine ganze Zeit lang Lektorin gewesen. Seltsam genug, dass sie es so lange ausgehalten hatte, unaufgefordert eingesandte Manuskripte von Möchtegern-Autoren zu lesen. Normalerweise machte man diesen Job nur kurze Zeit, um sich dann mit etwas anderem zu beschäftigen. Aber Nora meinte sich erinnern zu können, dass Mimi mehrere Jahre lang für die Produktionsfirma gearbeitet hätte. Direkt nach dem College hatte sie dort angefangen und ein kleines Büro bezogen, das direkt neben dem von Ted lag. Und Ted hatte gesagt, dass sie eine gute Lektorin sei.

Mimi starrte sie an, und Nora nickte, ohne recht zu wissen, wofür sie ihre Zustimmung signalisierte. Es hatte irgendetwas mit Jane Florells tragischem Tod zu tun. Mimi hatte sie aufgefunden, als sie ihr die Post in das in der Stadt gelegene Apartment bringen wollte. Jane hatte tot auf dem Sofa gelegen. Sie war offensichtlich erstickt, wie die Reste von Cashewnüssen in ihrem Mund verrieten.

Mimi hatte Ted angerufen, der daraufhin sofort zum Apartment gekommen war und sich darum gekümmert hatte, die Polizei zu informieren und Freddy die schlimme Nachricht zu überbringen. Das Ganze musste ein schreckliches Erlebnis für die junge Frau gewesen sein, dachte Nora. Mimi wirkte allerdings keineswegs mitgenommen und schockiert, sondern eher aufgekratzt, als sie über das entsetzliche Geschehen berichtete.

Wie deprimierend war das alles doch, dachte Nora. Leute in ihrem und Teds und Freddys Alter sollten nicht wie bei Jane mit derart überraschenden Todesfällen konfrontiert werden. Wenn der Sensenmann schon bei ihnen anklopfen musste, dann bitte erst nach langer Bettlägerigkeit im oberen Stockwerk. Aber diesen Gedanken würde Mimi nicht verstehen, dazu war sie, verdammt noch mal, viel zu jung.

Nora hoffte nur, dass Freddy und Ted bald mit ihrer Arbeit fertig waren, damit Mimi endlich verschwinden würde. Nora mochte den Tod nicht, und sie hatte einfach keine Lust, an ihn zu denken oder über ihn zu reden. Und ihr Unwille gegenüber Mimi wurde immer größer. Die junge Frau ging geradezu darin auf, jedes Detail von Janes Tod wieder aufzuwärmen – fast so, als habe sie sich dabei mit besonderem Ruhm bekleckert.

»Ihr Hauptfehler besteht darin, dass Sie keine Fantasie besitzen, Slivovitz.«

»Oh, ich fühle mich wirklich getroffen, das aus dem Mund eines solchen Genies wie Ihnen zu hören, Dalton. Es war schon immer eine Schwäche von Ihnen, sich selbst für klüger und gerissener als andere zu halten. Und Sie sind stets dem Irrglauben erlegen, andere an der Nase herumführen zu können.«

»*Was hat das mit der Geschichte zu tun, Freddy?*«, *fragte Ted Baines.*

»Vergiss es«, fauchte Florell. »Machen wir lieber weiter. Ich fang noch mal an.«

»Oh, ich fühle mich wirklich getroffen, das aus dem Mund eines dem Tode geweihten Genies wie Ihnen zu hören, Dalton.«

»Der Fall war doch völlig klar, nicht wahr? Watson hat sterben müssen, weil er dahinter gekommen war, dass sich meine Buchhaltungsfirma sein ganzes Geld unter den Nagel gerissen hatte. Mit der Version sind Sie doch zum Staatsanwalt gelaufen, oder nicht?«

»So ungefähr.«

»Aber da waren noch diese seltsamen zehntausend Dollar, die auf mein Konto überwiesen worden waren, kurz bevor … kurz bevor der Mord sich ereignet hatte. Sie haben nie herausgefunden, woher das Geld stammt.«

»Das erübrigte sich«, erklärte Slivovitz. »Da Sie ein klares Motiv hatten, musste ich nur beweisen, dass Sie am Tatort gewesen waren und dass das Opfer mit Ihrer Waffe getötet worden war. Darin bestand meine Aufgabe. Ich tat nur meine Pflicht.«

»Das haben die Nazi-Schergen auch immer gesagt, um ihre Hände in Unschuld zu waschen. Aber tief in Ihrem Inneren quält Sie die Frage, ob noch jemand anders seine Finger mit im Spiel hatte und am Ende ungeschoren davonkommen sollte.«

»Und Sie glauben, die zehntausend Dollar wären ein Beweis für die Beteiligung eines weiteren Täters? Ein

Beweis dafür, dass Sie jemand angeheuert hätte, um Watson aus dem Weg zu räumen? Ausgerechnet Sie? Einen lausigen Buchhalter? Ich hätte Sie nicht einmal engagiert, um ein paar Tapeten an die Wand zu kleben, geschweige denn als Auftragskiller!«

»Sie tun sehr selbstsicher, Slivovitz. Aber sind Sie es wirklich?«

Es kam keine Antwort.

»Möglicherweise gibt es ja doch jemanden, der mir eine solche Tat zugetraut hat«, sagte Dalton grinsend. »Aber ich kann mich nicht recht entschließen, ob ich Ihnen wirklich davon erzählen soll? Vielleicht ziehe ich es lieber vor, Sie bis zu Ihrem Lebensende darüber im Unklaren zu lassen, ob Sie den Fall versaut haben!«

»Tun Sie, was Sie nicht lassen können.«

»Weiß Ihre Frau eigentlich, dass Sie hier sind, Slivovitz?«

»Ich habe Ihnen schon einmal gesagt, dass Sie meine Frau aus dem Spiel lassen sollen, verstanden! Sonst werden Sie nicht einmal die nächsten neunzig Minuten lebend überstehen.«

»Ihnen spukt immer noch diese Vergewaltigungsgeschichte im Kopf herum, stimmt's?«

»Allerdings. Schließlich vergisst man so etwas nicht so schnell. Nur durch Zufall bin ich in Ihrer Wohnung aufgetaucht, um Ihnen ein paar Fragen zu stellen. Da höre ich plötzlich Schreie und finde sie in Ihrem Schlafzimmer. Ich bin nur froh, dass ich noch rechtzeitig gekommen bin, um sie zu retten.«

»Immerhin hatten Sie so Gelegenheit, den großen Helden zu spielen. Sie hat Sie ja schließlich nur aus Dankbarkeit geheiratet, oder glauben Sie ernsthaft, Sie hätten sonst eine Chance bei ihr gehabt, Slivovitz? Bei einer Top-Anwältin, die Watson zu seiner Partnerin machen wollte? Glauben Sie wirklich, eine solche Frau wäre scharf darauf, bis zu ihrem Lebensende von dem armseligen Gehalt eines Bullen zu leben und in billigen Imbissketten zu essen? Denken Sie doch mal nach, Slivovitz! Sie ist bildschön, klug und jung, und Sie sehen an guten Tagen aus wie ausgekotztes Hundefutter, das eine Woche im Rinnstein gelegen hat.«

»Dann soll ich mich jetzt wohl noch bei Ihnen bedanken, wie?«

»Vielleicht nicht gerade heute, aber eines Tages werden Sie sich an dieses Gespräch erinnern, und dann *werden* Sie mir dankbar sein!«

»Das wird sich noch herausstellen. Aber kommen wir zum Thema zurück. Sie wollten doch gerade Ihre Märchenstunde fortsetzen und mir erzählen, wer Sie angeheuert hat, um Watson zu erledigen.«

Dalton schüttelte nur traurig den Kopf. »Was denken Sie eigentlich, worüber wir die ganze Zeit geredet haben? Großer Gott, Slivovitz! Sind Sie wirklich so schwer von Begriff?«

Zuerst hatte Mimi sich ebenso höflich wie scheu gezeigt, Nora nur mit ›Mrs. Baines‹ angeredet und über Ted nur als ›Mr. Baines‹ gesprochen. Doch ihre anfängliche Zurückhaltung war für Noras Geschmack erschreckend schnell plumper Vertraulichkeit gewichen.

Schuld hieran war vermutlich der Altersunterschied, dachte Nora. Junge Leute waren nun einmal so, und natürlich war Mimi ja nun auch Freddys Frau. Aber war es nicht eine Frage des guten Benehmens, sich als Neuling mit mehr Takt und ein wenig mehr Fingerspitzengefühl in ein bereits so viele Jahre bestehendes Geflecht aus Freundschaft und professioneller Zusammenarbeit vorzutasten?

»Na ja, es ergab sich praktisch ganz von selbst, dass ich einfach Ted zu ihm sagte. Schließlich war ich jeden Tag im Büro mit ihm zusammen, und wenn ich irgendwelche Fragen hatte oder wenn es Ärger gab, konnte ich Ted um Hilfe bitten, denn er ist ja glücklicherweise immer bereit, Verantwortung zu übernehmen und …«

Mimi redete wie ein Wasserfall – so als beabsichtige sie, mit ihrem nicht enden wollenden Redestrom eine ungekürzte Dokumentation all ihrer Taten und Äußerungen zu liefern. Nora wünschte nur, sie hielte einfach die Klappe. Doch Mimi plapperte weiter und weiter, während es Nora immer schwerer fiel, ein gequältes Lächeln zur Schau zu tragen.

»Ich habe Ted stets respektiert und er hat mir auch so viel über Fernsehdrehbücher beigebracht. Ich habe ja keinen größeren Wunsch, als später selber einmal Drehbücher zu schreiben.«

Mimi lächelte sie beifallheischend an, wobei Nora mit großem Vergnügen bemerkte, dass zwischen zwei von Mimis strahlend weißen Zähnen unübersehbar ein Stück gelber Cheddarkäse klemmte.

»Sie hatten wohl nie Interesse daran, selbst einmal zu schreiben, oder?«, fragte Mimi.

»Wie kommen Sie darauf?«, erwiderte Nora, wurde jedoch von einem dumpfen Bohren in ihrer Magengegend gewarnt. Vielleicht sollte sie doch besser etwas mehr Aufmerksamkeit darauf verwenden, was diese Plappertasche so von sich gab.

»Ich … ich meine, ich habe noch nie ein Manuskript gesehen, auf dem Ihr Name gestanden hätte«, stammelte Mimi und begann plötzlich zu nicken, als wolle sie auf diese Weise ihre Lüge bekräftigen. »Ja, das ist der Grund. Ich habe immer darauf gewartet, einmal ein Manuskript von Ihnen in die Finger zu bekommen, was aber nie geschah. Daraus habe ich die Schlussfolgerung gezogen, dass Sie selbst kein Interesse am Schreiben haben.«

»Jane – Freddys frühere Frau – und ich waren uns sehr ähnlich«, sagte Nora spitz. »Sie hatte für die Schriftstellerei auch nichts übrig.«

Mit einem Mal verzog sich Mimis Gesicht zu einem glücklichen Lächeln. »Das hat Ted auch gesagt … nämlich dass Sie und Jane sehr ähnlich gewesen seien.«

Nora spürte, wie der Druck in ihrem Magen langsam zunahm.

»Wer außer Ihnen hätte denn ein Motiv haben sollen, Watson zu töten?«

»Sie können doch nicht von mir erwarten, dass ich Ihnen Ihre ganze Arbeit abnehme, Slivovitz. Strengen Sie Ihre grauen Zellen an, auch wenn Sie darin keine Übung haben sollten.«

»Wissen Sie eigentlich, dass Sie kurz davor stehen, von mir windelweich geprügelt zu werden, Dalton?«

»In meiner eigenen Gefängniszelle? Gütiger Himmel, ist man nirgendwo mehr sicher?«

»Ich habe Ihre Spielchen satt und werde jetzt gehen.«

»Dann werden Sie nie die Antwort auf Ihre Frage erhalten.«

»Ich glaube nicht, dass es noch irgendwelche offenen Fragen gibt«, konterte Slivovitz. »Watson hat Sie bei Ihren krummen Geschäften erwischt und musste sterben, weil er damit drohte, Sie anzuzeigen. Als ich Ihnen auf die Spur kam, wollten Sie mich vermutlich auf eine falsche Fährte locken, indem Sie versuchten, meine Freundin zu vergewaltigen. Sie lockten sie unter einem Vorwand zu sich in Ihre Wohnung, aber zum Glück erschien ich noch rechtzeitig auf der Bildfläche und konnte außerdem die Tatwaffe sicherstellen. Nein, Dalton, ich habe keine Fragen mehr an Sie.«

»An dieser Stelle machte sich Slivovitz auf den Weg zur Zellentür«, sagte Florell. »Du musst dir also irgendetwas einfallen lassen, um ihn zurückzuhalten.«

»Und wenn ich ihm einfach die Wahrheit sage, dass seine Frau ein mörderisches Luder ist?«, schlug Baines vor.

»Du willst die Geschichte wirklich in diese Richtung fortsetzen?«

»Aber sicher. Es liegt doch auf der Hand, dass die Frau hinter der ganzen Sache steckt. Sie hat das Geld veruntreut und sie hat Dalton verführt, um ihn zu dem Mord an Watson herumzukriegen. Die Vergewaltigung war natürlich nur vorgetäuscht, um selbst ungeschoren davonzukommen. Und Dalton sah keine Veranlassung, sie mit hineinzuziehen – bis zu diesem Zeitpunkt. Vielleicht will er sich alles nur von der Seele reden. Vielleicht geht es ihm auch nur darum, sich an all denen zu rächen, die ihn in die Todeszelle gebracht haben. Auf jeden Fall konfrontiert er Slivovitz mit der Wahrheit, dass dessen Frau eine miese Schlampe ist.«

»Warum ahnte ich schon von Beginn an, dass du die einzige weibliche Figur in der Geschichte zu einem Monster machen würdest?«, stöhnte Florell.

»Frauen sind nun einmal die Wurzel allen Übels.«

»Das sind doch alles nur billige Klischees. Die untreue Gemahlin, die verlogene Geliebte …«

»An jedem Klischee ist etwas Wahres dran.«

»Warum wählen wir nicht eine ungewöhnliche Fortsetzung? Wir können es ja tatsächlich so halten, dass Dalton zunächst Slivovitz' Frau beschuldigt. Aber wie wär's, wenn sie sich am Ende als unschuldig herausstellt und Slivovitz dies beweist?«

»Viel zu kompliziert«, wiegelte Baines ab. »Einen solchen Verlauf könnten wir bei unseren engen Vorgaben niemals nachvollziehbar darstellen.«

»Aber du bist doch ein Genie!«, spottete Florell. »Zumindest habe ich das auf meiner Hochzeitsreise gelesen. ›Ted Baines: der Genius und die treibende Kraft hinter den erfolgreichen TV-Produktionen von Florell und Baines‹! Oder sollten wir jetzt besser von ›Baines und Florell‹ sprechen? Wie auch immer, eine solch kleine Herausforderung dürfte doch wohl keinen ernsthaften Stolperstein für ein Genie wie dich darstellen, oder? Schließlich stand in dem Artikel auch, wie *sehr du dich ›ins Zeug legst‹, um unsere Partnerschaft und unseren Erfolg nicht zu gefährden. Mehr verlange ich doch gar nicht von dir, nur dass du dich ein bisschen ›ins Zeug legst‹!«*

»Na schön«, knurrte Baines. »Du willst es so haben. Also sollst du es auch so kriegen.«

»Ich habe jetzt die Nase voll«, verabschiedete sich Slivovitz. »Leben Sie wohl, Dalton – zumindest für die nächsten achtzig Minuten.«

»Aber ja doch. *Sí, sí, sí, sí!* Was schauen Sie denn so überrascht, Detective? Sie kennen das Wort doch sicher, oder? Es ist Spanisch und bedeutet ›ja‹.«

»Wollen Sie sich über mich lustig machen?«

»Und *sí, sí, sí* heißt ja, ja, ja. Ich wette, viele Frauen rufen solche Worte, wenn sie im Bett zu ihrem Höhepunkt kommen. Ich frage mich nur, ob sie die gleichen Worte benutzen, wenn sie vergewaltigt werden.«

Als Slivovitz ihn wortlos anstarrte, hakte Dalton nach: »Was ist, Detective? Haben Sie diese Worte vielleicht schon einmal irgendwo gehört?«

»Dalton, Sie sind ein gottverdammter Lügner …!«

»Sie zerbrechen sich so sehr den Kopf darüber, woher die zehntausend Dollar auf meinem Konto stammen. Haben Sie denn einmal einen Blick auf das Privatkonto Ihrer Frau geworfen, Slivovitz? Ist Ihnen dabei nicht aufgefallen, dass dort zur gleichen Zeit zehntausend Dollar abgebucht worden sind? Oder haben Sie sich diese Überprüfung bei Ihren Recherchen geschenkt? Hat Ihnen die scharfe Anwalts-Lady vielleicht so sehr den Kopf verdreht, dass Sie diese wichtige Routinemaßnahme schlicht vergessen haben?«

»Ich glaube Ihnen kein Wort!«

»Natürlich nicht. Schließlich können Sie sich nicht vorstellen, dass ausgerechnet Ihre Frau die Drahtzieherin der ganzen Geschichte gewesen sein soll: dass sie

Watson hintergangen hat; dass es ihre Idee war, ihn abzuservieren, nachdem er ihr auf die Schliche gekommen war; dass sie mich zu dem Mord angestiftet und dafür bezahlt hat – und dass sie mit mir im Bett war, um mir wie jede Woche eine kleine Sonderbelohnung für meine Zusammenarbeit zukommen zu lassen. Als Sie dann plötzlich auf der Bildfläche auftauchten, spielte sie natürlich die Unschuld vom Lande, um nicht selbst verdächtigt zu werden.«

Wie vom Donner gerührt, war Slivovitz nicht in der Lage, etwas zu erwidern.

Da Mimi Florell über keine größeren Erfahrungen mit Alkohol verfügte, war sie leicht davon zu überzeugen gewesen, dass man statt Wein genauso gut Grand Marnier trinken konnte. Als Folge dieser Fehleinschätzung saß die junge Frau mit verhangenem Blick und schwerer Zunge auf ihrem Platz.

Nichtsdestoweniger zeigte sie sich nach wie vor ausgesprochen mitteilsam. Offensichtlich würde ihr Mundwerk nur im tiefen Koma zum Stillstand kommen, dachte Nora.

»Alle meine Freunde sagen zwar, dass Freddy viel zu alt für mich sei, aber ich sehe das nicht so. Außerdem braucht er mich. Auch als seine inzwischen verstorbene Frau noch lebte, war er im Büro immer schon sehr nett zu mir. Und Ted bestätigte mir ebenfalls, dass Freddy viel für mich übrig hätte. Als sie dann – wie hieß sie noch gleich? – an den verdammten Nüssen erstickte, war ich eben für ihn da. Und er ist nicht zu alt, sondern genau richtig für mich. *Sí, sí, sí!* Genau richtig!«

Sie blinzelte träge und gab ihrer Gastgeberin einen Wink, ihr nachzuschenken. Nora ließ sich nicht lange bitten, sondern nahm die braune Flasche zur Hand, die auf dem Kaffeetischchen stand, und füllte das leere

Glas. Daraufhin führte Mimi den Drink vorsichtig mit beiden Händen zum Mund und nippte.

»Solche tragischen Schickschalsschläge führen einem immer wieder vor Augen, wie kostbar das Leben doch ist ...«, brachte Mimi nur mit großer Mühe über die Lippen, da ihre Zunge mehrmals an dem Wort ›Schicksalsschläge‹ hängen blieb. Tapfer nahm sie jedoch die Hürde, auch wenn sie dabei ein wenig aus den Augen verlor, wie sie den Satz hatte fortsetzen wollen. »Man sieht daran, wie ... wie ...«

»Was sieht man daran?«

»Oh, und was für einen leichten Tod sie hatte!«, lallte Mimi, selig in ihr Glas hineinlächelnd.

»So leicht kann ihr Tod wohl kaum gewesen sein!«, erwiderte Nora voller Empörung, von der Mimi jedoch nichts mitbekam.

»Er war sehr leicht. In der einen Minute atmete sie noch, in der nächsten schon nicht mehr. Und sie war ja so zierlich ... so schwach!« Ihr Lächeln entgleiste immer mehr zu einem alkoholseligen Grinsen. »Wir werden alle gute Freunde werden. Und ich will unbedingt viel Zeit mit Ihnen verbringen, Nora. Und ich denke, Ted wird das auch gut finden.« Sie hielt inne und schien einen Augenblick lang konzentriert nachzudenken. »Freddy natürlich auch.«

Nora nickte nur schweigend, während ihr das Herz bis zum Halse schlug. Komischerweise fiel ihr ausgerechnet jetzt ein Wortspiel ein, das sie als Kind einmal aufgeschnappt hatte: »Wir sehen uns später«, sagte das eine Kind. »Nicht wenn ich dich zuerst sehe«, erwiderte das andere.

Nora starrte Mimi an. *Nicht wenn ich dich zuerst sehe*, dachte Nora. Ob Jane wohl jemals daran gedacht hatte, dass sie keines natürlichen Todes sterben würde? Mit einem Mal spürte Nora, wie eine unglaubliche Wut in ihr aufstieg.

»Jetzt reicht's«, knurrte Slivovitz. »Sie haben ja nicht alle Tassen im Schrank. Ich werde mir diesen Blödsinn jedenfalls nicht länger anhören.«

»Gehen Sie. Ich werde Sie nicht aufhalten. Sie haben doch erfahren, was Sie erfahren wollten – und was Sie tief in Ihrem Inneren bereits geahnt haben.«

»Ich kann mich einfach nicht mit dem Gedanken anfreunden, dass Slivovitz' Frau eine Mörderin sein soll«, gab Freddy Florell zu bedenken.

»Nun hör schon auf«, versuchte ihn Baines zu beruhigen. »Sie ist eine Frau. Das sagt doch bereits alles. Man kann keiner Frau trauen, weil sie alle ihre Mängel und Fehler haben.«

»Vielleicht bist immer nur du an die falschen geraten, Ted«, widersprach Florell. »Und vielleicht ist das auch der Grund dafür, dass du nur noch eins im Sinn hast: nämlich immer mehr Geld aus unserer Partnerschaft zu schlagen.«

Baines lenkte seinen Blick auf die Tür, hinter der – wie er wusste – seine Frau mit Mimi Florell saß. »Also das ist der Grund für deine ständige Stänkerei«, lautete sein Kommentar. Dann gewann seine Stimme merklich an Schärfe. »Hast du wirklich keine anderen Probleme, als dir über meine Erfahrungen mit Frauen den Kopf zu zerbrechen? Jedenfalls brauche ich keine Belehrungen von dir. Lass uns lieber sehen, dass wir mit der Arbeit fertig werden.«

»Was du privat treibst, interessiert mich nicht die Bohne, allerdings nur, solange es nicht unsere Arbeit und unsere Einnahmen beeinträchtigt.«

»Und du meinst, das sei der Fall?«

»Jawohl. Du versuchst nicht nur, jeden einzelnen Dollar an dich zu raffen, den du in die Finger bekommst, sondern verhunzt auch immer mehr unsere Geschichten mit deinem dämlichen Zynismus. Bei dir gibt es ausnahmslos nur noch verkommene Subjekte.«

»So ist das Leben nun einmal«, beharrte Baines.

Florell seufzte kopfschüttelnd. »Nun gut, wie stellst du dir das Ende der Szene vor?«

»Uns wird schon was einfallen. Hauptsache, wir kommen schnell zu einem Ergebnis und können hier raus. Ich kriege nämlich langsam Kopfschmerzen und brauche eine Pause.«

»Einverstanden. Slivovitz ist also auf dem Weg zur Tür, um sich vom Wärter öffnen zu lassen, als er von Dalton aufgehalten wird.«

»Sie haben vorhin von einem alten Marmeladenglas auf Ihrem Nachttisch gesprochen, das Sie als Sparbüchse benutzen.«

»Na und?«, knurrte Slivovitz.

»Wissen Sie eigentlich, warum das verdammte Glas niemals voll wird?«

»Ich bin sicher, Sie werden es mir verraten.«

»Es wird nicht voll, weil Ihre Frau die Münzen immer wieder stiehlt. Sie schreckt vor wirklich nichts zurück. Sie stiehlt Ihnen auch Ihr Geld aus der Brieftasche und bringt alles andere an sich, für das Sie gearbeitet haben und das Ihnen etwas bedeutet. Alles, was Sie dafür ernten, ist Hohn und Spott. Denn wissen Sie, was Ihre Frau mit dem Geld anstellt? Sie verprasst es mit ihren Geliebten. Hören Sie, Slivovitz: nicht nur mit einem Geliebten, sondern mit mehreren. Sie kann den Hals nämlich nicht voll kriegen. Ich weiß es, weil es mir mit ihr nicht anders erging. Denken Sie daran: Jeder, der Ihnen begegnet, wenn Sie von der Arbeit nach Hause kommen, könnte mit ihr im Bett gewesen sein – der Junge aus dem Gemüseladen, der Mann vom Gaswerk, der Paketbote, Ihre Arbeitskollegen, einfach jeder! Während Sie auf der Arbeit sind, vergnügen sich die anderen mit Ihrer Frau und lachen hinter Ihrem Rücken über Sie, den großen Meisterdetektiv! Und was tun Sie? Sie stecken brav jeden Dollar in das verdammte Erdnussbutter-Glas ...«

»Was?«

»Jawohl, in das Erdnussbutter-Glas! Falls sie Ihnen am Ende noch einen einzelnen Dollar übrig gelassen haben sollte, benutzen Sie ihn am besten dazu, die Telefonseelsorge anzurufen. Anschließend können Sie sich dann den Revolver an die Schläfe setzen und ihr Hirn an die Wand spritzen. Hey, was soll das, Slivovitz? Was haben Sie vor? Sind Sie verrückt?«

»Ich drehe Ihnen den Hals um, Sie Mistkerl!«

»Hören Sie auf, Slivovitz. Ich warne Sie.«

»Dafür ist es jetzt zu spät. Sie haben mir alles genommen, was mir etwas bedeutet hat. Dafür werden Sie jetzt bezahlen.«

»Jetzt reicht's, Freddy! Hör auf! Genug ist genug!«

»Ich denke nicht daran!«, knurrte Florell. »Du sagtest ›Erdnussbutter‹! Wie konntest du wissen, dass ich ein Erdnussbutter-Glas benutze? Du und Mimi, ihr steckt unter einer Decke und wollt mich fertig machen! Aber das werde ich nicht zulassen. Stirb, du verdammter Hundesohn! Stirb, stirb, stirb!«

Ted Barnes saß auf dem Lehnstuhl, als schlafe er. Entgeistert starrte Freddy Florell auf die Leiche und wartete ab, bis er seine zitternden Hände wieder unter Kontrolle hatte. Dann verließ er das Arbeitszimmer und stieß fast mit Nora zusammen, die vor dem Zimmer bereits gewartet hatte.

»Nora, ich ... ich habe ihn getötet! Er ... Mimi ... die beiden ...!«

»Schlimmer noch als das«, unterbrach ihn Nora. »Die beiden haben Jane auf dem Gewissen. Und ich vermute, dass du und ich die Nächsten waren, die dran glauben sollten.«

Florell starrte sie einen Augenblick lang ungläubig an. »Wo ist Mimi jetzt?«

Nora zeigte mit dem Daumen hinter sich. Als Florell in die angedeutete Richtung blickte, sah er seine junge Frau auf dem Boden liegen, die offenen Augen starr auf die Zimmerdecke gerichtet.

»Was ist geschehen?«, fragte Florell tonlos.

»Ich habe dafür gesorgt, dass sie an einer Cashew-nuss erstickt ist«, erklärte Nora.

»Ach du meine Güte.« Florell sank ermattet zu Boden.

Während er seufzte, eilte Nora entschlossen in die Küche. »Ich werde uns erst einmal einen Tee machen. Und dann setzen wir uns zusammen und überlegen uns eine plausible Geschichte.«

Als Florell aufblickte, sah er Nora lächeln. Ein dumpfer Druck machte sich in seiner Magengegend zunehmend bemerkbar.

Justin Scott

Der hungrige Himmel

Der Kater hatte keine Freunde – jedenfalls keine, an die er sich in diesem Augenblick erinnert hätte. Mutterseelenallein befand er sich Meilen entfernt von der Farm, auf der er zu Hause war, und sah sich einer tödlichen Bedrohung ausgesetzt – und zwar in Gestalt eines Hundes, an dessen Hütte er auf dem Weg zu einer gewissen Katzendame, die jenseits der vierspurigen Autobahn lebte, vorbeigekommen war.

Ein gutes Gedächtnis war nicht gerade die größte Stärke des Katers, denn sonst hätte er sich sicherlich an sein Frauchen erinnert – eine gute Freundin, deren Geruch ihm stets Herzklopfen bereitete und seine Knie weich werden ließ. Auch an den alten Roger hätte er denken können – einen großen, einfältigen Pudel, dessen Karriere bei einer Eliteeinheit der Marinesoldaten beendet war und der dem Kater auf Schritt und Tritt durch das Haus hinterherzottelte. Aber Roger und das Frauchen waren in diesem Moment weit entfernt. Und die süßen Miezen, die der Kater kannte und von denen er heute Nacht eine besuchen wollte, konnten ihm beim Duell mit einem Hund auch keine Hilfe sein.

Der Angriff der Bestie ließ allerdings jedes Geschick und jegliche Raffinesse vermissen. Das mordgierige Vieh bemühte sich nicht einmal, seine Absicht zu verbergen, als es mit einem lang gezogenen, lautstarken Kampfgeheul zur Attacke ansetzte. Der Kater vermeinte einen guten Anteil an Boxer-Genen im gescheckten Fell des Angreifers auszumachen, während er die unmittelbare Umgebung nach einem möglichen Ausweg aus seiner Klemme absuchte. Das kurzatmige Schnüffeln und Grunzen sowie die platte Schnauze verrieten darüber hinaus einen deutlichen Anteil Bulldogge. Glücklicherweise ließ der mopsähnliche, verstümmelte Schwanz das Hinterteil des Hundes unkontrolliert hin und her wackeln. Auf diese Weise würde es ihm aller Wahrscheinlichkeit nach ebenso schwer fallen, plötzlich die Laufrichtung zu ändern, wie einem Kürbis, der einen steilen Abhang hinunterrollte. Dadurch eröffneten sich dem Kater natürlich eine Reihe guter Möglichkeiten.

Er beschleunigte sein Tempo ein wenig, woraufhin der Hund – ebenso voraussehbar, wie der Donner dem Blitz folgt – in ein wildes Gebell ausbrach. Dem Kater war das nur recht: Je mehr Lärm der Hund machte, desto weniger klar würde er denken können.

Auch der Kater war nicht gerade ein ausgesprochener Denker. Zu viel Nachdenken machte ihn zudem schläfrig, aber er verstand es immerhin, Absicht und Ausführung säuberlich zu trennen: Und man brauchte nicht besonders schlau zu sein, um zu wissen, dass man die Beute, die man fangen wollte, besser nicht vorher warnte! Nun war es an ihm, die Initiative zu ergreifen.

Er wog seine Möglichkeiten gegeneinander ab. Jenseits der Straße befand sich ein tiefer Graben, in dem das von zersetztem Herbstlaub getrübte Regenwasser träge gurgelte. Ein kleiner, wohldurchdachter Sprung zur Seite im richtigen Augenblick und der Hund würde mit größter Wahrscheinlichkeit kopfüber in der eiskalten Schlammbrühe landen. Mit etwas Glück würde er sich dabei sogar ein Bein brechen. Durchaus erfolgversprechend sah auch die undurchdringliche Wand aus dornigen Heckenrosen aus, durch die ein Tunnel führte, dessen Durchmesser etwas kleiner zu sein schien als der Rumpf des Hundes. Die scharfen Dornen glänzten verführerisch, aber wer immer diesen Tunnel angelegt hatte, war offenbar deutlich größer als der Kater und würde sich möglicherweise nicht gerade erfreut darüber zeigen, sein Kunstwerk mit ihm zu teilen.

Der Kater entschied sich daher für eine Strategie, die die beiden erfolgversprechendsten Möglichkeiten miteinander verband: den Sprung zur Seite, kombiniert mit einem Pfotenhieb auf die ungeschützte Schnauze des Angreifers. Zugegeben, dies war ein durchaus riskantes Unterfangen, denn der Hund war bestimmt fünfmal so schwer wie der Kater und verfügte über ein Gebiss, das so scharf wie eine Sägemühle war. Doch ein überraschtes Knurren, ein jammervolles Aufheulen, ein lautes Platschen und schließlich ein im Schlamm ersticktes Wimmern gaben dem Kater in seiner Entscheidung Recht.

Mit dem gebrochenen Bein war es jedoch leider nichts. Deshalb schoss der Kater unverzüglich davon, bis sein Herz regelrecht raste und er auf den nächsten Baum kletterte, um von dort aus einen Blick zurück zu wagen. Er erspähte den Hund, der mit betont lässigem Gang – der sich jedoch bei näherem Hinsehen als jämmerliches Hinken offenbarte – nach Hause zurücktrottete. Ohne unnötig Zeit zu verlieren, glitt der Kater vom Baum hinunter und machte sich eilig auf den Weg zu der Farm, auf der seine Mieze ihn erwartete.

Er konnte die vierspurige Autobahn bereits hören, als sie noch Meilen von ihm entfernt war. Es begann wie ein leichtes Säuseln des Windes, wurde dann zum Rauschen eines Wildbachs, schwoll bald zu dem ohrenbetäubenden Lärm eines Wasserwehrs an und erreichte schließlich einen Geräuschpegel, der seine Sinne betäubte, die er doch gerade in diesem Moment besonders dringend benötigte.

Die donnernde Hölle zu überqueren war zu jeder Zeit ein nicht gerade angenehmes Unterfangen. Diesen Spätnachmittag im Herbst, an dem die Autos und Lastwagen mitten in die tief stehende, blendende Abendsonne hineinfuhren, erkannte jedoch selbst der Kater trotz seines eingeschränkten Erfahrungshorizonts klar und deutlich als höchst ungünstigen Zeitpunkt. Das Beste wäre es gewesen, wenn er sich zu einem Nickerchen unter irgendeinem Dornbusch zusammengerollt hätte, bis der Verkehr abgeflaut war. Aber leider zog es ihn ganz unwiderstehlich zu der Katzenlady auf der gegenüberliegenden Straßenseite hin. Und wenn das gewisse Etwas in der Luft lag, das ihn zu einem Besuch bei ihr drängte, dann war das Wort ›Geduld‹ ganz und gar aus seinem Wortschatz gestrichen.

Außerdem war er, was Straßenüberquerungen anging, nicht gerade ein Anfänger. Dennoch, als er sich in den Schotter und die Scherben am Straßenrand duckte, um die Geschwindigkeit der Autos und der Lastwagen abzuschätzen, gingen ihm seltsame Gedanken durch den Kopf: Wenn es um Katzen und Autobahnen ging, so kannte er zwar alte Katzen und wagemutige Katzen – aber keine, die *zugleich* alt *und* wagemutig waren!

Vor ihm breiteten sich vier Fahrspuren aus Beton aus, die durch einen schmalen Grünstreifen in jeweils zwei Spuren je Fahrtrichtung unterteilt wurden. Rechts und links der Autobahn bildete ein Streifen aus Asphalt die seitliche Begrenzung. Der Kater wusste, dass die Geschwindigkeit der Fahrzeuge wichtiger war als deren Größe: Das unglückliche Opossum, dessen Fell die Überholspur zierte, konnte ebenso von einem Motorrad wie von einem auf insgesamt achtzehn Reifen rollenden Lastzug platt gewalzt worden sein. Der Schlüssel zum Erfolg beim Überqueren der Straße lag darin, die herannahenden Fahrzeuge möglichst zuverlässig einschätzen zu können. Je ruhiger ein Vehikel die Spur hielt und je gleichmäßiger seine Geschwindigkeit war, desto geringer die Gefahr. Darüber hinaus spähte der Kater besonders sorgfältig nach Autos mit einem tödlichen Frontspoiler.

Die meisten Wagen bereiteten ihm keine besonderen Probleme. Am schwierigsten waren noch die kastenähnlichen Lieferwagen, die häufig ebenso schwankten und schlingerten wie der übergewichtige und schwanzlastige Hund, dem der Kater soeben entwischt war. Was die tonnenschweren Lastwagen betraf, so konnte man ihre Geschwindigkeit und Spurtreue umso zuverlässiger taxieren, je größer sie waren. Pick-up-Trucks hingegen stellten für den Kater ein echtes Problem dar, da sie seine Konzentrationsfähigkeit in besonderer Weise beeinträchtigten: Sein Herrchen auf der Farm fuhr nämlich ein solches Fahrzeug. Und der Kater liebte es über alles, auf einem der noch warmen Vorderreifen neben dem Motorblock zu liegen und zu dösen. Der Motor gab nämlich beim Abkühlen ein beruhigendes, tickendes Geräusch von sich, das den Kater an den Herzschlag seiner Mutter erinnerte. Die wahren Killer jedoch waren Wagen mit tief heruntergezogenen Frontspoilern. Sie waren überhaupt nicht einzuschätzen.

Personenwagen, Lastzüge, Lieferwagen und Pick-ups dröhnten vorbei. Der Kater drückte sich noch flacher auf den Boden, um den Rhythmus der Fahrzeuge in sich aufzunehmen und seine Muskeln zum Absprung vorzubereiten. Er tastete sich bis an den Asphaltrand vor. Ein Killer schien ihn gesehen zu haben und senkte seine tödliche Nase. Der Kater kroch eilig zurück. Als die Gefahr vorüber war, bewegte er sich wieder nach vorne, bis in die kleinste Haarspitze auf den Absprung konzentriert.

In diesem Moment landete im Busch neben ihm ein Vogel. Es war ein Eichelhäher, fett gefressen mit herbstlichen Beeren und erschöpft vom tagelangen, mühevollen Vergraben seines Eichelvorrats für den Winter.

»Na, wie geht's?«, erkundigte sich der Kater in beiläufigem Ton.

Es war erstaunlich, wie oft dieser simple Trick tatsächlich funktionierte und die gefiederten Dummköpfe – geschmeichelt wegen der Aufmerksamkeit, die man ihnen schenkte – heranflatterten, um über Gott und die Welt, das Wetter oder die Libellen zu schwatzen. Der Kater stieg in solchen Fällen natürlich mit der gleichen Lebhaftigkeit ins Gespräch ein und nutzte die Gelegenheit, um sich klammheimlich an den abgelenkten Vogel heranzuschleichen.

»Ich heiße …«, begann er, konnte sich aber plötzlich nicht mehr an seinen Namen erinnern. Alle gaben sie ihm unterschiedliche Namen. Ein junger Engländer, der dann und wann zu Besuch kam, nannte ihn ›Grimalkin‹ – ein Name, dessen Klang dem Kater wohl gefiel, auf den er aber nicht hörte. ›Tom‹, der Name, den die alte Großmutter für ihn ausgesucht hatte, ließ ihn ebenso kalt wie ›Kitty‹ – so nannten ihn die Kinder – oder ›alter Junge‹, ›verdammter Bolzen‹ und ›elendes Katzenvieh‹, wie ihn sein Herrchen je nach Gemütslage nannte. Einzig und allein sein Frauchen kannte seinen wirklichen Namen, und ihm wurden jedes Mal die Knie weich, wenn er hörte, wie sie nach ihm rief.

Nach einer kurzen Besinnungspause, die der Vogel ärgerlicherweise ebenfalls zum Nachdenken benutzt zu haben schien, hatte sich der Kater einen Namen ausgedacht, der dem Vogel gegenüber möglichst vertrauenerweckend klingen sollte. Doch bei diesem Flattermann schien es nicht zu funktionieren. Der Eichelhäher gab ein erschrockenes Krächzen von sich, wobei er beinahe vom Ast fiel, und machte sich dann schleunigst in Richtung Himmel davon.

»Klug von dir.« Der Kater seufzte gönnerhaft, denn er würde auf der Farm seiner Mieze noch genug zu fressen fangen. Dann wagte er sich auf die Straße.

Sein ausgeprägter Instinkt hatte ihn bisher stets sicher durch alle Gefahren geleitet, aber an diesem Abend war sein feines Gespür für die Straßenüberquerung von den ebenfalls starken Instinkten, den Vogel zu fressen und seiner Angebeteten einen Besuch abzustatten, überlagert worden. Er hätte doch besser dem Vogel den Garaus machen sollen, anstatt einem Frontspoiler in den Weg zu treten.

Sein Blut erstarrte ihm in den Adern, als er den Wagen heftig bremsen sah. Ein ohrenbetäubend lautes Kreischen war zu hören. Das Auto befand sich auf der Überholspur und war gerade dabei, einen schweren Tanklaster zu überholen. Unmittelbar dahinter befand sich ein Tieflader ohne Fracht. Der Kater wusste nicht, wohin er entrinnen sollte. Es gab keinerlei Möglichkeit vorauszusagen, in welcher Richtung der Wagen seine Fahrt fortsetzen würde. Ebenso gut hätte man versuchen können, die Bewegung einer vom Blitz getroffenen Eiche vorauszusagen oder die eines Baumstammes, der einen steinigen Abhang hinunterpurzelte.

Der Kater entschied sich umzukehren. Als er sich umdrehte, ertönte erneut ein ohrenbetäubendes Kreischen. Der Wagen senkte seine Nase noch tiefer und driftete nach rechts. Der Kater wich nach links aus, doch der Wagen lenkte ebenfalls nach links. Als der Kater daraufhin eine gewagte Drehung um die eigene Achse nach rechts machte, war ihm der Wagen schon wieder auf den Fersen. Dabei lähmten die aufgeblendeten Frontscheinwerfer die Entscheidungskraft des Katers noch mehr. Auf den Straßenbeton gepresst, erwartete er sein sicheres Ende.

Der Wagen scherte so knapp vor dem Tanklaster ein, dass sein Heck die vordere Stoßstange des Lasters streifte. Er geriet ins Schleudern und drehte sich um die eigene Achse, wieder auf den Kater zu. Weißer Qualm stieg von den überhitzten Bremsen des Tanklasters auf, und der Frontspoiler driftete zurück auf die Überholspur, direkt vor den Tieflader, der scharf abbremste, laut hupte, schlagartig wie ein Taschenmesser zusammenklappte und seitlich auf den Tanklaster auffuhr.

Die beiden Lastzüge und das Auto schlitterten – gegeneinander krachend und laut scheppernd – auf den Kater zu, der immer noch wie festgewachsen an seinem Platz verharrte und dem tödlichen Trio entgegenstarrte, das da auf ihn zugedonnert kam. Es schien, als wären starke Klauen aus dem Beton emporgewachsen, welche die Pfoten des Katers festhielten. Schließlich, in der allerletzten Sekunde, weckte ihn das tiefe Hupen einer Zugmaschine aus seiner Erstarrung auf. Während er einen beherzten Sprung zur Seite machte, kamen die brennenden Lastwagen zum Stehen: ein Haufen zerbeulten Blechs, der alle vier Spuren der Autobahn blockierte.

Ein vierschrötiger Mensch kletterte aus einem der Lkw-Wracks. Er hob die abgerissene hintere Stoßstange des mit dem Spoiler versehenen Wagens hoch und starrte auf den darauf angebrachten Aufkleber.

»›Ich bremse auch für Tiere‹!«, brüllte der Lastwagenfahrer aufgebracht und wedelte drohend mit der Stoßstange in der Luft herum. »Nun, ich bin bei diesem Wahnsinnsmanöver zum Tier geworden, aber Sie haben alles andere getan, als wegen mir zu bremsen!«

Mit diesen Worten schob er die zerfetzten Airbags des Personenwagens zur Seite, öffnete den Sicherheitsgurt und zerrte den Fahrer am Hemdkragen aus dem Schrotthaufen, der von dem Auto übrig geblieben war. Unterdessen kroch ein zweiter, ebenfalls sehr kräftig gebauter Mann aus den Wrackteilen des anderen Lastwagens hervor und rief: »Wenn du mit ihm fertig bist, habe ich ihm auch noch einiges zu sagen!«

Der Kater setzte sich in der Zwischenzeit mitten auf der Straße hin und glättete im Licht der brennenden Autowracks mit der Zunge sein Fell. Er untersuchte sorgfältig seine Gliedmaßen und seinen Schwanz und dankte dem Mond, dass er offenbar vollkommen unversehrt geblieben war.

Dann machte er sich auf den Weg zur Farm, auf der seine Mieze sicher schon auf ihn wartete. Es überraschte ihn, dass sich ihr Geruch in der Luft mit dem Geruch von Schnee mischte. Kälte und Feuchtigkeit legten sich auf sein Fell: zweifellos der richtige Abend, um ihn drinnen gemütlich im Warmen zu verbringen.

Ihr kleinstes Katzenjunges tollte in der Nähe des Eingangstors zum Heuschober herum. Es schüttelte den Kopf, um das Glöckchen zum Läuten zu bringen, das an einem breiten roten Lederhalsband befestigt war.

»Was in aller Welt ist denn das?«, fragte der Kater den Kleinen erstaunt.

»Ein Halsband mit Glöckchen. Das Menschenkind hat es mir umgelegt. Es ist ein Geschenk.«

»Hast du in letzter Zeit einen Vogel gefangen?«

»Nein.«

»Und hast du vielleicht eine Ahnung, warum du keinen gefangen hast?«

Plötzlich schien dem Kleinen ein Licht aufzugehen. »Ich glaube, sie hören mich kommen. Vielleicht werde ich das Halsband doch besser durchnagen.«

»Viel Spaß dabei, Kleiner. Das Ding ist zäh wie eine Schuhsohle. Pass auf, mach es einfach so. Wenn du in die Nähe des Vogelhauses kommst, drückst du dein Kinn nach unten ... siehst du, so ... das erstickt das Glockenläuten ... versuch es mal, du wirst es schnell heraushaben. Ist deine Mutter in der Nähe?«

»Sie hält ein Schläfchen auf dem Heuboden.«

»Sag mal, weshalb läufst du nicht einfach runter zum Teich und übst die Sache mit dem Kinn bei den Enten – aber komm sofort zurück, wenn es anfängt zu schneien, hörst du?«

»Was ist denn das – ›schneien‹?«, fragte das kleine Kätzchen.

»Das wirst du schon sehen, wenn es so weit ist.«

Der Kater erklomm die Leiter zum Heuboden und fand seine Angebetete genießerisch im Heu hingestreckt. Es sah aus, als sei sie nach einer guten Portion Hühnerleber einfach eingedöst. Aber sie hatte die Hälfte in der Schüssel übrig gelassen. Da ihm der Duft allzu sehr in die Nase stieg, leerte er die Schüssel, leckte sie blank und sank dann ebenfalls schläfrig ins Heu. Nur ein kurzes Nickerchen, dann würde er ihr seine Aufwartung machen.

Als sie ihn Stunden später weckte und ihm berichtete, dass ihr Kleiner in dem plötzlichen Schneesturm, der über die Farm fegte, verloren gegangen sei, leckte ihr der Kater beruhigend die Ohren und sank wieder zurück ins Heu, um noch ein wenig zu schlafen.

Sie schüttelte die Spreu aus dem Fell, durch die beide wie falsch gefärbte Leoparden aussahen, und schritt unruhig auf dem Heuboden auf und ab.

Der Kater öffnete schläfrig ein Auge. »Es geht ihm bestimmt gut. Er liegt sicher zusammengerollt hinter einer Schneewehe und ist warm wie eine Scheibe Toast.«

Sie sprang behände zum Fenster und schaute durch die vereiste Scheibe. »Er hat noch nie in seinem Leben Schnee gesehen. Er ist ja erst im vergangenen Sommer geboren, wie du ja vielleicht noch weißt.«

Der Kater, dem es schon Schwierigkeiten bereitete, sich an den letzten Nachmittag zu erinnern, öffnete auch das zweite Auge. Die Lage war urplötzlich umgeschlagen und ernst geworden – wie so oft, wenn er mit ihr zusammen war.

»Natürlich weiß ich es noch«, ließ ihn derselbe Instinkt sagen, der ihn sonst vor Hunden und Lastwagen rettete.

Und da ihre Frage offensichtlich als Wink mit dem Zaunpfahl zu verstehen war, dass er nicht unmaßgeblich an dem Wurf des vergangenen Sommers beteiligt gewesen war, schien ihm der Hinweis angebracht, dass er natürlich unverzüglich auf die Suche nach dem Kleinen gehen würde, sobald es aufgehört hatte zu schneien. Aber weshalb sollten sie sich nicht während der Wartezeit, hier in der Wärme des wohlduftenden Heubodens, schon einmal dem Nachwuchs des kommenden Sommers zuwenden?

»Ich werde rausgehen und nachsehen«, sagte sie entschlossen.

»Nein, ich werde es tun, sobald der Schneesturm nachgelassen hat.«

»Vielleicht hört es die ganze Nacht nicht mehr auf zu schneien.«

»Länger als eine Stunde wird es nicht mehr dauern.«

»Woher willst du das wissen?«

»Ich weiß es eben.«

Nach einer Stunde hatte es tatsächlich aufgehört zu schneien und der Halbmond schien durch die vereiste Fensterscheibe.

»Nun?«

Ein klarer Himmel nach einem Schneesturm bedeutete scharfe Kälte. Doch als er ihr das erläuterte, drohte sie erneut, selber zu gehen. Seufzend erhob er sich und streckte sich ausgiebig. Als Hauskatze war sie es nicht gewohnt umherzustreifen. Sie würde womöglich erfrieren oder einem Feind als Fraß dienen. Doch selbst wenn sie mit großem Glück den Kleinen ganz alleine finden würde, hätte er als Vater es auf alle Zeit mit ihr verscherzt. Also stieg er die Leiter hinab.

»Wohin gehst du?«, erkundigten sich die Pferde neugierig.

»Der Kleine ist weg.«

»Welcher denn?«

»Der kleine Dummkopf.«

Er schlüpfte durch einen Spalt in der Tür und blieb mit der Schnauze sofort in einer Schneeverwehung hängen.

Mit rapide sinkender Laune folgte er einem schmalen Durchgang, den der Wind an der Lee-Seite der Scheune gelassen hatte. Bald würde er jedoch durch tiefen Schnee müssen, um den Scheunenvorhof zu überqueren.

Plötzlich erstarrte er. Ein Wiesel glitt schlangenartig vorbei – ein langes, kraftvolles, flinkes und blutrünstiges Muskelknäuel mit messerscharfen Zähnen. Der Kater versteckte sich hastig hinter einer kaputten Harke, die gegen einen Hackklotz lehnte, und betete zum Mond, dass der Killer ihn nicht bereits entdeckt hatte. Wie eine Schlange glitt das Wiesel durch den Schnee, die Augen wach umherschweifend und die Schnauze gierig nach Beute witternd.

Ob der Kleine dem Raubtier begegnet war? In diesem Fall hatte er keine Chance gehabt. Aber das Fell an der einen Kieferseite des Wiesels hatte ganz platt gedrückt ausgesehen, so als ob es sich gerade erst von seinem Lager erhoben hätte. Immer weiter glitt es auf seinem tödlichen Weg, und der Kater befürchtete schon, dass er sein Versteck umsonst aufgesucht hatte, denn er konnte sehen, wie dem Wiesel bereits der Speichel im Mund zusammenlief und auf den Boden tropfte. Doch es war offensichtlich der Geruch nach Hühnern gewesen, der dem Räuber solchen Appetit gemacht hatte. Er strebte direkt auf den Hühnerstall zu – die Augen rot angelaufen vor Gier – und bemerkte den Kater überhaupt nicht, obwohl er dicht an ihm vorbeikam.

Als das Wiesel hinter der Scheune verschwunden war, schlug sich der Kater durch den tiefen Schnee und erklomm den Zaun des Schweineverschlags, um von dort aus die Gegend überschauen zu können.

Die kleinen, wachen Äuglein des Schweins, das im Eingang zu seiner Hütte stand, funkelten neugierig. »Was ist los?«, fragte es.

»Unser Katerchen ist verschwunden. Du hast ihn nicht zufällig gesehen? Er trägt ein rotes Halsband.«

»Leider nicht.«

»Das Menschenkind hat ihm das Halsband umgelegt. Es ist ein kleines Glöckchen daran befestigt.«

»Ich habe auch kein Glöckchen gehört.«

Der Kater warf dem Schwein einen scharfen Blick zu. Beide wussten nur zu gut, dass das Schwein durchaus im Stande war, ein junges Kätzchen zu verspeisen, falls sich die Gelegenheit dazu bot. Doch selbst das kleine Kätzchen wäre nicht so unvorsichtig gewesen, es so weit kommen zu lassen.

»Bist du ganz sicher, Schwein?«

Das Schwein überlegte angestrengt. »Ehrlich gesagt, wenn ich genau nachdenke, dann ist es möglicherweise doch hier vorbeigerannt, bevor es zu schneien begann. Ich war gerade halb eingedöst und habe es deshalb nicht genau gesehen. Aber ich bin irgendwie aufgewacht. Könnte das Glöckchen gewesen sein.«

»Ist das wirklich wahr?«, fragte der Kater misstrauisch nach.

»Es ist wahr«, bestätigte das Schwein, das im Grunde ein gutmütiger Genosse war.

»Ich muss ihn finden, bevor seine Mutter vor Sorge durchdreht.«

»Pass auf, dass du bei der Suche nicht gefressen wirst«, warnte das Schwein. »Mir war, als hätte ich ein Wiesel gewittert.«

»Tatsächlich?«

»Ich wäre jedenfalls heute Nacht lieber kein Huhn.«

Der Kater ließ seinen Blick über den mondbeschienenen Schnee schweifen. Die große Wiesenfläche erstreckte sich bis zu einem Teich, der in der Ferne neben einer Gruppe von Nadelbäumen zu erkennen war. Durch den eiskalten Wind hatte der Schnee eine harte Kruste bekommen, die im Mondlicht schimmerte.

»Alle möglichen Kreaturen werden hungrig, wenn es geschneit hat«, ließ sich das Schwein vernehmen.

»Nicht nur Wiesel. Auch Waschbären, Kojoten, Füchse, Eulen, Falken, Baummarder und Krähen.«

Der Kater suchte die Wiesenfläche angestrengt nach irgendeinem Anzeichen von Bewegung ab. Doch er spähte vergebens nach einem winzigen Fellknäuel aus, das seinen Weg nach Hause suchte. Er spitzte seine Ohren, ob er vielleicht ein ersticktes Jammern oder das leise Klingeln eines Glöckchens überhört hatte.

»Könnte schon sein, dass das Katerchen verspeist worden ist«, meldete sich das Schwein erneut.

»Wahrscheinlich ist er zum Teich gelaufen«, dachte der Kater laut nach. »Er wollte sicher die Enten aus dem Schlaf aufscheuchen.«

»Die Enten hätten ihm die Augen ausgehackt.«

Mit einem Satz sprang der Kater in den Schnee und machte sich quer über die abschüssige Wiese in Richtung des Teiches auf. Auf der halb gefrorenen Schneedecke kam er nur äußerst mühsam voran, denn bei jedem zweiten Schritt brach die dünne Kruste, und der Kater sank bis zur Brust ein.

Er hatte keine Ahnung, was der Kleine mit den schlafenden Enten angestellt hatte. Aber wie alle Jungtiere war er wohl, als es zu schneien angefangen hatte, herumgetollt, um die Flocken mit seiner Schnauze aufzufangen und mit den Pfötchen zu erhaschen. Außerdem war das Katerchen sicher hinter seinem eigenen Schwanz hergerannt und hatte sich im Schnee gewälzt. Als sein Fell schließlich vollkommen durchnässt gewesen war und sich zwischen seinen Krallen schmerzhafte Eisklumpen gebildet hatten, war er dann vermutlich in den Schutz der Bäume gehumpelt, um sich auf dem mit Tannennadeln gepolsterten Waldboden zusammenzurollen – ohne daran zu denken, dass nur ein Narr auf dem Boden schlief, wo jedes gefräßige Tier ein leichtes Spiel mit ihm hatte.

Der Kater verharrte. Das Wäldchen schimmerte

bläulich im nächtlichen Licht der Sterne und des Mondes. Wie zu einer Statue erstarrt, bewegte er die Ohren, um besser hören zu können. Der Wind strich über den Schnee, das Wasser gluckerte unter der Eisschicht, aber nirgendwo war auch nur die geringste Spur vom Katerchen zu entdecken.

Seine ohnehin leicht zerstreuten Gedanken begannen abzuschweifen. Er fragte sich, was er eigentlich hier draußen in der Eiseskälte zu suchen hatte, während ihm die Pfoten von der scharfen und rutschigen Schneekruste brannten. Doch er hielt sich nicht lange bei diesem Gedanken auf. Sein Instinkt konzentrierte sich auf das Wesentliche. Es war gefährlich, so ungeschützt auf der freien Fläche zu verharren. Er duckte seinen Körper deshalb flach auf den Boden und glitt über den Schneerand auf einen Haufen trockener Kiefernnadeln zu, der sich unter den Bäumen angesammelt hatte. Er spitzte die Ohren.

Vom anderen Ende des Wäldchens drang ein schweres Atemgeräusch herüber: allerdings viel zu laut, um von dem Kätzchen stammen zu können. Es roch nach einem schlafenden Waschbären. Der Kater drang vorsichtig tiefer in den Wald vor, um die Fährte des Waschbären deutlicher aufzunehmen.

Kein Blut. Der zottelige Kerl hatte offenbar keinen Kätzchen-Imbiss genossen, sondern sich an der Mülltonne des Farmers gütlich getan.

Das Heulen eines Fuchses war Meilen entfernt zu hören, ein Kojote aus noch größerer Entfernung. Langsam und vorsichtig schlich der Kater über den weichen Boden des Wäldchens, wobei er aufmerksam horchte. Nachdem er sämtliche Bäume und den Schneerand geprüft hatte, stieß er schließlich auf die Spur des verlorenen Kätzchens.

Schlimmer hätte es nicht sein können. Die Spuren des Kleinen waren tief in den Schnee eingesunken, was

nur bedeuten konnte, dass er sich auf den Nachhauseweg gemacht hatte, noch bevor sich die Eiskruste gebildet hatte. Keine Chance für den Kater, vor dem Kleinen
zurück zu sein. Und seine Liebste würde nun die ganze
Nacht damit verbringen, ihren Kleinen zu umhegen,
während er – ohne Belohnung für seinen heldenhaften
Einsatz – leer ausgehen würde.

Mit hängenden Schnurrhaaren machte sich der Kater auf den Rückweg über die verschneite Wiese. Der
Wind blies immer schärfer, und es schien, als ob die
freie Fläche bis in den Himmel reichte. Und der Kleine
lag wahrscheinlich schon dicht an seine Mutter geku-
schelt und schnurrte behaglich. Verärgert folgte der
Kater den kleinen Fußstapfen, wobei er auf Rache
sann: Er würde den Kleinen beim nächsten Regen auf
das Scheunendach jagen und ihn dort allein zurücklassen … nein, noch viel besser: Auf einer der Nachbar-
farmen gab es einen Hund, der sich immer schlafend
stellte. Dort konnte der Kleine einige wichtige Erfahrungen sammeln … und wenn er genauer darüber
nachdachte, erinnerte er sich an eine Straße, auf der
riesige Lastwagen …

Die kleinen Pfotenabdrücke hörten abrupt auf.

Mitten auf der großen Wiese, weit entfernt von dem
Wäldchen und von der Scheune, wo der Boden topf-
eben und der Himmel am weitesten war, endete die
Spur.

Er blickte zurück. Die kleinen Abdrücke waren im
Mondlicht neben seiner eigenen Spur deutlich sichtbar,
und zwar vom Wäldchen bis zu dieser Stelle, an der er
nun ratlos stehen geblieben war. Die Spur war einfach
zu Ende.

Der Kater suchte nach einem Loch im Schnee. Aber
da war kein Loch. Der kleine Kerl war also nicht einfach durch die Kruste eingebrochen und in den Schnee
eingesunken. Dann tastete er die Schneeschicht vor

dem letzten Pfotenabdruck ab, um festzustellen, ob sie möglicherweise dort so fest geworden war, dass der Kleine darauf keine weiteren Spuren hinterlassen hatte. Aber die Kruste war so dünn, dass er unweigerlich nach wenigen Schritten eingebrochen wäre. Der Kater probierte dies mit wenigen Sätzen selber aus.

Dann kehrte er zu dem letzten Pfotenabdruck des Katerchens zurück, wo er stehen blieb und ungläubig in den Himmel schaute. Es sah aus, als habe ein Stern das Kätzchen in den Himmel entführt. Aber der Kater war keineswegs mystisch veranlagt. Und auch wenn er ab und zu den Mond für ein Unglück verantwortlich machte, zu ihm betete oder ihm sogar einmal dankte, so verlangte es ihn aufgrund seiner allnächtlich mit Augen, Nase und Ohren gewonnenen Erfahrungen nach realistischen Antworten.

Was sollte er der Mutter des Kleinen nur erzählen?

Seine Hinterbeine wurden vom langen Stillsitzen immer kälter. Der Mond, der langsam im Westen immer tiefer sank, zeichnete lange Schatten, die wie dunkles Wasser den Berg hinunterzulaufen schienen. Als er so dem Schatten zusah, begann er zu vergessen, weshalb er eigentlich auf dieser verschneiten, mondbeschienenen Wiese saß.

Dann fiel sein Blick plötzlich auf einen weiteren Schatten. Er war so schmal wie der einer Schlange. Doch dieser Schatten ging von einer kaum sichtbaren Schneeverwehung aus, die nur etwa halb so lang und halb so breit wie der Kater war. Lediglich zwei oder drei Schritte von der Stelle entfernt, an der die Spur des Kätzchens endete, musste irgendetwas diese Verwerfung erzeugt haben.

Das Rückenfell des Katers sträubte sich wie eine Drahtbürste. Er drückte sich an den Boden und blickte über seine Schulter in den sternenklaren Himmel. Schlagartig war ihm klar, was mit dem Kätzchen passiert war, und jedes seiner Nervenenden schrie ihm zu, dass ihm jeden Augenblick dasselbe Schicksal widerfahren konnte.

Irgendwo da oben am klaren Nachthimmel flog eine hungrige Nachteule lautlos durch die Lüfte, getragen von der zwei Meter messenden Spannweite ihrer Flügel. Die Eule hatte auch in der Dunkelheit einen so scharfen Blick, dass sie im Stande war, sogar aus einhundertfünfzig Meter Höhe unter ihr die Bewegungen der Schnurrhaare einer Maus zu bemerken. Sie konnte schneller als der Wind und so lautlos wie eine Fledermaus auf ihr Opfer herabstoßen. Und sobald sie ihre Beute in den kräftigen Fängen hielt, durchtrennte sie ihr die Wirbelsäule mit einer Hackbewegung ihres kräftigen Schnabels.

Ihr Flügel war über den Schnee gefegt und hatte die Verwehung erzeugt, als die Eule herabgesegelt war, um sich das Kätzchen zu holen. Ohne weitere Zeit zu verlieren, rannte der Kater los. Schließlich reichte ein Kätzchen nicht aus, um den Appetit eines so großen Vogels zu stillen.

Mit höchster Geschwindigkeit eilte der Kater über den Schnee, noch bevor ihm richtig bewusst wurde, was er eigentlich tat. Seine Pfoten berührten kaum die Eiskruste, seine Ohren waren flach an den Kopf gelegt und sein Herz schlug schnell, aber gleichmäßig. Seine Lungen füllten sich mit der eiskalten Luft und sein Schwanz war wie ein Ruder starr nach hinten gerichtet. Seine Gedanken machten Platz für die überlebenswichtigen Instinkte, die nun sein Verhalten steuerten. Und seine geschärften Sinne meldeten ihm, dass sich irgendetwas vor den Mond schob und das Licht veränderte. Dann stürzte der Schatten herab.

Der Kater machte einen Haken nach links, sank durch die Schneekruste ein, befand sich jedoch sogleich wieder auf den Pfoten. Zur gleichen Zeit war der Schatten ganz herabgesunken, und mörderische Krallen schlugen genau dort in den Schnee, wo der Kater soeben noch den Boden berührt hatte. Er sah die Eule nicht, aber ihr Schatten genügte ihm. Überdies war es noch nie eine gute Idee gewesen, sich beim Rennen umzusehen.

Wieder richteten sich seine Nackenhaare steil auf.

Der Kater dachte nicht darüber nach, was er tat und weshalb er es tat, als er urplötzlich mitten im Lauf stoppte. Er rutschte auf seine Schnauze und fühlte den Windhauch, als die Bestie über ihn hinweghuschte. Nur schnell wieder auf die Beine und weiterlaufen. Der Mond hatte seine Position verändert. Der Kater brachte ihn wieder in die alte Lage hinter seiner linken Schulter, doch schon im nächsten Augenblick nötigte ihn die Eule dazu, im Kreise zu laufen.

Sein Schwanz erstarrte vor Anspannung, als sich ihm die Eule von hinten bedrohlich näherte. Diesmal machte er einen Satz nach links: ein Manöver, das durch das scharrende Geräusch belohnt wurde, als die Krallen seines Jägers in den leeren Schnee fuhren.

»Die Runde geht an mich«, triumphierte der Kater.

»Warte nur ab«, zischte die Eule siegessicher, während sie sich mühelos wieder in den Himmel hinaufschwang.

Für den Kater dagegen war das Laufen auf der glatten Eiskruste alles andere als mühelos. Sein Herz raste und die scharfe, eiskalte Luft schnitt ihm schmerzhaft in die Lungen. Es schien, als ob die Wiese gar kein Ende nehmen wollte. Alles, was er vor sich sah, war eine schier endlose Schneefläche. Der Mond stand schon wieder anders zu ihm, sodass er erneut seinen Kurs korrigieren musste. Irgendwo dort vor ihm war der Rand der Schneewiese und erst dahinter befanden sich der Schweinestall und die Scheune.

Er hatte die Eule weder gehört noch gesehen, als sie

plötzlich vor seiner Nase auftauchte. Wie ein unnatürliches Wesen von der dunklen Seite des Mondes attackierte sie ihn mit weit gespreizten Krallen, die durch den Schnee fuhren, für den Fall, dass ihre Beute auf den Gedanken kommen sollte, sich zu ducken.

Zum Glück dachte der Kater nicht eine Sekunde nach, sondern handelte, ohne zu zögern, rein instinktiv. Und sein Instinkt sagte ihm: Spring! Nun war es die Eule, die überrascht war, als der Kater über sie hinwegsauste und hinter ihr so heftig auf der Schneekruste landete, dass diese laut zerbarst. Blitzschnell rappelte sich der Vierbeiner wieder hoch und rannte blindlings weiter, während sich direkt hinter ihm die großen Flügel der Eule vor den Sternenhimmel schoben und sich der unerbittliche Jäger zum nächsten Angriff rüstete.

»Hier herüber«, hörte man das Schwein quieken.

Fast hatte der Kater den Platz vor der Scheune erreicht, aber gleichzeitig mit ihm auch die Eule, die regungslos wie der Tod auf dem Zaun des Schweinegatters saß. Der Kater spürte, wie ihn die Lebensgeister zu verlassen drohten, und er wünschte sich für einen Moment, dass er im Schnee versinken und der Eule zum Opfer fallen würde, damit der Spuk endlich ein Ende hatte.

Auch die Eule registrierte die Verzweiflung und die Selbstaufgabe, die in der Luft lagen. »Bist du vielleicht zu müde, um mir zu entkommen?«, zischte sie gehässig.

Der Kater stolperte einige Schritte näher. Dann sprintete er urplötzlich aufs freie Gelände in Richtung Scheune, als habe er den Verstand verloren. Unverzüglich spreizte die Eule ihre Flügel und ihre Krallen und reckte ihren scharfen Schnabel, während sie sich vom Zaun fallen ließ wie ein umstürzender Baum.

»Bist du vielleicht einfach zu blöd, mich zu fangen?«,

fragte der Kater, als die Eule sich mit Schwung in seine zunächst eingeschlagene Richtung schwang, während er sich mit einem Haken in Richtung des Schweineverschlags wandte.

»Hierher!«, schrie das Schwein. »Komm hierher, hier ist ein Loch im Zaun!«

»Von wegen«, erwiderte der Kater, der den scharfen Krallen der Eule nicht in letzter Sekunde entwischt war, um die spitzen Zähne des Schweins mit seinen Knochen zu polieren. Er presste sich mit dem Rücken in eine Ecke zwischen dem Zaun und dem Stall und beobachtete von dort aus, wie die enttäuscht rufende Eule Kreise über der Farm zog. Schließlich drehte der Vogel ab und ließ sich in der Krone einer Eiche nieder, die von einem Blitz gespalten worden war und allein zwischen zwei Feldern stand.

»Das war aber knapp«, ließ das Schwein verlauten. »Ich dachte schon, es sei vorbei mit dir.«

»Sie hat mich nicht mal gestreift«, sagte der Kater stolz. Das entsprach allerdings nicht ganz der Wahrheit, denn er spürte nur zu deutlich einen brennenden Schmerz auf seinem Rücken. Als er ihn näher begutachtete, entdeckte er verkrustetes Blut in seinem Fell.

»Hat sie den Kleinen erwischt?«

»Sieht leider so aus.«

»Ich warne jeden vor diesem Vieh. ›Hütet euch bloß vor dieser Eule‹, sag ich immer. ›Sie lauert da oben auf euch.‹ Ja, ich befürchte, mit dem Kleinen ist es aus«, seufzte das Schwein.

Der Kater blickte prüfend in den Himmel, bevor er sich über den vereisten Schnee zur Scheune aufmachte. Langsam und zögernd tapste er zur Leiter, die auf den Heuschober führte.

»Hast du das Katerchen gefunden?«, wisperten die Pferde. »Geht es ihm gut? Was ist mit ihm passiert?«

»Die Eule hat ihn geholt.«

»Nein! Das soll wohl ein schlechter Scherz sein! Woher willst du das wissen?«

»Seine Spur bricht mitten auf der verschneiten Wiese ab.«

»Vielleicht ist er … oder vielleicht …?«

»Vielleicht … vielleicht«, wiederholte der Kater gereizt. »Das hilft mir jetzt auch nicht weiter.«

»Aber was willst du nur seiner Mutter sagen? O nein, das kannst du ihr nicht antun. Geh und such weiter.«

»Wahrscheinlich habt ihr Recht«, befand der Kater, denn alles erschien ihm im Augenblick besser, als die Leiter hinaufzuklettern und der Mutter des Kleinen zu erklären, dass ihr Jüngster Beute der Eule geworden war. Also verließ er die Scheune wieder, warf einen prüfenden Blick in den Himmel und lief vorsichtig über den offenen Platz zur Scheune mit den Milchkühen.

»Hallo, Kater«, begrüßte ihn der Bulle, der trotz der späten Stunde hellwach war. »Was ist denn los?«

»Ach, es ist ein Elend.«

»Komm, setz dich. Erzähl mir, was passiert ist.«

Der Kater setzte sich auf die Hinterbeine und begann, dem mächtigen dunklen Schatten, den der Bulle warf, alles zu berichten.

»Es ist eine lange Geschichte.«

»Macht nichts, ich habe die ganze Nacht Zeit.«

»Die Eule hat das kleine Katerchen erwischt.«

»Das kann passieren.«

»Ja, aber warum gerade heute Nacht?«

»Du hast dir den Abend wohl anders vorgestellt, wie?«

»Allerdings«, bestätigte der Kater. »Schließlich habe ich sie seit einem Monat nicht gesehen.«

Der Bulle brummte verständnisvoll.

»Verstehe, mein Freund, verstehe.«

»Was für eine Nacht. Zuerst bin ich beinahe von einem Hund zerfleischt worden, dann hat mich um ein

Haar ein Auto überrollt und jetzt dieser verflixte Kleine. Wenn ich ihn jemals erwische, dann …!«

»Du hast mein vollstes Verständnis, Kumpel, mein vollstes Verständnis.«

»Und das ist noch nicht alles. Das Katerchen war noch so klein, dass die verdammte Eule immer noch hungrig ist. Ich habe mein Leben riskiert, nur um hier herüberzukommen und dir Hallo zu sagen.«

»Ich weiß deinen Mut zu schätzen.«

»Na ja«, meinte der Kater lässig, »dafür sind wir Freunde.«

»Ich habe eine Idee«, sagte der Bulle. »Hast du das Halsband gesehen, das der Kleine getragen hat?«

»Ja und?«

»Geh und such es.«

»Und warum?«

»Damit beweist du der Mutter, wie viel das Katerchen dir bedeutet hat.«

Die Idee war nicht schlecht. Der Kater verließ den Stall, beobachtete aufmerksam den Himmel und rannte zurück zur Scheune, um mehr darüber herauszubekommen, wo das Halsband geblieben war, nachdem die Eule das Kätzchen verschlungen hatte.

»Wieder zurück?«, grunzte das Schwein schläfrig.

»Schlaf weiter.«

Hoch oben in der gespaltenen Eiche jenseits der Felder wurde die Eule lebendig und spreizte erneut die Flügel. Sie umkreiste mehrmals den Baum und machte dabei den Eindruck, als suche sie etwas.

Merkwürdig, dachte der Kater. Was sie wohl verloren hat? Seine kleinen grauen Zellen arbeiteten fieberhaft, als plötzlich der Knall eines Gewehrschusses die Stille der Nacht zerriss. Die lange, rote Zunge des Mündungsfeuers blendete den Kater.

Bumm! Der folgende Knall war noch ohrenbetäubender.

Und noch ein Schuss. Und noch einer.

»Der Bauer schießt auf das Wiesel!«, quiekte das Schwein. »Hoffentlich trifft er es!«

Die Ohren des Katers schienen taub zu sein. »Was?«

»Der wird am Ende noch seine eigenen Hühner abknallen«, höhnte das Schwein. »Falls das Wiesel noch welche übrig gelassen hat.«

Der Kater blinzelte. Er versuchte sich zu erinnern, weshalb er eigentlich zum Schweinestall gekommen war.

Dort im Nordosten kreuzte ein großer Vogel gerade die Milchstraße. Es war die Eule, die von dem Schuss aufgeschreckt worden war.

»Ich warne alle, sich vor dieser Eule in Acht zu nehmen, aber keiner will auf mich hören. Sie laufen alle gedankenlos herum, als ob …«

»Pssst!«

Der Kater hatte ein ganz, ganz leises Klingeln gehört – wie von einem Glöckchen. Oder hatte ihn nur der Wind getäuscht?

Klirrende Eiszapfen? Oder nur das Echo der Gewehrschüsse in seinen Ohren?

Nein, da war es wieder!

»Lebt die Eule in dem Baum?«

Die Farm, auf der der Kater sein Zuhause hatte, lag viele Meilen von seiner speziellen Freundin entfernt, und bei seinen zahlreichen Verpflichtungen in der Region kam er nicht häufig genug hierher, um den Wohnort jeden Störenfrieds zu kennen.

»Sie lebt im Himmel«, sagte das Schwein bedeutsam.

Der Kater warf ihm einen verächtlichen Blick zu.

»Aber sie hat ein Quartier dort oben, wenn du darauf anspielst.«

»Genau das wollte ich wissen.«

»Ein grauenvolles Nest, soweit ich gehört habe«,

fuhr das Schwein fort. »Alte Federn, Knochen, Fellreste – he, wo willst du hin?«

Der Kater streifte über den freien Scheunenvorplatz an einer Steinmauer entlang, die beide Felder trennte und deren Schatten er als Deckung nutzte. Falls er sich nicht verhört hatte – und normalerweise ließen ihn seine exzellenten Ohren nicht im Stich –, war das leise Klingeln von der gespaltenen Eiche her gekommen, in der die Eule ihr Nest hatte.

Kurz bevor er die Stelle erreichte, wo die großen, knorrigen Wurzeln des Baumes die Mauer zum Einsturz gebracht hatten, witterte er Blut.

Hühnerblut! Der Kater erstarrte.

Dort im Dunkeln rührte sich ein Schatten.

Das Wiesel torkelte in seinem Blutrausch durch den Schnee und kam wankend auf den Kater zu. Es schlich jedoch rechts an ihm vorbei und begann die Eiche hinaufzuklettern. Erst in etwa zehn Meter Höhe verschwand es in einem Loch im Baum. Der Kater ließ dem Wiesel etwas Zeit, bis es sich tiefer in seinen Bau verkrochen hatte, und kletterte dann ebenfalls den Stamm hinauf. Die raue Rinde des Baumes machte ihm das Klettern leicht. Er passierte problemlos den Eingang zum Bau des Wiesels und stieg weiter hinauf.

Als er eine Höhe von ungefähr fünfundzwanzig Metern erreicht hatte, hörte er wieder das leise Klingelgeräusch. Es kam von dem kleinen Katerchen, das in einem Spechtloch kauerte. Es hielt den Kopf gesenkt, und der Kater konnte die tiefe Kerbe erkennen, die der scharfe Schnabel der Eule in das Lederhalsband gehackt hatte. Es hatte dem Kleinen offenbar das Leben gerettet.

»Hallo, du!«, rief er dem Katerchen zu.

Der Kleine schaute ungläubig auf.

»Willst du die ganze Nacht in diesem Loch verbringen oder kommst du mit nach Hause?«

»Wie kommst du denn hierher, Kater?«

»Vom Mond. Und nun lass uns endlich von hier verschwinden.«

»Die Eule hat gedacht, ich sei hinüber. Deshalb habe ich mich tot gestellt, wie es das Opossum oft tut.«

»Ja, darum nennt man diesen Trick ja auch ›Opossum spielen‹«, erwiderte der Kater. »Wende ihn aber ja nicht an, wenn du dich gerade auf einer Straße befindest. Nun aber los.«

»Ich bin dann ganz schnell losgerannt, als sie mich abgesetzt hat.«

»Gut gemacht. Los jetzt, wir gehen.«

»Ich musste mich irgendwo verstecken, weil mich bei jeder Bewegung das Klingeln des Glöckchens verrät.«

Auch der Kater sah ein, dass das Klingeln ein Problem darstellte. Aber so sehr er sich auch an dem verdammten Leder abmühte: Bevor es ihm gelang, das Halsband zu zerbeißen, fielen ihm eher alle Zähne aus.

»Was sollen wir nur tun?«, jammerte das Kätzchen.

»Lass mich einen Moment überlegen.«

Ihm fielen vor Müdigkeit die Augen zu, aber das Klingelgeräusch des Glöckchens weckte ihn sogleich wieder auf. Das kleine Katerchen war in der Zwischenzeit damit beschäftigt, die Eisbrocken, die sich zwischen seinen Krallen gebildet hatten, wegzulecken.

»Hör sofort mit dem Klingeln auf oder ich verfüttere dich an die Eule!«

Der Kater unterstrich seine Warnung, indem er seine Zähne bleckte und die Krallen bedrohlich spreizte – eine imposante Kombination aus scharfzinkigem Rechen und Kettensäge.

»Aber ich kann doch nichts dagegen tun! Die Eule wird es bestimmt hören und dann ist es aus mit mir«, jammerte der Kleine verzweifelt.

»Drück dein Kinn auf das Glöckchen, wie ich es dir

gesagt habe. Okay? Los geht's – und schau besser nicht nach unten.«

Doch diese Warnung kam zu spät. Das Kätzchen war vor lauter Höhenangst so steif wie ein toter Foxterrier. Unter normalen Umständen hätte der Kater es den Menschen überlassen, die Feuerwehr zu rufen, um den kleinen Bastard zu retten, denn einen Baum herunterzuklettern war nie ein Vergnügen – und schon gar nicht mit einem wimmernden Bündel in der Schnauze. Aber die Eule würde bald zurückkehren und es galt zu handeln.

»Gütiger Mond!«, seufzte der Kater und versenkte seine Zähne in das Nackenfell des Kleinen. Dann begann er, den Baumstamm hinunterzugleiten. »Denk an dein Kinn«, raunte er dem Kleinen zu.

Als er die Hälfte der Strecke zurückgelegt hatte, begannen zwar seine Beine vor Anstrengung zu zittern, aber dafür keimte Hoffnung in ihm auf.

»Na, wo wollt ihr denn hin, Jungs?«

Drohend verdunkelte die Eule den Sternenhimmel.

Zum Glück hatte der Kater sich stets in der Nähe von Löchern im Stamm bewegt und schob den Kleinen hastig in das nächstgelegene. Mit lässigen Flügelschlägen umkreiste die Eule immer wieder mühelos den Baum, wobei der Luftzug lautlos durch ihre Federn strich.

»Ich kann warten«, zischte sie gehässig. »Ich habe Zeit. Heute Nacht, morgen, übermorgen.«

»Was sollen wir nur tun?«, miaute das Katerchen kläglich.

»Schlaf du nur.«

»Und was hast du vor?«

Der Kater hatte sich bereits aufgemacht, um die zahlreichen hohlen Äste zu erforschen, die er von anderen, ebenfalls vom Blitz getroffenen Bäumen her kannte.

»Ich werde etwas suchen, womit die Eule ihren Hunger stillen kann.«

»Etwa mich?«

»Nicht doch!«

»Aber du hast vorhin gesagt ...«

»Keine Sorge, von dir würde sie kaum satt werden«, beruhigte ihn der Kater. »Außerdem würde mir deine Mutter das nie verzeihen.«

Der Kater quetschte sich durch einen Tunnel, der etwa seinen Körperdurchmesser hatte, wobei er peinlichst auf die Signale seiner Schnurrhaare achtete. Dann gelangte er in einen Tunnel, der etwa doppelt so groß war wie er. Er schlich ihn aufmerksam entlang, da er nicht gerne in die Winterhöhle eines Tieres stolpern wollte, das zweimal so groß war wie er. Beim nächsten Tunnel meldeten seine Schnurrhaare, dass dieser zu eng für ihn war.

Der dritte war ebenfalls ziemlich eng, hatte etwa Wieselgröße – und roch nach Tod.

Unerschrocken bewegte der Kater sich vorwärts.

Der Tunnel öffnete sich in eine ziemlich geräumige Höhle, in der das Wiesel – über und über mit Blut und Federn bedeckt – nach seinem umfangreichen Hühnermahl ein Verdauungsschläfchen hielt.

Aus der Nähe erkannte der Kater, dass das Wiesel kräftig war und für ein Tier mittleren Alters erstaunlich wenige Narben hatte. Offensichtlich hatte der Killer bisher alle Kämpfe für sich entschieden. Der Kater stieß ihn unsanft an.

»Du bist das hässlichste Wiesel, das ich jemals gesehen habe. Ich mag Wiesel sowieso nicht. Sie töten Katzen. Aber du bist viel zu satt, voll gefressen und zu dumm, um mich töten zu können. Also wach auf, aber ein bisschen plötzlich!«

Dieser Befehl, den der Kater dem Wiesel direkt ins Ohr geschrien hatte, zeigte Erfolg. Das Tier rollte sich auf die Seite und blinzelte.

»Ich rede mit dir!«

Noch immer berauscht von dem vielen Hühnerblut,

war das Wiesel doch wach genug, einen kalten Blick aufzusetzen.

»Was ist los?«

»Wach auf!«

»Ein Kater?« Das Wiesel blickte sich ungläubig in seiner Höhle um. »Bist du lebensmüde? Ich werde dich zerfleischen.«

Der Kater drehte sich auf der Stelle um und rannte den Zugang zur Höhle des Wiesels zurück, bis er den breiteren Haupttunnel erreichte. Dann blickte er zurück, um sicherzugehen, dass das Wiesel ihm folgte. Und in der Tat: Es war ihm sogar dicht auf den Fersen.

»Ich werde dir mit größtem Genuss deine Flügel herausreißen«, kreischte das Wiesel, womit es nur seine offensichtliche Unkenntnis bezüglich der Anatomie von Katzen bewies. Mit mordgierigem Blick kam es dem Kater immer näher.

»Achtung!«, warnte der Kater den Kleinen, als er an ihm vorbeirannte. »Hinter mir ist Gefahr.«

Er sprang behände aus dem Loch, das in den Tunnel hineinführte, krallte sich in der rauen Baumrinde fest und rief laut: »Eule!«

»Hier bin ich schon«, zischte der Vogel und fiel aus dem dunklen Himmel wie ein mit Klauen versehener Stein.

»He, Wiesel«, miaute der Kater zurück in das Loch. »Ich warte!«

Im gleichen Moment schoss das Wiesel bereits aus dem Loch, und der Kater wäre in ernsthafte Schwierigkeiten geraten, wenn die Eule nicht in Windeseile zugepackt, das Wiesel mit ihren Krallen umklammert und himmelwärts fortgetragen hätte.

Die Eule schien alles andere als enttäuscht zu sein, dass sie ein fettes Wiesel anstelle einer schlanken Katze erwischt hatte. Mit ihrem scharfen Schnabel setzte sie zum tödlichen Stoß an.

Doch das alte Wiesel hatte genügend Lebenserfahrung, um die Situation sofort zu erfassen. Das Letzte, was der Kater sehen konnte, als er und der Kleine den Baum verließen und zur Scheune liefen, waren die beiden Raubtiere, die in tödlicher Umklammerung zu Boden stürzten.

Die Katzenlady und -mutter miaute vor Freude und Erleichterung, als er ihren Kleinen die Leiter hinaufscheuchte. Als der Kater in das trockene, warme Heu sank, um sich von den Strapazen auszuruhen und die wohlverdiente Belohnung zu genießen, rief die Katze erschrocken aus: »Du blutest ja!«

»Ach, nur eine Kleinigkeit«, erwiderte der Kater lässig. »Nicht der Rede wert.«

Doch sie hatte den Kleinen gemeint, dessen Fell sie nun mit langen und zärtlichen Zügen leckte.

»Er ist völlig unversehrt«, bemerkte der Kater. »Das hier ist *mein* Blut.«

»Mein armes Baby. Was musst du für eine Angst ausgestanden haben. Kuschle dich an deine Mutter und schlaf dich in Ruhe aus. Ich werde dich in den Schlaf wiegen.«

»Und was ist mit mir?«

»Schhhhhh! Der Kleine hat eine entsetzliche Nacht hinter sich!«

Peter Straub

Alte Knacker

»Die Nachricht von Clydes Tod war ein furchtbarer Schock für mich«, sagte Ray Constantine zu Gus Trayham, der auf dem Standfahrrad neben ihm saß.

»Der Mord an ihm hat uns alle sehr mitgenommen«, erwiderte Trayham. »Wen lässt so etwas schon kalt?«

»Hinzu kommt, dass mich die ganze Sache an Paolo erinnert«, gestand Constantine. »Plötzlich sind all die grässlichen Erinnerungen wieder da.« Neun Jahre zuvor war sein Sohn Paolo, damals ein Student an der Rhode Island School of Design, an einer Überdosis Drogen gestorben. Rays Frau Fabiana, die er während eines Stipendiums an der Amerikanischen Akademie in Rom kennen gelernt hatte, war durch dieses traumatische Ereignis psychisch so stark belastet worden, dass sie nach fünfundzwanzig Jahren Ehe ihre Koffer gepackt hatte und nach Italien zurückgekehrt war.

»Glaubst du vielleicht, dass ich seit gestern Nacht nicht auch die ganze Zeit an Linc denken musste?«, sagte Trayham leise. »Im April waren es drei Jahre, die er nun schon einsitzt.«

»Ich weiß«, bestätigte Constantine. Weder er noch die anderen beiden Männer, die sich an jedem Wochentag im Sportstudio der Columbia-Universität trafen und anschließend gemeinsam zu Mittag aßen, hatten Gus Trayhams älteren Bruder persönlich gekannt. Sie alle wussten jedoch von ihrem Freund, dass Lincoln Trayham in schlechte Gesellschaft geraten war und einige Dummheiten gemacht hatte. Gus war dennoch fest davon überzeugt, dass sein Bruder unschuldig wegen Mordes zweiten Grades zu einer lebenslänglichen Haftstrafe verurteilt worden war.

Eine ganze Zeit lang strampelten beide wie wild auf ihren Ergometern, wobei sie allerdings nicht ganz mit den drei weiblichen Teenagern mithalten konnten, die neben ihnen trainierten. Constantine war aufgefallen, dass eine der Sylphen – die ein Philips-Exeter-T-Shirt und hautenge Radler-Shorts trug – während ihrer körperlichen Betätigung wie gebannt in die Lektüre eines Thrillers von Grant Upward vertieft war. Upward war ein Freund und Kollege, der mit seinem letzten Roman wesentlich mehr Erfolg gehabt hatte als Constantine, obwohl Upward lediglich einen früher publizierten Text umgeschrieben hatte.

»Vielleicht hätten wir das Training heute einmal ausfallen lassen sollen«, gab Constantine zu bedenken.

»Die körperliche Anstrengung tut uns gut«, widersprach Trayham. »So können wir wenigstens ein bisschen von unserem Schmerz ausschwitzen, bevor wir mit dem Burschen reden.«

Etwas leichtfüßiger als Constantine stieg Trayham ab und strebte an den Mädchen vorbei zu einer Trainingsbank mit einem Bizeps-Curler. Die langhaarige Bohnenstange, die sich dort in ihren kurzen Hosen abmühte, verscheuchte er einfach dadurch, dass er sich vor dem Gerät hinstellte, den Kopf senkte und finster dreinblickte. Nachdem der Junge kurz darauf eine Entschuldigung gemurmelt hatte und verschwunden war, justierte Trayham die Gewichte von fünfzig auf einhundertzwanzig Pfund, stützte die Oberarme auf das Curlpult, suchte die richtige Sitzposition, umfasste mit beiden Fäusten die Griffstange und begann, mit geschmeidigen Bewegungen die Gewichte zu heben und abzusenken. Sein Vater war Football- und Schwimmtrainer gewesen und hatte von Kindesbeinen an auf die Fitness seines Sohnes geachtet. Und auch wenn Gus Trayham mittlerweile auf die Sechzig zuging, an den Hüften etwas zugelegt und fast eine Glatze hatte, so war er doch ohne Frage der kräftigste und athletischste der vier Freunde.

Unterdessen ging Constantine zum Latissimus-Zugturm hinüber, der sich neben der Rudermaschine befand. Dort mühte sich gerade der blonde, noch immer jungenhaft wirkende Tommy Whittle ab, während er das amüsierte Lächeln eines dunkelhaarigen Mädchens erwiderte. Whittles Karriere als Schauspieler hatte einen ziemlichen Einbruch erlebt, als er drei Jahre zuvor Opfer eines Raubüberfalls geworden war. Mehr als einen Monat hatte er im Krankenhaus verbringen müssen. Aber Zuschauer, die in den achtziger und bis in die Mitte der neunziger Jahre viel ferngesehen hatten, betrachteten ihn noch heute als einen guten Bekannten, dessen Name einem nur nicht gleich einfiel.

»Was glaubst du, wie sie es machen werden?«, fragte er Constantine, der gerade die für ihn richtige Sitzposition einstellte. »Ob wir einzeln vernommen werden oder alle gemeinsam?«

»Wohl eher einzeln. Dieser Captain ... wie hieß er doch gleich?«

»Brannigan – wie John Wayne in dem gleichnamigen Film«, erwiderte Whittle.

»Was für ein Film?«

»*Brannigan – ein Mann aus Stahl*. Darin spielt John Wayne einen Chicagoer Polizisten, der nach London fliegt, um dort einen Verdächtigen abzuholen. Der Film wurde Mitte der Siebziger gedreht und ist nicht schlecht, wirklich nicht schlecht. Aber ich bin nun mal ein Fan von John Wayne.«

»Ich weiß, Tommy.« Constantine stellte das Gewicht auf einhundertfünfundsiebzig Pfund ein und streckte sich, um die Stange über ihm zu packen.

»Also einzeln, wie?«

Constantine ließ die Stange wieder nach oben gleiten. »Brannigan wird uns wahrscheinlich in irgendeinem Raum warten lassen und uns dann einzeln aufrufen, damit wir ihm erzählen, was immer wir wissen. Bist du nervös, Tommy?«

»Sicher. Die Sache mit Clyde ist einfach schrecklich. Aber wenn du jemanden sehen willst, der wirklich mitgenommen aussieht, dann solltest du mal einen Blick auf Leo werfen.«

Whittle hatte zweifellos Recht. Leo Gozzi machte ein paar halbherzige Rumpfbeugen mit langen Pausen zwischendurch. Sein dunkler Teint wirkte grau und unter seinen Augen hingen dicke Tränensäcke. Nachdem Gozzis interner Bericht über die dubiosen Finanzgeschäfte seines Arbeitgebers, einer Computerfirma, an die Presse durchgesickert war, hatte er zuerst seinen Job und dann seine Frau verloren. Daraufhin war er zwanzig Blocks nach Norden in ein Apartment an der 107. Straße umgezogen, direkt um die Ecke von Clyde Peppers Wohnung an der West End Avenue. Es war Gozzi gewesen, der Pepper in die Runde eingeführt hatte.

Als Constantine seine Einheiten absolviert hatte, nahm er auf dem Rückentrainer Platz, der sich direkt neben Gozzis Bank befand. Er hatte bereits mit seinen Übungen begonnen, bevor Gozzi über die Schulter sah und ihn bemerkte.

»Hallo, Ray«, begrüßte er ihn.

»Ich sag's nicht gern, Leo, aber du siehst ziemlich beschissen aus.«

»Der Mord an Clyde macht mich völlig fertig. Letzte Nacht habe ich keine zehn Minuten geschlafen. Ich habe nur dagelegen und gespürt, wie meine Muskeln sich immer mehr verkrampften. Es wurde so schlimm, dass ich nicht einmal mehr aufrecht stehen konnte.«

»Konzentrier dich auf deine Übungen und nachher beim Essen unterhalten wir uns über alles. Dann wird es dir besser gehen.«

Gozzi machte eine weitere Beuge. »Weiß Sally, was geschehen ist?«

Seit etwas mehr als einem Jahr hatte Constantine eine mal mehr, mal weniger intensive Beziehung zu Sally Frohman, einer ebenso attraktiven wie überarbeiteten Journalistin. Auch wenn sie sich gerade mal wieder häufiger sahen, so war beider Verhältnis zurzeit doch eher gespannt und ließ Constantine eine sexuelle Dürreperiode befürchten.

»Warum fragst du danach?«

»Nun, ich wüsste nur gern, was sie von der Sache hält und wie sie reagiert hat. Das ist alles.«

»Okay, Leo, wenn du's unbedingt wissen willst, werde ich dir erzählen, wie sie's aufgenommen hat. Sally war wegen irgendetwas stocksauer, hockte auf dem Sofa und starrte auf den Boden, während sie sich die Haare raufte. Ich saß in der Küche und war mit der Überarbeitung eines Manuskripts beschäftigt. Dann klingelte das Telefon. Dieser Detective namens Brannigan rief an und informierte mich über Clyde, wahrscheinlich mit denselben Worten, die er auch bei dir benutzt hat. Als ich wieder auflegte, fuhr Sally mich an: ›Dürfte ich wohl wissen, mit wem du dich morgen Nachmittag treffen willst?‹ ›Warum nicht?‹, antwortete ich. ›Ich muss zu einem Polizisten auf das 26. Revier. Vor zwei Stunden wurde nämlich Clyde Pepper, ein Freund aus meiner Trainingsgruppe, im Riverside Park gefunden, und zwar mit durchschnittener Kehle und eingeschlagenem Schädel. Du bist ihm zwar nie begegnet, aber du kannst mir glauben, dass Clyde ein netter Typ war. Und ich kann im Augenblick einfach nicht fassen, dass er ermordet worden sein soll, während wir hier schmollend in der Wohnung hocken und nichts Besseres zu tun haben, als uns gegenseitig zu ignorieren.‹ ›Es tut mir ja so Leid‹, erwiderte Sally. ›Das konnte ich ja nicht wissen.‹ Dann fing sie an zu weinen. Ich machte uns gerade ein paar Drinks, als Gus und Tommy anriefen. Danach gingen Sally und ich ins Bett, und – aus welchem Grund auch immer – hatten wir seit Monaten den besten Sex. Schließlich begann ich ihr ein paar Dinge über Clyde zu erzählen, bis wir irgendwann beide heulten.«

»Ich habe mich nur bei Tommy und Gus gemeldet«, sagte Gozzi. »Ich hätte auch bei dir angerufen, aber ich wollte nicht stören, weil ich mir dachte, dass Sally die Nacht mit dir verbringt.«

»Ich weiß dein Taktgefühl durchaus zu schätzen, Leo.«

Die vier Männer brachten ihr Trainingsprogramm an den Geräten zu Ende und fanden sich dann im Umkleideraum ein, um sich Badehosen anzuziehen. Dann stiegen sie vier Treppen hinab und folgten einem Durchgang, der zu einer grau gesprenkelten Tür führte, hinter der sich die Schließfächer der Schwimmteams und die Duschräume befanden. Nach dem obligatorischen Duschen gingen die Männer, jeweils zwei nebeneinander, mit ihren Schwimmbrillen in Händen einen engen Korridor entlang, passierten eine Metalltür und betraten das große Kellergewölbe.

Die Schwimmhalle der Columbia-Universität stand mit ihren acht Bahnen nicht nur den Studenten offen, sondern auch dem Lehrpersonal, den übrigen Uni-Mitarbeitern und früheren Absolventen, und zwar an jedem Wochentag von zwölf Uhr mittags bis zwei Uhr nachts.

Rote Plastikkegel und an den Wänden angebrachte Hinweistafeln wiesen die beiden mittleren Bahnen lediglich ›schnellen Schwimmern‹ zu. Die links daneben befindlichen Bahnen waren für ›durchschnittliche Schwimmer‹ bestimmt, und die ersten beiden sowie Bahn acht für ›alte Knacker‹ – jedenfalls war das die von Gus Trayham eingeführte und von allen akzeptierte Bezeichnung. Innerhalb jeder Bahn gab eine blaue Linie auf dem Beckengrund die kreisförmige Schwimmrichtung vor. Abgesehen von einzelnen Ausnahmen, wenn etwa zu viele Schwimmer in der Halle waren, benutzten Leo Gozzi und Clyde Pepper Bahn 1, Tommy Whittle Bahn 2 und Ray Constantine sowie Gus Trayham Bahn 8.

Die ungefähr fünfzehn bis zwanzig anderen Badegäste, bei denen es sich zum überwiegenden Teil um Lehrpersonal und Mitarbeiter der Uni handelte, bestanden aus ›untadeligen‹ Schwimmern (die ihre Runden zügig und routiniert absolvierten), ›akzeptablen‹ Schwimmern (die zwar zu langsam schwammen, aber bereitwillig Platz machten) und ›vom Ertrinken bedrohten Hindernissen‹ (die sich kaum von der Stelle bewegten, die Bahn verließen, wahre Wasserfontänen produzierten, während sie sich ihren Weg bahnten, und andere Leute rammten, anstatt ihnen auszuweichen). Zur letzten Kategorie zählte ein Mann, dessen unsteter Kraulstil den Verdacht nährte, dass er armamputiert war, und eine ältere Frau, die eigentlich gar nicht so schlecht aussah, aber alle anderen mit einem höhnischen Grinsen bedachte und gelegentlich – falls sie einmal einen Fußtritt abbekommen hatte – mit einem Blick durch ihre blaue Schwimmbrille bestrafte, der töten konnte. Zu guter Letzt war auch der ›schleichende Jesus‹ da: eine bemitleidenswerte Jammergestalt, bei der es sich vermutlich um einen Theologieprofessor handelte. Vor jedem Schwimmgang schien er minutenlange Gebete zu murmeln, bevor er sich dann todesmutig ins Wasser stürzte, um von Panik getrieben dem jenseitigen Beckenrand zuzustreben.

Constantine bemerkte den ›Armamputierten‹ und die ältere Frau als Erster: beide machten zwei jungen Japanerinnen, die auf Bahn 1 schwammen, das Leben schwer. Es überraschte ihn auch nicht, dass Gozzi an-

gesichts dieser Belegung erklärte, er werde heute aus-
nahmsweise Bahn 8 wählen. Constantine war sich allerdings sicher, dass sein Sportskollege wegen Peppers
Tod auch dann diesen Entschluss gefasst hätte, wenn
nur die Japanerinnen im Wasser gewesen wären. Unterdessen war Whittle ins Wasser gesprungen und folgte zwei Damen mittleren Alters, die hoch erhobenen
Hauptes wie zwei stolze Pferde ihre Bahnen zogen.
Constantine, Trayham und Gozzi schlenderten hingegen ans andere Ende zu Bahn 8, wo ein junger, blonder
Bademeister auf seinem Stuhl hockte. Sein Schweinsge-
sicht erinnerte Constantine immer an das Bild eines zü-
gellosen Bauernburschen, das er einmal in einer nieder-
ländischen Kneipe gesehen hatte.

»Das sind ja die kräftigen Fünf«, begrüßte sie der
Rettungsschwimmer. Dann ließ er seinen Blick von ei-
nem zum anderen wandern. »Hey, da fehlt heute einer.
Was ist denn mit Ihrem Freund?«

Gozzi hielt mitten in der Bewegung inne, als sei er
gegen eine Wand geprallt.

»Er ist ausgestiegen«, sagte Constantine.

»Ja, er musste plötzlich weg«, fügte Trayham hinzu.

»Tut mir Leid«, erwiderte der Junge. »Für einen
Mann seines Alters hatte er ganz schöne Muskeln.
Überhaupt sind Sie ja alle noch sehr gut in Form. Ich
hoffe, dass ich auch noch so fit bin, wenn ich in Ihrem
Alter bin.«

»Bei deinem gefährlichen Job musst du froh sein,
wenn du überhaupt so alt wirst«, erwiderte Trayham.

»Ha! Guter Witz!«, lachte der Junge.

Einer nach dem anderen ließen sie sich ins Wasser
gleiten und begannen mit Brustschwimmen: zuerst
Trayham, dann Constantine und schließlich Gozzi. Dabei stieß sich der jeweils Nächste erst vom Beckenrand
ab, wenn der Vorausschwimmende die Mitte des Beckens erreicht hatte. Während Trayham bei den ersten

vier Bahnen Rollwenden hinlegte, begnügte sich Gozzi damit, sich unter Wasser wieder vom Beckenrand abzustoßen. Normalerweise veränderten sie ihren Rhythmus und das Tempo zehn Bahnen lang nicht, aber als Constantine gerade zur Wende für die sechste Bahn ansetzte, sah er, wie Gozzi sich am gegenüberliegenden Ende bereits mit einem Arm am Beckenrand und mit dem anderen an der Trennschnur festhielt. Trayham wendete gerade neben Gozzi, nahm sich aber nicht die Zeit, ihn anzusprechen. Auch als Constantine bei ihm anlangte, signalisierte Gozzi ihm sogleich, sich nicht aufhalten zu lassen.

Constantine stieß sich daraufhin wieder kraftvoll ab, und seine Schultermuskulatur straffte sich, um dem Widerstand des Wassers zu begegnen. Er genoss jedes Mal aufs Neue den Augenblick, wenn sein Körper und das Wasser quasi miteinander verschmolzen und wenn aus dem Kampf mit dem Element eine Art partnerschaftliches Miteinander wurde. Der Unterschied wurde einzig und allein durch das eigene Bewusstsein bewirkt: durch die Bereitschaft, die eigene Umgebung mit offenen Sinnen wahrzunehmen und mit ihr eins zu werden. Diese Augenblicke, so dachte Constantine, ähnelten den Phasen, in denen er sich zum vielleicht fünfzigsten Mal in die ersten Szenen eines neuen Romans versenkte. Dabei stellte sich immer wieder heraus, dass das Bild, das seine Charaktere durch ihre Worte von sich zeichneten, so gar nicht der gedanklichen Konzeption entsprach, die Constantine im Sinn gehabt hatte. Figuren, die eigentlich nette, sympathische Typen sein sollten, sagten plötzlich Dinge wie: ›Roger wirkt so, als sei er zynisch und kaltherzig; aber wenn man ihn erst einmal richtig durchschaut hat, ist er ein regelrechtes Monster.‹ Während der Arbeit an seinem siebten Roman hatte Constantine zumindest gelernt, seinen Charakteren zuzuhören; zehn Jahre später hatte es ihn nur noch ein paar Monate gekostet, für das Wasser des Columbia-Schwimmbeckens eine ähnliche Sensibilität zu entwickeln. Man musste sich eben mit aller Aufmerksamkeit dem Medium widmen, in dem man sich jeweils bewegte: Tat man es nicht, dann irrte man nur blind und gefühllos umher und musste scheitern.

Bei Constantines nächster Runde klammerte sich Leo Gozzi noch immer an den Beckenrand.

»Los, beweg deinen Hintern!«, munterte Constantine ihn auf. »Oder willst du nur noch als schwimmendes Hindernis dienen?«

»Ich brauche nur eine kleine Pause.«

Constantine setzte seine Bahn fort und stellte in der Mitte des Beckens erleichtert fest, dass Gozzi ihm folgte.

Nachdem Constantine und Trayham zehn Runden und Gozzi acht geschwommen waren, legten sie am Beckenrand eine Verschnaufpause ein.

»Du hast heute Nacht wohl kein Auge zugetan, Leo?«, fragte Trayham, während er seine Beine zur Lockerung im Wasser bewegte.

»Du vielleicht?«

»Na ja. Donnerstags ist Ruth immer bei mir. Wir haben zunächst bei *Jezebel* zu Abend gegessen und sind dann zu mir gegangen. Nachts wurde ich von Lieutenant Brannigan geweckt, danach habe ich eine halbe Stunde lang mit dir telefoniert. Nachdem sich dann auch Tommy gemeldet hatte, schickte ich Ruth nach Hause und rief Ray an. Ich dachte darüber nach, wie du Clyde mitgebracht hast, Leo, und wie gut wir uns alle mit ihm verstanden haben. Irgendwie versuchte ich, erst einmal zu begreifen, was eigentlich geschehen war. Es dauerte Stunden, bis ich schließlich einschlief, bei dem ganzen krausen Zeug, das mir im Kopf herumspukte. Wir alle haben eine schreckliche Nacht hinter uns, aber das Leben geht weiter, und wir müssen uns zusammenreißen. Verstehst du, was ich meine, Leo?«

»Sicher. Aber ich war enger mit ihm befreundet als ihr.«

»Auch damit musst du fertig werden«, stellte Trayham fest und schwamm davon.

»Was ist denn mit Ihrem Freund?«, fragte Carrie, die Bedienung im *Heights*.

Der schweinsgesichtige Junge, der dreimal pro Woche das Schwimmbad beaufsichtigte, hatte genau dieselbe Frage gestellt. Und obwohl die Frage nicht direkt an Constantine gestellt worden war, gab er dieselbe Antwort wie zuvor: »Er ist ausgestiegen.«

»Ja, er befindet sich auf einer langen Reise«, fügte Trayham hinzu.

Leo Gozzi wandte sich ab und blickte aus dem großen Fenster im zweiten Stock hinunter auf den Broadway. »So kann man es auch nennen«, murmelte er vor sich hin.

Carrie ging offensichtlich davon aus, noch eine nähere Erklärung zu erhalten, denn die junge, schlanke Frau blieb erwartungsvoll am Tisch stehen. Doch die Sekunden verstrichen, und die vier Männer betrachteten nur wortlos die Bestecke, die mit Kreide geschriebene Tageskarte und die Mischung aus Studenten und sonstigen Gästen, die an den Tischen verteilt saßen.

»Ohh-kay«, sagte Carrie schließlich. »Dann also viermal Spinatsalat und zwei Coke. Kommt sofort!«

Sie aßen jeden Tag dasselbe, und die Kellnerinnen und Kellner, von denen sie üblicherweise bedient wurden – Carrie, Troy oder Melissa – wussten mittlerweile, dass die Salate mit einer Extraportion Schinken und Blauschimmelkäse serviert werden sollten. Constantine vermutete, dass die jeweilige Bedienung nur in die Küche gehen und ›Sie sind da‹ zu sagen brauchte.

»Leo, ich mache mir wirklich ernsthafte Sorgen um dich«, sagte Gus Trayham.

»Das brauchst du nicht«, erwiderte Gozzi. »Aber worauf willst du eigentlich hinaus? Soll ich vielleicht meinen Mund nicht mehr aufmachen?«

»Unsinn. Du sollst die Sache nur nicht jedem auf die Nase binden. Möglicherweise liest Carrie ja über den Fall oder sieht einen Bericht darüber in den Nachrichten. Aber solange sie das nicht tut … wofür meines Erachtens eine ganze Menge spricht, weil ich nicht den Eindruck habe, dass Carrie sich auch nur im Geringsten für aktuelles Tagesgeschehen interessiert; es sei denn, eine berühmte Schauspielerin klemmt sich eine ihrer Titten in der Waschmaschine ein … also solange sie das nicht tut, sollten wir sie besser in dem Glauben lassen, dass Clyde die Stadt verlassen hat. Warum sollten wir ihr den Tag mit der Wahrheit verderben?«

»Ich hab schon kapiert.«

»Wir alle müssen damit fertig werden, was Clyde zugestoßen ist, aber wir können doch wenigstens andere Leute aus der Sache raushalten.«

»Gus, bitte hör auf, den Oberlehrer zu spielen. Ich brauche keine Lektion von dir.«

»Was heißt hier Lektion? Wenn ich beabsichtigt hätte, dir eine Lektion zu erteilen, dann sähest du jetzt anders aus. Das war nur ein gut gemeinter Ratschlag, nicht mehr.«

»Dann behalte deine gut gemeinten Ratschläge besser für dich.«

Trayham hob abwehrend die Hände und lächelte nur.

Nachdem Carrie die Salate serviert und die Cokes vor Trayham und Whittle hingestellt hatte, folgte die übliche Prozedur mit der Pfeffermühle. Anschließend schnitten die Männer den Salat klein, bevor sie zu essen begannen.

Schließlich durchbrach Trayham das unerträglich gewordene Schweigen: »Wer hat Clyde eigentlich als Letzter gesehen? Vermutlich du, Leo, oder nicht?«

»Soweit ich weiß – ja. Nachdem ihr drei in das Taxi gestiegen wart, gingen Clyde und ich den Broadway bis zur 107. Straße runter. Vor meiner Wohnung trennten wir uns und Clyde ging weiter Richtung West End. Das war das letzte Mal, dass ich ihn gesehen habe.«

»Hat ihn abends niemand angerufen?«, fragte Trayham.

»Ich jedenfalls nicht«, verneinte Gozzi. »Du etwa?«

Trayham riss die Augen weit auf. »Ich habe ihn in den letzten zwei Jahren insgesamt höchstens ein- oder zweimal angerufen. Einmal, als du den ganzen Tag über an dem Computer von irgendeinem Filmstar herumgebastelt hast, und dann noch einmal, als ich eine Eintrittskarte für die Knicks übrig hatte und keiner von euch mitgehen wollte. Als auch Clyde ablehnte, fragte ich schließlich Louise, mit der ich mich dienstags immer treffe.«

Gus Trayham hatte bereits vor langer Zeit ein kompliziertes System entwickelt, das die Termine für die Rendezvous mit seinen Sexpartnerinnen regelte: zumeist verheiratete Frauen, die sich jeweils nur zu bestimmten Zeiten in der Woche mit ihm treffen konnten.

»Hast du gestern Abend vielleicht noch mit ihm telefoniert, Ray?«

»Nein. Außerhalb unseres Trainings hatte ich auch nur sehr wenig Kontakt zu Clyde. Letztes Jahr sind wir hin und wieder essen gegangen. Und einmal, als das Sportstudio zu Weihnachten geschlossen war, sind wir ins Kino gegangen. Und dann hat er mich vor ungefähr zwei Wochen mal abends gegen neun oder zehn angerufen. Er sei nur einen Block entfernt. Da habe ich ihn auf ein Bier eingeladen.«

»So ähnlich war's auch bei mir«, meinte Whittle.

»Letzten Freitag klingelte das Telefon. Es war Clyde. Er sagte, er habe gerade einen Spaziergang gemacht und plötzlich gemerkt, dass er in meiner Nachbarschaft gelandet sei. Ich sagte ihm, er solle zu mir heraufkommen. Dann genehmigten wir uns ein paar Drinks und warfen einen Blick auf meine Videosammlung. ›Du bist wohl ein Fan von John Wayne?‹, fragte er. ›Hast du vielleicht *Der Teufelshauptmann*?‹ ›Aber sicher‹, antwortete ich, und wir schauten uns anschließend den Film zusammen an. Ein wirklich großartiger Streifen.«

»Interessant«, stellte Trayham fest. »Aber du hast noch nicht gesagt, ob du gestern Abend mit ihm gesprochen hast?«

Whittle blickte ihn wütend an. »Der Einzige, mit dem ich gestern Abend gesprochen habe, war dieser Brannigan, als er mir von dem Mord berichtete und mitteilte, dass er unsere Namen gerade in Clydes Notizbuch gefunden habe. Daraufhin rief ich Leo an, aber er telefonierte wohl gerade mit dir, denn als ich es als Nächstes bei dir versuchte, war ebenfalls besetzt.«

»Clyde wäre besser in unserer Gegend spazieren gegangen. Wie konnte er nur so verrückt sein, ausgerechnet durch den Riverside Park zu laufen?« Trayham schüttelte den Kopf und sah auf die Uhr. »Es wird langsam Zeit, dass wir uns auf den Weg zu Brannigan machen.«

Der gelangweilt aussehende Cop musterte Trayham durch die schusssichere Scheibe, die so aussah, als habe jemand versucht, sie mit einem Pflasterstein zu zertrümmern. Der Polizist hörte sich wortlos Trayhams Erklärung an, dann bat er ihn, sie zu wiederholen.

»Lieutenant Brannigan hat uns gebeten, um drei Uhr hier zu sein. Es geht um den Mord an Clyde Pepper.«

Obwohl er eine Armbanduhr trug, sah der Cop auf die Wanduhr und stellte fest, dass es zwei Uhr achtundfünfzig war. Er schüttelte den Kopf, erhob sich schwerfällig von seinem Platz und schleppte sich zu einer Tür, wo er einen anderen Beamten bat, die Besucher zu Lieutenant Brannigans Büro zu führen. Ohne ein Wort der Begrüßung schlurfte der Polizist vor den vier Männern den Flur entlang.

Am Ende des Korridors wurden sie in ein Großraumbüro geführt, in dem zumeist müde aussehende Männer und Frauen um Anfang dreißig an Schreibtischen hockten, auf denen sich Papiere und Kaffeebecher stapelten. In einer Ecke deutete der Beamte mit der Hand auf ein paar Plastikstühle und eine Holzbank. Constantine und Trayham wählten die Bank, während sich Gozzi und Whittle auf die Plastikstühle setzten. Unterdessen klopfte der Cop an eine Tür, verschwand in dem dahinter liegenden Zimmer, tauchte aber bereits im nächsten Augenblick wieder auf, gefolgt von einem fast kahlköpfigen Mann, der die Statur eines Footballspielers besaß. Er trug einen gut sitzenden, italienischen Anzug und dazu ein schneeweißes Hemd sowie eine glänzende Seidenkrawatte. Seine Augen hatten die Farbe von feuchtem Zement und sein lippenloser Mund verströmte die Wärme eines Briefkastenschlitzes.

Die vier Männer erhoben sich von ihren Plätzen, während der Footballspieler auf sie zutrat und sich als Lieutenant Brannigan vorstellte.

»Ich habe Sie hierher gebeten, weil Sie allem Anschein nach Clyde Peppers einzige Freunde waren«, erklärte er. »Deshalb möchte ich Sie bitten, mir alles zu erzählen, was Sie über ihn wissen. Möglicherweise wurde Pepper das Opfer eines Raubüberfalls und natürlich ermitteln wir in dieser Hinsicht; aber die besonders brutale Gewaltanwendung spricht eigentlich dagegen. Also müssen wir auch andere Überlegungen anstellen und dabei bin ich auf Ihre Hilfe angewiesen.

Ich möchte ein bisschen was über Sie erfahren, vor allem aber alles, was Ihnen zu dem Ermordeten einfällt. Möglicherweise können uns Details weiterhelfen, die Ihnen völlig belanglos erscheinen. Das Ganze wird wahrscheinlich nicht länger als eine Stunde dauern. Sind Sie damit einverstanden?«

Die vier Männer signalisierten ihr Einverständnis.

»Ich danke Ihnen für ihre Bereitschaft, mit uns zusammenzuarbeiten. Dann möchte ich mit Ihnen beginnen, Mr. Constantine.«

Brannigan bedeutete ihm, auf einem Stuhl Platz zu nehmen, während er selbst sich an seinen Schreibtisch setzte und ein Notizbuch aufschlug.

»Es macht Ihnen nichts aus, sich dieser Befragung zu unterziehen, Mr. Constantine?«

»Natürlich nicht. Ich war nur davon ausgegangen, dass es sich zweifelsfrei um einen Raubmord handelte. Deshalb wusste ich nicht, wie wir Ihnen helfen könnten. Aber natürlich wäre ich froh, Ihnen irgendwelche brauchbaren Informationen geben zu können.«

»Dafür danke ich Ihnen. War Ihnen eigentlich bekannt, dass Ihr Freund früher hier auf dem Revier als Ermittler für die Mordkommission gearbeitet hat?«

»Ich wusste nur, dass er Polizist gewesen war.« Constantine wartete darauf, von Brannigan nähere Erläuterungen zu erhalten, aber der Lieutenant hockte einfach nur hinter seinem Schreibtisch und starrte ihn an.

»Hat Clyde lange hier gearbeitet?«, fragte Constantine, um das Schweigen zu brechen.

»Zwölf Jahre. Die meiste Zeit davon lebte Detective Pepper auf Staten Island. Doch nach seiner Scheidung zog er in ein Hochhaus in Riverdale. Und nachdem er den Dienst quittiert hatte, zog er direkt in die City, also in das Apartment im West End.«

»Er muss seine alte Umgebung vermisst haben.«

Brannigan reagierte auf Constantines Vermutung nur mit seinem kalten Lächeln.

»Welcher Art von Beschäftigung gehen Sie nach, Mr. Constantine? Ich frage deshalb, weil es sich nicht viele Leute leisten können, jeden Tag in der Woche mehrere Stunden in einem Fitness-Studio zu verbringen.«

»Ich bin Schriftsteller.«

Brannigan lehnte sich zurück und zog die Augenbrauen hoch. »Wirklich? Was schreiben Sie denn?«

»Romane.«

»Und was für Romane? Irgendwelche, von denen ich vielleicht gehört habe?«

»Ich schreibe Kriminalromane«, sagte Constantine und nannte seine drei letzten Titel.

Gnädiger Tod, *Der Eismann* und *Ein tödlicher Fall* schienen der Aufmerksamkeit des Lieutenants allerdings entgangen zu sein. Stattdessen fragte er nur: »Kennen Sie Grant Upward? Ich mag seine Romane, aber er schreibt schneller, als ich lesen kann. Trotzdem stehen zwei meiner Detectives sofort im Buchladen, sobald ein neuer Titel herauskommt.«

»Ja, ich kenne ihn. Grant und ich sind alte Freunde.«

»Sie beeindrucken mich. Aber jetzt erzählen Sie mir ein wenig über Ihre Gruppe. Wie haben Sie zusammengefunden? Was machen die anderen beruflich? Welche Beziehung haben Sie zur Columbia-Universität …?«

»Wir wohnen alle in derselben Gegend«, begann Constantine. »Ich traf Gus Trayham so um 1980 herum. Wir gingen damals in dieselbe Bar an der Columbus Avenue. Gus ist Bühnenbildner bei einer Firma, die Werbespots dreht. Soweit ich weiß, studierte er in den späten Sechzigern ein paar Semester an der Columbia. Auf jeden Fall war er der Erste von uns, der die Trainingsräume dort nutzte. Ich selbst machte 1966 meinen Universitätsabschluss. Na ja, seit Frühjahr 1990 begleite ich Gus und trainiere mit ihm zusammen. Und ich bin dabei geblieben.

Etwa zur gleichen Zeit ging damals mein Computer kaputt, und ein Freund von mir – nämlich der besagte Grant Upward – empfahl mir einen Mann namens Leo Gozzi. Er sei ein Experte auf dem Gebiet, Schriftstellern beim Umgang mit Textverarbeitungsprogrammen, dem Aufspielen von Upgrades und bei allen denkbaren Computerproblemen zu helfen. Also rief ich Leo an. Er kam in meine Wohnung und brachte alles wieder in Ordnung. Von dem Zeitpunkt an wandte ich mich immer wieder an ihn, wenn ich Hilfe brauchte. Wir verbrachten so viel Zeit zusammen, dass wir schließlich Freunde wurden, was für mich ein großes Glück war, weil ihn mittlerweile die Hälfte aller New Yorker Autoren um Hilfe bittet. Durch Vermittlung von Tommy Whittle kam Leo später auch mit Schauspielern in Kontakt. Jedenfalls hat er es nicht mehr nötig, für jeden zu arbeiten, und man hat einfach Pech, wenn er einen nicht kennt oder nicht mag. Im Laufe unserer Freundschaft stellte sich heraus, dass er ebenfalls an der Columbia studiert hatte. Und als er sagte, dass er ebenfalls gerne etwas für seine körperliche Ertüchtigung tun wolle, stellte ich ihn Gus vor. So kam er in die Runde.«

»Und was ist mit Mr. Whittle?«

»Tommy ist Schauspieler und wohnt im selben Block wie ich. Er ist sogar in der Gegend aufgewachsen und kennt Gus aus der Zeit. Als er Interesse zeigte, bei uns mitzumachen, sagten wir ihm, er müsse nur behaupten, ein Absolvent der Columbia zu sein. Da die Angaben ohnehin nie überprüft werden, war es kein Problem für ihn, Mitglied zu werden.«

»Und Sie trainieren fünfmal die Woche?«

»Wenn wir es zeitlich schaffen – ja. Manchmal kommt mir allerdings der Abgabetermin für ein Manu-

348

skript in die Quere und Gus hat manchmal einen Zwölf-Stunden-Arbeitstag. Leo kann es passieren, dass er in Westchester oder New Jersey bei einem Klienten hängen bleibt, der völlig mit den Nerven fertig ist, weil sein Computersystem gerade abgestürzt ist. Einige von den berühmten Schauspielern, mit denen Tommy ihn zusammengebracht hat, sind wie kleine Kinder: Sie wollen, dass immer alles sofort geschieht. Und Tommy selbst muss an einer Menge Proben teilnehmen, sodass auch er nicht jeden Tag trainieren kann. Clyde war allerdings immer sehr zuverlässig.«

»Wie kam er in die Gruppe hinein?«

»Er wohnte nur einen Block von Leo entfernt. Nachdem die beiden sich näher kennen gelernt hatten, arrangierte Leo ein gemeinsames Treffen. Wir alle waren der Meinung, dass Clyde gut zu uns passen würde. Zum einen machte er den Eindruck, sein Leben lang trainiert zu haben. Von ihm ging daher sicherlich nicht die Gefahr aus, die Leistung der Gruppe herunterzuziehen. Zum anderen war er ein interessanter Bursche. Eigentlich passte er sogar besser zu uns als zum Beispiel Leo.«

»Wie das?«

»Na ja, Leo ist mein Freund, und wenn man jemanden braucht, der einen durch das Labyrinth des Internets führt oder in die Geheimnisse einer neuen Software einweiht, dann ist er der Mann. Und er hat in all den Jahren, die er nun mit uns zusammen trainiert, auch sicherlich seine körperliche Fitness wesentlich verbessert. Aber er ist dennoch irgendwie keiner von uns.«

Brannigan legte seine Stirn in Falten. »Ich fürchte, ich kann Ihnen nicht ganz folgen.«

»Ich rede davon, dass Leo mit Sport eigentlich nichts im Sinn hat. Computer sind sein ganzes Leben. Direkt nach der Universität hatte er bei einer dieser Firmen begonnen, deren Leute nur in Jeans herumlaufen und zwölf Stunden am Tag arbeiten. Ein paar Jahre später ging es mit der Firma steil bergauf, und Leo verdiente viel Geld, bis er herausfand, dass die Firmeninhaber ihre Lieferanten erpressten. Als er die Sache publik machte, wurde er rausgeschmissen, und da er nirgendwo mehr einen Job bekam, machte er sich selbständig. Schließlich schloss er sich unserer Gruppe an, aber er hat eben nicht denselben Hintergrund.«

»Sie meinen, nicht denselben *sportlichen* Hintergrund?«, vergewisserte sich Brannigan.

»Genau«, bestätigte Constantine. »Und das macht einen Unterschied.«

»Hatte Clyde Pepper denn einen entsprechenden Hintergrund?«

»Clyde wuchs in Inwood auf und spielte dort Basketball. Außerdem lief er bei den Schulmeisterschaften immer die halbe Meile.«

»Wie sieht es bei den anderen in der Gruppe aus?«

»Gus hat früher Football und Basketball gespielt. Und auch Tommy war ein guter Basketball- und Footballspieler, bevor er seine Neigung für das Theater entdeckte. Ich selbst habe während der Schulzeit ebenfalls Football, Basketball und eine Menge Leichtathletik betrieben. Clyde hat jedoch lange Zeit unter professionellen Trainern gearbeitet. Deshalb war er äußerst diszipliniert und steckte sich hohe Ziele, auf die er hinarbeitete.«

»Sein Tod muss ein großer Schock für Sie gewesen sein.«

»Allerdings. Wenn er schon einen Spaziergang machen musste, warum dann nicht in unserer Gegend? Er hätte einen von uns anrufen und auf ein Bier vorbeischauen können, wie er es manchmal tat. Wer kommt denn schon auf die Idee, nachts in den Riverside Park zu gehen?«

»Das ist in der Tat eine interessante Frage«, bestätigte Brannigan. »Wissen Sie, ob er dort öfter hinging?«

»Keine Ahnung. Aber man sollte eigentlich davon ausgehen können, dass jemand, der früher bei der Mordkommission gearbeitet hat, es besser wissen sollte.«

»Wann haben Sie Clyde Pepper das letzte Mal gesehen?«

»Ungefähr eine Stunde nachdem wir das Sportstudio verlassen hatten. Wir gehen anschließend immer zusammen am Broadway essen. Danach nehmen Gus, Tommy und ich uns ein Taxi, während Leo und Clyde zu Fuß nach Hause gehen. Ich sah Clyde zum letzten Mal, als wir ins Taxi stiegen.«

»Haben Sie gestern Abend noch mit ihm telefoniert?«

Constantine schüttelte den Kopf. »Gestern Abend war ich mit meiner Freundin Sally Frohman zusammen. Das einzige Gespräch, das ich führte, war gegen Mitternacht, als Sie mich anriefen. Danach habe ich etwa eine Stunde lang mit den anderen telefoniert. Wir konnten einfach nicht glauben, das Clyde ermordet worden sein sollte. Wer rechnet schon damit, dass ausgerechnet ein Freund getötet wird?«

»Sie waren den ganzen Abend über mit Ihrer Freundin zusammen?«

»Kommt darauf an, was Sie unter ›ganzem Abend‹ verstehen«, erwiderte Constantine. »Sally läutete so gegen elf an meiner Tür, vielleicht auch ein bisschen später. Sie war nicht gut drauf. Na ja, um die Wahrheit zu sagen: Sie war sauer auf mich und wollte mich das auch spüren lassen. Aber Moment mal …!« Er betrachtete Brannigan mit einem Lächeln. »Sie zielen mit Ihrer Frage nicht etwa darauf ab, ob ich ein Alibi für die Mordzeit habe?«

»Ich frage Sie nur, was Sie gestern Abend gemacht haben.«

»Um welche Zeit wurde Clyde ermordet?«

»Nach Auskunft des Leichenbeschauers zwischen zehn und zwölf Uhr abends.«

»Dann habe ich zumindest ein halbes Alibi. Aber ich habe ihn nicht getötet. Ich mochte ihn. Ich mochte ihn sogar sehr. Nachdem Sally und ich schließlich ins Bett gegangen waren, habe ich geweint wie ein Kind.«

»Das ist kein Unschuldsbeweis, Mr. Constantine. Verstehen Sie mich bitte nicht falsch, aber ich habe dutzende von Leuten gesehen, die einen Mord begangen hatten und anschließend zusammenbrachen und bittere Tränen vergossen. Einige davon saßen genau in dem Stuhl, in dem Sie jetzt sitzen. Die meisten Mörder weinen, weil sie fast immer einen Freund, eine Geliebte oder das eigene Kind getötet haben. Vielleicht können Sie diese Information in einem Ihrer nächsten Bücher verwenden.«

»Jetzt, da Sie es erwähnen, fällt mir ein, dass ich das bereits getan habe«, sagte Constantine, während er an eine Szene in *Ein tödlicher Fall* dachte. »Ist das nicht komisch? Manchmal schreibt man Dinge, die man weiß, ohne sich dessen bewusst zu sein. Grant Upward und ich haben uns mal darüber unterhalten. Er sagte, das sei einer der Gründe, warum er Bücher schreibe – um herauszufinden, was er alles wisse.«

»Mit der Polizeiarbeit verhält es sich ähnlich«, erklärte Brannigan. »Und falls es möglich wäre, Pepper wieder zum Leben zu erwecken, dann würde er mir wahrscheinlich zustimmen. Immerhin war er einer der besten, wenn nicht *der beste* Beamte, der jemals in diesem Bezirk gearbeitet hat. Er hatte wahrhaft beindruckende Erfolge und war niemand, der leicht aufgab. Hat er jemals mit Ihnen über seine Arbeit gesprochen?«

»Nicht dass ich wüsste.«

»Und er hat niemals einen Jungen namens Charles White erwähnt? Charlie White?«

Constantine sah auf und legte die Fingerspitzen aneinander. »Falls er es getan hat, kann ich mich nicht mehr daran erinnern.«

»Vor drei Jahren erregte der Fall eine Menge Aufsehen in der Presse. Es wundert mich, dass Sie sich nicht daran erinnern, zumal Sie über das Metier schreiben.«

»War das ein Fall, an dem Clyde gearbeitet hat?«

»Ja, einer seiner letzten Fälle. Gegen drei Uhr früh war ein Studentenpärchen auf einen jungen Burschen gestoßen, der regungslos auf dem Campus der Columbia-Universität lag, und zwar zusammengekrümmt hinter seinem Rucksack. Hätte er nicht ein weißes Poloshirt getragen, wäre er den beiden vermutlich gar nicht aufgefallen. Zuerst dachte das Pärchen, der Junge sei betrunken, und sie wollten nur nachsehen, ob er Hilfe brauche. Doch auf den ersten Blick war zu sehen, dass der Junge zu Tode geprügelt worden war. Er hieß Charlie White, studierte an der Columbia und stand kurz vor dem Physikum. Und er wohnte nur wenige Meter entfernt auf der anderen Straßenseite in einer Studentenverbindung. Klingelt es jetzt bei Ihnen, Mr. Constantine?«

»Möglicherweise.«

»In einer seiner Jackentaschen trug der Junge fünf Gramm Heroin in kleinen Portionen bei sich. Und auch in seinem Rucksack wurden wir fündig: Dort befand sich ein walnussgroßer Brocken Heroin in einer Plastiktüte direkt zwischen seinen Büchern. Wie sich herausstellte, dealte Charlie White vor allem unter seinen Kommilitonen mit dem Zeug.«

»Ich glaube, jetzt erinnere ich mich«, sagte Constantine leise. »Ja genau. Stammte der Junge nicht aus einer wohlhabenden Familie, die im Mittleren Westen lebte? Sein Vater war ein hohes Tier in der Carter-Regierung, glaube ich.«

»Die Familie lebt in Missouri. Und der Vater war unter Reagan Staatsekretär im Finanzministerium.«

»Der Junge muss wohl bei einem Drogengeschäft getötet worden sein«, meinte Constantine.

»Ihr Freund war anderer Meinung. Ich habe mir die von ihm geführten Ermittlungsakten noch einmal angesehen. Es würde mich nicht wundern, wenn er mit seinen Zweifeln tatsächlich Recht behalten hätte. Aber am Ende stand Pepper mit leeren Händen da. Für einen Mann wie ihn muss das ganz schön frustrierend gewesen sein.«

»Hhm. Was macht Sie so sicher, Lieutenant, dass Clyde Recht hatte?«

»Eine Reihe von Ungereimtheiten. Bei Drogenmorden handelt es sich meist um regelrechte Exekutionen, die schnell und sauber erledigt werden. Aber wenn man jemanden zu Tode prügelt und sein Gesicht zu Brei schlägt, muss man buchstäblich auf Tuchfühlung gehen. Es handelt sich um einen Akt der Gewalt, der aus persönlichen Motiven heraus geschieht, zum Beispiel aus Wut oder Hass.«

»Vielleicht hat der Junge mit einem seiner Kunden gestritten und die ganze Sache ist aus den Fugen geraten«, gab Constantine zu bedenken.

»Möglich. Aber ich gehe davon aus, dass dies der erste Fall in der Kriminalgeschichte wäre, bei dem jemand einen Dealer umlegt und dann ohne dessen Ware verschwindet.«

»Da haben Sie allerdings Recht.«

»Verstehen Sie, worauf ich hinauswill, Mr. Constantine? Clyde Pepper wollte sich vielleicht einfach nicht geschlagen geben. Es kann sein, dass er nur deswegen nach Riverdale gezogen ist, um dort auf eigene Faust weiterzuermitteln. Deshalb bin ich sehr daran interessiert zu erfahren, ob er jemals mit einem von Ihnen über diesen Fall gesprochen hat. Auch die unbedeutendste Kleinigkeit könnte mir bei den Ermittlungen helfen.«

»Tut mir Leid. Zumindest mir gegenüber hat er nie ein Wort darüber fallen lassen.«

»Nun ja, es war den Versuch wert«, sagte Brannigan. »Ich danke Ihnen für Ihre Mitarbeit. Würden Sie jetzt bitte Mr. Gozzi zu mir hereinschicken?«

Constantine verließ das Büro und schloss die Tür hinter sich. Dann ging er zu den anderen hinüber. »Du bist dran, Leo«, sagte er und fügte nach einer Pause hinzu, während Gozzi sich erhob und bereits auf den Weg machte: »Hat Clyde euch gegenüber jemals einen ungeklärten Kriminalfall erwähnt, an dem er noch immer arbeitete?«

Die anderen verneinten.

»Schade«, meinte Constantine, »sonst hätten wir der Polizei vielleicht dabei helfen können, den Täter zu schnappen.«

Er blickte Gozzi nach, der zu Brannigans Büro ging. Dann setzte er sich neben Trayham und wartete, bis die Befragung aller Männer beendet war.

»Es tut mir Leid, aber ich denke, wir sind mit unserer Beziehung in einer Sackgasse gelandet«, sagte Sally Frohman. »Ich wünschte, es wäre nicht so, weil ich dich wirklich mag, Ray. Du bist auch ein hervorragender Schriftsteller, woran ich übrigens nicht einen Augenblick gezweifelt habe. Dabei hat mir eine frühere Kollegin einmal geraten, mich niemals mit einem Schriftsteller einzulassen, und es dauerte auch nicht lange, bis ich herausfand, dass sie Recht hatte. Aber ich dachte immer, die Dinge lägen anders, wenn man die Arbeit des Autors respektiert. Ich habe mich wohl getäuscht. Oder es liegt an einem Problem, das nichts mit der Schriftstellerei zu tun hat. Ich weiß nicht, im Augenblick kann ich kaum einen klaren Gedanken fassen und alles scheint irgendwie mit allem zusammenzuhängen. Ich weiß nur, dass es zwischen uns nicht funktioniert und dass es so nicht weitergehen kann.«

Erst hatte er auf dem Anrufbeantworter zwei Nachrichten von ihr vorgefunden, dann hatte sie schließlich an der Tür geläutet, beladen mit einer Aktentasche voller Manuskripte sowie einer Tüte voller Köstlichkeiten aus einem thailändischen Imbiss nebst einer Flasche Chardonnay. Nur ein intimer Kenner konnte allerdings wahrnehmen, dass sich unter ihrer zur Schau gestellten Heiterkeit tiefe Verzweiflung verbarg, während sie ihre Kleidung über beide Stockwerke seines Apartments verteilte. Schließlich ließ sie die Bombe platzen, als beide nebeneinander unter der mit Gänseblümchen bedruckten Decke im Bett lagen und eine Weile den Harmonien von Faurés zweitem Quartett für Klavier und Streicher lauschten.

»Was du nicht sagst! Du respektierst meine Arbeit?«

Sie warf ihm einen finsteren, missbilligenden Blick zu. Ihr Haar stand wie elektrisiert vom Kopf ab und der Abstand zwischen ihren Augen schien plötzlich weiter zu sein als normal. »Ist das alles, was du dazu zu sagen hast?«

»Tut mir Leid. Es war nur ein dummer Versuch, witzig erscheinen zu wollen«, erwiderte Constantine. »Ich bin nur so überrasacht, weil du nie auch nur eine Andeutung darüber gemacht hast.«

»Wirklich nicht?« Einen Moment lang wirkte sie irritiert. »Vielleicht nicht in so deutlichen Worten. Aber du versuchst nur, vom Thema abzulenken. Heute Abend war es wirklich schön, mit dir zusammen zu sein und ich werde dich sicherlich vermissen. Aber all das kann nicht darüber hinwegtäuschen, dass es keine Zukunft für uns gibt. Wir werden nie über den gegenwärtigen Stand unserer Beziehung hinauskommen und das ist mir zu wenig.«

»Sally, sei mir nicht böse, aber dies ist wirklich der

falsche Augenblick für eine solche Diskussion«, versuchte Constantine abzuwiegeln. »Gestern wurde einer meiner besten Freunde umgebracht. Er starb nicht etwa an einer Herzattacke oder an einer schweren Krankheit, sondern wurde mit einem Messer getötet. Irgendjemand hat ihm die Kehle durchgeschnitten und den Schädel eingeschlagen. Deshalb bin ich im Augenblick einfach nicht in der Lage …!« Er presste verzweifelt die Hände auf die Augen, dann ließ er kraftlos die Arme fallen. »Wenn ich ehrlich sein soll, Sally, dann habe ich im Augenblick das Gefühl, als sei mein eigener Sohn gerade ein zweites Mal gestorben. Ich bin einfach nicht in der Verfassung, gerade jetzt über unsere Beziehungsprobleme zu diskutieren, verstehst du?«

»Nein, Ray, du machst es dir zu einfach.« Sie richtete sich auf und schlang die Decke um ihren Körper. »Ich weiß genau, wie sehr dir die Sache zu schaffen macht, und ich bedaure zutiefst den Mord an deinem Freund. Und genau deshalb bin ich heute zu dir gekommen. Ich wollte für dich da sein und dir helfen – auf welche Weise auch immer. Ich dachte einfach, du würdest mich vielleicht *brauchen*.«

»Dafür bin ich dir sehr dankbar, Sally.«

»Aber hast du mit mir über deinen Freund geredet? Hast du mich wissen lassen, wie du dich fühlst? Ray, du schließt mich völlig aus deinem Gefühlsleben aus! Zum Beispiel vor dem Essen: Ich habe dich gefragt, wie es auf dem Polizeirevier war, und du hast nur abgewunken. Dann hast du später die Bemerkung fallen lassen, dass dein Freund Leo heute während des Trainings sehr mitgenommen gewirkt habe. Ich zog daraus die Schlussfolgerung, du würdest dich um ihn sorgen. Doch als ich dich nach ihm fragte, hast du keine drei Worte über ihn verloren. Und selbst dazu musste ich dich erst durch mein Nachfragen bewegen. Du bist einfach unglaublich verschlossen und lässt niemanden an dich heran. Während der ganzen Zeit, die wir uns nun kennen, habe ich über deinen Sohn nur erfahren, dass er Paolo hieß und an einer Überdosis Heroin gestorben ist. Ich weiß nicht einmal, wie alt er damals war oder wann und wo das Ganze geschah!«

»Er war damals zwanzig und es geschah in seinem Apartment ... während seines dritten Studienjahres an der *Rhode Island School of Design*. Ist es das, was du wissen wolltest? Fühlst du dich nun besser informiert?«

»Du wirst dich niemals ändern und auch nie jemanden wirklich an dich heranlassen«, erwiderte Sally frustriert. »Du tust mir wirklich Leid – mehr noch, du machst mich traurig. Du hast nichts und niemanden außer deinen Freunden, mit denen du jeden Tag trainierst, und deine Arbeit.«

»Du wärst überrascht, wenn du wüsstest, was ich habe.«

Das Telefon läutete. Sally hielt ihren Blick jedoch starr auf ihn gerichtet und machte keine Anstalten, den Hörer abzunehmen.

»Warum meldet sich nicht dein Anrufbeantworter?«, fragte sie.

»Weil ich ihn abgeschaltet habe«, antwortete er und beugte sich hinüber, um das Gespräch anzunehmen. »Nein, ich habe nichts von ihm gehört«, sagte er nach einer kurzen Pause, bevor er erneut schweigend zuhörte. »Okay. Ich bin schon unterwegs. Also dann bis gleich.« Er legte auf.

»Nimm es nicht persönlich, aber ich muss sofort weg. Das war gerade Gus Trayham. Er hat schon den ganzen Abend über versucht, Leo zu erreichen, doch der meldet sich nicht. Deshalb macht Gus sich jetzt Sorgen. Er und Tommy sind bereits an der 107. Straße und versuchen den Portier dazu zu bewegen, dass er sie in Leos Wohnung lässt. Ich soll mit dabei sein.«

»Warum? Hast du denn eine Vermutung, was los sein könnte?«

»Ich mag gar nicht darüber nachdenken«, antwortete Constantine, während er seine Sachen zusammensuchte und sich eilig ankleidete. »Was ist mit dir? Willst du hier warten, bis ich zurückkomme?«

»Ja – es sei denn, du möchtest, dass ich dich begleite.«

»Nicht nötig. Mit etwas Glück bin ich in einer guten halben Stunde wieder hier. Falls es doch später werden sollte, rufe ich an.«

Kurz nach Mitternacht kehrte er in sein Apartment zurück. Sally Frohman saß angezogen auf dem Sofa und widmete ihre Aufmerksamkeit abwechselnd den Papieren auf ihrem Schoß und den lokalen Nachrichten, die auf *Channel One* gesendet wurden.

»Und?«

Constantine schüttelte den Kopf und ging wortlos in die Küche. Dort nahm er sich ein Glas aus dem Regal, warf ein paar Eiswürfel aus dem Gefrierfach hinein und goss eine ordentliche Portion Whiskey darüber. Unterdessen war ihm Sally gefolgt und lehnte sich gegen die Anrichte, noch immer einen Teil des Manuskripts in den Händen.

»Wie ich sehe, brauchst du erst einmal einen Drink.«

»Vielen Dank für deine warmherzige Anteilnahme«, sagte Constantine. Er setzte sich an den Tisch und trank, ohne seinen Blick von ihr abzuwenden.

Sally bewegte sich auf ihn zu, blieb dann jedoch unvermittelt stehen. »Ich nehme an, ihr wart in Leos Apartment?«

»Ja«, bestätigte er. »Es kostete uns zwar eine Menge Überredungskunst, doch am Ende öffnete uns der Portier die Tür zu Leos unglaublichem Schweinestall. Das Ergebnis war allerdings nicht zufrieden stellend, da weit und breit nichts von ihm zu sehen war. Das Ganze ist jedoch eine Frage der Perspektive, denn auf eine Art gab es eine Menge zu sehen – nämlich Unmengen von Müll, der sich überall stapelte, wohin man auch sah. Wir warteten noch eine ganze Weile auf Leo, hauten aber wieder ab, als der Gestank uns zu ersticken drohte.«

»Glaubst du, dass er Selbstmord begangen hat? War das deine Sorge?«

Constantine lehnte sich auf seinem Stuhl zurück und starrte auf einen imaginären Punkt an der Wand. Ihre Frage schien ihn ein wenig zu amüsieren. »Ich würde sagen, dass deine Frage … ein wenig zu eng gefasst ist. Manchmal gehen uns Befürchtungen und Ängste durch den Sinn, die wir nicht recht einordnen und konkretisieren können. Sie sind eher unterschwelliger Natur und …«

»Das ist keine …«

Die Augen noch immer auf den imaginären Punkt fixiert, fiel er ihr ins Wort: »Ich will damit Folgendes sagen – müsste ich in einem derart verdreckten Loch hausen, würde ich ständig in der Gefahr schweben, Selbstmord zu begehen. Der Blick in sein Apartment wirft ein völlig neues Licht auf Leo. Wie ich jetzt feststellen musste, hatte ich nicht die geringste Ahnung davon, wie er lebt.«

Schweigend musterte Sally ihn eine ganze Weile. »Und bist du zu irgendwelchen neuen Erkenntnissen gelangt, was uns betrifft?«

»Gerade jetzt?« Er nahm einen weiteren Schluck Whiskey. Kurz darauf lenkte er seinen Blick auf sie. »Weißt du eigentlich, wie lächerlich diese Frage ist? Was übrigens nicht heißt, dass du heute Nacht gehen sollst.«

»Ich habe noch eine lächerliche Frage an dich. Wie würdest du im Augenblick deine Gefühle für mich beschreiben? Oder – falls du dir über deine Gefühle nicht klar sein solltest – was denkst du in diesem Moment?«

»Oh, ich bin mir über meine Gefühlslage völlig im Klaren«, erwiderte Ray Constantine. »Mir ist so, als ob etwa einen Meter entfernt von mir eine große Bombe hochgegangen sei. Überall fliegen Metallsplitter und Körperteile umher. Menschen haben zu schreien begonnen und ich weiß, dass ihr Schreien lange Zeit nicht verstummen wird. Ich stehe zwar noch immer auf meinen Füßen, weiß aber bis jetzt nicht, ob ich selber auch verletzt bin. Eigentlich müsste ich auch etwas abbekommen haben, aber ich habe Angst, mich zu vergewissern. So fühle ich mich im Augenblick.«

Sally Frohman zitterte.

Nachdem er die letzte Neige Whiskey hinuntergekippt hatte, stellte Constantine das Glas auf dem Tisch ab. »Und wenn du wissen willst, was ich gerade denke, dann werde ich es dir sagen: In meinen Augen sind Verrat und Treuebruch die niederträchtigsten Vergehen, derer man sich schuldig machen kann. Es gibt nichts, was ich mehr hasse und verachte.«

Sally wankte zurück. »Wir haben uns nichts mehr zu sagen«, murmelte sie leise. »Bleib, wo du bist. Du brauchst mich nicht zur Tür zu bringen. Ich finde den Weg allein.« Sie wandte sich abrupt ab und eilte aus der Küche.

»Um Himmels willen, Sally! Ich habe doch nicht von dir geredet!« Er stand auf und schenkte Whiskey nach. Aus dem Wohnzimmer war zu hören, wie Papiere in eine Aktentasche gestopft wurden.

»Sally?«

Das Nächste, was Ray Constantine vernahm, war das Geräusch der Eingangstür, die ins Schloss fiel.

WHITLEY STREIBER

Weise uns den Weg

Zwölf Jahre Lebenszeit sind schon 'ne ganze Menge. Der Gedanke war Mikey allerdings nicht neu. Bereits als naseweiser Achtjähriger hatte er die Last des Daseins auf seinen schmalen Schultern gespürt und das Leben als einen endlosen Gang empfunden, den man entlangschritt, ohne jemals ein Ziel zu erreichen. Immerhin wurde Mikey dabei von seinem Freund Jake begleitet. Beide führten ihr wohlhabendes Leben in einem dieser wohlhabenden Häuser. Und Mikey hatte längst den Entschluss gefasst, niemals für seinen Lebensunterhalt arbeiten zu müssen, wie sein Dad es tat. Nein, er würde sich nicht mit einem dieser schwachsinnigen Schreibtischjobs den Tag versauen.

Jake war bereits vierzehn und hatte für Mikey den Hund der Burtons erledigt. Er hatte ihn in Brand gesetzt, nachdem das Vieh Mikey dabei erwischt hatte, wie er in das Haus der Nachbarn eingestiegen war, um dort nach brauchbaren Drogen zu suchen.

»Ich habe einen neuen Auftrag für dich«, sagte Mikey am Telefon. Jakes Antwort bestand nur aus einem Grunzen. Es war bereits nach zehn und beide Jungen hatten den ganzen Abend über vor dem Fernseher gehockt und sich langsam voll laufen lassen. Seitdem Mikeys alte Herrschaften einen digitalen TV-Anschluss hatten, verbrachte er noch mehr Zeit vor der Glotze. Egal was kam – es war einfach cool, sich eine Sendung nach der anderen reinzuziehen. Mikey schaute sich zum Beispiel jeden Nachmittag ›Mr. Rogers‹ an, natürlich oben in seinem Zimmer, dessen Tür er abschloss. Außerdem stellte er die Lautstärke seines kleinen Portable so leise ein, dass seine Schwester nichts davon mitbekam.

Mikey spürte, dass der Alkohol ihn immer stärker benebelte. Wenn er am nächsten Morgen in der Schule nicht unter einem grässlichen Kater leiden wollte, durfte er an der Flasche nur noch leicht nippen.

»Was hältst 'n eigentlich von Sarah, Debbie und Mira?«, fragte er Jake.

»Was?«

»Ich meine, wenn du die Wahl hättest, von welcher würdest du am liebsten ein Höschen mitgehen lassen?«

»Was soll der Scheiß, Mikey?«

»Interessiert mich nur so, weil die drei mir einfach nicht aus dem Kopf gehen, verstehste?«

»Ich fass es nich'. Ausgerechnet die drei Schnepfen hams dir angetan? Mann eh, du bist ja echt 'n armer Willi.«

»Und was, wenn ich dir sage, dass ich was ganz anderes mit ihnen im Sinn habe, als du denkst?«

Erst nach kurzer Pause meldete sich Jake wieder am anderen Ende der Leitung: »Wie – was anderes?«

»Zumindest eine von den dreien weiß über dich Bescheid, Jake. Und deswegen meine ich, dass du sie aus dem Weg räumen solltest.«

Diesmal folgte eine noch längere Gesprächspause. Mikey nutzte die Zeit, um sich eine Camel anzustecken. Er nahm einen tiefen Zug und hielt die Luft an, bis er die Wirkung spürte. Danach genehmigte er sich noch einen kleinen Schluck von dem Blue-Label-Whiskey seines Vaters, den er gegen einen billigeren ausgetauscht hatte. Sollte der Alte doch den Fusel schlucken, während Mikey sich den Zweihundert-Dollar-Tropfen gönnte.

»Eh Mann, du hast wohl zu viel gesoffen, oder was?«

»Wenn hier einer zu viel gesoffen hat, dann du perverses Schwein«, konterte Mikey. »Auf jeden Fall will ich nicht plötzlich in der Zeitung stehen.«

»So 'n Quatsch.«

»Also machst du's?«

Mikey nuckelte erst an der Camel, dann an der Whiskey-Flasche. Zur Hölle mit der verdammten Schule. Er musste sich heute Abend richtig zudröhnen. Wie sonst sollte er am nächsten Tag ertragen, die Mädchen nur anstarren zu können?

»Du spinnst doch. Dafür bin ich ein viel zu schlechter Schütze.«

»Ach so ist das? Nur weil du ein schlechter Schütze bist, soll ich für mehrere Jahre in ein Erziehungsheim? Da spiele ich aber nicht mit, Jake.«

»Weißt du, wie du dich anhörst, Mikey? Wie Leonardo DiCaprio, wenn er versucht, einen coolen Typ zu mimen.«

»Überleg dir, was du sagst, Jake. Wer von uns beiden ist denn hier 'ne gottverdammte Schwuchtel?«

»Du Wichser! Wenn du die drei loswerden willst, dann leg sie doch selber um! Ich hab keine Lust auf so 'n Scheiß. Außerdem habe ich nächste Woche Geburtstag.«

»Das ist doch noch 'ne Ewigkeit hin, Mann. Ich dachte eigentlich daran, dass du die Sache gleich morgen in der Mittagspause erledigst.«

»Alle drei auf einmal?«

Plötzlich hörte sich Jakes Stimme wie die eines kleinen Jungen an. Der Kerl war wirklich echt dämlich, dachte Mikey, und er hatte Jake voll in der Hand. Warum befolgte er bloß aufs Wort, was so ein Typ wie Mikey ihm sagte?

Von irgendwoher war das Brüllen seines Vaters zu hören: »Ich rieche Zigarettenrauch. In einer Minute komme ich nachsehen!«

Soll er doch. »Hör mal, Bruder, hier ist gerade Gefahr im Anzug. Ich melde mich später noch mal.«

Mikey ließ den Whiskey unter den Sofakissen verschwinden und dachte zum millionsten Mal: ›Wenn ich nur wüsste, wie ich den alten Mistkerl loswerden könnte. Was würde ich dafür geben …!‹

Er eilte die eindrucksvolle Treppe hinauf, von der all die dämlichen Wohn-Zeitschriften immer Fotos haben wollten. Dann trat er in das Boudoir seiner Schwester Becky, die tief und fest schlief.

»Hallo, Monika«, begrüßte Mikey die Pudeldame, die am Fußende des Bettes lag. Er selbst hatte einmal so einen verdammten Foxterrier besessen. Doch gerade als er begonnen hatte, das Tier zu mögen, hatte Mikey es getötet. Noch immer träumte er davon, wie er den Hund erstickt hatte. Mann, das war echt cool gewesen.

Er holte den Aschenbecher hervor, den seine Schwester stets unter dem Bett versteckte, lief im Zimmer umher und paffte mit seiner Camel Rauchringe in das Mondlicht, das durch die ostwärts gerichteten Fenster einfiel. Von draußen zog der süßlich-schwere Duft von Magnolien herein: ein Geruch, den Mikey unwillkürlich mit der Vorstellung verband, in einer schwülen Nacht schlaflos im Bett zu liegen und sich an dem Gedanken zu weiden, wie er diese gottverdammten Mädchen zur Hölle fahren ließ.

Er drückte die Zigarette aus, ging in sein eigenes Zimmer und schaltete die Schreibtischlampe ein. Danach begab er sich ins Bad, um ausgiebig mit Mundwasser zu gurgeln. Dabei kam ihm der Einfall, dass er sich vielleicht lieber mit diesem Zeug besaufen sollte als mit dem lausigen Whiskey. Schließlich schmeckte das Mundwasser viel besser. Und warum gab es nicht zum Beispiel Wodka oder Gin mit Cola-Geschmack? Das wär doch der Renner! Ganz schön dämlich von den verdammten Herstellern.

Stimmen – sein Vater steigt die Treppe herauf. Allem Anschein nach geht er in Beckys Zimmer. Gut so! Ausgezeichnet! Mit einem Mal fangen beide an zu schreien. Offensichtlich läuft alles nach Plan. Als Nächstes wird er ihr jetzt eine Tracht verpassen. Becky weint schon und fleht ihn an, aber das wird ihr nichts nützen. O nein, bestimmt nicht! Aber ... aber warum wird es plötzlich so still? Warum ist nicht das gewohnte *Klatsch ... Klatsch* zu hören, das immer ertönte, wenn Beckys süßer Hintern mit den brennenden, roten Striemen verziert wurde?

O Mann, der Alte kommt den Flur entlang. Was, zum Teufel ...? Panikartig gurgelt Mikey noch einmal mit dem Mundwasser und schafft es gerade noch rechtzeitig, an seinem Schreibtisch zu sitzen, als die Tür aufgeht.

»Ja, Dad?«

»Womit beschäftigst du dich gerade, mein Sohn?«

»Mit neuerer Geschichte. Wir schreiben morgen nämlich eine Klassenarbeit.«

Der Alte streckt ihm fordernd seine Klauen entgegen.

»Zeig mir deine Hände, Mikey.«

Was sollte der Scheiß? Gehorsam folgt er der Aufforderung. Sein Vater mustert Mikeys Hände sorgfältig im Licht der Schreibtischlampe und spreizt dabei sogar die Finger auseinander. Das geht nun aber echt zu weit! Der alte Mistkerl sucht doch tatsächlich nach Nikotinflecken!

»Was ist denn, Daddy?«

»Du belügst mich, mein Sohn.« Er setzt sich auf Mikeys Bett. »Du warst in Beckys Zimmer und hast Rauch hineingeblasen.«

»Das hab ich bestimmt nicht, Dad.«

»Wer hat es dann getan? Der Teufel vielleicht? *Du* hast auch die Zigarette in dem Aschenbecher ausgedrückt.«

Mikeys Gedanken überschlugen sich. Er stand mit dem Rücken an der Wand und musste sich dringend etwas einfallen lassen. »Becky hat einen Aschenbecher? Das wusste ich ja gar nicht.«

Sein Vater starrte ihn auf diese seltsame Weise an, die ihm immer Angst einjagte. Seine Mutter hätte ihn jetzt einfach zusammengeschissen und ihm mit einem Schuh ins Gesicht geschlagen, denn auch sie liebte es, ihn zu prügeln. Aber Dad war voll der vorsichtige Typ, der es so machte, wie Jesus es verlangte – zumindest behauptete er das immer. So wie Mikey die Dinge allerdings sah, war Jesus so tot, wie es eine Leiche nur sein konnte, und er scherte sich allem Anschein nach einen Dreck darum, was jemand wie Beauford Harlan mit seinem Kind anstellte.

Das Telefon läutete. Es war Jake. »Ich werd die drei nich' umlegen. Eh Mann, das neulich war doch nur 'n *Hund*! Hör mal, ich hab 'ne Idee. Ich werd die Hunde der Mädchen abmurksen. Okay?«

Mikey legte einfach auf. »Tut mir Leid, Dad.«

»Was tut dir Leid?«

Mikey deutete mit dem Kopf in Richtung Telefon. »Die Unterbrechung.«

»Mein Sohn, du hast den Aschenbecher in das Zimmer deiner Schwester gebracht und dort Rauch in die Luft geblasen, um den Verdacht von dir abzulenken. Damit hast du zwei Verbrechen begangen: nämlich Rauchen und Lügen. Du verstehst doch, inwiefern du gelogen hast, nicht wahr, mein Sohn? Du siehst doch ein, dass man mit einer bestimmten Tat genauso lügen kann wie mit Worten, oder nicht?«

Zur Hölle mit ihm. Diese Einleitung konnte nur Prügel bedeuten.

Becky erschien in der Tür. Ihr pinkfarbenes Nachthemd flatterte in der abendlichen Brise. Dad zog den Gürtel aus seiner Hose und deutete mit dem Kopf in Richtung Bett. Mikey folgte auf dem Fuß.

Innerlich schottete er sich ab. Auf dem Weg zum entlegensten Punkt seiner tiefsten Tiefen schloss er alle Türen hinter sich. Und als er dort angekommen war, sagte er sich: ›Du wirst jetzt nichts spüren, weil du schon tot bist.‹

Zwölf endlos lange Jahre: das flatternde Geräusch, wenn der Gürtel mit einer raschen Bewegung aus der Hose gezogen wurde. Becky beobachtete die Szene. Ihre Augen waren feucht, doch Mikey wusste, dass es nicht Tränen des Mitleids waren, sondern dass pures Vergnügen aus ihnen sprach.

Aus dem Hintergrund ist Mutters Stimme zu hören: »Nicht zu fest, Beau!«

Der erste Hieb. Mach keinen Mucks. Der zweite Hieb. Tut ziemlich weh, wie der Schmerz die Beine rauf und runter läuft. Der dritte Hieb. Verfluchte Scheiße, Mann. Der vierte, fünfte … *sechste*! Das ist doch einfach krankhaft! Der siebte Hieb! Der Alte ist doch einfach nur echt krank. Der *achte*! Daddy! Der NEUNTE! Daddy, bitte nicht! Und dann kann er der anbrandenden Woge des unerträglichen Schmerzes nicht länger standhalten und kreischt und wimmert unkontrolliert, während der Anblick seines Leidens das Herz seiner Schwester schneller schlagen und seine Mutter die Zähne fletschen lässt, so als werde ihr eigenes Fleisch von den Hieben versengt.

Irgendwo in der Welt ist dort dieses Kind: ein Kind, das sich die Seele aus dem Leib schreit – ohne jede Hoffnung auf Hilfe.

Irgendwann hält er inne und Mikey richtet sich auf, noch immer schluchzend und brüllend. Unter Aufbietung all seiner Willensstärke gelingt es ihm jedoch, sich zu beherrschen.

»Fertig?«, fragt er und wischt sich die Tränen aus den Augen. Er klingt müde und alt. Mehrmals bricht seine Stimme bei dem Bemühen, das Schluchzen zu unterdrücken, was Becky zum Lachen reizt. Nur mühsam kann sie den Impuls unterdrücken, einfach loszukichern.

»Komm, mein Schatz«, sagt Mutter, »knie nieder und bete mit mir.« Sie richtet den Blick auf ihren Mann. »Wofür hast du ihn bestraft, Beau?«

»Zigaretten«, sagt er knapp. »Und für Lügen.« Seine Stimme klingt nüchtern und sachlich. Die Bestrafung ist erfolgt, das war's. Er geht mit Becky in deren Zimmer, um dort gemeinsam mit ihr zu beten. Unterdessen lässt sich Mikey neben seiner Mutter auf die Knie sinken.

»Herr, wir danken dir für einen Ehemann und Vater, der als dein Werkzeug in unserer Familie dafür sorgt, dass dein Wort voller Gehorsam und Zucht befolgt wird.«

»Ich danke dir, Herr, für die Weisheit und die Liebe meines Vaters, die er mir heute Abend dadurch bewiesen hat, dass er mir half, mich von meinen Sünden zu befreien.«

»Oh, Michael, das hast du wunderbar gesagt! Beau, hast du das gehört?« Keine Antwort aus dem Dunkel. »Nun ja, die beiden beten auch gerade.« Sie räuspert sich. »Herr, nie haben wir unsere Liebe und unseren Dank dir gegenüber tiefer empfunden als in diesem Augenblick. Herr, wir lieben dich so sehr, dass wir nichts weiter sind als reine Liebe zu dir!«

»Und wer immer meine gläubigen Anhänger beleidigen sollte, für den wäre es besser, wenn ein Mühlstein um seinen Hals gelegt würde …«, fährt Mikey fort.

Mit wabbelnden Wangen nickt Mutter bestätigend. Kein Zweifel, sie ist wirklich fett. Sie hat zwei kleine Schweinsäuglein, die durch das viele Fett noch kleiner wirken. Für Mikey sieht sie wie etwas aus, das man am besten schlachten, in Koteletts zerlegen und im Laden verkaufen sollte.

»Nur um sicherzugehen, dass du die Notwendigkeit deiner Bestrafung auch wirklich verstanden hast …«, fährt Mutter mit ihrem unerbittlichen Drill fort. »Du erinnerst dich doch an ein anderes Wort des Herrn, das da lautet: ›Der aber, der seinem sündigen Sohn die Gerte erspart, hasset ihn nur.‹ Was bedeutet dieser Satz für dich, Mikey?«

Sein Hintern tat mörderisch weh. »Dass Daddy mich nur so verhaut, wie es auch Jesus getan hätte. Daddys Schläge sind praktisch Gottes Schläge.«

»Recht so, mein Schatz!« Sie beugt sich über ihn und küsst ihn auf seinen gottverdammten Schädel, lässt aber immer noch nicht locker mit ihrem dämlichen Jesus-liebt-dich-Gequatsche.

»Gute Nacht, mein Herz. Der Herr segne und behüte dich.«

Fahr zur Hölle, du verdammte Hexe. »Gute Nacht, Mami.«

Falls Gene Hobbs morgen liefern konnte, würde er sich in der Schule erst einmal ein paar Ecstasy-Pillen kaufen. War eigentlich schon 'n starkes Stück, dass ausgerechnet sein Englischlehrer damit dealte! Aber mit einer Frau und drei Kindern musste er sich einfach noch ein bisschen was dazuverdienen.

Nachdem Ruhe eingekehrt war, rief Mikey erst einmal Jake an. »Du legst die drei morgen in der Mittagspause um. Das ist ein Befehl, verstanden?«

»Du tickst doch nich' richtig. Warum sollte ich einem Hosenscheißer wie dir gehorchen und die drei umlegen? Nur weil du bei dem Gedanken an die Mädchen einen Steifen kriegst und sie dich nich' ranlassen?«

Mikey hasste es, Jake daran erinnern zu müssen. Aber was blieb ihm anderes übrig? Seine Stimme senkte sich zu einem Flüstern. »Weil … du weißt schon, warum.«

Erneut verfiel Jake in eine seiner langen Denkpausen. Er gehörte nun einmal zu den Leuten, die immer viel Zeit zum Nachdenken brauchten.

»Warum habe ich dich nur darum gebeten, Mikey? Bin ich denn wirklich schwul?«

»Quatsch«, antwortete Mikey, wie er es immer tat, wenn Jake ihm mit zitternder Stimme dieselbe Frage stellte. Aber was, zum Teufel, fand Jake nur daran? Sie waren doch nur zwei Jungen, von denen der eine einen Wunsch hatte, den der andere ihm erfüllte. Großer Gott, mit zwölf Jahren war man wirklich schon verdammt alt! »Auf jeden Fall erledigst du die drei, du Arschgesicht! Hast du verstanden?«

»Mann, Mikey! Wenn ich das tue, bin ich erledigt!«

»Hör zu! Du nimmst den Bus, der bis zur Montmorency fährt, dann läufst du ein Stück zurück bis zum Waldrand. Von dort aus schießt du, gehst anschließend rüber zur Kreuzung Governor und Spearman und verkrümelst dich nach Hause. Das Ganze ist doch ein Kinderspiel. Du legst den Ballermann zurück in die Schublade, machst dir ein Sandwich und das war's. Bumm, bumm, bumm.«

»Mein Gott, Mikey …!«

»*Tu* es einfach!« Er donnerte den Hörer auf die Gabel und ging ins Badezimmer. Eine Minute später rannte er zurück und wählte erneut Jakes Nummer.

»Hör zu, ich komme zu dir rüber. Dann besorge ich es dir – jetzt sofort.«

»Halt's Maul, Mikey. *Halt bloß dein Maul!*«

Jake legte auf. Von unten klang diese grässliche Grufti-Musik herauf, von diesem arschgesichtigen Frank Sinatra. Mikey legte sich auf sein Bett und hörte zu. Wahrscheinlich war Jake gerade damit beschäftigt, es sich selbst zu besorgen. Mann, dieser Bursche war echt ein dämliches Arschloch. Jake wusste nämlich nicht, dass es keine Chance mehr gab, das Haus zu verlassen, nachdem die verdammte Alarmanlage eingeschaltet war. Und seine Alten rückten einfach nicht den Code heraus, mit dem man die Anlage lahm legen konnte. Deshalb wurde das Haus der Harlans jeden Abend um neun Uhr zum Harlan-Gefängnis.

Mikey wünschte sich, er wäre mutig genug, einfach nach unten zu gehen und sich die Flasche zu holen, die er unter den Kissen versteckt hatte. Dann hätte er die ganze Nacht über trinken können, ohne aufzuhören. Immer nur trinken und dabei zusehen, wie die Nacht zum Tag und der Tag zur Nacht wurde. Trinken und warten, dass Jake es tat. Eigentlich taten die Mädchen ja keiner Fliege etwas zu Leide. Sie waren nur ein paar dumme Ziegen, die ab und zu über irgendwelche Jungen quatschten. Aber Mikey hatte irgendwie das Gefühl, dass sie den Tod verdient hatten. Also würden sie auch sterben.

Wie gerne hätte er sich jetzt eine Zigarette angezündet oder an der Whiskey-Flasche genuckelt wie früher an Mamis Brust. Es hätte ihm auch genügt, sich ein paar von ihren Beruhigungspillen einzuwerfen. Aber seine Alten zählten alle Tabletten im Haus, und er hätte keine weitere Tracht Prügel mehr durchgestanden, wenn er beim Stehlen der Drogen erwischt worden wäre.

Oh, Mann, der alte Dreckskerl schlug wirklich zu wie auf kaltes Eisen. Mikey wünschte, er wäre so groß und kräftig wie Tucker Gains, der zurückgeschlagen und seinen Alten verdroschen hatte. Auch wenn er mit seinem eingesunkenen Kinn und seinen ausdrucksvollen Augen immer nur wie ein Geisteskranker den Mädchen nachstarrte, hatte er sich damit an der Memorial Middle School Respekt verschafft: endlich ein Kind, das sich gewehrt hatte.

Mikey kehrte in sein helles, gelb getöntes Badezimmer zurück. Als er noch klein gewesen war, hatte er öfter auf den Boden gekackt, nur um das alberne Getue seiner Eltern zu erleben: »Schau mal, Mikey, du hast daneben gemacht! Oh, oh, oh.« Man sollte seine Alten einfach umnieten und dann nur einen Zettel zurücklassen: ›Leben ohne Eltern‹. Verdammt, er wollte jetzt seine Flasche, eine Zigarette und am besten einen ganzen Sack voll Pillen. O Mann, Ecstasy, Aufputsch- und Beruhigungsmittel, die ganze Speisekarte rauf und runter.

Wie sagte Dad doch immer, wenn er wieder einmal einen entsprechenden Artikel in einer Zeitschrift gelesen hatte: »Ecstasy verursacht bleibende Hirnschäden. Ich bin zwar sicher, mein Sohn, dass du keine Drogen nimmst, aber du solltest dich vor allem vor dieser in Acht nehmen.« Mikey dachte dann immer nur: Hirnschäden? Geeeeiiiil!

Dies eine Mädchen, Wendy Willerson, warf sich auch immer alle möglichen Pillen ein, selbst die härtesten Dinger. Sie war wirklich völlig hinüber und hatte nicht mehr alle Tassen im Schrank. Manchmal ging sie bei McDonald's auf die Herrentoilette und pinkelte ins Pissoir. Sie war echt geil. Im Country-Club war sie einfach zu dieser Frau an der Bar gegangen, zu einer richtigen Erwachsenen, und hatte sie gefragt: ›Haben Sie etwas dagegen, wenn ich Sie aufesse?‹ Und das zu Mrs. Roma, der piekfeinen Frau von Jack Roma Pontiac.

Nachdem Mikey sich Hemd und Hose ausgezogen hatte, stöhnte er auf, als er die Unterhose von seinem misshandelten Hintern abstreifte. Mann, die verdammten Striemen schienen förmlich in seine Haut hineingeschnitten worden zu sein. Verfluchte Scheiße! Auch er wollte endlich mal ein jüngeres Kind verdreschen, am besten einen der Neulinge aus der untersten Klasse. Er würde ihn einfach hinter die Sporthalle locken und ihm seinen süßen Erstklässler-Hintern versohlen.

Er legte sich ins Bett und fast im selben Augenblick beruhigte sich der Tumult in seinem Inneren. Da er in voll klimatisierter Isolation einschlief, kannte er weder die beruhigende Frühlingsbrise noch den süßlichen

Duft der Südstaatennacht. Dort draußen erwachte eine ihm ebenso fremde wie entfernte und urwüchsige Welt. Die Magnolien reckten ihre Blüten den nächtlichen Schatten entgegen und der Ochsenfrosch quakte vom See herauf. Barsche huschten dort durch die dunklen Wasser und das Schilf rauschte im Wind. Waschbären, Opossums und Stinktiere bewegten sich in den finsteren Schatten des Gartens, der das Haus umgab. Auf den alten Eichen tummelten sich Schlangen auf der Suche nach den Gelegen von Tauben und Pirolen. Nur ein kaum wahrnehmbarer Widerschein des Mondlichts wanderte langsam westwärts und die Sterne des Orion standen tief am Horizont.

Mikey seufzte im Schlaf. Unbemerkt stahl sich seine Schwester zu später Stunde in sein Zimmer und setzte sich, leise weinend, auf seine Bettkante. Während sie seine Hand umfasste und sie zu ihrer Wange führte, glomm in den funkelnden Augen ihres Puppengesichts unermesslicher Schmerz. Nach einer Weile schlich sie sich ebenso unbemerkt wieder davon. Draußen sprang der Kompressor der Klimaanlage an und erschreckte zwei Hirsche, die an der Grenze zum Garten die Köpfe hoben. Einige Zeit später war ein Schrei zu hören, der aus der Tiefe des Hauses erklang: ein kurzer, verwunderter Schrei. Es war keines der Kinder, dazu klang die Stimme zu erwachsen. Folglich musste es Christine Harlan oder Idella, die Hausangestellte, gewesen sein, die in dem Flügel hinter der Küche schlief.

Welcher Alptraum mochte die nächtliche Gesellschaft heimgesucht haben? Becky, die seit Ende des vorangegangenen Jahres unter Schlafstörungen litt, schreckte mit einem Mal hoch. Seufzend stand sie auf, ging auf die Toilette und trank schließlich einen Schluck Wasser. Sie überlegte noch, eine Schlaftablette zu nehmen, entschied sich aber dagegen, weil der Morgen schon nicht mehr fern war. Als sie sich wieder zu Bett begab, streckte sich ihr Hund neben ihr aus und beide träumten sich durch die Tiefen der Nacht.

Schritt für Schritt zog die Dämmerung über dem alten Plantagengebäude, dem See und den Ländereien auf, die einst zur Pflanzzeit von am Boden kriechenden Sklaven bevölkert gewesen waren. Der Himmel im Osten verfärbte sich erkennbar. Dort am Horizont zeichnete sich ein seltsames Grün ab, das so tief und weich war wie Erinnerungen.

Hätte sich ein Betrachter nach Tolson's Mills aufgemacht, um dort einen Blick auf die reichen Häuser zu werfen, die entlang der – allesamt nach Offizieren des verlorenen Bürgerkriegs benannten – Straßen lagen, dann hätte er nur dunkle Fassaden und absolute Stille vorgefunden: jene tiefe Stille, die nur friedvoll dahinschlummernden Geistern vorbehalten ist. Weiter draußen befanden sich entlang des unter Morgennebeln verborgenen Flusses die sieben alten Plantagen: Pemmody, Gates, Summerwell (wo Mikey schlief), Gaithers, Mill Run, Cinnamon Hill und Oak Lane. Sie alle hatten bereits lange vor dem Bürgerkrieg existiert und verfügten über äußerst elegante Villen, die nichts von den Härten des Lebens verrieten, unter denen sie erbaut worden waren.

Allerdings handelte es sich bei keinem der jetzigen Besitzer um einen Nachkommen der ursprünglichen Erbauer. Mikeys Familie war sogar erst 1990 zusammen mit einer großen pharmazeutischen Firma, für die sein Vater arbeitete, nach Atlanta gekommen. Wie auch die Coxeys in Mill Run und die Gainses in Pemmody gehörten die Harlans zu den Nomaden des modernen Geschäftslebens.

Doch nicht nur die Welt der Pflanzer und Sklavenhalter war inzwischen untergegangen, sondern auch jene, die ihr nachgefolgt war und vor allem die Antwort auf die Frage gesucht hatte, welche Rolle den Farbigen in der amerikanischen Gesellschaft zukommt. Zu jener Zeit war die Welt zugleich hoffnungsvoll und brutal gewesen. Damals waren erwachsene Menschen grundlos bevormundet, ihrer Rechte beraubt und zugleich in so tiefe Armut gestürzt worden, dass sie beinahe selber geglaubt hatten, auf die Hilfe ihrer Unterdrücker angewiesen zu sein. All das war Vergangenheit, von der nicht mehr übrig geblieben war als die Reste früheren Reichtums, verblichene Leinenanzüge und verstaubte Cadillacs.

Auch das nachfolgende Amerika, das vom Norden her unter Trommelwirbel und Kanonendonner nach Süden vorgedrungen war, um unter dem Banner der Bürgerrechte voller Leidenschaft für die Gleichbehandlung aller Menschen einzutreten, war zusammen mit all seinen Träumen und Hoffnungen längst in Vergessenheit geraten.

Was wir heutzutage vorfinden, sind vor allem die Sorgen von wohlhabenden und adrett gekleideten Kindern, die in der grausamsten aller jemals existierenden Welten gefangen sind: einer Welt bar jeden geistigen Inhalts. Die Kultur der Leidenschaft, die Amerikas Stimme einst über alle anderen erhob, ist zu einer beschämend barbarischen Wildnis verkommen.

Und in dieser Wildnis vegetiert ein kleiner Junge vor sich hin, der von ungebändigtem Zorn zerfressen ist. Er ist zornig, weil er das Pech hat, dass auf seinem Leben der Fluch falsch verstandener Disziplin lastet: ein Fluch, der sich aus dem biblischen ›Buch der Sprüche‹ herleitet, das für eine Kultur verfasst worden war, die zum größten Teil aus Hirten bestand, die weder lesen noch schreiben konnten.

Mikey ist in seinem ganzen Leben noch nicht ein einziges Mal von einer großartigen Idee bewegt worden. Er hat noch nie auch nur eine Ahnung davon erhalten, was wahre Schönheit bedeutet. Wenn er von einer Sache fasziniert ist, äußert er dies mit den Worten ›echt geil‹ und ›o Mann‹. Am meisten faszinieren ihn Monster-Trucks und Erzählungen, die von sexuellen Eroberungen handeln. Mandy treibt es mit Jo-Jo und Jo-Jo mit Priss und Priss mit Kevin. Oh, Mann, 'ne echt geile Story!

Wir werden uns jetzt in sein Zimmer schleichen, aber so leise, dass wir seinen Schlaf nicht vorzeitig stören. Ohnehin wird ihm der Radiowecker bald das Getöse der Grateful Dead in den vibrierenden Schädel dröhnen.

Mikey ist einen Meter sechsundvierzig groß, hat eine blasse Hautfarbe und rotblonde Haare. Seine zurzeit leicht geöffneten Lippen scheinen etwas zu murmeln, vielleicht ein Produkt seiner pubertären Träume. Um seine Augen herum sieht man die Frische, mit denen die Natur junge Menschen segnet.

Ohne sich dessen bewusst zu sein, ist Mikey ein Vorreiter des modernen amerikanischen Barbarentums. Mit zwölf Jahren hat er noch nie etwas von O. Henry oder Mark Twain gehört und natürlich sind ihm auch Beethoven oder selbst Chuck Berry absolut unbekannte Namen. Sein Amerika gleicht einem luxuriösen Kreuzfahrtschiff, das ohne Mannschaft unterwegs ist und dessen Kurs allein von den partywütigen Passagieren bestimmt wird. Solange sie sehen, dass sich das Schiff nur langsam vom Pier entfernt, lachen sie alle – vorerst. Franz Kafka beschrieb das Ziel des Schiffes ungefähr mit den Worten ›nur weg von hier‹. Aber Mikey hat nie etwas von Franz Kafka gehört und daran wird sich auch in Zukunft nichts ändern: weder im Hörsaal einer Universität noch im Klassenzimmer einer Schule und ganz gewiss nicht zu Hause. Auch mit Katherine Anne Porter, Tolstoi, Spenser, Molière, Rimbaud oder Bellow wird er keine Bekanntschaft machen. Das Erste, was ein führungsloses Schiff verliert, ist seine Vergangenheit.

Die ersten Strahlen der Sonne setzen den Morgenhimmel in Brand, blinzeln durch das Laub der Bäume und werden von den Tautropfen verstärkt, die an den hübschen weißen Zäunen und den Geländern der Veranden hängen. Überdies reflektieren die Tropfen losfahrende Automobile. Als Erstes macht sich der Lincoln Navigator der Stacys auf den Weg: ein gewaltiger Kasten auf Rädern, in dem ein wildes Durcheinander tobt. Mit von der Partie ist unter anderem Mira, die vor drei Wochen zwölf geworden ist und selbst so frisch und zart wie der Morgentau ist. Mit geschlossenen Augen sitzt sie gegen die linke hintere Tür gelehnt, um noch ein bisschen zu dösen, bevor sie inmitten des Chaos der Memorial Middle School ausgeladen wird.

In einem anderen Auto, das sich bereits in der Nähe der Schule befindet, trinkt Debbie Burns gerade ihre Milch. Sie ist ein ebenso munteres wie übergewichtiges Mädchen mit einem roten Gesicht. Auf ihrem allmorgendlichen Frühstückstisch stehen lediglich gesüßte Kakaodrinks und zuckrige Strudelstücke, sonst nichts. Ihre Mutter küsst sie stets auf ihren braunen Schopf und ermahnt sie, sich zu beeilen. Debbies Denken wird von einem einzigen Ereignis bestimmt: Jonathan Schultz hat mich angesehen. Jonathan Schultz ist nicht nur der reichste, sondern gleichzeitig auch der hübscheste Junge auf der ganzen Schule. Als seine Augen in ihre schauten, offenbarte sie sich ihm hemmungslos und erwiderte sein Werben mit verlangenden, lasziven Blicken. In ihrer Unschuld und Einfältigkeit kann sie sich einfach nicht vorstellen, dass der Junge sie überhaupt nicht zur Kenntnis genommen hat. Noch ist Debbie nicht bewusst, dass sie nur ein unscheinbares und allenfalls durchschnittliches Mädchen ist. Und noch weiß sie nicht, wie sehr diese Tatsache ihrem weiteren Lebensglück Grenzen setzen wird – falls ihr Leben heute nicht in der Mittagspause enden sollte.

Diese beiden Mädchen dürfen wir nicht aus den Augen verlieren. Da ist allerdings noch die kleine Sara Hughes, die Tochter von ›Baltimore‹ Bill Hughes, der 1988 zwei himmlische Wochen lang als Fänger für die Orioles spielte. Auch wenn er als Spieler keine große Karriere machte, immerhin war er in der höchsten Liga aktiv. Doch wir haben keine Zeit, uns allzu sehr in Details zu verlieren. Mittlerweile besitzt er eine Kette von siebenundvierzig Tankstellen, an denen allem voran Bier, diverses Zeug und natürlich auch Benzin verkauft wird. Das Ganze ist ein todsicheres Geschäft, und Hughes hat ein waches Auge darauf, dass ihn keiner seiner Angestellten hinters Licht führt.

Sara ist klein, blass und sie liebt ihren Dackel Oscar, ihren Freund Sandy Hecker sowie gelbe Jacken. In klaren Nächten sitzen Sara und Sandy zusammen am See, um die Sterne zu beobachten und mit Drogen und dem Körper des anderen zu experimentieren. Daddy nennt sie immer seine ›kleine Prinzessin‹. Am liebsten stellt sie sich vor, dass ihre ganze Familie in einer Talkshow auftritt, und Sara überlegt immer wieder, was sie dann sagen würde. Nun ja, nur noch wenige Stunden und Sara Hughes wird an einem Ereignis beteiligt sein, das landesweit nicht nur das Herz jedes Fernsehjournalisten, sondern auch jedes Talkshow-Produzenten höher schlagen lassen würde.

Aber die Zeit ist knapp und wir müssen noch jemanden kennen lernen, nämlich Jake Blair: genauer gesagt Jason Blair III. Sein Urururgroßvater war Colonel Jason Blair gewesen, der in Georgia eine französische Infanteriedivision kommandiert hatte. Die Blairs hatten nach dem Bürgerkrieg im Zuge der Aussöhnung zwischen den Nord- und Südstaaten die Summerwell-Plantage verloren, doch Jake war von klein auf mit alten Familiengeschichten über die guten alten Zeiten des Clans aufgezogen worden. Vielleicht ist das der Grund dafür, dass er sich mit Mikey angefreundet hat, dem gegenwärtigen jungen Master, der auf Summerwell residiert. Allerdings hat Mikey ihm Dinge beigebracht, von denen Jake mittlerweile wünschte, nie etwas erfahren zu haben. Überhaupt war es für ihn schwer, sich einen Reim auf Mikey zu machen: Mal behandelte er Jake wie seinen besten Freund, dann war er echt mies zu ihm. Auf jeden Fall hatte Mikey ihn dazu gebracht, dass er bereits morgens um sieben aufgestanden war, um die verdammte Knarre zu reinigen.

Meistens macht es Jake Spaß, die Waffe zu reinigen. Schließlich handelt es sich um ein wunderbares Gewehr, mit dem er praktisch aufgewachsen war. Er war zehn gewesen, als er zum ersten Mal damit geschossen und sofort einen Neunender erlegt hatte – und das mit einem Schuss. Am selben Nachmittag hatte er sein erstes Bier getrunken, hatte davon jedoch niesen müssen. Und als Dreikäsehoch hatte er bereits gelernt, wie man mit einem riesigen Messer einen Hirsch häutet und zerlegt. Er war wirklich einer von diesen Satansbraten, über die man sonst nur in der Zeitung liest.

So gegen halb acht strömt aus beinahe jedem Haus das Aroma von frischem Kaffee, die Straßen füllen sich mit Autos und die Gehsteige mit Kindern, die entweder zur Grundschule, zur Memorial Middle School oder zur Rock County High School gehen. Gelbe Schulbusse bringen mit ihrer Warnblinkanlage den gesamten Verkehr zum Halten, während sie ihre kostbare Fracht aufnehmen oder entladen. Und während sich die Opossums, Waschbären und Fledermäuse zum Schlafen an geschützte Stellen zurückziehen, beginnen die Fliegen und Heuschrecken mit ihrem Tagewerk. Beinahe überall flattern Schmetterlinge herum.

In seinem eigenen Badezimmer schmiert sich Mikey gerade Heilsalbe auf seine Wunden. Dabei denkt er die ganze Zeit an die drei Mädchen, die heute dran glauben werden. Irgendetwas in ihm blüht förmlich auf, wenn er verrückte Dinge anstellt. Echt geile Knaller. Fast hat er das Gefühl, als verhärte sich sein Blut. Echt irre – als ob man plötzlich hartes Blut hätte. Er schaut in den Spiegel. Nein, keine schwarz verfärbte Fratze, sondern nur das gewohnte Kindergesicht. Mikey verdreht die Augen, wie es Jake bei seinem Anblick täte, wenn er ein Mädchen wäre. Jake sollte man wirklich auf einem Scheiterhaufen verbrennen. Zumindest aber sollte man ihm einen Pflock durch sein Herz treiben für seine sündigen Gelüste.

Mikey hält sich mit beiden Händen den Mund zu, presst seine Augen zusammen und schreit so laut, wie er kann. Doch trotz all dieser Bemühungen dringt das grässliche Klingeln der verdammten Frühstücksglocke an seine Ohren. Jetzt bleiben ihm noch genau sechzig Sekunden, falls er sein Frühstück nicht auf den Knien einnehmen will. Hastig schlüpft er in seine Kleidung und bürstet sich rasch die Haare. Er hört bereits, wie Becky die Treppe hinuntergeht, während er sich noch die Zähne putzt und die Hände wäscht.

Buchstäblich in allerletzter Sekunde, als der große Zeiger der alten Wanduhr zur Zwölf vorrückt, schlüpft er auf seinen Stuhl am Tisch.

»Herr, wir danken dir für deine Gaben«, betet sein Vater, »und segne dieses Haus und alle, die in ihm wohnen.«

»Mami, würdest du mir bitte die Cornflakes herüberreichen?«, sagt Mikey.

Er muss sich mit dem Frühstück beeilen, weil er einen Plan hat, einen echt geilen Plan, um Jake, diesen verdammten Schwanzlutscher, endlich loszuwerden. Und die drei Mädchen werden danach auch nur noch Geschichte sein. Mann, das wird ein Tag.

»Darf ich mich bitte entschuldigen?«

Sein schmatzender Daddy blickt ihn mit Augen an,

die grün wie Katzenscheiße sind, und er lächelt sein falsches, verschissenes Lächeln. »Ja, mein Sohn«, schmatzt Daddy, »du bist entschuldigt.«

Rasch nach oben ins Zimmer und die Videokassette, die er für Mira aufnehmen sollte, in den Rucksack stecken. Und dann schnell an den PC, um das komplette Verzeichnis mit dem Namen ›Jake‹ zu löschen, und zwar so, dass selbst der ausgebuffteste Hacker niemals herausfinden würde, dass das Verzeichnis jemals existiert hatte. Ja, Dad wusste mit Computern Bescheid, wie Mikey zum Leidwesen seines Hinterns erfahren hatte. Seither ist auf seinem Rechner eine Kindersicherung installiert. Schluss mit Sexseiten im Internet. Schluss mit kommunistischen oder liberalen oder jüdischen Parolen. Keine UFO-Seiten mehr, keine medizinischen Hinweise und keine Online-Buchbestellungen. SCHLUSS-AUS-SENSE MIT ALLEM!

Langes Hupsignal von unten. O Gott, der Schulbus!

Los, mach schon. Schnell in das Verzeichnis rein und dann in die Datei mit dem Video, das ihn dabei zeigt, wie er es Jake besorgt.

»Mike, beeil dich!«

So, jetzt mit der Maus das Shredder-Icon anklicken und den Befehl bestätigen.

Tu-uu-ut!

Die Datei ist ziemlich groß und es dauert nun mal eine gewisse Zeit, bis eine so große Datei endgültig gelöscht ist.

»Michael!«

»Ich bin schon auf dem Weg, Daddy!«

Nun mach schon, du verdammte Blechkiste!

Tu-ut!

Das dritte Hupen! Das heißt, der Bus fährt in einer Minute ab.

Warum funktioniert der dämliche Shredder nicht schneller?

»Michael, du zahlst einen Dollar Strafe!«

Mikey sieht die Bilder vor seinen Augen vorüberhuschen, während sie von der Festplatte getilgt werden. Und er denkt: Fick dich ins Knie, Jake! Zur Hölle mit dir! Bei deinem Anblick muss ich fast kotzen! Ich hasse dich, du Scheißkerl! Du hast eine Strafe verdient! Du zwingst mich einfach dazu, dir einen Denkzettel zu verpassen!

Ein Signal auf dem Bildschirm zeigt an, dass der Löschvorgang beendet ist. Okay. Jetzt noch schnell den Computer ausschalten und dann die Treppe hinunter, drei Stufen auf einmal.

»Tut mir Leid, Daddy. Ich habe Durchfall.«

»Ich habe aber nicht gehört, dass die Toilette gespült hätte.«

Tuut!

»Das hat sie aber.«

»Wir werden nach der Schule darüber reden, Mikey.«

Als ob du dich dann noch daran erinnern würdest! Heute Abend liegt das Ganze so lange zurück wie die Entdeckung Amerikas durch Columbus.

»Einen Dognut?«, fragt Kenny ihn, als er endlich in den Bus gestiegen ist.

Mikey gibt keine Antwort. Niemand gibt Kenny jemals eine Antwort. Es wäre sozialer Selbstmord, wenn man auch nur andeuten würde, Kennys Existenz wahrzunehmen. Schließlich sieht er wie ein Ding aus, das irgendwo in den Sümpfen haust.

Mikey setzt sich neben Claire Parker. Sie ist zwar auch ein mieses Stück, das nie auch nur das Geringste herausrückte, aber immerhin sitzt Mira nun direkt vor ihm.

»Ich hasse Wichser, die mit ihren stinkigen Socken die Luft verpesten!«, ruft ihm Martin der Frosch zu, der auf der anderen Seite des Ganges hockt.

»Ich habe keine verdammten Stinkesocken.«

»Natürlich hast du Stinkesocken, du Kotzbrocken! He, das reimt sich ja sogar! Mikey ist 'n Kotzbrocken und trägt immer Stinkesocken.«

»Halt endlich dein Maul, sonst hau ich dir ein paar rein«, sagt Jake beiläufig und setzt sich mit gespielter Lässigkeit hinter Mikey, den er kaum eines Blickes würdigt.

Oh, Mann, jetzt kommt die coole Nummer. Mikey nimmt die Videokassette aus seinem Rucksack und beugt sich vor, um Mira etwas ins Ohr zu flüstern: »Du bist zwar 'n Miststück, aber ich habe dir trotzdem das verdammte Band mitgebracht.«

»Oh, ich danke …«

»Los, steck's weg, alte Schnepfe.«

Sie stopft die Kassette in ihre Tasche und wendet sich beleidigt ab. Während der restlichen Fahrt macht Mikey seine Mathe-Hausaufgaben und fragt sich dabei, wo in aller Welt Jimbo Routier wohl gelernt haben mag, so zu fluchen! Er sitzt im hinteren Teil des Busses, der für jüngere Schüler wie Mikey verboten ist. Der Kerl flucht so schnell, dass es fast wie ein Rap klingt, dem man kaum folgen kann. Echt geil, Mann!

Als der Bus anhält und alle aussteigen, folgt Jake ihm nach, wie Mikey bereits vorausgesehen hat. Und Mikey ignoriert ihn einfach, wie es sich für einen wohlerzogenen Jungen gehört. Doch ein ungehobelter Klotz bleibt nun einmal ein ungehobelter Klotz.

»Was, zum Teufel, hast du ihr da eben gegeben? Mann, ich dachte, du hasst die Fotze!«

»Es war die Aufnahme von uns beiden.«

Jake lacht und schüttelt den Kopf. Er kann es nicht glauben. Das Ganze ergibt einfach keinen Sinn. Schließlich kann das Band ihn und Mikey in irgend so ein *Erziehungsheim* bringen! Der Kerl muss absolut pervers und durchgeknallt sein!

In Wahrheit zeigten die Aufnahmen, die Mikey zu-

erst in seinem Computer gespeichert und dann so sorgfältig gelöscht hatte, lediglich ein paar sexuelle Rollen-
spiele, die für Kinder dieses Alters völlig normal sind.
Und selbst die nur angedeuteten sadomasochistischen
Anklänge waren vor dem Hintergrund, dass beide Jungen regelmäßig geschlagen wurden, durchaus verständlich und keineswegs besorgniserregend.

Jake packt Mikey plötzlich am Kragen und schüttelt
ihn so heftig, dass die Tauben, die vor ihnen auf dem
Weg sitzen, erschrocken auffliegen.

»Du bist ein solches Super-Arschloch, Mikey, dass
mir fast die Spucke wegbleibt! Ich meine, ich bin so
groß, dass ich dir ohne Probleme deinen verdammten
Kopf abreißen könnte, und du sagst mir einfach ins Gesicht, dass du die Kassette weggegeben hast. Bist du
einfach lebensmüde? Willst du, dass ich dich langsam
und qualvoll ins Jenseits befördere?«

Mikey macht sich los und schaut Jake in die Augen.
Dann sagt er vorsichtig und mit leiser Stimme: »Bumm,
bumm, bumm.«

»Du bist total verrückt, Mann! Du verlangst von mir,
dass ich mein gesamtes Leben verpfusche! Nein, ich
werd das nicht tun!«

»Dein Leben wird nur dann verpfuscht sein, wenn
alle Welt erfährt, dass du ein verdammtes perverses
Schwein bist, Jake. Und ich verspreche dir, das Band
wird bestimmt auf jeder Party weit und breit abgespielt
werden. Echt geil, Jake! So wirst du bestimmt richtig
berühmt! Es sei denn, du legst die drei um!«

Jake starrte ihn verzweifelt an.

»Leg die drei um!«, wiederholte Mikey eindringlich.

»Das wird mich den Kopf kosten.«

»Unsinn – nicht, wenn du dich an meinen Plan
hältst!« Er deutete auf den Waldrand. »Zwischen den
Bäumen wird dich niemand erkennen.«

Jake zog seine schmalen Schultern hoch und schüttelte den Kopf. »Zur Hölle mit den verdammten Bäumen. Ich werde jedenfalls niemanden töten, weder für dich noch für irgendjemand anders.« Er griff in die Hosentasche und zog seinen Hausschlüssel heraus. »Hier! Hol dir das Gewehr und mach es selbst – wenn dein Plan so todsicher ist!«

Die Schulglocke läutete zum ersten Mal. Als Melissa Smith an den beiden vorbeikam, signalisierte ihr beschwingter Gang, dass sie einen Joint dabeihatte und nach der Schule unter der ›Sonnenschein‹-Brücke hocken würde.

»Mist«, fluchte Jake. »Immer wenn das verdammte Aas was dabeihat, habe ich keine fünf Dollar in der Tasche. Mann, mein Alter hat mir gerade eine Zehn-Dollar-Strafe aufgebrummt, weil das Hausmädchen einen gottverdammten Revolver unter meiner Matratze gefunden hat. Das habe ich Leroy, diesem Schwachkopf, zu verdanken. Er hat die Knarre da liegen lassen.«

»Wie das? Schläfst du etwa mit ihm?«

Jake strich Mikey übers Haar. »Nur mit dir, mein hübscher Freund.«

Beide betraten das Schulgebäude. Allerdings bemerkte Jake nicht, wie Mikey einen Zettel in einen bestimmten Spind schob. Hätte er etwas davon mitbekommen, dann wäre ihm sicher aufgefallen, dass es sich um Miras Spind handelte und dass möglicherweise nicht alles so war, wie es schien.

Dann ging es in den naturwissenschaftlichen Trakt, wo sich Mikey und Jake in Mrs. Hadley Cox' Unterrichtsraum nebeneinander setzten.

»Wie alt ist die Erde?«, lautete die erste Frage der Lehrerin.

»Dreitausendeinhundertfünfzig Jahre«, antwortete Jewel Brown.

»Aha. Ist das eine Tatsache oder handelt es sich nur um eine Vermutung von dir?«

»Um eine Tatsache«, mischte sich Mikey ein.

Auf der anderen Seite des Raumes schnappte Mira mit einem Mal vernehmlich nach Luft und lief krebsrot an. Sie kniff ihre Augen zusammen, die vor Zorn bedrohlich funkelten.

»Was ist, Mira?«

»Entschuldigen Sie, Mrs. Cox«, antwortete sie und warf Jake einen vernichtenden Blick zu. »Ich habe nur gerade einen allergischen Anfall.«

»Mikey, das ist nur eine Theorie. Eine andere Theorie behauptet, dass die Erde wesentlich älter ist. Wer von euch weiß etwas über diese andere Theorie und kann darüber berichten?«

»Die Erde muss wirklich uralt sein, denn sonst hätten die Dinosaurierknochen nicht genug Zeit zum Versteinern gehabt.«

»Blödsinn«, meinte Clifton George. »Es gibt doch auf dieser einen Insel *Jurassic Park*.«

Niemand lachte, da alle fest davon ausgingen, dass *Jurassic Park* tatsächlich irgendwo existierte. Mrs. Cox schloss die Augen, darum bemüht, ihre wachsende Ungeduld zu verbergen. Die oberste Schulbehörde hatte angeordnet, dass die biblische Schöpfungsgeschichte parallel zu den – von Mrs. Cox bevorzugten – naturwissenschaftlichen Evolutionstheorien unterrichtet werden sollte. Als Folge davon waren die Kinder völlig verwirrt, was die Vergangenheit der Erde und den Ursprung des Lebens betraf.

»*Jurassic Park* gibt es nicht wirklich, sondern nur auf der Kinoleinwand«, erklärte sie ruhig. »Also, Mikey, glaubst du wirklich, dass vor dreitausend Jahren noch Dinosaurier auf der Erde lebten? Das war etwa zu der Zeit, als das Alte Testament geschrieben wurde. Wenn es damals wirklich so fantastische Tiere gegeben hätte, dann wären sie doch sicherlich in den Schriften von Moses oder von einem anderen erwähnt worden?«

Mikey hasste die Fotze. Sie war intelligent und das machte sie gefährlich. Die dämlichen Dinosaurier interessierten ihn einen Dreck, aber was ihm echte Sorgen bereitete, war die Gefahr, von einem Kirchenspitzel wegen Ketzerei verpfiffen zu werden. Die Kirche hatte nämlich überall in der verdammten Schule Spitzel herumlaufen. Becky gehörte zum Beispiel dazu. Und wenn man ein Christ war, dann machte man in der Schule besser keine blöden Witze über die Kirche, denn sonst wurde man dazu verdonnert, einen Monat lang jeden Freitagabend an Bibelstunden teilzunehmen.

»Im Heiligen Land gab es keine Dinosaurier«, begann Mikey vorsichtig, »weil Gott es nicht zugelassen hätte, dass dort solche Bestien frei herumlaufen.«

In diesem Stil ging es munter weiter und den Kindern wurde mit großer Geduld und Sorgfalt ein etwas merkwürdiges Bild der Vergangenheit vermittelt. So gesehen ähnelte die Organisation des Lehrstoffes derjenigen in der ehemaligen Sowjetunion. Auch dort waren Dichtung und Wahrheit vermischt worden und die Dichtung hatte die Oberhand behalten – oder zumindest das Recht erworben, sich als wissenschaftlich gewonnene Einsicht zu verkaufen.

Mikey saß den Rest der Stunde ab. Er mochte weder Naturwissenschaften noch Geschichte, weder Mathematik noch Englisch. Er hatte nichts für die Sonntagsschule übrig und auch nicht für die Bibelstunde am Samstagnachmittag. Es bereitete ihm auch keinen Spaß, Baseball zu spielen, obwohl er zum Kirchen-Team gehörte. Stattdessen beneidete er die Jungen, die Fußball spielen durften, aber diese Sportart hatte ihm sein Vater verboten, weil es kein amerikanischer Sport war. Na und, dachte Mikey. Schließlich haben wir nicht nur einen amerikanischen Pick-up, sondern auch ein deutsches und ein japanisches Auto. Warum sollte ich also neben einer amerikanischen Sportart nicht auch eine andere ausüben dürfen? Keine Widerrede! Das war die Antwort, die er sein ganzes Leben lang von Erwachsenen bekommen hatte, wenn ihnen die Argumente ausgegangen waren.

Mikey lenkte seinen Blick zu Mira hinüber und fragte sich, an welcher Stelle die Kugel in ihren Schädel eindringen würde. Und was würde das Geschoss dort wohl anrichten? Bestimmt würde es eine Menge Gehirn zu Hackfleisch verarbeiten. Er hob die Hand und meldete sich.

»Woraus besteht das Gehirn?«

»Das kommt erst dran, wenn wir über den menschlichen Körper sprechen, Mikey. Aber das Gehirn ist eine Ansammlung von Milliarden und Abermilliarden von Zellen, die alle zusammenarbeiten, um deine Erinnerungen zu speichern und dich zu logischem Denken zu befähigen.«

»Ich meinte eigentlich, aus welchem Material es besteht.«

»Aus menschlichem Zellgewebe.«

»Und ist es eher … hart und fest?«

»Nein, es ist sehr weich, Mikey. Und sehr verletzlich.«

Während die Lehrerin sich abwandte und weitermachte, musterte er Mira wieder verstohlen. Eigentlich hatte er gar nichts gegen sie, auch wenn sie ihn manchmal als Dummkopf verspottete. Aber er hasste weder sie noch ihre Freundinnen. Es war nur so, dass die drei einfach fällig waren, nichts weiter.

10.15 Uhr. Pause. Nichts wie raus auf den Hof. Melissa Smith stolziert noch immer so wichtigtuerisch umher, dass nun auch der Letzte weiß, was am Spätnachmittag unter der Brücke abgehen wird. Aber die Kirchenspitzel werden ebenso den Mund halten wie alle anderen auch. Denn jeder, der quatscht, muss damit rechnen, dass es ihm so wie Jimmie Landers geht.

Der wurde nämlich aus Versehen von einem Auto überrollt, das sich plötzlich irgendwie selbständig gemacht
hatte.

Über den drei Mädchen schwebt das Verhängnis.
Und sie starren Jake wie gebannt an, als er mit einer Art
verzerrtem Lächeln ihren Weg kreuzt. Plötzlich – genauso wie Mikey es sich vorgestellt hat – weichen sie
alle einen großen Schritt von ihm zurück, als sei er der
Leibhaftige. Dann scheinen sie einen Ring um Jake zu
bilden: auch Lennie Moore und Carrie und Becky ebenso wie die wirklich reichen Kinder, die sonst kein einziges Wort mit einem redeten, wie Charles Shandy und
Patricia Turner. Und weil sie es tun, tun es auch alle anderen Kinder.

Mit einem Mal ist Jake umzingelt, und es fällt Mikey
schwer, weiterhin an seiner Seite zu bleiben, so bedrohlich wirkt das Ganze. Jake sieht sich einer unüberwind-
lichen Wand der Ablehnung und Verachtung gegenüber. So erging es vor ihm nur der grässlichen Hexe
Kathie Breedlove und dem farbigen Jungen, der im Jahr
zuvor irgendwie auf der Schule gelandet war. Beide
hatten es am Ende allerdings vorgezogen, das Weite zu
suchen. Das versucht nun auch Jake, aber der Kreis um
ihn herum folgt jeder seiner Bewegungen, sodass eine
Flucht unmöglich ist.

»Was soll das?«, schreit Jake, von Panik erfüllt. »Was
wollt ihr von mir?«

»He, in Raum 112 haben sie einen Videorekorder«,
raunt Mikey ihm leise zu.

»Dann bist du verdammtes Arschloch doch auch geliefert!«

»Irrtum, Jake. Ich habe mein Gesicht am Computer
unkenntlich gemacht. Sie sind hinter dir her, aber nicht
hinter mir!«

»Ich glaub dir kein Wort. Beweise es!«

Mikey geht langsam auf die anderen Kinder zu, die

ihn bereitwillig durchlassen, als er sie erreicht. Kaum hat er den Ring verlassen, da tänzelt Melissa auf ihn zu und flüstert: »Lust auf Rauchen?«

»Spar dir die Mühe«, erwidert Mikey, »ich weiß schon seit heute Morgen, dass du was dabeihast.«

Auf dem Zettel, den er in Miras Spind geschoben hatte, stand: *Ich hasse dich, du verdammte kleine Nuttenfotze, und ich würde dir am liebsten ins Gesicht scheißen. Mit freundlichen Grüßen, Jake.* Und auf dem Videoband, das Mikey ihr gegeben hatte, war nur eine alte biblische Verfilmung. Natürlich gab es in Raum 112 auch keinen Videorekorder.

Doch Jake ist davon überzeugt, das Opfer seines völlig durchgeknallten Freundes zu sein. Schließlich kreist man niemanden nur zum Spaß ein. Sie alle müssen also über ihn Bescheid wissen. Und sicher wird das Band bald auch im Internet zu sehen sein, wo es sich überall auf der Welt jeder anschauen kann, der in der Lage ist, einen Computer einzuschalten. Jake ist davon überzeugt, dass er als perverser Unhold in die Geschichte eingehen und zu zweifelhafter Berühmtheit gelangen wird.

Auf dem Weg zurück ins Schulgebäude trifft er wieder auf Mikey. »Warum hast du mir das angetan?«, fragt er.

»Damit du die drei erledigst.«

Während Mikey weitergeht, dreht er sich noch einmal nach Jake um, der ihn anstarrt, als sei er ein wildes Tier oder eine außerirdische Bestie. Jake wirkt wie vom Donner gerührt, da er nun endgültig weiß, dass Mikey es ernst meint.

Während der nächsten Stunde steht Miss Enderle auf dem Programm. Sie gibt sich wirklich Mühe, lächelt viel und glaubt allen Ernstes, dass die Kinder vor ihr verstünden, was sie ihnen erzählt. Doch wer, zum Teufel, sollte ein Interesse an Sozialethik haben – was immer das überhaupt bedeuten mag? Man kann Mikey doch nicht für dumm verkaufen! Wer, zum Teufel, glaubt denn schon, dass Kriminelle Verständnis und Mitleid verdient haben? So 'n Quatsch! Wenn man ein Verbrechen begeht und sich erwischen lässt, dann muss man eben dafür brummen, basta.

Endlich läutet es und er geht in den Geschichtsraum, in dem er Jake wieder treffen wird. Er wartet auf ihn, doch Jake kommt nicht. Und als Mr. Bitter die Namensliste durchgeht, wird Jake als fehlend eingetragen.

Noch nie in seinem Leben hat Mikey ein solches Hochgefühl erlebt. Ihm ist, als ob sein Blut sich in Gold verwandelt hätte und als ob ihm plötzlich Flügel gewachsen wären, mit denen er über all den kleinen Städten tief unter ihm schwebt.

Wieder läutet es, und Mikey stellt erstaunt fest, dass die Stunde schon vorüber ist, obwohl sie doch gerade erst angefangen hat. Debbie steht neben ihm.

»Hi, Debbie.«

»Hi, Mann.«

Du altes Miststück. In ein paar Minuten wirst du sterben und du hast nicht die geringste Ahnung davon.

Mittagessen. Mikey schaut auf die Uhr. Es ist 12.14 Uhr. Herr im Himmel, in sechzehn Minuten gehen sie hinaus. Oh, Mann, das Ganze ist ein unglaubliches Abenteuer, als ob man sich kurz vor dem höchsten Punkt einer riesigen Achterbahn befindet.

Es gibt heute Frankfurter Würstchen mit Ketchup und Mais zu Mittag. Billy Parker nimmt sein Würstchen, stopft es sich in die Hose und öffnet vor den Augen von Claire, Wendy, Melissa und Sara seinen Reißverschluss. Die Mädchen kreischen los und Mr. Witherspoon schreibt Billy auf.

Mikey sitzt mit Sara, Mira, Billy und Joe Army an einem Tisch und versucht, nicht daran zu denken. Dann gehen alle hinaus ins Freie auf den Rasen. Auf der einen Seite neben ihnen markiert eine niedrige Mauer die westliche Grenze des Schulgeländes. Auf der anderen, östlichen Seite befindet sich ein Zaun, der aus Pfeilern und einer Metallkette besteht. Jenseits dieses Zauns verläuft eine Straße, deren Verkehr Mikey bei seinem Plan überhaupt nicht bedacht hat. Ein großer FedEx-Lastwagen rollt vorbei, ein Lieferwagen mit Gemüse und dutzende von Autos.

Als ob sie mit einem Mal Flügel hätte, fliegt Sarah beinahe fünf Meter weit gegen die Mauer. Die meisten Kinder haben ihren unglaublichen Satz gar nicht bemerkt, aber Debbie hat ein paar Blutspritzer abbekommen und sie öffnet den Mund, um loszukreischen. In dem Augenblick ist ein kurzes ›Pitsch‹ zu hören, als ob man den hinteren Gummizug eines Büstenhalters auf die Haut klatschen lässt, und gleichzeitig explodiert ein Teil von Debbies unterer Gesichtshälfte, aus der Blut hervorsprudelt, als handle es sich um einen Geysir.

Plötzlich rennen mehrere Lehrer wie verrückt aus dem Gebäude auf die Kinder zu und Mikey stellt sich schützend vor Mira. Er weiß nicht, warum er das tut, sondern handelt nur instinktiv.

Drüben auf der Straße geht von einem Auto ein Dauerhupton aus. Der Wagen ist gegen einen Feuerhydranten geprallt, aus dem eine Wasserfontäne herausschießt, die in der Nachmittagssonne für einen Regenbogen sorgt. Man kann erkennen, dass der Fahrer zusammengesunken über dem Lenkrad kauert und dass die Frontscheibe wie von roter Farbe überzogen ist.

»Legt euch flach auf den Boden!«, schreit Mikey, woraufhin alle Kinder, die selbst nicht zu laut kreischen, um die Aufforderung hören zu können, sich wie vom Blitz getroffen hinwerfen. Dann lastet übergangslos eine gewaltige Stille über dem Schauplatz. Nie zuvor hat Mikey etwas Eindrucksvolleres erlebt. Es ist, als ob Gott selbst diese Stille wäre.

Die Schulglocke schellt. »Kommt schnell ins Gebäude!«, rufen einige Lehrer aus den weit geöffneten Türen. Dann steht Miss Harlor vor Mikey. »Geh rein, mein Schatz!«

Sirengeheul mischt sich mit dem Schellen der Glocke. Begleitet von heulenden Schluchzern, schleppt sich Debbie schwerfällig wie ein Bulldozer davon. Auch Mikey schreit, denn noch nie hat er solche Schmerzen ertragen müssen wie gerade jetzt. Überall laufen Polizisten herum. »Los, rein mit euch.« Die Cops haben ihre Revolver gezückt.

Alle strömen ins Gebäude. Dort ist das Gekreische kaum zu ertragen: das Gekreische von Debbie, die mittlerweile auf dem Boden liegt und von deren Gesicht sich das Fleisch ablöst. Fleisch, denkt Mikey. Dann beginnt auch er zu heulen, wie die meisten anderen um ihn herum. Die Hälfte der Kinder rennt zum Vordereingang hinüber, weil sie nur rauswollen aus dem verdammten Schulgebäude und nach Hause. Sie alle wissen, was geschehen ist: Die dämlichen Ziegen Mira, Debbie und Sarah haben den Ring um Jake gebildet, der daraufhin sein Gewehr geholt hat.

Plötzlich wird Mikey von ein paar Händen gepackt und auf eine Bahre gelegt. Erst jetzt merkt er, dass die halbe Schule nur wegen ihm gekreischt hat, denn auch er ist verletzt worden, ohne es selbst gemerkt zu haben. Es hat ihn erwischt, es hat ihn tatsächlich erwischt! Wie, zum Teufel, konnte es sein, dass man davon gar nichts mitbekam?

Dann jagt der Krankenwagen mit eingeschalteter Sirene davon und die Krankenschwester drückt ihm eine Sauerstoffmaske auf das Gesicht. Plötzlich sind überall Kameras um ihn herum. Mikey ist ein bisschen müde, doch das ganze Drumherum ist sehr angenehm. So muss es sein, wenn man berühmt ist. Auch Mami und Dad und Becky laufen plötzlich in der äußeren Welt herum – in der äußeren Welt mit all den Maschinen und Geräten, die neben ihm aufgebaut sind.

Sie ziehen ihn nackt aus: eine Million Hände scheint es. Und dann ist der Arzt da und Mami schreit wie am Spieß.

Die Untersuchung ergab, dass Mikey einen Streifschuss am Rücken erlitten hatte. Die Wunde wurde versorgt und der Junge erhielt ein Beruhigungsmittel.

Jake wurde bei sich zu Hause festgenommen. Da die Polizisten sich bei seinem Alter irrten, wurde er nicht wie ein Jugendlicher behandelt, sondern wie ein Erwachsener und in den Hochsicherheitstrakt des Bezirksgefängnisses gesperrt. Am darauf folgenden Morgen brachte man ihn nach Atlanta. Dort wurde er wegen zweifachen Mordes und wegen versuchten Mordes unter Anklage gestellt.

Jake legte ein volles Geständnis ab. Er berichtete den Beamten alles, was er und Mikey jemals angestellt hatten. Nichts ließ er aus: auch nicht das Videoband, das die Mädchen hatten, und die Aufzeichnung auf Mikeys Computer. Daraufhin rückte bei den Harlans ein Expertenteam an und nahm Mikeys PC unter die Lupe. Dort fand sich allerdings nicht der geringste Hinweis auf Jake – und schon gar nichts, das auf ein perverses Video hingewiesen hätte. Auch Ermittlungen im Internet führten zu keinerlei Resultaten, durch die Jakes Aussagen bestätigt worden wären. Schließlich und endlich erwies sich die Videokassette, die Mikey an Mira Banks übergeben hatte, als eine Aufzeichnung von *Jesus, unser Herr*.

Nachdem Mikey sich ein wenig erholt hatte, wurde er von Mira und ihren Eltern sowie ihren beiden Brüdern besucht, die ihm alle für sein heldenhaftes Verhalten dankten. Hätte er sie nicht zur Seite gestoßen und mit seinem Körper abgeschirmt, wäre sie mit tödlicher Sicherheit am Kopf von einer Kugel getroffen worden.

Am darauf folgenden Tag wurde Sarah beerdigt. Mikey nahm in einem Rollstuhl an der Beisetzungsfeier in der Kirche teil. Mit traurigem Blick starrte er die ganze Zeit in den offenen Sarg auf Sarahs bleiches Gesicht. Sie war genauso tot wie Sim Eubanks jr., der mit seinem Wagen beruflich unterwegs gewesen war, als ihn der Schuss traf. Dann dachte Mikey an Debbie, die nun kein Gesicht mehr hatte. Deshalb würde bei ihrer Beerdigung am nächsten Tag der Sarg sicherlich geschlossen bleiben.

Die Beerdigung zieht sich ganz schön in die Länge und Mikey wünschte, sich an seiner Wunde kratzen zu können. Verflucht aber auch! Die Wunde juckt nicht nur, sondern brennt auch wie die Hölle. Davon sagen sie im Fernsehen natürlich nichts, wenn es den Helden mal erwischt hat. Sarahs Mutter schreit plötzlich laut auf und lässt sich nicht wieder beruhigen, was die ganze Prozedur noch mehr verzögert. Als sie endlich die Klappe hält, ergreift Reverend Collins das Wort.

»O Herr im Himmel, weise uns den Weg!« Er hebt die Augen gen Himmel. »Herr, sag uns *warum*? Sag uns *warum*?« Der Reverend lässt seinen Blick von einem Gesicht zum nächsten wandern. »Herr«, wiederholt er nochmals, »weise uns den Weg!« Wieder und wieder ertönen die Worte, bis die ganze Trauergemeinde sie mitspricht und mitbetet. Wahrscheinlich kann man sie noch hundertfünfzig Meter weit entfernt hören, so viele Menschen sind an diesem Nachmittag zu der Beerdigung in die Kirche gekommen. Ein kleiner Käfer – kaum größer als eine Stechmücke – krabbelt von der Lilie in Sarahs gefalteten Händen auf einen ihrer Finger.

Als der Reverend auf Mikey zu sprechen kommt, schiebt sein Vater den Rollstuhl ganz nach vorn. Der Pfarrer betrachtet ihn lächelnd. »Hier haben wir ein edles Beispiel für wahres christliches Verhalten, denn dieser mutige junge Mann warf sich in die Schusslinie, um selbstlos das Leben eines anderen zu schützen.« Wieder blickt Reverend Collins nach oben und ruft: »Herr, weise uns den Weg!« Dann deutet er mit der Bibel in seiner Hand auf Mikey. »Und ich sage zu euch und aller Welt: Wenn ihr gefragt werden solltet, wer unter uns bereit wäre, sein Leben für einen anderen zu opfern, dann antwortet ihr – der junge Mikey! Wer unter uns würde sich als Erster erheben, um gegen Hass und Grausamkeit anzukämpfen? *Wer*, frage ich euch? O Herr, dieser Junge würde es tun!«

Stille.

»Dieser Junge würde es tun!«

Mikey blickt in die Gesichter um ihn herum. Noch nie zuvor hat er Bewunderung erfahren. Alle betrachten ihn mit verklärten Augen, als wäre er ein niedliches Hundebaby.

»Weise uns den Weg, Michael!«, ruft Reverend Collins mit zitternder Stimme. Und wie aus einem Munde wiederholt die gesamte Trauergemeinde den Ruf: »Weise uns den Weg!«

Mikey selbst sagt nichts. Muss er auch nicht, denn er weiß, wo's langgeht.

Quellenverzeichnis

Mary Higgins Clark: Haben wir uns schon mal gesehen? »Haven't we met before?«
Copyright © 2000 by Mary Higgins Clark

Lawrence Block: Gefährliches Pokerspiel »Let's Get Lost«
Copyright © 2000 by Lawrence Block

Stanley Cohen: Eine Nacht im Manchester Store »A Night in the Manchester Store«
Copyright © 2000 by Stanley Cohen

Dorothy Salisbury Davis: Hanks Geschichte »Hank's Tale«
Copyright © 2000 by Dorothy Salisbury Davis

Mickey Friedman: Die Kette »The Diamond G-String«
Copyright © 2000 by Mickey Friedman

Susan Isaacs: Komplimente einer Freundin »Compliments of a Friend«
Copyright © 2000 by Susan Isaacs

Judith Kelman: Müllentsorgung »Taking out Mr. Garbage«
Copyright © 2000 by Judith Kelman

Warren Murphy: Kollaboration »Collaboration«
Copyright © 2000 by Warren Murphy